文獻學

劉兆祐 著

三民書局

自序

「文獻」是記載人類知識成長及文化變遷的紀錄。所以要了解人類的進化，惟有仰賴對文獻的了解與研究。《論語・八佾篇》說：「子曰：『夏禮，吾能言之，杞，不足徵也；殷禮，吾能言之，宋，不足徵也；文獻不足故也。足，則吾能徵之矣。』」「禮」是人類文明的象徵。「禮」的兩種要素是「禮文」和「禮器」。「禮文」是文字；「禮器」則是實物。這兩者的探究，則都有賴對文獻的探討。

世界各地，只要是有文明的地方，都有「文獻」的存在。即使是沒有文字的地區，也有「文獻」，因為「文獻」的內涵，不限於文字的紀錄，舉凡器物、生活習俗、傳說、歌謠等，都是「文獻」的一部分。在全世界各民族、各國家中，中國可能是文獻最豐富的地方。這一方面是中國的文明史悠長，記錄文獻的文字及器物，格外繁夥；另一方面，中國的民族多，疆域遼闊，語言、習俗等特別多樣化。文字和器物的繁夥，再加上語言、習俗的繁複，構成了中國文獻的豐富和絢麗。

這麼豐富和絢麗的文獻，是全世界研究中國學術者必須了解與利用的珍貴資料。可是這麼豐富的文獻，要用很有限的篇幅從事有系統而完整、深入的論述，有其困難的地方。例如：「文獻」的範圍如何界定？要討論的「文獻」是哪些？如何有效的運用這些「文獻」？如何整理這些「文獻」，供學者有效利用？這些問題，都是每個從事文獻研究的學者所最感困擾的問題。這些問題之所以造成文獻學者的困擾，是由於兩個原因：

一是中國文獻的範圍太廣，不是個別的文獻學者所能全盤了解的。中國的文獻，依其內容分，有文史方面的文獻，有自然科學的文獻，有生物醫學的文獻，有宗教的文獻，有社會科學的文獻等；依其形式分，有用文字記錄的文獻，有實物的文獻。文字記錄的文獻，有甲骨文、鐘鼎文、小篆、隸書、楷書及其他古文字與少數民族文字，如滿文、蒙文、藏文、麼些文字等；實物的文獻，有甲骨、銅器、碑石、陶器、瓷器、玉器、竹簡、壁畫、帛書等。加上廣袤的地區，有各地方及各少數民族特有的文獻。這麼博富、繁雜的文獻，絕不是文獻學者所可獨立從事通盤而深入研究的。

二是個人對文獻的看法不同。從文獻的內涵、文獻的類別，到文獻的整理方法等，文獻學者們的看法，每每不盡相同。以文獻的內涵而言，圖書文獻所涵蓋的內容，論者或以四部之書都屬文獻，因此以四部圖書之形成過程，為討論文獻的重點；或以目錄為文獻的重點，以討論目錄的結構及內容，為文獻學的主要內涵。

筆者多年來曾在東吳大學、中國文化大學、國立政治大學等校中國文學研究所，及臺北市立教育大學應用語言文學研究所、國立臺北大學古典文獻研究所等講授「文獻學」的相關課程，包括「文史資料討論」、「中國文獻學」、「中國目錄版本學」、「校讎學」等。筆者以個人多年來從事學術研究及教學的經驗，以為修讀「文獻學」的目的與功用有四：一是可以懂得如何掌握文獻，包括圖書文獻及非圖書文獻，以充實研究內容及提升研究品質。二是熟悉蘊藏文獻最豐富的圖書，如類書、叢書、方志、政書、雜著筆記等，並確知其資料來源及流變，俾能左右逢源，享受研究之樂趣。三是能分辨文獻的真偽、完整與否，並善於甄擇直接材料，以免誤用文獻，損及研究成果的價值。四是能以科學方法，有系統的整理文獻，俾學者能更正確、更方便的運用文獻。多年來所使用的講稿，就是根據這些重點編寫而成。一方面為了免去修讀者製作筆記之苦及助教印發講義的麻煩，一方面也想提供研究文獻學者有一完整的讀本，於是利用課餘之暇，將講稿整理付梓。

一方面由於文獻學的範疇太廣，一方面由於篇幅的限制，有許多與文獻學有關的論題未及討論，如與文獻學有關的基礎學識：目錄學、版本學、校讎學、輯佚學、辨偽學等；又如一些新出土的文獻：敦煌卷子、帛書、簡冊等。有部分章節，也是受到篇幅的限制，未能做更多的討論，例如圖書文獻部分，每一種圖書，僅能從事綜合的討論，未能列舉較具代表性的個別圖書從事討論；重要的文獻學家部分，僅能列舉劉向父子、鄭樵、王國維、屈萬里等學者，其餘如馬端臨、祁承㸁、朱彝尊、章學誠、張元濟等，也都未及論述。

多年來，由於教學及研究工作，十分忙碌，這部書的寫作，從開始答應三民書局的邀稿起，一直到脫稿，也有好些年了。儘管費了不少時間一再的增訂，但是疏漏之處一定很多，尚祈方家多所指正。

民國九十六年（二〇〇七年）元月

劉兆祐序於臺北陽明山

中國文化大學中國文學系

文獻學　目次

第一章 導論

第一節 「文獻」與「文獻學」

「文獻」一詞，最早見於《論語》一書。〈八佾篇〉說：

子曰：「夏禮，吾能言之，杞，不足徵也；殷禮，吾能言之，宋，不足徵也；文獻不足故也。足，則吾能徵之矣。」

什麼是「文獻」呢？鄭玄注說：

獻，猶賢也。我不以禮成之者，以此二國之君，文章賢才不足故也。

清代劉寶楠《論語正義》對「文獻」二字，有更明確的說解，他說：

「文」謂典策，「獻」謂秉禮之賢士大夫。子貢所謂賢者識大，不賢者識小，皆謂「獻」也。

鄭、劉二人的說法大致相同，以為「文」是指圖書典冊，獻是指賢能的人。

在《禮記・禮運篇》裡，也有類似的記載：

孔子曰：「我欲觀夏道，是故之杞，而不足徵也，吾得夏時焉；我欲觀殷道，是故之宋，而不足徵也，吾得坤乾焉。坤乾之義，夏時之等，吾以是觀之。」

把這一段和《論語・八佾篇》對照，「夏時」和「坤乾」是「文獻」的一部分。「夏時」和「坤乾」是什麼呢？鄭玄注說：

得夏時，得夏四時之書也，其書存者有《小正》。得坤乾，得殷陰陽之書也，其書存者有《歸藏》。

清代孫希旦在《禮記集解》引北周熊安生《禮記義疏》❶說：

殷《易》以坤為首，故曰坤乾。

子游聞夫子告以禮之急，復欲問其詳，而夫子以所得於夏、殷者告之也。之，適也；徵，證也。杞，夏之後；宋，殷之後。蓋禮義備於三代，而夏、殷者，周所監以損益者也。故欲觀夏、殷之

孫希旦說：

---

❶《隋書經籍志補》著錄熊安生《禮記義疏》四十卷，今佚。馬國翰《玉函山房輯佚書》有輯本四卷。

禮，而之於杞、宋，但二國文獻不足，無可考證，所得者如此而已。以是觀之者，以是二書而觀夏、殷之禮也。

孫氏明確的指出《小正》和《歸藏》是文獻的一部分。《小正》和《歸藏》，是屬於典冊方面的文獻。用「文獻」一詞作為著作名稱的，則是元代馬端臨的《文獻通考》。馬氏在〈自序〉中闡釋了「文獻」的意義。他說：

凡敘事，則本之經史，而參之以歷代「會要」以及百家傳記之書，信而有證者從之，乖異傳疑者不錄，所謂「文」也。凡論事，則先取當時臣僚之奏疏，次及近代諸儒之評論，以至名流之燕談，稗官之記錄，凡一話一言，可以訂典故之得失，證史傳之是非者，則采而錄之，所謂「獻」也。

馬氏的說法，在「文」的部分，和鄭玄的說法相同。但是「獻」的部分，馬氏以為是當時人的燕談及稗官的紀錄，與鄭玄以為「賢」是「賢才」的說法，略有不同。

儘管鄭玄、馬端臨兩人對「文獻」的定義略有不同，不過，他們都把圖書典冊作為「文獻」的主要部分，則是一致的。

所謂「文獻學」，就是將文獻從事有系統研究的一門學科。這門學科的內涵包括：

一、研究文獻的內容。

二、研究文獻流傳的經過。

三、研究文獻亡佚、殘缺的原因及存佚的情形。
四、研究說解及整理文獻的方法。
五、研究與利用文獻及整理文獻相關的學識。
六、研究歷代重要文獻學家的文獻理論及成就。

第二節　文獻的內涵

「文獻」的內涵，十分繁博。首先，試以馬端臨的《文獻通考》一書的內容來觀察。《通考》共包括二十四個門類：

一、〈田賦考〉：內容包括考述歷代田賦的制度及與水利田、屯田、官田有關的文獻。
二、〈錢幣考〉：主要在考述歷代錢幣的制度。例如鐵錢、銅錢、交子等的行使及幣值演變的文獻。
三、〈戶口考〉：主要在考述歷代戶口丁中賦役及奴婢制度的文獻。
四、〈職役考〉：主要在考述歷代鄉黨版籍職役及復除制度的文獻。
五、〈征榷考〉：主要在考述歷代征商、鹽鐵、榷酤、榷茶、坑冶及其他雜征斂等制度的文獻。
六、〈市糴考〉：主要在考述歷代均輸市易和買、常平義倉租稅及社倉等制度的文獻。
七、〈土貢考〉：考述歷代土貢制度，主要在考述各地進奉羨餘的文獻。
八、〈國用考〉：主要是考述歷代國用、漕運、賑恤、蠲貸等制度的文獻。
九、〈選舉考〉：主要在考述歷代有關選舉制度。例如舉士、賢良方正、孝廉、武舉、任子、童科、吏道、貲選進納、方伎、舉官、辟舉、考課等制度的文獻。

十、〈學校考〉：主要在考述歷代太學、祠祭褒贈先聖先師、幸學養老、郡國鄉黨之學等制度的文獻。

十一、〈職官考〉：主要在考述歷代官制。如官數、三公、三師、宰相、門下省、中書省、尚書、御史臺、學士院、諸卿、殿中監、樞密院、大將軍、東宮官、司隸校尉、州牧刺史、都督、制置使、經略使、發運使、京尹、留守、郡太守、教授、縣令、文散官、武散官、勳官、祿秩、職田、官品等有關文獻。

十二、〈郊社考〉：主要在考述歷代祭祀天地的制度。如郊、明堂、祀后土、雩、祀五帝、祭日月、祭星辰、祭寒暑、祭社稷、祀山川、封禪、高禖、八蜡、五祀、籍田祭先農、親蠶祭先蠶、祈禳、告祭、雜祠淫祠等相關文獻。

十三、〈宗廟考〉：主要在考述歷代宗廟制度。如天子宗廟、后妃廟、私親廟、祭祀時享、祫禘、功臣配享、諸侯宗廟、大夫士庶宗廟等相關文獻。

十四、〈王禮考〉：主要在考述歷代王者禮儀制度。如朝儀、巡狩、田獵、君臣冠冕服章、后妃命婦以下首飾服章、圭璧符節璽印、乘輿車旗鹵簿、國恤、山陵等制度的文獻。

十五、〈樂考〉：主要在考述歷代與樂歌有關的制度。如樂制、律呂制度、度量衡、金之屬、石之屬、土之屬、革之屬、絲之屬、匏之屬、竹之屬、木之屬、樂懸、樂歌、樂舞、俗部樂、散樂百戲、鼓吹、夷部樂、徹樂等相關的文獻。

十六、〈兵考〉：主要在考述歷代軍事制度。如兵制、禁衛兵、郡國兵、教閱、車戰、舟師水戰、馬政、軍器等有關的文獻。

十七、〈刑考〉：主要在考述歷代的刑法制度。如刑制、徒流、詳讞、贖刑、赦宥等有關的文獻。

十八、〈經籍考〉：考述歷代圖書著述，分經、史、子、集四部。

十九、〈帝系考〉：主要在考述歷代君王之傳承、在位年數及生卒年之文獻。除帝王外，兼及后妃、皇太子皇子、公主、皇族等。

二十、〈封建考〉：主要在考述歷代封爵制度的文獻。

二十一、〈象緯考〉：主要在考述歷代日月五星的現象。如中宮三垣、二十八宿、十二次度數、七曜、瑞變各星及雲氣名狀、天變、日食、日變、月食、月變、孛彗、月五星淩犯、雜星變、流星星隕、五星聚舍、瑞星、客星、雲氣虹蜺等有關文獻。

二十二、〈物異考〉：主要在考述歷代禎祥妖孽之事。載錄水災、火災、歲凶、地震、甘露、雷震、鳳凰、蝗蟲等相關文獻。

二十三、〈輿地考〉：主要是考述歷代地理沿革。載錄古冀州、古兗州、古青州、古徐州、古揚州、古荊州、古豫州、古梁州、古雍州、古南越等地的文獻。

二十四、〈四裔考〉：主要是考述古代中國域外的地理、風俗等文獻。所涉及的有朝鮮、高句麗、百濟、新羅、倭、扶桑、琉球、女真、夜郎國、南詔、交趾、真臘、吐谷渾、党項、吐蕃、西夏、龜茲、烏孫、大月氏、小月氏、獅子國、大秦、匈奴、突厥、契丹等地。

從以上二十四種門類及每類所記述的內容來看，「文獻」的內涵十分廣泛，但是，馬氏所收錄的「文獻」，都侷限於典籍上的文字資料，而於書本以外的文獻，如簡牘、石刻等資料，則罕見利用。其實，從漢代以後，已經懂得用金器和石刻的文字，與書本相互訂正。至於近世發現的甲骨文、敦煌文物、竹簡、帛書等，也都是重要的文獻。所以今日「文獻」的內涵，應該超越傳統侷限於圖書的觀念，要包括甲骨文、金器、石刻、竹簡、帛書等非圖書資料，因此，本書把「文獻」的內涵，區分為「圖書資料」與「非圖書資料」兩大類別來討論。

第三節　文獻學的功用

研究「文獻學」，對學術研究的功用，主要有三：一是熟悉文獻，以豐富研究成果。二是精確使用文獻，以提升研究品質。三是以科學的方法整理文獻，使文獻得以完善保存，進而方便學者取資稽考。

現在就分別說明。

一、熟悉文獻，以豐富研究成果

從事學術研究最主要的目的，就是希望能獲致創見。而創見之獲得，是要以豐富的文獻為基礎。以漢代司馬遷撰寫《史記》一書為例。司馬遷在學術上的重要貢獻，最值得注意的有二：一是創造了紀傳體的史書體制；二是蒐採了大量的文獻。在司馬遷以前的史籍，有分國敘述的《國語》、《國策》；有紀年體的《春秋》；也有用表記事的「譜牒」等。司馬遷則把自五帝以迄西漢初年的史事，分為「本紀」、「年表」、「書」、「世家」、「列傳」敘述，以充分反映歷代的社會、政治、經濟、學術等實際狀況。其次，他所蒐採的文獻，極為繁博。根據日本學者瀧川資言的統計，《史記》引用的文獻，經書有《詩經》、《韓詩內外傳》、《尚書》、《周易》、《禮記》、《周禮》、《左傳》、《公羊傳》、《穀梁傳》、《鐸氏微》、《虞氏春秋》等；史書有《諜記》、《五帝繫諜》、《春秋曆譜牒》、《五德曆譜》、《禹本紀》、《秦紀》等；子書有《管子》、《晏子春秋》、《孫子》、《吳子》、《魏公子兵法》、《老子》、《墨子》、《商君書》、《申子》、《莊子》、《孟子》、《鄒衍子》、《淳于子》、《慎子》、《吁子》、《尸子》、《公孫龍子》、《荀子》、《韓非子》、《新語》等；詩文有宋玉、唐勒、景差、賈誼及司馬相如等人的賦❷。司馬遷的廣博徵引文獻，一方面說明了文獻能豐富學術研究的成果，一方面，《史記》一書裡也保存了不少今日已佚而不傳的文獻。例如《淳于子》、《公孫固子》、《鄒衍子》等書，已佚而不傳，後人尚可據《史記》所徵引，得以略窺這些典籍的梗概。

又如《古文尚書》之偽，從宋代朱熹、吳棫等人致疑後，歷代學者如元代的吳澄、明代的梅鷟等，也都懷疑，然終不能定讞。一直到清初的閻若璩完成了《古文尚書疏證》，每一句都注明剽竊所自，《古文尚書》之偽，終成定論。為什麼閻氏能將《古文尚書》的文句，一一指出它們的來源呢？這和閻氏熟悉文獻有關。其子閻詠在《左汾近稿．先府君行述》敘述其父親治學的情形云：

> 府君讀書，每於無字句處精思獨得，而辯才鋒穎，證據出入無方，當之者輒失據。常曰：「讀書不尋源頭，雖得之殊可危。」手一書至檢數十書相證，侍側者頭目為眩，而府君精神湧溢，眼爛如電，一義未析，反覆窮思，飢不食，渴不飲，寒不衣，熱不扇，必得其解而後止。

❷ 參見瀧川資言〈史記總論〉。

文中所說「讀書不尋源頭，雖得之殊可危」，是說明閻氏重視原始文獻的價值；「手一書至檢數十書相證」，則說明其熟悉文獻，從事研究時，得左右逢源，豐富其研究成果。

二、精確使用文獻，以提升研究品質

從事研究時，並不是所有的文獻，都值得徵引。文獻有直接的，間接的；有真的，有偽的；有完整的，有殘缺的等等現象。以圖書資料為例：同樣一部《竹書紀年》，有真本，有偽本；同樣一部《水經注》，有訛誤多達七千多字的明刊本，也有經過詳細校勘的戴震校本；同樣一部宋代江少虞的《宋朝事實類苑》，有完善的七十八卷本，也有殘缺的六十三卷本，並行於世。至於間接與直接的區分，傅斯年先生〈論史料〉一文，以為凡未經人修改或省略或轉寫者，為直接史料；反之，則為間接史料。寫作論文時，如果引用了間接文獻而捨棄了直接文獻；或誤用偽書資料，或誤採殘缺不完、訛誤甚多的劣本圖書，則其立論之不可信，研究品質的低下，自不待言。因此，研究「文獻學」，懂得如何取捨、甄辨文獻，自然可以提升研究品質。

以顧炎武撰寫《日知錄》為例。顧氏著述如林，有《易音》、《左傳杜解補正》、《九經誤字》、《詩本音》、《古音表》、《音學五書》、《天下郡國利病書》、《歷代帝王宅京記》、《石經考》、《亭林文集》、《亭林詩集》等數十種，但是他每以《日知錄》為其平生最得意之作，嘗謂「平生之志與業，皆在其中。」❸如果我們詳細讀《日知錄》，可以發現每一則大率抄撮各書資料而成。所採多則十數書，少則二三書，很

❸ 見《亭林文集》，卷四。

少有自己的評論。這裡以卷二十八〈邸報〉一則為例：

《宋史・劉奉世傳》：「先是進奏院，每五日具定本報狀，上樞密院，然後傳之四方，而邸吏輒先期報下，或矯為家書，以入郵置。奉世乞革定本，去實封，但以通函謄報，從之。」〈呂溱傳〉：「儂智高寇嶺南，詔奏邸毋得輒報，溱言一方有警，使諸道聞之，共得為備，今欲人不知，此意何也？」〈曹輔傳〉：「（徽宗）政和後，帝多微行，始民間猶未知，及蔡京謝表，有『輕車小輦，七賜臨幸』，自是邸報聞四方。」邸報字見于史書，蓋始于此時。然唐《孫樵集》中，有〈讀開元雜報〉一篇，則唐時已有之矣。

這一則共採擷《宋史》三篇列傳及唐代文集一種抄撮而成。其他各條，大抵也如此，短者數十字，長者也不過一、二千字。很多人以為《日知錄》既然是抄撮諸書而成，撰寫容易，沒有什麼特殊的成就，其實不然。當時就有顧氏的友人函詢《日知錄》一年中完成了多少卷？顧氏《文集》（卷四）〈與人書〉云：

嘗謂今之纂輯之書，正如今人之鑄錢。古人採銅於山，今人則買舊錢，名之曰廢銅，以充鑄而已。所鑄之錢，既已粗惡，而又將古人傳世之寶，舂剉碎散，不存於後，豈不兩失之乎？承問《日知錄》又成幾卷，蓋期之以廢銅。而某自別來一載，早夜誦讀，反覆尋究，僅得十餘條，然庶幾采山之銅也。

這一封信裡所稱「買舊錢，名之曰廢銅，以充鑄而已」，就是取用間接文獻。「采山之銅」，就是取用直接文獻。《日知錄》之所以可貴，就是每一條文獻，都是原始文獻，前人未曾徵引。顧氏把這些原始文獻，抄撮組織成一條新的見解，就是創見。惟有熟習文獻、深諳文獻學者，才能臻此。

三、以科學的方法整理文獻

前人整理文獻的方法，主要有編輯目錄、校勘、纂輯、注釋、輯佚、辨偽等方法。這些方法，各有其功能。例如編輯目錄，一方面是為了反映當時文獻的情形，一方面也是為了方便檢索。校勘，是為使文獻精審正確。纂輯，一方面是為保存文獻，一方面也為了方便取用。注釋，是為了說解字音、字義，疏通文義，以精確解讀文獻。輯佚，是為了使亡佚的文獻，恢復原來的面貌。辨偽，是為了能精確使用文獻。這些方法，經過長久以來的使用和研究，仍存有許多問題值得討論和改進。就以書目的編輯來說，從漢代劉向、劉歆父子整理古籍，編纂《別錄》、《七略》以來，目錄成為檢索文獻存佚，考鏡學術流變的工具書。不過，有關書目著錄的方式、解題撰寫的方法，以及圖書的分類、版本項著錄的方法等，一直是文獻學者討論的問題。今日由於科技的日新月異，幫助整理文獻的工具也越來越多，再加上出土文獻也越來越多，如何以科學方法整理文獻，俾文獻得以完善保存，方便利用，均有賴於文獻學者的探討。

第二章　圖書文獻

所謂「圖書」，從內容上來說，包括「圖」和「書」。在古代，「圖」和「書」並重，我們從《漢書・藝文志》裡，可以明顯的看到這種「圖」「書」並重的現象。例如《漢書・藝文志・兵書略》著錄：《吳孫子兵法》八十二篇。《注》云：「圖九卷。」《齊孫子》八十九篇。《注》云：「圖四卷。」《黃帝》十六篇。《注》云：「圖三卷。」《別成子望軍氣》六篇。《注》云：「圖三卷。」這是從內容上為「圖書」下的定義。

如果從形制來說，則是一切具有書本形式的文獻，都屬「圖書」。因此，不論是卷軸或冊裝，都屬「圖書」。

從書寫的方式來說，不論是抄本、寫本、刊本、印本、影印本，都是「圖書」。

從記述的內容來說，則經、史、子、集固然是圖書，不屬於傳統四部的雜志、報紙、公文、檔案、地圖等，也都屬於「圖書」。

這樣說起來，「圖書」的範圍很廣，每一種圖書，也都有一定的文獻價值。由於篇幅有限，本章所討論的，界定在三個方面：

一是載有大量文獻，是研究者最常取資稽考的。這一方面筆者所列舉的是「叢書」、「類書」、「政書」、「雜著筆記」等四類圖書。

二是域外所刊中國古籍。歷來外國刊刻中國古籍的，以日本及韓國為最。這些刊本，除了少部分，大部分都是依據中國的鈔本、刊本而刊刻的。他們所據的鈔本和刊本，不少是唐代以前的鈔本和宋代的刊本，和明代以後的刊本有很多不同的地方。從文獻的角度觀察，這些域外刊本的文獻價值是很高的。文獻學者很少討論到這些問題。在日本刊本和韓國刊本中，日本較早吸收大量的中國文化，其刊本大部分是依據唐代的鈔本，所以留存了不少中國古籍較早的原貌。由於篇幅的限制，在〈域外漢籍刊本〉一節裡，也就僅刊載與日本刊本有關的兩篇文章：一是〈中國古籍日本刊本的價值〉，二是〈日本刊本《新編群書類要事林廣記》〉。

三是討論地圖方面的文獻。自古即「圖」「書」並稱，但是近世學者大部分僅從藝術的角度討論古書中的插圖，很少用文獻的角度來觀察。古書中的附圖，種類很多，有人物、山水、花鳥、器物、建築、地圖等。由於篇幅的限制，這裡只就域外地圖部分，從文獻的角度，討論其價值。

第一節　叢　書

一、叢書的意義及起源

《說文解字》云：「叢，聚也。」所謂「叢書」，就是將多種圖書聚在一起，成為另一種書。例如把二十五種正史聚在一起，就成為叢書《二十五史》。

「叢書」的起源甚早。在漢代，《說卦》、《雜卦》、《序卦》等都還是單行流傳，後人合〈上彖〉、〈下彖〉、〈上象〉、〈下象〉、〈上繫〉、〈下繫〉、〈文言〉、〈說卦〉、〈雜卦〉、〈序卦〉為《十翼》，這是最早的叢書。

西漢初年，由於秦火，文獻散亡，因此整理文獻成為漢代初年最主要的工作。整理文獻的方式很多，如訓詁、校勘，即為常見的方式。此外，編纂古籍，也是整理文獻的方式，而編輯「叢書」，就是編纂古籍的方法之一。

今檢《漢書・藝文志》，大致可見當時編輯「叢書」風氣之盛。茲舉數例如左：

《漢書・藝文志・諸子略・儒家》著錄《劉向所序六十七篇》，《注》云：「《新序》、《說苑》、《世說》、《列女傳頌圖》。」

又著錄《揚雄所序三十八篇》，《注》云：「《太玄》十九，《法言》十三，《樂》四，《箴》二。」

此二書雖已符合「叢書」的概念，但是都屬個人叢書的性質。

聚集不同作者、不同性質的書為一規模較大的叢書，到了宋代才出現。宋代寧宗嘉泰二年（一二〇二），俞鼎孫、俞經所編的《儒學警悟》，可以說是最早的綜合性叢書。此編共收書七種，四十一卷，其目為：

《石林燕語辨》十卷　宋汪應辰撰。《演繁露》六卷　宋程大昌撰。《嬾真子錄》五卷　宋馬永卿撰。

《考古編》十卷　宋程大昌撰。《捫蝨新話上集》四卷　宋陳善撰。《捫蝨新話下集》四卷　宋陳善撰。

《螢雪叢說》二卷　宋俞成撰。

《儒學警悟》雖有叢書之實，然未以「叢書」為名。以「叢書」為名的叢書，遲至明代才開始出現。嘉靖年間，何鏜彙錄古經、野史、筆記、雜錄、小說等百餘種漢魏人的著作，輯為《漢魏叢書》❶，是最早以「叢書」為名的叢書。此後，如明代鍾人傑所輯《唐宋叢書》、清代乾隆所敕編《聚珍版叢書》、盧文弨所校刊的《抱經堂叢書》、鮑廷博所輯《知不足齋叢書》、陸烜所輯《奇晉齋叢書》、畢沅所輯《經訓堂叢書》等，均以「叢書」為名，至今已相沿成習。

不過，也有以「叢書」為名，卻不是叢書的。例如唐代陸龜蒙所撰《笠澤叢書》，陸氏〈自序〉云：「叢書者，叢脞之書也。叢脞，猶細碎也。細而不遺大，可知其所容矣。」知陸氏書以「叢書」為名者，是把「叢」解釋為「叢脞」，而非「聚集」之義。又如宋代王楙所撰《野客叢書》（三十卷，附《野老記聞》一卷），其〈小序〉云：

> 僕間以管見，隨意而書，積數年間，卷袠俱滿。旅寓高沙，始令筆吏，不暇詮次，總而錄之為三十卷，目之曰《野客叢書》。井蛙拘墟，稽考不無疏鹵，議論不無狂僭，君子謂其「野客」則然，不以為罪也。

今檢視此書內容，多考證典籍之異同，與《夢溪筆談》、《容齋隨筆》等，同屬雜家類的著作，與此處所說「叢書」的定義不符。

---

❶ 何鏜所輯，今已不存。今傳《漢魏叢書》，收書八十六種，四百四十八卷，係明末程榮所輯。

二、叢書的種類

宋代以前的目錄，未有將叢書獨立一類的，自然談不上叢書的分類問題。直至明代祁承㸁的《澹生堂藏書目》（十四卷）❷，才在「類家類」後，另立「叢書類」，下分六個子目：一曰「國朝史」。二曰「經史子雜」。三曰「子彙」。四曰「說彙」。五曰「雜集」。六曰「彙集」。此種分類，大致是依據圖書的內容性質而分的。《四庫全書總目》，未為叢書專立一類，而是將叢書歸屬在子部的「雜家類」。《四庫全書總目・子部・雜家類》分為「雜學之屬」、「雜說之屬」、「雜品之屬」、「雜纂之屬」、「雜編之屬」等五子目。此五目收錄圖書的內涵，〈提要〉云：

以立說者，謂之「雜學」；辨證者，謂之「雜考」；議論而兼敘述者，謂之「雜說」；旁究物理，臚陳纖瑣者，謂之「雜品」；類輯舊文，塗兼眾軌者，謂之「雜纂」；合刻諸書，不名一體者，謂之「雜編」。凡六類。

上述六類中，收有叢書者，為「雜纂」與「雜編」兩類。但是詳檢這兩類所收錄的圖書，其性質也頗雜糅不純。以「雜纂之屬」而言，共著錄十一書：

《意林》五卷　唐馬總編。　《紺珠集》十三卷　不著編者。　《類說》六十卷　宋曾慥編。　《事實類苑》六十三卷　宋江少虞撰。　《仕學規範》四十卷　宋張鎡撰。　《自警編》九卷　宋趙善璙撰。

❷ 此書原本十四卷，惟今傳諸本均不分卷。

《言行龜鑑》八卷　元張光祖編。《說郛》一百二十卷　明陶宗儀編。《古今說海》一百四十二卷　明陸楫編。《玉芝堂談薈》三十六卷　明徐應秋撰。《元明事類鈔》四十卷　清姚之駰撰。

以上十一種，僅《說郛》與《古今說海》兩書合乎「叢書」的性質，其他大部分屬類書的性質。《四庫全書總目》已有「類書類」，於「雜家類・雜纂之屬」又收錄類書，《四庫全書總目》歸類之不當，於此可見。

至於「雜編之屬」，共著錄三書：

《儼山外集》三十四卷　明陸深撰。《少室山房筆叢正集》三十二卷、《續集》十六卷　明胡應麟撰。《鈍吟雜錄》十卷　清馮班撰。

按：上列三書雖是叢書，但均屬自著合刻的性質。以數人之書合為一編的叢書，多見於「存目」的「雜編之屬」，例如明代王文祿所編《邱陵學山》（不著卷數）、胡維新所編《兩京遺編》（五十七卷）、陸樹聲所撰《陸學士雜著》（十一卷）、沈節甫所編《紀錄彙編》（二百十六卷）、李之藻所編《天學初函》（五十二卷）、樊維城所編《鹽邑志林》（六十二卷）、胡文煥所編《格致叢書》等，均收在「存目」中。這些叢書，有一人自著的叢書，如《紀錄彙編》；有專收同一時代著述的叢書，如《兩京遺編》；有專收一個地方著述的叢書，如《鹽邑志林》。可見《四庫全書總目》於叢書，還沒有明確分類的概念。

清代張之洞的《書目答問》，於經、史、子、集四部以外，另立「叢書」一類。「叢書」類又分兩個子目：一曰「古今人著述合刻叢書」，所收的有《漢魏叢書》、《津逮祕書》、《二酉堂叢書》、《楝亭五種》、

《借月山房叢書》等；一曰「國朝一人自著叢書」，所收的有《亭林遺書》（顧炎武）、《船山遺書》（王夫之）、《叢睦汪氏遺書》（汪師韓）、《戴氏遺書》（戴震）、《蘇齋叢書》（翁方綱）等。此種二分法，過於籠統，不夠細致明確。以「古今人著述合刻叢書」部分來說，如《玉函山房叢書》及《漢學堂叢書》，所收都是佚書；《佚存叢書》，所收都是存藏在海外的佚存書；《小學彙函》，專收唐宋人所著關於文字、聲韻、訓詁的著述。「古今人著述合刻叢書」部分，共收五十七種叢書，性質繁雜，如今將清代一人自著叢書以外的各類叢書，全部歸屬在一起，未免過於籠統，無以彰顯叢書的內容與性質。

叢書分類最詳細的，當推《中國叢書綜錄》一書。茲編將所收錄的一千七百九十七種叢書，分為「彙編」與「類編」兩大類。所謂「彙編」，就是「綜合性叢書」；「類編」，就是「專門性叢書」。「彙編」部分，又分「雜纂」、「輯佚」、「郡邑」、「氏族」、「獨撰」五種。「類編」部分，則分「經」、「史」、「子」、「集」四種。今參酌各家說法，再參以近代所輯刊的叢書類型及收書的性質與內容，將叢書分為九類：

㈠彙聚四部之書者

如：

1.《百川學海》　宋左圭輯編。　2.《學海類編》　清曹溶輯。　3.《四庫全書》　清乾隆敕編。

4.《四部叢刊》　張元濟編。

㈡彙聚一代之書者

如：

1.《唐宋叢書》　明鍾人傑輯刊。

按：此編收書九十一種，大部分為唐、宋兩朝人著述，部分則兼及五代及遼、金、元的著述。

2.《廣漢魏叢書》　明程榮、何允中、清王謨輯刊。

按：此編收書八十六種。此書最早由何鏜輯編，先後刊刻三次：首為程榮本，其次為何允中本，又其次為王謨本，今所見者即王謨本。所收都是漢魏人的著作。

3.《昭代叢書》　清張潮輯。

按：此編分甲乙二集：甲集五十卷，分六帙；乙集四十卷，亦分六帙。共收書九十種，都是清代初期的著述（其中一部分為清代西方人的著述）。

其他如《皇清經解》、《續皇清經解》等，也都屬彙聚同一時代著述的叢書。

㈢彙聚同類之書者

如：

1.經學方面，有：《十三經注疏》、《通志堂經解》（清成德輯）、《經苑》（清錢儀吉輯）、《古經解彙函》（清鍾謙鈞輯）等。

2.小學方面，有：《澤存堂五種》（清張士俊輯）、《曹楝亭五種》（清曹寅輯）、《小學類編》（清李祖望輯）、《許學叢書》（張炳翔輯）等。

3.史學方面，有：《百衲本二十四史》（張元濟輯）、《二十五史補編》（二十五史刊行委員會輯）、《清初史料四種》（謝國楨輯）、《史料叢刊初編》（羅振玉輯）、《中國史學叢書三編》（劉兆祐輯）等。

4.地理方面，有：《重訂漢唐地理書鈔》（清王謨輯）、《歷代地理志彙編》（清羅汝南輯）、《問影樓輿地叢書》（胡思敬輯）、《小方壺齋叢鈔》（清王錫祺輯）等。

5.金石方面，有：《行素草堂金石叢書》（清朱記榮輯）、《學古齋金石叢書》（清葛元煦輯）、《百一廬金石叢書》（陳乃乾輯）、《遯盦金石叢書》（吳隱輯）、《嘉業堂金石叢書》（劉承幹輯）等。

6.目錄方面，有：《快閣師石山房叢書》（清姚振宗輯）、《觀古堂書目叢刊》（葉德輝輯）、《武進陶氏書目叢刊》（陶湘輯）、《書目叢編》、《書目續編》、《書目三編》、《書目四編》、《書目五編》（以上書目諸編均喬衍琯輯）等。

7.子書方面，有：《諸子彙函》（明歸有光輯）、《二十五子彙函》（清鴻文書局輯）、《子書四十八種》（五鳳樓主人輯）、《周秦諸子斠注十種》（陳乃乾輯）、《諸子集成》（國學整理社輯）、《雜著祕笈叢刊》（屈萬里主編，劉兆祐撰敘錄）等。

8.文學方面，有：《六十家詞》（明毛晉輯）、《彊村叢書》（朱祖謀輯）、《景刊宋金元明本詞四十種》（吳昌綬輯，陶湘續輯）、《校輯宋金元人詞》（趙萬里輯）、《詞學小叢書》（胡雲翼等輯）等（以上詞）。《脈望館鈔校本古今雜劇》（明趙琦美輯）、《孤本元明雜劇》（涵芬樓輯）、《古本戲曲叢刊》（一至四集，古本戲曲叢刊編輯委員會輯）、《善本戲曲叢刊》（王秋桂主編）等（以上戲曲）。《皇清百名家詩》（清魏憲輯）、《柳堂師友詩錄初編》（清李長榮輯）、《唐詩百名家全集》（清席啟寓輯）、《宋代五十六家詩集》（清坐春書塾選輯）等（以上詩）。《國朝二十四家文鈔》（清徐斐然輯）、《國朝十家四六文鈔》（清王先謙輯）、《尺牘叢刻》（文明書局輯）等（以上文）。《歷代詩話》（清何文煥輯）、《歷代詩話續編》（丁福保輯）、《文學津梁》（周鍾游輯）、《中國古典文學理論批評叢書》（郭紹虞、羅根澤主編）、《百種詩話類編》

(臺靜農編)等(以上文學批評)。

四彙聚一地文獻者

如:

1.《嶺南遺書》　清伍崇曜輯。**按**:茲編分六集,收書五十九種,三百四十卷,所收均是廣東人士的著述。

2.《畿輔叢書》　清王灝輯　陶湘重編。**按**:此編收經部二十二種,史部二十二種,子部三十一種,集部三十九種。附收《永年申氏遺書》(清申居鄖)、《顏習齋遺書》(清顏元)、《李恕谷遺書》(清李塨)、《孫夏峰遺書》(孫奇逢)、《尹健餘先生全集》(清會一)、《崔東壁遺書》(清崔述)等,共收書一百七十種,一千五百三十卷,所收都是接近北京地區人士的著述。

3.《湖北叢書》　清趙尚輔輯。**按**:茲編收書三十一種,包括經部十五種,史部五種,子部十種,集部僅《楚辭》一種而已,共二百九十卷,所收都是鄂人的著述。

4.《豫章叢書》　清陶福履輯。**按**:此編分兩集:第一集收書十二種,第二集收書十種,所收都是江西地區人士的著作。

5.《武林掌故叢編》　清丁丙輯。**按**:茲編分二十六集,收書近二百種,所收都是杭州一地有關的著述。

五彙聚一人之著作者

如:

《亭林遺書》（清顧炎武）、《船山遺書》（清王夫之）、《黃梨洲十八種》（清黃宗羲）、《夏峰全書》（清孫奇逢）、《帶經堂三十二種》（清王士禎）、《經韻樓叢書》（清段玉裁）、《浮溪精舍叢書》（清宋翔鳳）、《萬木草堂叢書》（清康祖詒）、《章氏叢書》（章炳麟）、《王忠愨公叢書》（王國維）、《傅斯年全集》（傅斯年）、《屈萬里全集》（屈萬里）等。

㈥彙聚佚書者

所謂「佚書」，即前人著作，今已不見傳本的。清代輯佚的風氣很盛，學者每多從類書、古注、筆記小說等文獻中，廣搜博採，尋章摘句，以圖恢復原書舊觀。將所輯各書，彙輯為叢書的，均屬此類。如：

1.《漢魏遺書鈔》　清王謨輯。**按**：王氏輯得佚書四百餘種，擬仿何鏜《漢魏叢書》之例，分「經翼」、「別史」、「子餘」、「載籍」四類刊行。後來部分輯稿毀於火，今所見者僅「經翼」百餘種。大部分為漢代佚書，一部分則為魏晉南北朝的著述。

2.《玉函山房輯佚書》　清馬國翰輯。**按**：茲編分「經」、「史」、「諸子」三編。經編分十六類，收書四百餘種；史編分三類，收書八種；子編分十四類，收書一百七十種。所收的大部分多是唐以前的著述而今已不存者。

3.《漢學堂叢書》　清黃奭輯。**按**：此書一名《黃氏佚書考》，所收包括《漢學堂經解》一百一十二種；《通緯》七十二種；《子史鉤沉》八十四種；《通志堂經解》十四種，共二百八十餘種，都是漢代到六朝人的著作而後世已不存者。

其他如《玉函山房輯佚書續編》（清王仁俊輯）、《玉函山房輯佚書補編》（清王仁俊輯）等，均屬此類。

㈦彙輯域外佚存之書者

部分古籍，在中國已不見傳本，但在海外猶有傳本，此類圖書，謂之為域外佚存書。彙輯此類圖書者，如：

1.《佚存叢書》　日本林衡輯。按：此編收書十七種，一百一十餘卷，都是佚存日本的中國古籍。

2.《古逸叢書》　清黎庶昌、楊守敬輯。按：楊守敬於清光緒六年（一八八〇）隨公使何如璋赴日本，任何氏祕書，時值日本明治維新，日人不太重視中國古籍，楊氏得以大肆蒐購。次年（光緒七年，一八八一），黎庶昌繼何如璋為日本公使。黎氏學識淵博，篤嗜古籍，於是與楊氏合刊此編，收書二十六種，一百八十六卷，都是佚存日本的中國古籍。

㈧彙整未刊稿本者

近代私家藏書逐漸流向公共圖書館，於是昔日祕藏的稿本，得以公諸於世。加上近年影印技術進步，於是得以將稿本彙輯成編，廣為流傳。如：

1.《明清未刊稿彙編初輯》　屈萬里、劉兆祐輯編。

2.《明清未刊稿彙編二輯》　屈萬里、劉兆祐輯編。

㈨彙聚叢書而成者

叢書的數量繁夥，分散於各圖書館，取閱不便，於是有彙聚重要叢書為一編者。此類叢書，最重要的有兩種：

1.《叢書集成》　張元濟輯。按：此書集諸叢書為一編，故名曰《叢書集成》。所收叢書共一百種。依其性質，可分為三類：

(1)普通叢書：宋代二部，明代二十一部，清代五十七部。計八十部。(2)專科叢書：經學二部，小學三部，史地二部，目錄學一部，醫學二部，藝術一部，軍事一部。計十二部。(3)地方叢書：省區四部，郡邑四部。計八部。

此編將各叢書所收的各書，分為十大類，每大類又分若干小類，以統繫所有的圖書。

2.《百部叢書》　臺北藝文印書館輯。按：此編所收的百部叢書，即張元濟所輯刊《叢書集成》所收的百部叢書。所不同者，張元濟將百部叢書所收各書，分散於各類中。此編則依各叢書的原貌彙集影印。

三、叢書的價值

宋代以後，編刊叢書者日多，可見學者需求之殷，必有其可貴的地方。茲列舉其價值如下：

㈠彙聚圖書，保存文獻

據《中國叢書綜錄》，今存於世的叢書近三千種，所收錄的圖書，去其重複，多達四萬餘種，約占中國今存所有古籍的三分之一。張之洞云：

> 叢書最便學者，為其一部之中，可該群籍，蒐殘存佚，為功尤巨。欲多讀古書，非買叢書不可。❸

繆荃孫序《適園叢書》，於叢書彙聚文獻之功，有詳細的述說，他說：

叢書之名所自始，韓昌黎詩云：「門以兩版，叢書其間。」即叢積之義。而唐陸天隨自名其詩文曰《笠澤叢書》，猶是一家之言，而以不倫不次，亦即叢積之義也。至唐宋人始合各家書而摘要刻之，曰馬總《意林》，曰曾慥《類說》，曰《紺珠集》，曰《說郛》，曰《說海》，皆任意刪減也。後又取各家書以類相從，而別署美名，曰《儒學警悟》，曰《百川學海》，曰《夷門廣牘》，曰《藏說小萃》，曰《津逮祕書》，曰《學津討源》，則首尾完整也。前明程榮刻漢魏六朝著作，始以叢書名之，由是諸家疊起，曰《唐宋叢書》，曰《格致叢書》，最後以齋堂名，直曰某氏叢書而已。單簡零帙，最易消磨，有大力者，彙聚而傳刻之，昔人曾以拾叢冢之白骨，收路棄之嬰兒為比，則叢書之為功大矣。

按：繆氏此〈序〉，先說明「類書」與「叢書」之不同：「類書」每每任意刪減，而「叢書」則單簡零帙的著作得賴以傳存，其功猶如「拾叢冢之白骨，收路棄之嬰兒」，積德無量。

《四庫全書》為清代乾隆所敕編的叢書，近人蕭一山先生謂其優長有五：一曰參考便利，二曰目錄完備，三曰分類正確，四曰集散為整，五曰化私為公。其中第一、第四兩項，即有彙聚圖書，保存文獻之義。其言曰：

---

❸ 詳見《書目答問》卷五〈古今人著述合刻叢書目〉。

一曰學者得以參考也。「工欲善其事，必先利其器。」學者之利器，書籍而已。然搜集之力有限，鈔繕之功甚難；使學者窮措而無所購置，假閱而無從介紹；或但知其名，而難窺其書；或已知其書，而祕本不傳。則學者縱有超人之資力，其成就亦必為器具所限，不能有充分之發展。故藏書富有之區，學人輩出；圖籍缺乏之地，陋儒難逢。此一定之現象也。《四庫》蒐羅已刊未刊之書，儲於內廷、江浙，以供學者之抄閱，則載籍備而參考便，而士子無無利器之虞矣。❹

按：此論叢書彙聚圖書，利於學者採擇。

又云：

四曰載籍之集整也。吾國書籍，浩如淵海，庋藏不善，易致散佚。《四庫》之書，雖未必能收盡天下之載籍，而刊鈔存目，亦可謂略備於斯矣。以萬千之遺書而彙為一團，以多數之簡冊而勒成一部，不惟齊整易於保存，亦且完備易於尋覓。吾國先人之寶笈得賴以不墜者，亦斯役之力也。❺

按：此論叢書在保存文獻方面的貢獻。

㈡所收錄者多為有用之書

古籍繁夥，但不盡然都是有用之書。清代張之洞《書目答問・略例》云：

---

❹ 見《清代通史》卷中。

❺ 同❹。

諸生好學者來問應讀何書？書以何本為善？偏舉既嫌絓漏，志趣學業亦各不同，因錄此以告初學。

又云：

讀書不知要領，勞而無功；知某書宜讀，而不得精校精注本，事倍功半。……凡所著錄，並是要典雅記，各適其用。

張氏任四川學政時，在成都創建尊經書院，於〈四川省城尊經書院記〉云：

宜讀何書？曰：在擇術。宜擇何術？曰：無定。經、史、小學、輿地、推步、算術、經濟、詩、古文辭，皆學也。

張氏這幾段言論，旨在宜擇有用的書，不然將勞而無功。

叢書所收，由於部帙龐大，其中固然有無用之書，但是一般都經過嚴密的甄選採擇，大部分都是有用之書。以清初曹溶所輯《學海類編》為例。玆編收書四百四十種，八百十卷，部帙浩大。卷首述其選錄圖書的原則：

1. 二氏之書，耑說玄虛及成仙作佛之事，不錄。2. 誣妄之書，不錄。3. 誌怪之書，不錄。4. 因果報應之書，不錄。5. 荒誕不經之書，不錄。6. 穢褻謔詈及一切遊戲之書，不錄。7. 不全之書，不錄。8. 詩不繫事者，不錄。9. 雜抄舊著成編，不出自手筆者，不錄。10.《漢魏叢書》、《津逮祕書》及《說海》、《談叢》等書所載者，不錄。11.部帙浩繁者，不錄。12.近日新刻之書及舊版流傳尚多者，不錄。13.明末說部書，不錄。14.茶經酒譜之書，不錄。

曹氏這些收書原則，主要在說明《學海類編》所收的，都是常用、有用的書。

再以《四庫全書》為例。

乾隆於三十七年（一七七二）正月初四日下詔求書，詔書中於《四庫全書》收書的標準，有明白的指示。云：

……今內府藏書，插架不為不富，然古今來著作之手，無慮數千百家，或逸在名山，未登柱史，正宜及時採集，彙送京師，以彰千古同文之盛。著令直省督撫會同學政等，通飭所屬，加意購訪，除坊肆所售舉業時文及民間無用之族譜、尺牘、屏幛、壽言等類，又其人本無實學，不過嫁名馳騖，編刻酬倡詩文，瑣屑無當者，均無庸採取外，其歷代流傳舊書，內有闡明性學治法，關繫世道人心者，自當首先購覓。至若發揮傳注，考覈典章，旁暨九流百家之言，有裨實用者，亦應備為甄擇。又如歷代名人，洎本朝士林宿望，向有詩文專集，及近時沉潛經史，原本風雅，如顧棟高、陳祖范、任啟運、沈德潛輩，亦各著成編，並非剿說卮言可比，均應槩行查明，在坊肆者，或量為給價，家藏者，或官為裝印，其有未經鐫刊，衹係鈔本存留者，不妨繕錄副本，仍將原書給還……❻

❻ 詳見《東華續錄》乾隆七十五年及《欽定四庫全書總目．卷首．聖諭》乾隆三十七年條。

此外，《四庫全書總目．凡例》中，也有多處談到選書的原則。如〈凡例〉第三則云：

前代藏書，率無簡擇，蕭蘭並擷，珉玉雜陳，殊未協別裁之義。今詔求古籍，特創新規，一一辨其妍媸，嚴為去取。其上者悉登編錄，罔致遺珠；其次者亦長短兼臚，見瑕瑜之不掩。其有言非立訓，義或違經，則附載其名，兼匡厥謬，至於尋常著述，未越群流，雖咎譽之咸無，要流傳之已久，準諸家著錄之例，亦併存其目，以備考核，等差有辨，旌別兼施，自有典籍以來，無如斯之博且精矣。

按：這一則主要在說明《四庫全書》所「著錄」的圖書與「併存其目」（存目）的圖書兩者的甄別標準。

第七則云：

諸書刊寫之本不一，謹擇其善本錄之；增刪之本亦不一，謹擇其足本錄之。

按：這一則說明《四庫全書》所著錄的，都是「善本」和「足本」。

第十九則云：

九流自《七略》以來即已著錄，然方技家遞相增益，篇帙日繁，往往偽妄荒唐，不可究詰，抑或鄙瑣微末，不足編摩，今但就四庫所儲，擇其稍古而近理者，各存數種，以見彼法之梗概。其所未備，不復搜求。蓋聖朝編錄遺文，以闡聖學，明王道者為主，不以百氏雜學為重也。

按：這一則先說明收錄方技諸子的原則，繼而說明全書所收，要以能闡聖學、明王道者為主。以上所述，雖只舉《學海類編》及《四庫全書》兩種叢書為例，但大致已足以看出編輯叢書者，多以甄錄有用之書為其基本原則。

㈢多收罕見或未單行之書

清黎庶昌、楊守敬所輯刊的《古逸叢書》，所收二十七種，一百八十六卷，都是佚存日本，中土罕見之書。馬國翰《玉函山房輯佚書》、黃奭《黃氏佚書考》、洪頤煊《經典集林》、王謨《漢魏遺書鈔》等輯佚類所收佚書，都是罕見而且沒有單行本的書。現在舉數書為例：

1.以《家王故事》（不著卷數）一書為例。**按**：此書為宋代錢惟演撰。《直齋書錄解題》（卷七）〈傳記類〉著錄此書一卷，陳氏曰：「錢惟演撰。記其父遺事二十二事上之，以送史院。」此書今未見單行本，所見都是叢書本，有《五朝小說》本、《說郛》本。

2.以《荊湘近事》（一〇卷）一書為例。**按**：此書為宋代陶岳撰。記荊南高季興、湖南馬殷時事。此書已殘缺不全，且傳本罕見，今惟清順治四年（一六四七）兩浙督學李際期刊重編《說郛》㔾第三十收錄此書，題《湖湘故事》，僅收錄五條。

3.以《明禋儀注》（一卷）一書為例。**按**：此書為宋代王儀撰。記明禋之儀，景靈宮聖祖及太廟一十三寶三上之禮。此書由於篇帙很小，所以罕見單行本。今惟清順治四年（一六四七）李際期刊《說郛》

弓五十一收錄此書。

4.以《唐宋遺史》（四卷）一書為例。**按**：此書為宋代詹玠撰，一名《遺史紀聞》。記南唐、宋初遺聞佚事。此書罕見單行本，今所見者都是叢書本，有《說郛》本、《龍威祕書》本、《說庫》本及《叢書集成初編》本等。

5.以《使金錄》（一卷）一書為例。**按**：此書為宋代程卓撰。《四庫全書總目・雜史類・存目㈠》著錄此書，〈提要〉云：「嘉定四年（一二一一），卓以刑部員外郎同趙師嵒充賀金國正旦國信史，往返凡四閱月。是書乃途中紀行所作，於山川道里及所見古蹟，皆排日載之，中間如順天軍廳梁題名、光武廟石刻詩句之類，亦間可以廣見聞。」《四庫全書總目・存目》是根據編修汪如藻家藏本著錄，今則罕見單行本。今所見的都是叢書本，有清光緒十年（一八八四）巴陵方功惠所輯刊的《碧琳瑯館叢書》本及民國二十四年（一九三五）南海黃肇沂所輯印的《芋園叢書》本。

以上所舉五書，都是只有叢書本，沒有單刻本的圖書。

㈣可資校勘之資

叢書本的圖書，在校勘方面的價值，可以從三方面來說：

1.叢書所收，多見異本：叢書所收，有很多與其他單刻本不同的版本，可供對校之用。例如宋代陸游《南唐書》（十八卷）一書，今得見的，有：明汲古閣刊本，臺北中央研究院歷史語言研究所及國立臺灣大學藏有此本。又有明末胡震亨刊本、日本鈔本及《四庫全書》本，都藏在臺北國立故宮博物院。而《四部叢刊續編》所收的，則係據明代錢穀手鈔本影印，與前面所舉諸本多所不同。又如舊題宋代史虛白所撰《釣磯立談》（一卷）一書，今所見傳本有：清初抄本，今藏臺北國家圖書館。有清揚州使院重刻《楝亭藏書十二種》本，匡高十六・七公分，寬十一・六公分，每半葉十一行，行二十一字，也藏在臺北的國家圖書館。國立故宮博物院則有文淵閣《四庫全書》本。清乾隆年間，鮑廷博得吳翊鳳（枚庵）所藏汲古閣舊鈔本，據曹寅《楝亭藏書十二種》本讎勘，並輯得史虛白小傳三則，為《附錄》一卷，收在其所輯刊《知不足齋叢書》中。上述諸本，均各有長處，可資校勘。

再以宋代李心傳所撰《舊聞證誤》（十五卷）一書為例。心傳撰有《建炎以來繫年要錄》（二〇〇卷），記述高宗朝三十六年事跡；此書則多論北宋之事，一部分則兼述南宋史事，可補《要錄》之不足。此書在明代時已罕見傳本。清四庫館臣從《永樂大典》裡輯得一百四十餘條，編為四卷，今日所見《叢書集成》、《函海》、《反約篇》、《榕園叢書》等叢書所收的《舊聞證誤》，都是根據《四庫全書》本加以收錄的。清繆荃孫從錢塘丁氏（丙）影寫宋本，止存首二卷。第一卷二十七事，較《四庫全書》本多十三事；第二卷二十七事，視《四庫全書》本多十二事，因此將《永樂大典》所遺的輯為一卷，以附於後，而於館臣所輯的錯誤，多所是正，收在繆氏於光緒、宣統間所刊叢書《藕香零拾》中。

2. 叢書所收，多有善本：叢書所收的書，其來源有的是家藏的善本，有的是從各藏書家所藏善本蒐採而來。以張元濟輯刊《四部叢刊》諸編為例。張氏於〈印行《四部叢刊》啟〉云：「書貴舊本，昔人明訓。……此則廣事購借，類多祕帙。」因此《四部叢刊》諸編，除涵芬樓藏書外，又遍訪海內外公私善本。例如烏程劉氏（承幹）之「嘉業堂」、常熟瞿氏（鏞）之「鐵琴銅劍樓」、長沙葉氏（德輝）之「觀古堂」、江陰繆氏（荃孫）之「藝風堂」、無錫孫氏（毓修）之「小淥天」、江安傅氏（增湘）之「雙鑑樓」、烏程張氏（鈞衡）之「適園」、烏程蔣氏（汝藻）之「密韻樓」、平湖葛氏（金烺）之「傳樸堂」、上元鄧氏（邦述）之「群碧樓」、南陵徐氏（乃昌）之「積學齋」、閩縣李氏之「觀槿齋」、秀水王氏之「二十八宿研齋」、常熟歸氏之「鐵網珊瑚人家」、日本岩崎氏之「靜嘉堂」及「江南圖書館」（後改名為「江蘇省立國學圖書館」）、「國立北平圖書館」等地所藏善本書，均有部分借予張氏影印。

今以《四部叢刊》所收《太平御覽》一書為例。

此書近代所通行的，除各種抄本外，刊本則以明萬曆元年（一五七三）黃正色活字本及倪炳刊本為最常見。清嘉慶二十三年（一八一八），歙縣鮑崇城於明黃正色活字本外，又得祁氏（承㸁）「澹生堂」、鈕氏（石溪）「世學樓」、嚴氏（嵩）「鈐山堂」各寫本，又借得阮文達（元）所藏何元錫合集歸張海鵬所刊底本，彙校雕刊。後來張版遭燬，鮑本獨傳。阮文達序此鮑本云：

《太平御覽》一書，……惜世所行者，自明人刻本外，鮮有善冊。吳門黃蕘圃主事有刊本三百六十六卷（祐按：今檢《蕘圃藏書題識》卷六著錄之殘宋本，實為三百六十卷。）乃前明文淵閣宋刻殘本；又五百二十卷，亦依宋鐫所抄。其餘闕卷，並從各家舊鈔過錄。余乙丑、丙寅間，在雷塘庵取明黃正色本，屬友人密加讎校，知黃本顛倒脫落，至不可讀，與明活字版相似。……故余所讎校者，以全依宋本，不改一字為主。今鮑君崇城此刻，又皆全依余所校者付梓。

由於阮氏此序，說明鮑本完全依阮校付梓，因此近代利用《太平御覽》者，大多用鮑本。

民國十七年（一九二八），張元濟赴日本訪書，從帝室圖書寮及京都東福寺獲見宋蜀刊本，各有殘佚，又於靜嘉堂文庫見陸氏舊藏，於是乞假影印，攜帶返國。民國二十四年（一九三五），張氏輯刊《四部叢刊》三編時，以宋蜀刊本為底本，再以藏於靜嘉堂文庫的陸氏舊本，補足卷第四十二至六十一、第一百十七至一百二十五，影印收入。張氏並撰一〈跋〉，文中於鮑本的訛誤，多所指陳。〈跋〉云：

> ……今請再舉數例以證宋刻之勝於今本：〈職官部〉「金紫光祿大夫門」，宋刻引干寶《晉紀》、《三國典略》二則，鮑本則引《左傳》成（公）（上）曰：「衛侯使孫良夫來聘，且尋盟，公問諸臧宣叔曰：『中行伯之於晉也，其位在三公下卿，孫子之於衛也，位為上卿，將誰先？』臣對曰：『次國之上卿，當大國之中，中當其下，下當其上大夫；小國之上卿，當大國之下卿，中當其上大夫，下當其下大夫，上下如是，古之制也。』」九十八字，下接「入落授金紫光祿大夫」云云（原註：見卷第二百四十三第五葉），前後渺不相涉，張本同，但注上下疑有脫文。〈兵部〉「機略門」引《後漢書》第十六則岑彭將兵三萬餘人云云，凡一百三十七字（原註云：見卷第二百八十四第五葉），鮑、張二本全脫。〈妖異門〉「精門」引《易》、《禮記》、《唐書》、《管子》、《列異傳》，又《搜神記》二則，適成一葉（原註：見卷第八百八十六第四葉），鮑、張二本全缺。〈獸部〉「馬門」引《周禮・夏官》（上）「馬及行，則以任齊其行。若有馬訟，則聽之。禁原蠶者。」並註。又引《論語》、《周書》、《韓詩外傳》、《尚書大傳》、《太公六韜》、《禮斗威儀》、《春秋考異郵》、《春秋說題辭》凡十則及「《淮南子》四八九七十二」九字（原註：見卷第八百九十三第六葉），鮑本全脫，且易「淮南子」三字為「家語」，張本同，更少十餘字。即此數事觀之，彌覺宋本之可信。

近人郭伯恭亦於《四部叢刊》所收宋本《太平御覽》較鮑本之勝處，略作比較。郭氏云：

> 鮑氏付梓，雖依阮文達所藏者為主，而阮氏校勘並不精詳，故鮑刻舛誤實多。如卷三六九葉二後及卷七八八葉二前引《竺芝扶南傳》，言毗塞國王，一為「身長一丈二尺」，一為「身長三丈」，同引一書一事，文字不同若此，殊令人惑疑。今查《四部叢刊》本，而卷七八八所引者為《南史紀》，非《竺芝扶南傳》；鮑刻且誤「毗塞」為「騫毗」。又如卷七七六葉八後引《幰鹵簿令》，乍見之幾不知為何書，檢之《四部叢刊》本，「幰」字乃在前條引《儀制令》末句「以下皆不得用幰」，鮑刻將前條之末一字移入後條之首，遂誤為《幰鹵簿令》。又如《四部叢刊》本卷八七二葉八前引《史記》曰：「高祖至平城，匈奴圍上七日，大霧，漢人往來，故不覺。」又引《帝王世紀》曰：「黃帝五十年秋七月庚申，天大霧三日，帝之洛水上，見大魚負圖書。」兩條另列，行次分明，而鮑刻誤合兩條為一條，既未另起一行，又未用標誌分出，且於「大霧三日」下增「三禮」二字，不特引書相混，且使人疑《帝王世紀》後又繼引《三禮》一書矣。其他訛謬脫字，不勝枚舉。❼

除《四部叢刊》多收善本外，其他叢書收錄善本者，亦所在多有。例如清代黃丕烈所輯刊的《士禮居叢書》，其中所收宋明道二年（一〇三三）所刊韋昭注的《國語》、宋嚴州本《儀禮》、宋剡川姚氏本《戰國策》、宋本《輿地廣記》、宋本《傷寒總病論》、宋本《洪氏集驗方》等，都是罕見善本。又如鮑廷博輯刊的《知不足齋叢書》，其中如陳旉《農書》、吳仁傑《離騷草木疏》、劉克莊《江西詩派小序》、錢杲之《離

---

❼ 詳見郭伯恭所著《宋四大書考》，民國五十六年，臺北臺灣商務印書館臺一版，頁四四—四五。

騷集傳》等，都是依據宋本付梓。這些善本，都可供校勘的依據。

3. 叢書所收，多經校勘：輯刊叢書者，除蒐羅善本外，又每每從事仔細的校勘工作，有的甚至撰寫「校勘記」。由於校勘精審，每為讀者所信賴。

傅增湘序盧文弨所輯刊的《抱經堂叢書》云：

> 當乾隆盛時，海內魁儒，崇尚淹雅，先生以鴻材偉業，峙於其間，壯年膴仕，言事左遷，乞養歸田，校書終老。自以家居，無補於國，則刊定古籍，上佐右文之治，故所校刻，獨其漢唐，其餘瑣記短書，不相羼雜。每校一書，必搜羅諸本，反覆鉤稽，扞格之詞莫不通，晦僻之義莫不顯，而書之規模雅飭，亦出一時善工，較諸趨步宋槧，其神采各不相掩，是此書之奄有諸家之長，而無其短，余故推論指歸為之序。❽

按：今檢《抱經堂叢書》所收各書，書末大部分載有盧氏所撰考證或校記。

清嘉慶年間，張海鵬以毛晉《津逮祕書》為基礎，有所校讎損益，輯為《學津討源》。由於《學津討源》收錄的書多達一百九十二種，一千四十八卷，參與從事校讎工作的學者很多。根據卷首所載「同校姓氏」，計有：周光鏞（承齋）、周杏芳（靄林）、邵聖藝（芳圃）、屈振鏞（雲峰）、孫源湘（子瀟）、黃廷鑑（琴六）、江曾祁（仲漁）、景爕（閬仙）、吳景恩（心葵）、邵恩多（朗仙）、陳向榮（春岩）、殷會源（敬之）、曹璞（昆冶）、張鐸（椒卿）、盛大士（逸雲）等十五人。《續修四庫全書提要》云：「是書

---

❽ 詳見《抱經堂叢書》卷首〈抱經堂彙刻書序〉。

則就毛氏原書，刪去詩話書畫題跋，去《子貢詩傳》、《申培詩說》等偽書，所收皆四庫祕鈔有裨經史實用之書，取去精嚴，考證詳確。每書之後，皆附《四庫提要》；其無提要者，則並撰跋尾，詳述其書之始末原委。」於張氏校訂的成就，甚為推崇。

葉德輝《書林清話》卷九〈洪亮吉論藏書有數等〉一則，云：

……乾隆朝吳太史省蘭之《藝海珠塵》，刻書雖多，精萃甚少，然古書賴以傳刻，固亦有功藝林。但求如黃丕烈《士禮居叢書》、鮑廷博《知不足齋叢書》，既精賞鑒，又善校勘，則亦絕無僅有者矣。此外，如闕里孔農部繼涵紅櫚書屋《微波榭叢書》、李太守文藻《貸園叢書》，收藏亦各名家，校勘頗多有用，是亦當在標舉之列者也。

又於〈乾嘉人刻叢書之優劣〉一則云：

洪（亮吉）氏所遺，既已詳舉，而其他成書在後者，當時則有阮文達（元）《文選樓叢書》，則兼收藏、考訂、校讐之長者也。顧修《讀畫齋（叢書）》，李錫齡《惜陰軒（叢書）》，張海鵬《學津討源》、《借月山房（匯鈔）》、《澤古叢鈔》、《墨海金壺》，錢熙祚《守山閣（叢書）》、《珠叢別錄》、《指海》，楊墨林《連筠簃（叢書）》，郁松年《宜稼堂（叢書）》，伍崇曜《粵雅堂（叢書）》，潘仕誠《海山仙館（叢書）》，蔣光煦《別下齋（叢書）》、《涉聞梓舊》，錢培名《小萬卷樓（叢書）》，多者數百種，少則數十種，皆校勘家也。同光以來，則有吳縣潘文勤（祖蔭）《滂喜齋（叢書）》、

《功順堂（叢書）》，歸安姚觀察（覲元）《咫進齋（叢書）》，陸運使（心源）《十萬卷樓（叢書）》，錢唐丁孝廉（丙）《嘉惠堂（叢書）》，章大令（壽康）《式訓堂（叢書）》，收藏而兼校勘者也。至黎星使（庶昌）《古佚叢書》，專槧宋元舊槧，海外卷抄，刻印俱精，惜假手楊校官（守敬），不免師心自用，英雄欺人之病。惟江陰繆氏（荃孫）《雲自在龕叢書》，多補刻故書闕文，亦單刻宋元舊本，雖平津館、士禮居不能過之，孫（星衍）、黃（丕烈）復生，當把臂入林矣。

葉氏評論清代乾嘉以來所刻叢書的優劣，大致以校勘是否精審為最重要的標準，這也正足以說明清人輯刊叢書，最重視校勘工作。

近代所編叢書，在校勘方面用力最多的，當推張元濟所輯《四部叢刊》諸編。《四部叢刊》所收雖多為善本，但也不免有異文或訛誤，於是張氏每每撰寫「校勘記」或「札記」附載於各書卷末，方便學者取資。

(五)分類輯刊，方便求書

圖書分類之目的，一方面在顯示圖書的類別，一方面則方便學者求書。輯編叢書者，每每依所收圖書之內容與性質，加以分類。例如《學海類編》分為「經翼」、「史參」、「子類」、「集餘」四類。其分類最精細的，清代以前的叢書，以《四庫全書》最著，近代則以《叢書集成》最具代表性。

《四庫全書》之分類，治文史學者大致都知道，此不擬敘述。《叢書集成》則依新的學術領域，將圖書分為「總類」、「哲學類」、「宗教類」、「社會科學類」、「語文學類」、「自然科學類」、「應用科學類」、「藝術類」、「文學類」、「史地類」等十類。每大類下，又分若干小類。例如「語文學類」下，又分「文字」、「訓詁」、「許學」、「方言」、「辭書」、「音韻」、「文法」等七小類。「社會科學類」下，又分「政治」、「經濟」、「法律」、「經國方略」、「軍事」、「社會教育」等十八小類。「史地類」則更分為五十四小類。此種分類法，除方便檢索及反映近代學術分類的趨勢外，復可提供研究圖書分類者的參考。

四、叢書的缺失

叢書的缺失，主要有二項：

㈠所收頗有刪削或不完之本

叢書所收少者十數種，多者數百種，《四庫全書》所收，甚至多達三千四百七十種，七萬九千一十八卷。由於收書繁夥，對版本的甄擇，難免有所疏漏，因此所收未必都屬善本。茲舉數例如下：

1. 以宋王楙《野客叢書》為例。**按**：《宋史藝文志補・子部・小說家類》著錄此書作三十卷。是書傳本甚多：清邵懿辰《四庫簡明目錄標注》著錄了明刊本。邵章《續錄》則著錄了明細字刊本及日本承應二年（明永曆八年，清順治十一年，一六五四）中野氏是誰刊本。臺北國家圖書館有明嘉靖四十一年（一五六二）王穀祥刊本，共三十卷，附王楙父所著《野老記聞》一卷。明萬曆年間，陳繼儒輯編《寶顏堂祕笈》，所收此書，僅存十二卷，精核之處，多遭刪削。《寶顏堂祕笈》所收圖書，不完者不止此一書而已，其他如《春渚紀聞》、《貴耳集》、《捫蝨新話》等，都是不全之本。

2. 以元代黃溍《黃文獻集》為例。**按**：《四庫全書》著錄此書十卷，《四庫全書總目提要》云：「宋濂、王褘，皆嘗受業焉。濂〈序〉稱所著《日損齋稿》二十五卷，溍歿後，縣尹胡惟信鍥梓以傳。又有危素所編本為二十三卷，今皆未見。此本乃止十卷。前有嘉靖辛卯（十年，一五三一）張儉〈序〉。」王文進《文祿堂訪書記》（卷五）著錄《金華黃先生文集》四十三卷，王氏曰：「元黃溍撰。元至正刻本，《初稿》三卷，次題危素編，劉耳校正。《續稿》四十卷，次題門人王生、宋生編，三山學宮刊梓，半葉十二行，行二十四字，小黑口，至正十五年（一三五五）貢師泰序。」貢師泰〈序〉云：「翰林侍講學士金華黃先生文集總四十三卷，其《初稿》三卷，則未第時作，監察御史臨川危素所編次。《續稿》四十卷，則皆登第後作，門人王生、宋生所編次也。」此本原為陸氏皕宋樓舊藏，後歸日本靜嘉堂文庫，張元濟曾假得影印，收在《四部叢刊》初編。四十三卷本與《四庫全書》本相較，兩本卷數相去甚多，篇目次序及文字也多有異同。張元濟曾撰一〈跋〉，曰：「元槧《金華黃先生文集》四十三卷本，惟見歸安陸氏《皕宋樓藏書志》集部，孤本也。陸書流入東瀛，其本遂佚於中土。《叢刊》初印，得景寫本傳之於世，而元刊不可復見矣，心常慊慊。常熟瞿氏（鏞）、上元宗氏（舜年），各蓄殘本，重印從之乞借，謀為碎錦之合，去其複重，得卷才三十有一（瞿本卷一至十三卷，卷二十二至三十一。宗本卷十四至二十，卷三十二），不足尚十二卷也。戊辰九秋，東渡扶桑，始於靜嘉堂插架獲覩其全，舉所不足者告之，主者慨然許我景印，私喜有志竟成，不啻完璧歸趙也。歸而手校上板，因得盡讀一過。全書卷帙繁重，刊時猶有訛奪，屬目所及，隨筆札存，信乎古書非校不可讀。所貴者損泐漫漶之字，猶可辨認，終勝後來景本之滿紙訛闕耳。……」可知《四庫全書》所收十卷本，為殘缺不完的本子。

刪節最嚴重的叢書，為元代陶宗儀所輯的《說郛》。此編收書一千餘種，其中不少是罕見的圖書，於圖書文獻之流傳，頗有貢獻。但是所收的書，頗有節錄或任意刪節的，如宋代徐度《卻掃編》，今存各本都是三卷的完本，而《說郛》僅摘錄了六條。又如宋代張世南《遊宦紀聞》，《四庫全書》所著錄的是十卷本，而《說郛》僅收錄十五條。類似的情形很多。

(二)考證不精，偶有疏誤

刻叢書者，每由於成書倉促，或為了標新立異，造成考證不精的疏誤。例如明代郎奎金輯《爾雅》、《小爾雅》、《釋名》、《廣雅》、《埤雅》等五種為《五雅》四十一卷，今有明天啟丙寅（六年，一六二六）武林郎氏堂策檻刊本，惟擅自將劉熙《釋名》改稱《逸雅》，以合「五雅」之名。又如宋代葉夢得《巖下放言》（一卷），明代商濬輯刊《稗海》時，於第三函收錄此書，但把書名臆改為《蒙齋筆談》，並誤題作者為鄭景望。凡此，皆為葉德輝所譏❾。

至於誤題作者或漏題撰人者，也時有所見。例如《子貢詩傳》一書，舊題周端木賜撰，後人已辨其非，而《津逮祕書》猶仍誤題子貢撰。《申培詩說》一書，舊題漢申培撰，後人已辨其誤，但是，《說郛》、《津逮祕書》等，仍誤題申培撰。〈杜子春傳〉，出自《續玄怪錄》，乃李復言撰，今《古今說海》、《唐代叢書》等，則誤題鄭還古撰。這些都是誤題撰人的例子。〈張無頗傳〉，《太平廣記》注出《傳奇》，則作者當是唐代裴鉶，《古今說海》漏題撰人。〈崔煒傳〉，見《太平廣記》卷三十四，注出《傳奇》，作者當是裴鉶，《古今說海》則不署作者。這些都是漏題撰人的例子。

❾ 詳見《書林清話》卷七〈明人刻書改換名目之謬〉條。

第二節 類 書

一、類書的意義及起源

「類書」，就是在體制上將文獻依類纂輯的圖書。這種體制的圖書，淵源甚早。《爾雅》一書，把事物分「詁」、「言」、「訓」、「親」、「宮」、「器」、「樂」、「天」、「地」、「丘」、「山」、「水」、「草」、「木」、「蟲」、「魚」、「鳥」、「獸」、「畜」等十九類編輯，就是一種類書的形式。不過，《爾雅》所收的文獻，只限於字詞，和後世認為類書是「兼收四部」的看法不符⑩，加上《爾雅》的功用，偏重於「注經」、「解經」，所以《爾雅》歷來各種目錄都置於經部的小學類。到了北宋真宗咸平年間，邢昺等在杭州刊刻了《周禮》、《儀禮》、《公羊傳》、《穀梁傳》、《孝經》、《論語》、《爾雅》等七經義疏，《爾雅》又成了經書之一，所以學者都不曾將《爾雅》當做類書來看待。

類書這種「兼收四部」及分類的體制，可能是受到像《呂氏春秋》、《淮南子》等雜家類著作的影響。什麼是「雜家」？《說文解字》(八篇上)「衣」部「雜」字下，許慎云：「五采相合也，从衣，集聲。」段玉裁《注》云：「所謂五采，彰施於五色作服也，引伸為凡參錯之偁。亦借為聚集字，《詩》言襍佩，謂集玉與石為佩也。《漢書》凡言襍治之，猶今云會審也。」可見「雜」有會集、組合的意思。《漢書・藝文志》著錄雜家類著作二十家，班固云：「雜家者流，蓋出於議官，兼儒、墨，合名、法，知國

⑩ 《四庫全書總目提要・類書類》小序云：「類事之書，兼收四部。」

體之有此，見王治之無不貫，此其所長也。及盪者為之，則漫羨而無所歸心。」《隋書・經籍志》雜家類小序云：「雜者，兼儒、墨之道，通眾家之意，以見王者之化，無所不冠者也。古者司史歷記前言往行、禍福存亡之道，然則，雜者蓋出史官之職也。放者為之，不求其本，材少而多學，言非而博，是以雜錯漫羨而無所指歸。」從《漢志》和《隋志》的說法看來，雜家就是會集、組合各家學說而成的著作。

《呂氏春秋》和《淮南子》，可以說是雜家的代表作。《呂氏春秋》採擇前人之說，依其性質分為〈十二紀〉、〈八覽〉、〈六論〉三個部分。每一部分，又再分若干篇，將各種說法從事更細密的分類。《淮南子》則將天下方術之士及諸儒講論道德、古今治亂、存亡禍福、世間詭異瓌奇之事，分隸於〈原道〉、〈俶真〉、〈天文〉、〈墬形〉、〈時則〉、〈覽冥〉、〈精神〉、〈本經〉、〈主術〉、〈繆稱〉、〈齊俗〉、〈道應〉、〈氾論〉、〈詮言〉、〈兵略〉、〈說山〉、〈說林〉、〈人間〉、〈脩務〉、〈泰族〉等二十篇（第二十一篇為〈要略〉，則是說明二十篇的要旨與大略）。可見《呂氏春秋》、《淮南子》等雜家類的著作，已有彙集資料，並予以分類統繫的體制。宋代黃震的《黃氏日抄》（卷五十五）云〈淮南子〉條：

> 《淮南鴻烈》者，淮南王劉安，以文辯致天下方術之士，會粹諸子，旁搜異聞以成之，凡陰陽、造化、天文、地理、四夷、百蠻之遠，昆蟲草木之細，瓌奇詭異，足以駭人耳目者，無不森然羅列其間，蓋天下類書之博者也。

清代鈕樹玉《匪石先生文集・論淮南子》云：

> 類書之端，造於《淮南子》。古者著書，各道其自得耳，無有裒集群言，納於部類者。秦之呂不韋，始聚能文之士，著為《呂覽》，而其言則自成一家，且多他書所未載，非徒涉獵也。至《淮南》一書，乃博采群說，分諸部類，大旨宗老、莊而非儒、墨，雖泛濫龐雜，醇疵互見，而大氣浩瀚，故能融會無迹，則探索之力亦深矣。

《爾雅》一書，舊題周公所撰，但是從《西京雜記》一書開始，就認為該書已有後人增補的資料⓫。多數學者的看法是：《爾雅》不是周公的書，應該是周、秦、漢期間陸續增益而成的一部辭典。《呂氏春秋》、《淮南子》則是秦、漢的作品。這樣說起來，在周朝、秦漢時已有類書的體制了，只是後人將《爾雅》定位為小學的書。《呂氏春秋》一方面由於內容不完全是採摭他書而成，一方面則所薈集的偏重於諸子，所以把它定位於諸子的雜家。《淮南子》的體制雖已符合類書的條件，但是由於其取材也多偏重子書，所以也不把它列為類書。

目前論類書的學者，多數認為三國魏文帝所敕撰的《皇覽》，是最早的一部類書。其實，《皇覽》一書在《隋書・經籍志》仍列在雜家類，到了《舊唐書・經籍志》及《新唐書・藝文志》，始設立「類事類」（《新唐書・藝文志》稱為「類書類」），並將《皇覽》列為「類事類」（「類書類」）的首部。從此，「類書」

⓫《西京雜記》云：「郭威字文偉，茂陵人也，好讀書。以謂『《爾雅》，周公所制，而《爾雅》有「張仲孝友。」張仲，宣王時人，非周公之制明矣。』余嘗以問揚子雲，子雲曰：「孔子門徒游、夏之儔所記，以解釋六藝者也。家君以為〈外戚傳〉稱史佚教其子以《爾雅》，《爾雅》小學也。又記言孔子教魯哀公學《爾雅》。《爾雅》之出遠矣。舊傳學者皆云周公所記也。張仲孝友之類，後人所足耳。」」

的著述漸多，終成為中國圖書裡重要的體制。

二、類書的體制

類書的體制，依其徵引文獻方式之不同，大致可以區分為「以字繫事」和「以類繫事」兩大類。

㈠以字繫事

所謂「以字繫事」的體制，就是以文句或書名的首字或末字，統繫資料。以文句首字統繫資料的，如清康熙五十八年（一七一九）敕編的《駢字類編》（二四〇卷）即是。以文句末字統繫資料的，如康熙五十九年（一七二〇）完成的《佩文韻府》（一〇六卷）即是。以書名的首字或末字或其中一字繫事者，則以明永樂六年（一〇四八）完成的《永樂大典》（二萬二千八百七十七卷，另有〈目錄〉及〈凡例〉六十卷）最著。

㈡以類繫事

所謂「以類繫事」的體制，就是將文獻，分類編輯。例如宋代吳淑編撰的《事類賦》（三十卷），檃括故實，以事隸賦。他把所採摭的事，分為十四個部類：天部、歲時部、地部、寶貨部、樂部、服用部、什物部、飲食部、禽部、獸部、草木部、果部、鱗介部、蟲部。

一般說來，採用「以類繫事」的類書較多，例如唐代歐陽詢等編撰的《藝文類聚》（一〇〇卷）、唐代虞世南編撰的《北堂書鈔》（一六〇卷）、宋代李昉等撰的《太平御覽》（一〇〇〇卷）、宋代王欽若等編的《冊府元龜》（一〇〇〇卷）、清代聖祖敕編的《古今圖書集成》（一萬卷）等都是「以類繫事」的類書。至於「以字繫事」的類書，也有分類的，如《駢字類編》，固然是「以字繫事」的方法編纂而成，同時也把所收的二字詞（駢詞），分成天地門、時令門、山水門、居處門、珍寶門、數目門、方隅門、采色門、器物門、草木門、鳥獸門、蟲魚門、人事門（補遺）等十三類。至於《佩文韻府》及《永樂大典》兩部「以字繫事」的類書，嚴格的說，比較像詞書，但是由於它們蒐採繁博，與一般類書「兼收四部」的特質符合，因此習慣上都把它們歸屬為類書。

三、類書在文獻上的功用

類書的功用為何？《四庫全書總目提要・類書類・小敘》云：

> 此體一興，而操觚者易於檢尋，注書者利於剽竊，輾轉稗販，實學頗荒。然古籍散亡，十不存一，遺文舊事，往往託以得存。《藝文類聚》、《初學記》、《太平御覽》諸編，殘璣斷璧，至捃拾不窮，要不可謂之無補也。

這一段話，說明類書的功用有二：一是「易於檢尋（文獻）」，二是留存散亡的「遺文舊事」。事實上，類書在文獻上的功用，並不止於此。類書在文獻上的功用有三：

㈠方便資料之檢索

這可以從三方面來說：

1. 不論是「以字繫事」或「以類繫事」的類書，都是基於為了方便檢索而採用的檢索方法。例如《永樂大典》這部「以字繫事」的類書，是依明代初年樂韶鳳等所編的《洪武正韻》（十六卷）一書的韻目，按韻分列單字，再將與此一單字有關的文獻，錄載於該字下。《洪武正韻》固然有不少缺失，但是在當時，則是最通行的官方所編韻書，人人習用，以它作為類書的檢索方法，讀者使用十分方便。至於「以類繫事」的類書，如《古今圖書集成》，將所收文獻，依其性質分隸於六個「編」；每一「編」下，再分若干「典」，共計三十二「典」；每一「典」下，再分若干「部」；每一「部」下，再分「彙考」、「總論」、「列傳」、「藝文」、「選句」、「紀事」、「雜錄」、「外編」、「圖表」、「地圖」、「考證」等項。讀者所需資料，一索即得。

2.不論是「以字繫事」或「以類繫事」的類書，資料的排比，都是依時代先後為序。例如「以字繫事」的《佩文韻府》，每一詞藻下的資料，都是依時代先後，依次排比。以東韻「道窮」一詞為例，列舉了三條資料：《易》：「龍戰于野，其道窮也。」《史記‧孔子世家》：「西狩見麟，曰：『吾道窮矣。』」杜甫詩：「不但時人惜，祇應吾道窮。」這三條資料，都是依時代先後排比的。又如「以類繫事」的《玉海》，卷九十二〈郊祀〉條，先記黃帝的郊祀制度，次周代，次漢代，次三國，次晉代，次唐代，次宋代。讀者易於檢索。

3.部分類書，在每一類別的前後，會從事統計工作。如《文獻通考‧經籍考》，在每類之前，記載歷代該類文獻的總數。以經部《詩》為例：

《漢志》六家四百一十六卷。《隋志》三十九部四百四十二卷（通計亡書合七十六部六百八十三卷）。《唐志》二十五家三十一部三百三十二卷（失姓名三家，許叔才以下不著錄三家三十二卷）。《宋三朝志》

十三部一百四十一卷。《宋兩朝志》一部一卷。《宋四朝志》二十一部三百二十八卷。《宋中興志》五十三家六十四部八百七十一卷。

這些統計數字，可俾讀者了解文獻的概況。

㈡可為輯佚之取資

由於類書所採的文獻，四部皆有，十分廣博，其中不少為已佚的著作，後人每賴以輯佚，於保存文獻，厥功甚著。《四庫全書總目》於《藝文類聚》一書的〈提要〉說：

> 隋以前遺文祕籍，迄今十九不存，得此一書，尚略資考證。宋周必大校《文苑英華》，多引是集。而近代馮惟訥《詩紀》、梅鼎祚《文紀》、張溥《百三家集》，從此採出者尤多，亦所謂殘膏賸馥，沾溉百代者矣。

現在舉後世以類書鉤沉古籍之例：

例一：東漢劉珍等所撰《東觀漢紀》一書，是研究東漢史事的重要資料。此書《隋書・經籍志》著錄一百四十三卷，而《舊唐書・經籍志》及《新唐書・藝文志》則云一百二十六卷，可見此書到了唐代，已殘缺不全。到了宋代，更是殘缺嚴重，《宋史・藝文志》所著錄的，僅有八卷。元以後，此書則已亡佚。此書在晉代時，與《史記》、《漢書》並稱「三史」，為讀書人必讀的史書，所以六朝及唐代的著作，多徵引之。清代姚之駰根據虞世南的《北堂書鈔》、歐陽詢的《藝文類聚》、徐堅的《初學記》、劉昭的《續漢書十志補注》、《後漢書註》等，輯成八卷。清代四庫館臣，又以姚書為基礎，再從《永樂大典》輯補，輯成二十四卷。《北堂書鈔》、《藝文類聚》、《初學記》、《永樂大典》等，都是類書。

例二：南宋的李心傳，是著名的史學家，他所撰的《舊聞證誤》（十五卷）一書，記述北宋及南宋的史事，由於取材繁博，考證精審，《四庫全書總目提要》說它「於史學深為有裨，非淹通一代掌故者不能為也。」⑫此書明代各公私藏書目錄均不見著錄，可見明代已佚。清代編《四庫全書》時，四庫館臣從明代類書《永樂大典》，輯得一百四十餘條，編為四卷。今日所見《叢書集成》本，就是根據《四庫全書》的輯本。

㈢可為校勘之取資

唐朝以前的類書，所採取的文獻，大都根據唐以前的寫本或鈔本。宋代的類書，則根據唐代以前的寫本、鈔本或宋刊本。所以宋代以前的類書，它們所徵引的文獻，大致保持各書的原來面目，可作為校勘的依據。今舉二例：

例一：《論衡・書虛篇》：「顏淵與孔子俱上魯太山。孔子東南望，吳閶門外，有繫白馬，引顏淵指以示之，曰：『若見吳閶門乎？』顏淵曰：『見之。』孔子曰：『門外何有？』曰：『有如繫練之狀。』孔子撫其目而正之，因與俱下。下而顏淵髮白齒落，遂以病死。」

近人黃暉《論衡校釋》云：「『正』，《續博物志》作『止』，與『因與俱下』義正相生。《韓非子・十過篇》：『師延鼓琴，師曠撫止之。』《史記・樂書》：『師曠撫而止之。』正與此『撫其目而止之』一句例同。今作『正』，形誤，當據正。」今人田宗堯先生則進一步根據類書補強黃氏的說法，田氏《論衡

⑫說見《四庫全書總目・史評類》《舊聞證誤》一書〈提要〉。

校正》說：「《錦繡萬花谷》、《天中記》引『正之』亦並作『止之』，盧校同，是也。」《錦繡萬花谷》（一二〇卷）是宋代（不著撰人）的類書；《天中記》（六〇卷）則是明代陳耀文編的類書。

例二：《淮南子・覽冥訓》云：「若夫鉗且、大丙之御，除轡銜，去鞭棄策，車莫動而自舉，馬莫使而自走也。」鉗且和大丙二人，傳說是天神太乙的馬夫，一說是古代得道之人，可以神氣御陰陽。近人劉文典《淮南子集解》云：「『除轡銜』三字為句，『去鞭棄策』四字為句，文不一律。《(太平）御覽》三百五十九引作『除轡舍銜，去鞭棄策』，多一『舍』字，是也。八百九十六引作『除轡銜，去韅靷』，疑後人妄改，以就已誤之上句也。」《太平御覽》（一〇〇〇卷）是宋代李昉等編纂的類書。

四、類書的文獻不可盡信

類書所載文獻，功用固然很多，但是使用類書所載文獻時，要注意的是：類書所徵引的資料，並不盡可信。

清代崔述《考信錄提要》（卷上）〈釋例〉云：

凡人多所見則少所誤，少所見則多所誤。……故好德不如好色，許允事也，而近世類書以為許渾。韓魏公在揚州與客賞金帶圍，王珪與陳旭、王安石也，而近世類書以為王曾。晉宋之事，且猶不免傳訛，況乎三代以上，固當十倍於此者。

清代朱一新《無邪堂答問》（卷二）云：

高郵王氏父子之於經，精審無匹，顧往往據類書以改本書，則通人之蔽。若《北堂書鈔》、《太平御覽》之類，世無善本；又其書初非為經訓而作，事出眾手，其來歷已不可恃。而以改數千年諸儒斷斷考定之本，不亦傎乎！然王氏猶必據有數證而後敢改，不失慎重之意。若徒求異前人，單文孤證，務為穿鑿，則經學之蠹矣。

又卷三云：

國朝人於校勘之學最精，而亦往往喜援他書以改本文。不知古人同述一事，同引一書，字句多有異同。非如今之校勘家，一字不敢竄易也。今人動以此律彼，專輒改訂，使古書皆失真面目，此甚陋習不可從。凡本義可通者，即有他書顯證，亦不得輕改。古書詞義簡奧，又不當以今人文法求之。

清姚永概《慎宜軒文集》（卷一）〈書經義述聞讀書雜誌後〉云：

古書訛脫至不可讀，好古者搜採他本或類書、注語之引及者，讐校而增訂之，於是書誠有功矣。若其書本自可通，雖他書所引，間有異同，安知誤不在彼，能定其孰為是非哉？王氏信本書之文，不及其信《太平御覽》、《初學記》、《白帖》、《孔帖》、《北堂書鈔》之深，斯乃好異之弊。

又說：

古人屬辭，意偶而辭不必偶，往往有一字而偶二三字者。王氏每以句法參差不齊為疑，據類書以改古本。不知類書多唐以後人作，其時排偶之文，務尚工整，故其援引，隨手更乙，使之比和。況古人引書，但取大義，文句之多寡，字體之同異，絕不計焉。從王氏之說，是反以今律古，失之遠矣。

近人劉文典《三餘札記》（卷一）〈類書〉條云：

清代諸師校勘古籍，多好取證類書，高郵王氏尤甚。然類書引文，實不可盡恃。往往有數書所引文句相同，猶未可據以訂正者。蓋最初一書有誤，後代諸書亦隨之而誤也。如宋之《太平御覽》，實以前代《修文御覽》、《藝文類聚》、《文思博要》諸書參詳條次修纂而成。其引用書名，特因前代類書之舊，非宋初尚有其書，陳振孫言之詳矣。若《四民月令》一書，唐人避太宗諱，改「民」為「人」，《御覽》亦竟仍而不改。書名如此，引文可知。故雖隋、唐、宋諸類書引文並同者，亦未可盡恃。講校勘者，不可不察也。

綜合以上各家所說，類書所載文獻不可盡信的原因有三：

㈠類書係由多人編纂而成：類書由於篇幅甚鉅，除少數如《初學記》、《北堂書鈔》外，多數是由多人共同編輯而成。以明代所編《永樂大典》一書來說，參與纂修的，有正總裁三人，副總裁二十五人，纂修三百四十七人，催纂五人，編寫三百三十二人，看詳五十七人，謄寫一千三百八十一人，續送教授十人，辦事官吏二十人，凡二千一百八十人。人數既多，自然容易有體例不一、引文增省等疏失。

㈡徵引文獻時隨意更改原文：前人引書，不一定忠於原文，這可能是無意的疏失，也可能是以己意更改。以己意更改的原因，有時候是用當時的語法，改動前人的文句，姚永概所說唐代類書常將前人文句改為排偶之文，就是指的這種現象；有時候則是不知詞義而誤改，近人裴學海《類書引古書多以意改說》一書，舉數例說明類書擅改古書的情形，例如《晏子春秋》（卷五）〈內篇雜上第五〉〈景公游紀得金壺中書晏子因以諷之〉條云：「景公游于紀，得金壺，發其視之。」《太平御覽》引此「其」作「而」，裴氏謂「其」字有「而」義，《御覽》誤改。

㈢很多類書是因襲前代類書資料，增訂而成，前代類書有誤，後代類書也跟著錯誤，所以有時候好幾種類書引文相同，也不能輕信它們是對的。

關於類書的討論，可參閱拙著《治學方法》一書（民國八十八年九月，臺北：三民書局印行）。

第三節　政　書

一、「政書」之內涵及文獻資料

「政書」係記載典章制度的文獻。書中所載類目，包羅甚廣；所徵引圖書，極為繁富。惟歷來有系統討論「政書」文獻的著述不多。本節將深入討論重要「政書」的文獻價值。

明代以前，史書中的「藝文志」或「經籍志」及公私藏書目錄，都未見「政書」的類目，直到明代錢溥《祕閣書目》（不著卷數），才設置「政書」的類目。《四庫全書總目》因襲錢目，於〈史部〉設立「政書類」。《四庫全書總目・政書類・小敘》說明「政書類」收錄圖書的範圍、性質及類目的由來，云：

志藝文者有「故事」一類，其間祖宗創法，奕葉慎守，是為一朝之故事。後鑒前師，與時損益者，是為前代之故事。史家著錄，大抵前代事也。《隋志》載《漢武故事》，濫及稗官；《唐志》載《魏文貞故事》，橫牽家傳。循名誤列，義例殊乖。今總核遺文，惟以國政朝章六官所職者，入於斯類，以符周官故府之遺。至儀注、條格，舊皆別出，然均為成憲，義可同歸。惟我皇上，制作日新，垂謨冊府，業已恭登新笈，未可仍襲舊名，考錢溥《祕閣書目》有「政書」一類，謹據以標目，見綜括古今之意焉。

這篇「小敘」的要點有二：一是在說明「政書類」的著作，在前代藝文、經籍志，多歸在「故事類」，但是《四庫全書》「政書類」所收的，則限於與「國政朝章六官所職」有關的為主。二是在說明「政書類」的名稱，始自明代錢溥的《祕閣書目》。

「政書類」收錄的範圍既然以與「國政朝章六官所職」有關的為限，其內涵則可根據其所分子目了解。《四庫全書總目・史部・政書類》下分六個子目：一是「通制之屬」，收錄唐代杜佑《通典》（二〇〇卷）、宋代王溥《唐會要》（一〇〇卷）、元代馬端臨《文獻通考》（三四八卷）等書。二是「典禮之屬」，收錄唐代蕭嵩《大唐開元禮》（一五〇卷）、宋代鄭居中《政和五禮新儀》（二二〇卷）、明代李之藻《頖宮禮樂疏》（一〇卷）等書。三是「邦計之屬」，收錄宋代董煟《救荒活民書》（三卷）、元代陳椿《熬波圖》（一卷）、清代俞森《荒政叢書》（一〇卷）等書。四是「軍政之屬」，收錄宋代陳傅良《歷代兵制》（八卷）、明代楊時喬《馬政紀》（十二卷）等書。五是「法令之屬」，收錄唐代長孫無忌《唐律疏議》（三〇卷）、清代乾隆敕撰《大清律例》（四十七卷）等書。六是「考工之屬」，收錄宋代李誡《營造法式》（三十四卷）、清代金簡《欽定武英殿聚珍版程式》（一卷）等書。

「政書」由於所載錄的都是歷代典章制度，徵引資料繁博，因此富於文獻。例如唐代杜佑《通典》（二〇〇卷）一書，《四庫全書總目提要》謂其「博取五經群史及漢、魏、六朝人文集、奏疏及有裨得失者，每事以類相從，凡歷代沿革，悉為記載，詳而不煩，簡而有要，元元本本，皆為有用之實學，非徒資記問者可比。考唐以前之掌故者，茲編其淵海矣。」又如宋代李攸《宋朝事實》（二〇卷）一書，《四庫全書總目提要》說：「攸熟於掌故，經靖康兵燹之後，圖籍散佚，獨汲汲搜輯舊聞，使一代典章，粲然具備，其用力頗為勤摯。所載歷朝登極南郊大赦詔令、太宗親製趙普碑銘、西京崇福宮記、景靈西宮記、大晟樂記，往往為《宋文鑑》、《名臣碑傳琬琰集》、《播芳大全》諸書所闕漏。」可見「政書」具有極豐富的文獻。

「政書」的內涵既廣，為數眾多，今擇《文獻通考》為代表，說明其文獻價值。

二、《文獻通考》

《文獻通考》（三四八卷），元馬端臨撰。端臨（一二五四—一三三〇），字貴與，江西饒州樂平人，宋丞相廷鸞子。與兄端復同受學於曹涇，咸淳九年（一二七三）漕試第一。至元間任慈湖書院山長，歸教於鄉。延祐五年（一三一八）復起為柯山書院山長，至治三年（一三二三）遷台州路學教授，三月，謝病歸，卒於家。事跡具《宋元學案》卷八十九、《宋元學案補遺》卷八十九、《元史類編》卷三十四、《元書》卷八十九、《新元史》卷二三四等書。

㈠《文獻通考》之內容

談到《文獻通考》的內容，首先要了解馬氏對「文獻」一詞的釋義。馬氏在〈自序〉中，說明他對「文獻」一詞所下的定義，他說：

……愚自蚤歲，蓋嘗有志於綴緝，顧百憂薰心，三餘少暇，吹竽已澀，汲綆不修，豈復敢以斯文自詭。昔夫子言夏殷之禮，而深慨文獻之不足徵。釋之者曰：文，典籍也；獻，賢者也。生乎千百載之後，而欲尚論千百載之前，非史傳之實錄具存，何以稽考；儒先之緒言未遠，足資討論，雖聖人亦不能臆為之說也。……凡敘事則本之經史，而參之以歷代「會要」以及百家傳記之書，信而有證者從之，乖異傳疑者不錄，所謂「文」也；凡論事則先取當時臣僚之奏疏，次及近代諸儒之評論，以至名流之燕談，稗官之紀錄，凡一話一言，可以訂典故之得失，證史傳之是非者，則採而錄之，所謂「獻」也。

根據這段〈自序〉，馬氏所謂「文」，指經、史、會要、諸子百家等四部之書；「獻」，則指當時臣僚的奏疏、近代諸儒的評論及燕談。今觀《通考》全書，所載文獻，大抵涵蓋這兩類。

《通考》全書分二十四考，其目如左：

〈田賦考〉（卷一至卷七）。〈錢幣考〉（卷八至卷九）。〈戶口考〉（卷十至卷十一）。〈職役考〉（卷十二至卷十三）。〈征榷考〉（卷十四至卷十九）。〈市糴考〉（卷二十至卷二十一）。〈土貢考〉（卷二十二）。〈國用考〉（卷二十三至卷二十七）。〈選舉考〉（卷二十八至卷三十九）。〈學校考〉（卷四十至卷四十六）。〈職官考〉（卷四十七至卷六十七）。〈郊社考〉（卷六十八至卷九十）。〈宗廟考〉（卷九十一至卷一〇五）。〈王禮考〉（卷一〇六至卷一二七）。〈樂考〉（卷一二八至卷一四八）。〈兵考〉（卷一四九至卷一六一）。〈刑考〉（卷一六二至卷一七三）。〈經籍考〉（卷一七四至卷二四九）。〈帝系考〉（卷二五〇至卷二五九）。〈封建考〉（卷二六〇至卷二七七）。〈象緯考〉（卷二七八至卷二九四）。〈物異考〉（卷二九五至卷三一四）。〈輿地考〉（卷三一五至卷三二三）。〈四裔考〉（卷三二四至卷三四八）。

這二十四個門目，並非全由馬氏所獨創，部分係源自唐代杜佑的《通典》、歷代史志及會要諸書。馬氏在〈自序〉中，談到這些類目的由來。他說：

> 唐杜岐公始作《通典》，肇自上古，以至唐之天寶，凡歷代因革之故，粲然可考。其後宋白嘗續其書至周顯德。近代魏了翁又作《國朝通典》，然宋（白）之書成而傳之者少；魏（了翁）嘗屬稿而未成書。今行於世者，獨杜公之書耳，天寶以後蓋闕焉。有如杜（佑）書綱領宏大，考訂該洽，因無以議為也。然時有古今，述有詳略，則夫節目之間，未為明備，而去取之際，頗欠精審，不無遺憾焉。蓋古者因田制賦，賦乃米粟之屬，非可析之於田制之外也。古者任土作貢，貢乃包篚

之屬，非可雜之於稅法之中也。乃若敘選舉，則秀孝與銓選不分；敘典禮，則經文與傳注相汩；敘兵，則盡遺賦調之規，而姑及成敗之跡，諸如此類，寧免小疵。至於天文、五行、藝文，歷代史各有志，而《通典》無述焉。馬、班二史，各有諸侯王列侯表，范曄《東漢書》以後無之，然歷代封建王侯未嘗廢也。王溥作唐代、五代《會要》，首立「帝系」一門，以敘各帝歷年之久近、傳授之始末，次及后妃皇子公主之名氏封爵，後之編《會要》者倣之，而唐以前則無其書，凡是二者，蓋歷代之統紀典章係焉，而杜書亦復不及，則亦未為集著述之大成也。……竊伏自念業紹箕裘，家藏墳索，插架之收儲，趨庭之問答，其於文獻蓋庶幾焉。嘗恐一旦散軼失墜，無以屬來哲，是以忘其固陋，輒加考評，旁搜遠紹，門分彙別，曰〈田賦〉，曰〈錢幣〉，曰〈戶口〉，曰〈職役〉，曰〈征榷〉，曰〈市糴〉，曰〈土貢〉，曰〈國用〉，曰〈選舉〉，曰〈學校〉，曰〈職官〉，曰〈郊社〉，曰〈宗廟〉，曰〈王禮〉，曰〈樂〉，曰〈兵〉，曰〈刑〉，曰〈輿地〉，曰〈四裔〉，俱倣《通典》之成規，自天寶以前，則增益其事迹之所未備，離析其門類之所未詳；自天寶以後，至宋嘉定之末，則續而成之曰〈經籍〉，曰〈帝系〉，曰〈封建〉，曰〈象緯〉，曰〈物異〉，則《通典》元未有論述，而採摭諸書以成之者也。

據此，可知《通考》的類目，大部分依據《通典》離析而成，一部分則係馬氏所創。為方便省覽，今將二書的門目列表比較如下：

《通典》門目	《通典》卷次	《文獻通考》門目	《文獻通考》卷次
〈食貨〉	卷一—卷一二	〈田賦考〉	卷一—卷七
		〈錢幣考〉	卷八—卷九
		〈戶口考〉	卷十—卷十一
		〈職役考〉	卷十二—卷十三
		〈征榷考〉	卷十四—卷十九
		〈市糴考〉	卷二十—卷二十一
		〈土貢考〉	卷二十二
		〈國用考〉	卷二十三—卷二十七
〈選舉〉	卷十三—卷十八	〈選舉考〉	卷二十八—卷三十九
		〈學校考〉	卷四十—卷四十六
〈職官〉	卷十九—卷一四〇	〈職官考〉	卷四十七—卷六十七
〈禮〉	卷四一—卷一四〇	〈郊社考〉	卷六十八—卷九十
		〈宗廟考〉	卷九十一—卷一〇五
		〈王禮考〉	卷一〇六—卷一二七
〈樂〉	卷一四一—卷一四七	〈樂考〉	卷一二八—卷一四八
〈兵〉	卷一四八—卷一六二	〈兵考〉	卷一四九—卷一六一
〈刑〉	卷一六三—卷一七〇	〈刑考〉	卷一六二—卷一七三
		〈經籍考〉	卷一七四—卷二四九
		〈帝系考〉	卷二五〇—卷二五九

		〈封建考〉	卷二六〇—卷二七七
		〈象緯考〉	卷二七八—卷二九四
		〈物異考〉	卷二九五—卷三一四
〈州郡〉	卷一七一—卷一八四	〈輿地考〉	卷三一五—卷三三三
〈邊防〉	卷一八五—卷二〇〇	〈四裔考〉	卷三三四—卷三四八

從以上的比較，可知《通考》的類目，雖大部分依據《通典》，但是卻多所分析，例如將《通典》的〈食貨〉，分析為〈田賦考〉、〈錢幣考〉、〈戶口考〉、〈職役考〉、〈征榷考〉、〈市糴考〉、〈土貢考〉、〈國用考〉等八個門目。〈禮〉則析為〈郊社考〉、〈宗廟考〉、〈王禮考〉等三個門目。部分門目，雖源自《通典》，但是名稱則有所改易，例如《通典》的〈州郡〉，改為〈輿地考〉，〈邊防〉改為〈四裔考〉。其中〈征榷考〉、〈市糴考〉、〈土貢考〉、〈國用考〉、〈四裔考〉等名稱，係馬氏所自創；〈經籍考〉、〈帝系考〉、〈封建考〉、〈象緯考〉、〈物異考〉等，則是《通典》所未有的。

㈡《文獻通考》的取材

《文獻通考》以取材繁博著稱，《四庫全書總目提要》雖歷數其所失載者頗多，但是終不得不謂其「雖稍遜《通典》之簡嚴，而詳贍實為過之，非鄭樵《通志》所及也。」由於《通考》篇卷繁富，徵引既多，且每一門目之性質及所考述的起訖時代不同，其所取材也自各不同。今就全書二十四考，列舉最常見徵引的文獻，以見《通考》取材的來源。

1. 經部

《毛詩注疏》二〇卷　（漢）毛公傳　（漢）鄭玄箋　（唐）陸德明音義　（唐）孔穎達疏。《尚書注疏》二〇卷　（漢）孔安國傳　（唐）陸德明音義　（唐）孔穎達疏。《易學辨惑》一卷　（宋）邵博溫撰。《周禮注疏》四二卷　（漢）鄭玄注　（唐）陸德明音義　（唐）賈公彥疏。《儀禮注疏》一七卷　（漢）鄭玄注　（唐）陸德明音義　（唐）賈公彥疏。《禮記注疏》六三卷　（漢）鄭玄注　（唐）陸德明音義　（唐）孔穎達疏。《大戴禮記》一三卷　（漢）戴德撰　（北周）盧辯注。《樂書》二〇〇卷　（宋）陳暘撰。《春秋左傳注疏》六〇卷　（晉）杜預注　（唐）陸德明音義　（唐）孔穎達疏。《春秋公羊傳》二八卷　（漢）何休解詁　（唐）陸德明音義。《春秋穀梁傳》二〇卷　（晉）范甯集解　（唐）陸德明音義。《論語》一〇卷　（魏）何晏集解　（宋）朱熹注。《孟子》七卷　（漢）趙岐注　（宋）朱熹集注。（以上「群經類」）

《白虎通德論》一〇卷　（漢）班固撰。《經典釋文》三〇卷　（唐）陸德明撰。（以上「群經總義類」）

2. 史部

《史記》一三〇卷　（漢）司馬遷撰　（劉宋）裴駰集解　（唐）司馬貞索隱　（唐）張守節正義。《漢書》一〇〇卷　（漢）班固撰　（唐）顏師古注。《後漢書》一二〇卷　（劉宋）范曄撰　（唐）李賢注　《續志》（晉）司馬彪撰　（梁）劉昭注。《三國志》六五卷　（晉）陳壽撰　（劉宋）裴松之注。《晉書》一三〇卷　（唐）房玄齡等撰。《宋書》一〇〇卷　（梁）沈約撰。《南齊書》五九卷　（梁）蕭子顯撰。《梁書》五六卷　（唐）姚思廉撰。《陳書》三六卷　（唐）姚思廉撰。

《魏書》一一四卷　（北齊）魏收撰。　《北齊書》五〇卷　（唐）李百藥撰。　《周書》五〇卷　（唐）令狐德棻等撰。　《隋書》八五卷　（唐）魏徵、長孫無忌等撰。　《南史》八〇卷　（唐）李延壽撰。　《北史》一〇〇卷　（唐）李延壽撰。　《舊唐書》二〇〇卷　（後晉）劉昫等撰。　《唐書》二二五卷　（宋）歐陽修、宋祁等撰。　《五代史記》七四卷　（宋）歐陽修撰　（宋）徐無黨注。　《宋兩朝國史》一二〇卷　（宋）王旦等撰。　《宋三朝國史》一五五卷　（宋）呂夷簡等撰。　《宋四朝國史》二五〇卷　（宋）李燾、洪邁等撰。**按**：《宋兩朝國史》、《宋三朝國史》、《宋四朝國史》等三編，今已亡佚。（以上「紀傳類」）

《漢紀》三〇卷　（漢）荀悅撰。　《資治通鑑》二九四卷　（宋）司馬光撰。　《續資治通鑑長編》一六八卷　（宋）李燾撰。**按**：此書已佚，今《四庫全書》本，係自《永樂大典》輯出，釐為五二〇卷。　《皇朝編年綱目備要》　（宋）陳均撰。**按**：此書已佚，今所存的只有《宋九朝編年備要》三十卷。（以上「編年類」）

《國語》二一卷　（吳）韋昭注。　《國史補》　（宋）蔡絛撰。**按**：此書已佚。　《獨斷》二卷　（漢）蔡邕撰。（以上「雜史類」）

《漢舊儀》二卷　（漢）衛宏撰。　《通典》二〇〇卷　（唐）杜佑撰。　《通志》二〇〇卷　（宋）鄭樵撰。　《建炎以來朝野雜記甲集》二〇卷《乙集》二〇卷　（宋）李心傳撰。　《中書備對》三〇卷　（宋）畢仲衍撰。**按**：此書已佚。　《西漢會要》七〇卷　（宋）徐天麟撰。　《東漢會要》四〇卷　（宋）徐天麟撰。　《唐會要》一〇〇卷　（宋）王溥撰。　《五代會要》三〇卷　（宋）王溥等撰。《宋會要》（宋）李心傳等撰。按：《宋會要》在宋代多次修纂，然多未刊行，僅李心傳所修《十三朝會要》（五八八卷）曾在蜀中刊行，今均已亡佚。今有清代徐松所輯《宋會要輯稿》行世。《愧郯錄》一五卷（宋）岳珂撰。《歷代制度詳說》一二卷（宋）呂祖謙撰。（以上「政書類」）

《攬轡錄》一卷（宋）范成大撰。（以上「地理類」）

《讀史管見》三〇卷（宋）胡寅撰。《古史餘論》（宋）朱熹撰。（以上「史評類」）

《崇文總目》六六卷（宋）王堯臣、歐陽修等撰。按：此書已佚，今有清代錢東垣輯本。《郡齋讀書志》二〇卷（宋）晁公武撰。《直齋書錄解題》二二卷（宋）陳振孫撰。按：此書已佚，今有《四庫全書》本，係輯自《永樂大典》者。《子略》四卷（宋）高似孫撰。（以上「目錄類」）

3. 子部

《孔子家語》一〇卷（魏）王肅注。《中論》二卷（漢）徐幹撰。《昌言》二卷（漢）仲長統撰。《鹽鐵論》一〇卷（漢）桓寬撰。《潛夫論》一〇卷（漢）王符撰。《朱子語錄》一四〇卷（宋）朱熹撰。《程氏遺書》二五卷（宋）程顥、程頤撰（宋）朱熹輯。（以上「儒家類」）

《管子》二四卷　舊題（周）管仲撰。（以上「法家類」）

《莊子》一〇卷　舊題（周）莊周撰。（以上「道家類」）

《正論》一卷（漢）崔寔撰。按：此書已佚，今有馬國翰所輯《玉函山房輯佚書》本。《唐摭言》一五卷（五代）王定保撰。《宋氏筆記》三卷（宋）宋祁撰。《仇池筆記》二卷（宋）

蘇軾撰。《歸田錄》二卷 （宋）歐陽修撰。《邵氏聞見錄》二〇卷 （宋）邵伯溫撰。《幕府燕談》一卷 （宋）畢仲詢撰。**按**：今本作《幕府燕閒錄》。《緯略》一二卷 （宋）高似孫撰。《雜學辨》一卷《附錄》一卷 （宋）朱熹撰。《西麓涉筆》 （宋）周氏撰。《演繁露》一六卷 （宋）程大昌撰。《夢溪筆談》二六卷 （宋）沈括撰。《容齋隨筆》一六卷《續筆》一六卷《三筆》一六卷《四筆》一六卷《五筆》一〇卷 （宋）洪邁撰。《唐子西語錄》一卷 （宋）唐庚撰。《石林燕語》一〇卷 （宋）葉夢得撰。《避暑錄話》二卷 （宋）葉夢得撰。《巖下放言》三卷 （宋）葉夢得撰。《麈史》三卷 （宋）王得臣撰。《東齋紀事》五卷《補遺》一卷 （宋）范鎮撰。《師友談記》一卷 （宋）李廌撰。《揮麈前錄》四卷《後錄》一一卷《三錄》三卷《餘話》二卷 （宋）王明清撰。《能改齋漫錄》一八卷 （宋）吳曾撰。《習學記言》五〇卷 （宋）葉適撰。（以上「雜家類」）

《法藏碎金錄》一卷 （宋）晁迥撰。（以上「釋家類」）

4. 集部

《昌黎先生集》四〇卷《外集》一〇卷 （唐）韓愈撰。《陸宣公集》二二卷 （唐）陸贄撰。《歐陽文忠全集》一三五卷 （宋）歐陽修撰。《忠肅集》二〇卷 （宋）劉摯撰。《傳家集》八〇卷 （宋）司馬光撰。《元豐類稿》五〇卷 （宋）曾鞏撰。《斐然集》三〇卷 （宋）胡寅撰。《公是集》五〇卷 （宋）劉敞撰。《彭城集》四〇卷 （宋）劉攽撰。《蘇東坡全集》一一〇卷 （宋）蘇軾撰。《雞肋集》七〇卷 （宋）晁補之撰。《水心集》二九卷 （宋）葉適撰。

《朱子文集》一〇〇卷《後集》一一卷《別集》一〇卷　（宋）朱熹撰。《巽巖集》一二〇卷　（宋）李燾撰。按：此編已佚。　《止齋文集》二二卷　（宋）陳傅良撰。《東萊集》四〇卷　（宋）呂祖謙撰。

（以上「別集類」）

《古今詩話》七〇卷　（唐）李頎撰。按：此書已佚。　《歐公詩話》一卷　（宋）歐陽修撰。

《后山詩話》一卷　（宋）陳師道撰。　《許彥周詩話》一卷　（宋）許顗撰。　《苕溪漁隱叢話》一卷　（宋）胡仔撰。　《冷齋夜話》一〇卷　（宋）僧惠洪撰。　《溫叟詩話》　作者待考。　《詩史》作者待考。按：末二書今佚。（以上「詩文評類」）

5. 除徵引四部圖書外，《通考》又每引當時人的言論，但云「某氏曰」，而不著明出處，如：

「武夷胡氏曰」：此指胡安國。安國，字康侯，建寧崇安人，學者稱武夷先生。

「先公曰」（或作先君曰）：此指馬廷鸞。廷鸞，字翔仲，號碧梧，饒州樂平人，端臨父。

「遁齋陳氏曰」：此指陳正敏。陳氏，號遁齋。

「文潛張氏曰」：此指張耒。耒，字文潛，號柯山，楚州淮陰人。

「夾漈鄭氏曰」：此指鄭樵。樵，字漁仲，莆田人，居夾漈山，學者稱夾漈先生。

「玉山汪氏曰」：此指汪應辰。應辰，字聖錫，信州玉山人，學者稱玉山先生。

「龍川陳氏曰」：此指陳亮。亮，字同甫，一字同父，號龍川，婺州永康人。

「勉齋黃氏曰」：此指黃榦。榦，字直卿，號勉齋，閩縣人。

「九峰蔡氏曰」：此指蔡沈。沈，字仲默，建陽人，隱居九峰，學者稱九峰先生。

「后村劉氏曰」：此指劉克莊。莊，字潛夫，號后村，莆田人。
「竹溪林氏曰」：此指林希逸。希逸，字肅翁，一字淵翁，號竹溪，又號鬳齋，福清人。
「后山陳氏曰」：此指陳師道。師道，字履常，一字無己，學者稱后山先生，彭城人。
「潁濱蘇氏曰」：此指蘇轍。轍，字子由，一字同叔，眉山人，軾弟，築室於許，號潁濱遺老。
「山谷黃氏曰」：此指黃庭堅。庭堅，字魯直，號涪翁，分寧人。嘗遊灊皖山谷寺石牛澗，樂其林泉之勝，因自號山谷道人。
「公子康公休曰」：此指司馬康。康，光子，字公休。
「雲龕李氏曰」：此指李邴。邴，字漢老，號雲龕，濟州鉅野人。
「山陰陸氏曰」、「放翁陸氏曰」：此並指陸游。游，字務觀，山陰人，不拘禮法，人譏其頹放，因自號放翁。
「南軒張子曰」：此指張栻。栻，字敬夫，一字欽夫，一字樂齋，號南軒。
「羅鄂州曰」：此指羅願。願，字端良，號存齋，歙縣人，知鄂州，有治績，因以為稱。
「后溪劉氏曰」：此指劉光祖。光祖，字德修，號后溪，一號山堂，陽安人。
「雁湖李氏曰」：此指李壁。壁，字季章，號雁湖居士，又號石林，丹稜人，燾第六子。
「潔齋袁氏曰」：此指袁燮。燮，字和叔，號潔齋，一作絜齋，鄞人。

以上所列舉的，是馬氏引用較多者，尚有部分徵引較少或姓氏不可考的，從略。

㈢《文獻通考》輯錄文獻的方法

《文獻通考》一書，篇幅甚鉅，所輯錄的文獻，以時代而言，自先秦以迄宋末，四部之書，皆多所徵引。以人物來說，從聖賢以至當時人的言論，也多所著錄。馬氏輯錄文獻的方法，可以歸納為下列幾個原則：

1.先輯錄「文」，次輯錄「獻」

馬氏〈自序〉說「文」為經史、歷代「會要」及百家傳記之書；「獻」為當時臣僚的奏疏、近代諸儒的評論及名流的燕談、稗官的紀錄。《通考》輯錄文獻，先「文」後「獻」，為其通例。例如〈戶口考〉㈠〈歷代戶口丁中賦役〉條，先輯錄《尚書》、《周禮》二書中的相關資料，最後引朱熹《朱子語錄》、山齋易氏（易祓）之說。《尚書》、《周禮》二書，屬於「文」；朱熹、易祓之說，則屬於「獻」。

2.輯錄的文獻，依時代先後排比

《通考》輯錄文獻，多依時代先後為序，依次排比。如門目下分立子目，則先列子目，再依文獻的時代先後依次輯錄。例如〈選舉考〉，分「舉士」、「賢良方正」、「孝廉」、「童科（小學附）」、「吏道」、「舉官」、「辟舉」等子目。每子目下再依時代先後輯錄。

3.所輯錄文獻，如考論有所不足，則多引當時人之說，以補其不足

如〈選舉考〉㈩〈舉官〉條引《國史》云：

治平三年（一〇六六），命宰執舉館職各五人。先是上謂中書曰：「水潦為災，言事者云咎在不能

進賢，何也？」歐陽修曰：「今年進賢路狹。往時入館有三路，今塞其二矣。進士高科，一路也；大臣薦舉，一路也；因差遣例除，一路也。往年進士五人以上皆得試，第一人及第，有不十年即至輔相者。今第一人兩任方得試，而第二人以下不復試，是高科路塞矣。往時大臣薦舉即召試，今只令上簿候缺人乃試，是薦舉路塞矣。惟有因差遣例除者，半是年勞老病之人，此臣所謂薦舉路狹也。」上納之，故有是令。韓琦、曾公亮、趙概等舉蔡延慶以下凡二十人，皆令召試，宰臣以人多難之，上曰：「既委公等舉之，苟賢豈患多也。」先召試蔡延慶等十人，餘須後時。

此段下引葉夢得之說，云：

石林葉氏曰：「國初以史館、昭文館、集賢院為三館，皆寓崇文院，其實無別舍，但各以庫藏書列於廊廡間爾。直館直院謂之館職，以他官兼者謂之貼職。凡狀元制科一任還，即試詩賦各一而入，否則用大臣薦而試，謂之入館。官制行，廢崇文院為祕書監，建祕閣於中。自監少至正字，列為職事官，罷直閣直院為名，而書庫仍在，獨以直祕閣為貼職之首。皆不試而除，蓋時以為恩數而已。

按：此引葉氏之說，以補《國史》中述「館職」演變的不足。

4. 每一門目，在徵引有關的「文」和「獻」後，其他有裨考證者，則附載於該門目之後，以備稽考。例如〈戶口考〉凡二卷，敘夏代至宋代戶口丁中賦役，而以〈奴婢〉（傭賃・品官占戶）附於卷末。

又如〈職役考〉凡二卷，既敘黃帝至南宋寧宗間鄉黨版籍職役，而以〈復除〉附於卷末。又如〈國用考〉凡五卷，既敘周至宋寧宗歷代國用，而以〈漕運〉、〈賑恤〉、〈蠲貸〉等附之。

5.同一文獻複見，則云詳見某門

馬氏在不同的門目徵引同一文獻，則云「詳見某門」的互見方式，以省篇幅。例如馬氏於〈田賦考〉(四)論及「歷代田賦之制」，引述「致堂胡氏」（胡寅）之說。在〈國用考〉(五)論及「蠲貸」時，再引胡氏之說，則云「致堂胡氏論見〈田賦考〉」，不再贅引。又如〈王禮考〉(十七)既敘唐至宋「國恤」，卷末云：「按歷代國恤儀制，惟東漢史稍詳，至唐而為李義府、許敬宗輩所削，盡亡其禮，故唐史無可考者。宋九朝史及《會要》所載雖詳，而儀注亦多未備，今姑摘其可考者錄於此。自請謚以下至及虞祔廟，則見〈山陵門〉。」

6.每一門目之末，間附馬氏按語

馬氏《文獻通考・自序》云：「其載諸史傳之紀錄而可疑，稽諸先儒之論辨而未當者，研精覃思，悠然有得，則竊著己意，附其後焉。」馬氏的按語，或評論制度的得失，或考訂文獻的差異，或綜錄制度，或評論當時文獻欠詳，或敘述制度的緣起，或評論史事，或考訂文獻的錯誤。例如〈錢幣考〉(二)在敘說唐代憲宗元和年間立規設蓄錢之禁後，馬氏說：

按：後之為國者，不能制民之產，以均貧富，而徒欲設法以限豪強兼并之徒。限民名田，猶云可也；限民蓄錢，不亦甚乎！然買田者，志於吞併，故必須上之人立法，以限其頃畝。蓄錢者志於流通，初不煩上之人立法以教其懋遷也。今以錢重物輕之故，立蓄錢之限，然錢重物輕，正藏鏹逐利者之所樂聞也。人棄我取，誰無是心，正不必設法禁以驅之，徒開告訐之門，而重為煩擾耳。

按：這是評論制度的得失。

又如〈戶口考〉(三)，於列舉北宋各路戶口之數後，馬氏說：

按：以史傳考之，則古今戶口之盛，無如崇寧、大觀之間。然觀當時諸人所言，則版籍殊欠覈實，所紀似難憑，覽者詳之。

按：這是評論當時資料欠詳。

在〈經籍考〉部分的按語，則或敘說作者的姓名與時代，或說明書名的含義，或評論一書的價值，或考訂一書的篇卷，或考訂一書的成書年代，或論辨一書的真偽等。例如〈經籍考〉(三六)於《三朝訓鑒圖》(一〇卷)一書，馬氏說：

按：《三朝寶訓》一書，《直齋書錄解題》以為宰相王曾奏請編修，成於天聖十年（一〇三二），凡三十卷。《揮麈錄》以為章獻命儒臣所修，成於天聖初年（一〇二三），凡十卷，殊不相脗合。然《揮麈錄》所言禁中刻本，且有繪圖，則似即此《三朝訓鑒圖》十卷之書。然直齋以此書為慶曆、皇祐時所修纂，則又與《揮麈錄》所謂仁皇初年傅母輩侍上展玩之語，深不合矣，當俟考訂精者質之。

按：這是考訂一書的成書時代。

又如在同卷《鄭夾漈通志略》一書末，馬氏說：

又按：此書刊本，元無卷數，止是逐〈略〉分為一二耳。《中興四朝藝文志·別史類》載《通志》二百卷，其後敘述云：「中興初，鄭樵采歷代史及他書，自三皇迄隋，為書曰《通志》，倣遷、固為記傳，改表為譜，志為略。」則其為書，似是節鈔刪正歷代之正史，如高峻之《小史》、蘇子由之《古史》，而非此二十略之書也。但〈二十略·序文〉後言：「於紀傳即其舊文從而損益，制誥書疏，寘之別錄，《唐書》、《五代史》，本朝大臣所修，非微臣敢議，故紀傳及隋，若禮樂刑政，務存因革，故引而至唐」云，則亦略言其作書之意。豈彼二百卷者，自為一書，亦名之曰《通志》，而於此〈序〉，附言其意邪？或併〈二十略〉共為一書邪？當俟續考。

按：這是考述一書的撰修經過及源流。

又如〈經籍考〉[四八]《李衛公問對》（三卷）一書下，馬氏說：

按：《四朝國史·兵志》，神宗熙寧間，詔樞密院曰：「唐李靖兵法，世無全書，雜見《通典》，離析譌舛。又官號物名，與今稱謂不同，武人將佐，多不能通其意，令樞密院檢詳官與王震、曾旼、王白、郭逢原等校正分類解釋，令今可行。」豈即此問答三卷邪？或別有其書也？然晁、陳二家，以為阮逸取《通典》所載附益之，則似即此書。然神宗詔王震等校正之說，既明見於《國史》，則非逸之假託也。

按：這是考辨一書的真偽。

(四)《文獻通考》的文獻價值

《四庫全書總目提要》論《文獻通考》的價值說：

……然其條分縷析，使稽古者，可以案類而考。又其所載宋制最詳，多《宋史》各志所未備，案語亦多貫穿古今，折衷至當，雖稍遜《通典》之簡嚴，而詳贍實為過之。

此段評論過於簡略。今從文獻觀點，析論《通考》的價值：

1. 可補史志的不足

史書之有「志」，始自《史記》的八書：〈禮書〉、〈樂書〉、〈律書〉、〈曆書〉、〈天官書〉、〈封禪書〉、〈河渠書〉、〈平準書〉。《漢書》改「書」為「志」，並增為「十志」：〈律曆志〉、〈禮樂志〉、〈刑法志〉、〈食貨志〉、〈郊祀志〉、〈天文志〉、〈五行志〉、〈地理志〉、〈溝洫志〉、〈藝文志〉。其後歷代史書，多以「志」為稱。在《二十五史》中，除《三國志》、《梁書》、《陳書》、《北齊書》、《周書》、《南史》、《北史》外，其餘各史均有「志」(《新五代史》改「志」為「考」)。

「志」的類目，各史多寡不同，名稱也不盡相同。總計各史中的「志」，大抵有：「禮志」(「禮儀志」)、「樂志」(「音樂志」)、「律曆志」、「天文志」(「司天考」)、「郊祀志」(「祭祀志」)、「溝洫志」(「河渠志」)、

「食貨志」、「刑法志」、「五行志」（「災異志」）、「地理志」（「郡縣志」、「地形志」、「職方考」）、「藝文志」（「經籍志」）、「職官志」（「百官志」）、「輿服志」（「車服志」）、「符瑞志」（「祥瑞志」、「靈徵志」）、「釋考志」、「儀衛志」、「選舉志」、「兵志」（「兵衛志」）、「營衛志」等。《清史稿》另有「交通志」及「邦交志」。《文獻通考》倣《新五代史》，改「志」為「考」，共二十四考。其中頗有歷代史志所沒有的，例如〈田賦考〉、〈錢幣考〉、〈戶口考〉、〈職役考〉、〈征榷考〉、〈市糴考〉、〈土貢考〉、〈國用考〉、〈學校考〉、〈郊社考〉、〈宗廟考〉、〈四裔考〉等，都是《文獻通考》所新增的，可補歷代史志的不足。

再從史志的內容來說。各史志所載，除《史記》外，都只著錄當代的文獻，而《通考》所載，則貫串歷代的文獻，因此其子目完備，所載甚詳。以〈選舉考〉為例，分〈舉士〉、〈賢良方正〉、〈孝廉〉、〈武舉〉、〈任子〉、〈童科（小學附）〉、〈吏道〉、〈貲選進納〉、〈方伎〉、〈舉官〉、〈辟舉〉、〈考課〉等十二子目，較各史志中的〈選舉志〉為詳。

2. 可資輯佚

《通考》所輯錄的文獻，頗有今已亡佚的圖書，所以是輯佚的寶庫。今列舉數書為例：

(1)《崇文總目》

此書本來為六十六卷，另有〈敘錄〉一卷，宋王堯臣、歐陽修等撰。**按**：仁宗景祐元年（一〇三四）閏六月，由於三館祕閣所藏，有謬濫不全的書籍，辛酉，命翰林學士張觀、知制誥李淑、宋祁，將館閣正副本書看詳，定其存廢，偽謬重複者刪去，差漏者補寫校對，倣開元四部錄，約《國史・藝文志》，著為目錄，仍令翰林學士盛度等看詳，慶曆元年（一〇四一）十二月己丑上之。參與修纂的，有聶冠卿、郭稹、呂公綽、王洙、歐陽修、張觀、宋庠等。由王堯臣領銜奏上，歐陽修於諸人中聲名最著，而且歐公文集中多載《崇文總目》的敘錄，所以此書歷來都署王堯臣、歐陽修等撰。

茲編卷數，歷來說法不一。《續資治通鑑長編》、《麟臺故事》云六十卷，《中興書目》云六十六卷，《皇朝事實類苑》云六十七卷，《文獻通考》則云六十四卷。《四庫全書總目提要》謂南宋諸家或不見其原書，故所記卷數各異。近人梁啟超謂當作六十六卷，作六十七卷者，係合〈敘錄〉一卷言之[13]。朱彝尊謂南宋時，鄭樵作《通志》，以為其文繁無用，紹興中遂從而去其〈敘〉、〈釋〉，因此《郡齋讀書志》、《直齋書錄解題》皆云一卷，是指刊除〈敘〉、〈釋〉之後者，全本已不甚行[14]。惟錢大昕以為不是由於鄭樵之言所致，而是當時為了方便尋檢，才刪除了〈敘〉、〈釋〉[15]。

明代以來此書已罕見，清代朱彝尊嘗得明代范欽的天一閣藏本，鈔而傳之，才稍見於世。朱氏《曝書亭集》有康熙庚辰（三十九年，一七〇〇）九月所寫的此書〈跋〉，謂欲從《六一居士集》及《文獻通考》所載，別鈔一本以補之，然當時朱氏已七十二高齡，竟未能完成[16]。清代嘉慶年間，嘉定錢東垣、錢繹（初名東墉）、錢侗（初名東野）昆仲及金錫鬯、秦鑑等人，依據天一閣本的簡目，從《歐陽修集》、《玉海》、《文獻通考》等書，輯得原〈敘〉三十篇，原〈釋〉九百八十條，引證四百二十條，釐為五卷。

[13] 說見《圖書大辭典簿錄之部》。
[14] 說見《曝書亭集》卷四十四。
[15] 說見《潛研堂文集》卷二十五。
[16] 說見《四庫全書總目・史部・目錄類》《崇文總目》一書之〈提要〉。

其中輯自《文獻通考》的甚多。

(2)馬廷鸞的著述

馬廷鸞（一二二二—一二八九），是馬端臨的父親。廷鸞，字翔仲，號碧梧，晚年自號「玩芳病叟」，江西饒州樂平縣人。淳祐七年（一二四七）進士，任池陽儒學教授，遷祕書省正字。初，丁大全雅慕廷鸞，欲鉤致之，廷鸞不為動，及當輪對，欲劾大全，大全瞷知之，以監察御史朱熠劾罷，由是名重天下。景定二年（一二六一），遷為著作佐郎，兼右司，不久又遷將作少監。咸淳中，拜右丞相，罷歸。入元不仕，至元二十六年（一二八九）卒，年六十八。事跡具《宋史》（卷四一四）本傳。

廷鸞的著作，根據《宋史》本傳、《文獻通考》、《經義考》、《樂平縣志》、《宋史藝文志補》等書所載，共有十一種：

《六經集傳》、《尚書蔡傳合編》、《儀禮本經書會》、《語孟會編》、《讀史旬編》（八〇卷）、《讀莊筆記》、《洙泗裔編》、《張氏祝氏皇極觀物外編》、《楚辭補記》、《咸淳遺老集》（一〇〇卷）、《碧梧玩芳集》（二四卷）。

上述諸書，今則除《讀史旬編》及《碧梧玩芳集》二書猶有輯本外，其餘均已亡佚。

馬端臨在《文獻通考》中，引用其父的說法，或曰「碧梧馬氏曰」，或曰「先公曰」，或曰「先君曰」。這些都是輯佚的重要文獻。例如〈經籍考〉㈢《鄭東卿易卦疑難圖》（二五卷）一書下，曰：

> 先君曰：此書本五行卦氣之說，而象數義理出焉，無朱子發之瑣碎，戴師愈之矯僞，讀之時有會

心者，必宿儒所著。

按：此條蓋為《六經集傳》的佚文。

又《經籍考》(四)《書》〈小序〉下，曰：

先公曰：歐陽公〈日本刀歌〉云：「傳聞其國居大海，土壤沃饒風俗好，前朝貢獻屢往來，士人往往工詞藻。徐福行時書未焚，《逸書》百篇今尚存，令嚴不許傳中國，舉世無人識古文。先王大典藏夷貊，蒼波浩蕩無通津，令人感激坐流涕，鏽澀短刀何足云。」詳此詩似謂徐福以諸生帶經典入海外，其書乃始流傳於彼也。然則秦人一燼之烈，使中國家傳人誦之書皆放逸，而徐福區區抱編簡以往，能使先王大典獨存夷貊，可歎也！亦可疑也。然今世經書往往有外國本云。

按：此條蓋《尚書蔡傳合編》的佚文。

又《經籍考》(七)《古禮經傳通解》(二三卷)《集傳集注》(一四卷)條下，曰：

先公曰：愚按：〈記〉不隨〈經〉，〈注〉、〈疏〉各為一書，讀者不能遽曉，此猶古《易》之〈彖〉、〈象〉、〈文言〉、〈繫辭〉，各自為書，鄭康成所以欲省學者兩讀而為今《易》也。文公於《禮》書之離者合之，於《易》書之合者離之，是亦學者所當知也。

按：此條蓋《儀禮本經書會》的佚文。

馬廷鸞晚年讀史的心得，編為《讀史旬編》，其〈自序〉說：

《讀史旬編》者，病叟暮年之所著也。昔東萊呂太史著《大事記》，其為書也，曰：記事列事之目，無所褒貶抑揚，曰「通釋」；本《易．繫辭》、《書》、《詩．序》，旁採劉向、董仲舒、史遷，以及胡五峰之說，明帝王之統紀，曰「解題」。為始學者設，所載皆職分之所當知，非事駁雜，求新奇，出於人所不知也。初，公之為書，本起春秋，迄五代，書未及成，而絕筆於漢武帝征和三年（前九〇）。朱文公屢惜之，傷斯文之不續，後學之不得私淑諸人也。今輒不自揆，本康節《邵氏經世紀年圖》、朱文公《通鑑綱目》，略倣呂氏義例，而為《讀史旬編》。旬者，日之甲癸也。《書》曰朞三百六旬是也。吾書以日之甲癸，比於年之甲癸，謂之「旬編」，自堯甲辰，至五代周顯德七年庚申（九六〇）（原注：周以此年正月四日方禪），三千三百一十七年為三百三十二旬（原注：末旬自甲至庚），類而編之。……

按：此〈序〉，今見《碧梧玩芳集》輯本。《讀史旬編》原本三十八帙八十卷，今則完本已不傳。清乾隆年間，輯編《四庫全書》時，四庫館臣自《永樂大典》輯得馬廷鸞詩文，排比為《碧梧玩芳集》二十三卷，收錄文二十卷，詩三卷。又輯得《讀史旬編》〈自序〉及〈制作通說〉、〈三皇五帝世譜〉、〈外丙仲壬〉、〈文武受命之年〉、〈成王年幼周公恐天下畔乃踐阼攝政南面朝諸侯〉、〈厲王共和〉、〈貞定王三年乙亥晉空桐震臺舍外人多死〉、〈春秋十二諸侯譜〉、〈魏文侯〉、〈商鞅〉、〈蘇秦〉、〈東西二周〉、〈封建郡縣〉、〈以張敖故臣田叔等十人為郡守諸侯相〉、〈陳平受命誅樊噲還上崩因留宿衛〉、〈呂后〉、〈景帝〉等十七篇，以篇帙不多，附於文後，今《四庫》本《碧梧玩芳集》卷一至二十為文，卷二十一即《讀史旬編》，卷二十二至二十四則為詩。

今檢《文獻通考》，頗載馬氏史論，為《四庫全書》輯本所失載的。例如《文獻通考》（卷十九）〈征榷考〉(六)〈雜征斂（山澤津渡）〉條下，引馬廷鸞之說，云：

先公曰：按告緡之令，至是行之五年矣。武帝之聚斂，正為征伐計也。得馬息，遂不告緡，此漢之所以猶愈於秦也。嘗觀文帝時，纔令民實粟塞下，便可以減田租。武帝時，纔令邊民畜馬取息，便可除告緡。蓋一事輒有一事之益，後世厲民之政一行，則與國俱弊，無可哀救。雖復縣官百方措置，徒為煩擾，而於民間無分毫之益，可歎也夫。

又如《文獻通考》卷二〇〈市糴考〉(一)〈均輸市易和買〉條下，引馬廷鸞之說，云：

先公曰：今按桑大夫均輸之法，大概驅農民以效商賈之為也。然農民耕鑿，則不過能輸其所有，必商賈懋遷，乃能致其所無。今驅農民以致商賈，則必釋其所有，責其所無，如賢良文學之說矣。太史公〈平準書〉云：「令遠方各以其物貴時商賈所轉販者為賦，而相灌輸。」此說疑未明。班孟堅採其語曰：「令遠方各以其物如異時商賈所轉販者而相灌輸。」此說渙然矣。蓋作「如異時」三字，是謂驅農民以效商賈之為也。東萊呂氏尊遷抑固，是以取〈(平準)書〉而不用〈(食貨)志〉語，然義理所在，當惟其明白者取之，是以《通鑑》取〈志〉語云。

又如在《文獻通考》卷二五一〈帝系考〉(二)〈太上皇太皇太后皇太后〉條下，在引用致堂胡氏論女色外戚為患之說後，引馬廷鸞之說，云：

> 先公曰：今按胡氏之說，足以盡西京外戚貽禍之本末矣。嘗因是而極論之。天地間有陽不能無陰，陰而乘陽，則宇宙分裂，人極隳亡矣。歐陽公謂宦官之禍甚於女子，蓋為唐末一代言之耳。以古今大勢論，則女禍深矣。少女子能蠱惑人主以亡國，老女子能崇長外戚以亡國，三代之亡國，皆由此物矣。周之東遷以褒姒，周雖不亡於此，已衰於此矣。秦后始有宣太后穰侯之專；莊襄悅美姬以易其宗；漢高帝起閭閻，呂氏初無功於王業也，而漢初諸人之論，每以為呂氏雅故，本推轂高帝就天下（原注：田生語。註謂翼戴以成帝業，若車之行，助推其轂）。又謂呂氏與高帝共定天下（原注：酈寄語），是以諸呂之心，自謂與諸劉等，憪然有取而代之之意，而後動於惡，中間霍氏擁昭立宣，陰妻邪謀，特覺之早耳，而終不免新莽之亂焉。曹魏之見篡於司馬氏也，一再廢殺，專以母后為之主。及晉武帝平吳之後，耽惑女，寵楊賈，實召五胡亂華之禍，天下既為南北矣。齊陳以女色亡；元魏以淫后亡；隋文帝起外戚以篡周；唐高祖主外戚竊宮嬪以取隋；太宗寵武才人，開聚麀之醜，子孫殲焉；祿山之起，為太真妃也，唐雖未亡於此，而已衰於此也。河朔失而勁兵亡，東南虛而蠻禍起，非權輿於天寶末乎？朱梁以女寵開子禍而亡，後唐莊宗以劉后殺功臣、勒軍賞而亡，皆女子之為也。

以上所舉數則，應該都是《讀史旬編》的佚文。其他如〈國用考〉、〈選舉考〉、〈經籍考〉等，也多引馬廷鸞的史論，這些，都可補《四庫全書》本的不足。

3. 可資校勘

《文獻通考》所徵引的文獻，與今本比勘，頗多異文，因此可作為校勘古籍的資料。以宋代吳曾的《能改齋漫錄》一書為例。

《通考》（卷二〇）〈市糴〉(二)在宋真宗大中祥符三年（一〇一〇）條下引《能改齋漫錄》卷十二〈和買絹〉條。今以《叢書集成初編》本的《能改齋漫錄》為底本，與《通考》所引的對校如下：

本朝預買納（《通考》「納」作「紬」）絹，謂之和買絹。案《玉壺清話》與《澠水燕談》二書，皆以為始于祥符初，因王旭知潁州，時大饑，出府錢十萬緡，與民約曰：「來年蠶熟，每貫輸一縑，于謂之和買。」自爾為例。而《澠水燕談》又以為其後李士衡行之陝西，民以為便，今行天下，于歲首給之。（《通考》此句首有「然」字）予案范蜀公《東齋記事》稱是太宗時，馬元方為三司判官，建言方春乏絕時，豫（《通考》作「預」）給庫錢貸之，至夏秋，令輸絹于官，預買紬絹，蓋始于（《通考》「于」作「如」）此。以三書考之，當以范說為是。蓋范嘗為是（《通考》「是」作「史」）官耳。予讀詩人袁陟（世弼）所為〈墓誌〉，序其當仁宗時為太平州當塗知縣，且言江南和市紬絹，豫給緡（《通考》「緡」作「民」）錢，郡縣或以私惠人而不及農者，當塗尤甚，世弼自（《通考》「自」作「所」）為條約，細民均得之，乃知太宗之所以惠愛天下多矣。而其後以鹽代錢，以為縑直，又其後也，鹽亡而額存，然後知《左氏》所謂作法于涼，其說不誣也（《通考》「也」作「矣」）。

再以《通考》引宋代王明清的《揮麈錄》一書為例。

按：《揮麈錄》一書裡，記載著很多國史中所不載的史料，可補冊府之遺，因此《文獻通考》多所引用。但是若以《通考》所引與今本《揮麈錄》比勘，也頗多異文。《通考》（卷六四）〈職官〉（一八）在「朝奉大夫，古無此階，宋元豐更官制，以朝奉大夫換後行郎中，朝奉大夫以上係正郎」條下引《揮麈錄》的說法。

今以《四部叢刊續編》據汲古閣影宋鈔本印本為底本，以《通考》所引比勘如下：

（更）（《通考》首有「更」字）官制後，惟光祿大夫及中散朝議二大夫分左右，增磨勘而已，初非以科第也。元祐間，范忠宣當國，始帶左右，紹聖初罷去，事見常希古奏疏。大觀二年（《通考》無「二年」兩字），又置中奉、奉直二大夫，徹（《通考》作「撤」）中散朝議左右字，紹興初樞密院（《通考》無「樞密院」三字）編修官楊愿啟請再分左右，自是以出身為重。

由此可見《文獻通考》所徵引的文獻，與今本頗多異文，可作為校勘的材料。

4.方便文獻的檢索

所謂方便文獻的檢索，指的是下面三事：

一是《通考》所引的文獻，多以時代先後為序，依年排比，學者檢索每一時代的文獻，甚為方便。

二是《通考》所引文獻，大多注明出處。其注明出處的方法，雖不一致，然大抵而言，均可據以檢索而得。

三是馬端臨每將文獻從事統計，方便學者檢索。例如《文獻通考》卷十一〈戶口考〉㈡，列舉宋太祖建隆元年（九六〇）至寧宗嘉定十六年（一二二三）二百餘年全國各路的「戶」、「口」、「丁」總數，末云：

右《國朝會要》所載戶口，南渡前無各路數目，故以《中書備對》所書元封各路數編入，而南渡後莫盛於寧宗嘉定之時，故備書之。

據此，可知此項「戶」、「口」、「丁」的統計數字，是馬氏根據《會要》、《中書備對》等文獻整理統計而來，方便讀者取資。

又如《文獻通考》（卷二九）〈選舉〉㈡的卷末，載〈唐登科記總目〉，著錄自唐高祖武德元年（六一八）至唐哀帝天祐四年（九〇七）間的進士及第諸科所取人數，末云：「右唐二百八十九年逐歲所取進士之總目。」《通考》（卷三〇）〈選舉考〉㈢載〈五代登科記總目〉，著錄自梁太祖開平二年（九〇八）到後周世祖顯德六年（九五九）五十二年間所取的進士及諸科人數。《通考》卷三二〈選舉考〉㈤載〈宋登科記總目〉，著錄自北宋太祖建隆元年（九六〇）至南宋度宗咸淳十年（一二七四）年間所錄取的進士及諸科人數并省元、狀元的姓名，馬氏於卷末云：

右宋三百一十五年逐科取士之總目，以《登科記》及《會要》參考，并省元、狀元之名，具錄於此。

據此，可知此項統計數字，係馬氏參考《登科記》及《會要》等文獻整理、統計而成，方便讀者檢索。

又如以《文獻通考・經籍考》為例。〈經籍考〉在每一類之前，並列舉歷代史志所載該類圖書的總數。例如〈經部・易類〉之前云：

《西漢志》《易》十三家，二百九十四篇。《隋志》六十九部，五百五十一卷（通計亡書合九十四部，八百二十九卷）。《唐志》七十六家，八十八部，六百六十五卷（失姓名一家，李鼎祚以下不著錄十一家，三百二十九卷）。《宋三朝志》二百七部，二百四十卷。《宋兩朝志》十一部，七十三卷。《宋四朝志》三十七部，二百一十九卷。《宋中興志》一百四十家，一百八十四部，一千三百六十六卷。

〈集部・賦詩類〉之前云：

《漢志》賦二十家，三百六十一篇。又賦二十一家，二百七十四篇（入揚雄八篇）。《漢志》賦又二十五家，百三十六篇。又雜賦十二家，二百三十三篇。《漢志》歌詩二十八家，三百一十四篇。《隋志》楚辭十部，二十九卷（通計亡書十一部，四十卷）。《唐志》楚辭七部，二十二卷。《宋中興志》楚辭九家，十二部，二百四卷。

這些統計數字，都很方便檢索。

(五)《文獻通考》的運用

學者想要正確運用《文獻通考》中的文獻，應注意下列數事：

一是應了解《文獻通考》的缺失。《通考》的缺失有二：

1. 徵引的文獻，每多刪節

《通考》徵引的文獻，每多刪節，影響文獻的完整性。茲以〈經籍考〉(六六)〈沈子壽文集〉條所引葉適的〈序〉為例，比較如下：

《通考》	《水心集．沈子壽文集序》
吳興沈子壽，少入太學，名聞四方，仕四十餘年，紬於王官，再入郡，三佐帥幕，公私憔悴，而子壽老矣。然其平生業嗜文字，若性命在身，非外物也。甲乙自著，累千百首，嗚呼！何其勤且多也。余後學也，不足以識子壽之文，其不為奇險，而瑰富精切，自然新美，使讀之者如設芳醴珍殽，足飲饜食而無醉飽之失也。又能融釋眾疑，兼趨空寂，讀者不惟醉飽而已，又當銷愠忘憂，心舒意閒，而自以為有得於斯文也。觀其開闔疾徐之間，旁觀而橫陳，逸騖而高翔，蓋宗廟朝廷之文，非自娛於幽遠淡泊者也。	吳興沈子壽，少入太學，名聞四方，仕四十餘年，紬於王官，再入郡，三佐帥幕，公私憔悴，而子壽老矣。然其平生業嗜文字，若性命在身，非外物也。甲乙自著，累千百首，嗚呼！何其勤且多也。余後學也，不足以識子壽之文，其不為奇險，而瑰富精切，自然新美，使讀之者如設芳醴珍殽，足飲饜食而無醉飽之失也。又能融釋眾疑，兼趨空寂，讀者不惟醉飽而已，又當銷愠忘憂，心舒意閑，而自以為有得於斯文也。觀其開闔疾徐之間，旁貫而橫陳，逸騖而高翔，蓋宗廟朝廷之文，非自娛於幽遠淡泊者也。余嘗患文人擅長而護短，好自矜耀，挈其所能，莫與為比，而視他人，顧若無有。夫知有己，而不知有人，以此賈怨，宜其窮於世矣。今子壽專自降抑，未嘗以色辭忤物，為前輩悒然務出諸生後，己之所工，反求中焉，此固人情之所赴，富貴之所歸，召叢譽而化積毀之常道也。然且落落謇謇，至於白首，

	未有所合，何也？若夫以文為華，以學為質，容而不為利，謙而不為福，宮庭環堵，膏粱藜藿，晏然沖守，不可榮辱，此子壽所以自求古人而成其德也。合不合，蓋未言焉。

按：《通考》所引，不僅有異文，從「余嘗患文人擅長而護短」以下一百七十七字，都被刪去。

再舉〈經籍考〉(六六)《攻愧集》（一二〇卷）條所引真德秀的〈序〉為例：

《通考》	《西山先生真文忠公文集．攻媿先生樓公集序》
公之文如三辰五星，森麗天漢，昭昭乎其可觀而不可窮，如泰華喬嶽，蓄泄雲雨，巖巖乎莫測其顛際；如九江百川，波瀾蕩潏，淵淵乎不見其涯涘。人徒見其英華發外之盛，而不知其本有在也。公生於故家，接中朝文獻，博極群書，識古文奇字，文備眾體，非他人窘狹僻澀，以一長名家，而又發之以忠孝，本之以仁義，其大典冊大議論，則世道之消長，學術之廢興，善類之離合係焉。方淳紹間，鴻碩滿朝，每一奏篇出，其援據該洽，義理條達者；一詔令下，其詞氣雄渾，筆力雅健者，學士大夫讀之，必曰樓公之□也。嗚呼，所謂有本者如是，非邪？	鄮山參政樓公《攻媿先生文集》一百二十卷，建安真某伏讀而歎曰：嗚呼！此可以觀公立朝事君之大節矣。蓋公之文，如三辰五星，森麗天漢，昭昭乎可觀而不可窮，如泰華喬嶽，蓄泄雲雨，巖巖乎莫測其巔際；如九江百川，波瀾蕩潏，淵淵乎不見其涯涘。人徒見其英華發外之盛，而不知其本有在也。慶元初，韓侂胄除知閤門事，忠肅彭公力諫，詔改侂胄內祠，彭公予郡，公在瑣闥，極論之云：去者不復侍左右，留者召見無時，終不能遠。時侂胄之惡未著也。既而竊弄國柄，以黨論盡錮天下賢士，挑虜弃盟，中外騷然，天下始服公先見。朱文公侍經筵，內批予祠，公持其命不下，曰：當今人望儒宗，無出熹之右者。奏雖寢，然當邪說充塞之時，首倡學者共尊朱公，後卒賴其言，而學禁遂開，道統有續。然則觀公平生大節，而後可以讀公之文矣。公生於

故家，接中朝文獻，博極群書，識古文奇字，文備眾體，非如他人愖狹僻滞，以一長名家，而又發之以忠孝，本之以仁義，其大典冊大議論，則世道之消長，學術之廢興，善類之離合繫焉。方淳紹間，鴻碩滿朝，每一奏篇出，其援據該洽，義理條達者，學士大夫讀之，必曰樓公之文也；一詔令下，其詞氣雄渾，筆力雅健者，亦必曰樓公之文也。於乎！所謂有本者如是，非邪。公既齾侘胄之鋒，退居卻掃者十有四年。嘉定初，起為內相，俄輔大政，向來儔輩，凋喪略盡，而公巋然獨存，遂為一代文宗。某嘗竊論南渡以來，詞人固多，其力量氣魄可與全盛時先賢並驅，惟鉅野李公漢光、龍溪汪公彥章及公三人而已。念昔校藝南宮，白事東府，或請言竟日，或極論達旦，某退而書紳，終身誦之，其所以猶為當世善人君子所與，而不遂為塗人之歸者，公之教也。公季子治，以《集》〈序〉見命，某何敢辭。建安真某序。

按：《通考》所引，不僅刪節過甚，甚至有竄亂移置的現象。其所刪去的，都有與作者寫作的背景有關，如不讀原〈序〉，難以盡知樓氏寫作的思想與背景。

2. 標著文獻的出處不明確

《通考》徵引文獻，都標著撰人或出處，但是體例不一，而且有標著出處不明確的地方。《通考》標著文獻出處的方式有下列幾種：

(1) 有著錄撰人及書名者，如：

引宋岳珂《愧郯錄》，則曰「岳氏《愧郯錄》曰」。引宋沈括《夢溪筆談》，則曰「沈氏《筆談》曰」。引宋王明清《揮麈錄》，則曰「王氏《揮麈錄》曰」。引宋洪邁《容齋隨筆》，則曰「洪氏《容齋隨筆》曰」。引宋畢仲衍《中書備對》，則曰「畢仲衍《中書備對》曰」。

(2)僅著錄撰人姓氏及字號者，如：

引宋陳傅良的著作，則曰「止齋陳氏曰」。引宋胡寅的著作，則曰「致堂胡氏曰」。引宋呂祖謙的著作，則曰「東萊呂氏曰」。引宋葉適的著作，則曰「水心葉適曰」。引宋葉夢得的著作，則曰「石林葉適曰」。引宋劉攽的著作，則曰「公非劉氏曰」。引宋黃榦的著作，則曰「勉齋黃氏曰」。

按：這種著錄的方式，如撰人僅有一種著作，則檢索尚稱方便。但是如果一人有多種著作，則難以立即確定徵引自何書。例如葉夢得著作甚夥，其中有關典故者，有《石林燕語》（一〇卷）、《避暑錄話》（二卷）、《玉澗雜書》（一卷）、《巖下放言》（三卷）等書。《通考》僅云「石林葉氏曰」，而未著錄書名，頗不便檢索。

(3)有僅著姓氏，不標著字號及書名者，如：

《通考》（卷一〇）〈戶口考〉(一)引徐氏曰：「按〈高紀〉發關中老弱未傅者悉詣軍」云云，未著明徐氏字號。又〈學校考〉(二)在「文王有聲，鎬京辟廱，自西自東，自南自北，無思不服，皇王烝哉」條下，引「張氏曰」，亦不著張氏字號，頗不便讀者。

(4)有僅著地名及姓氏，不標著字號及書名者，如：

〈經籍考·總敘〉在「禮記經解」條下，引「長樂劉氏曰」、「山陰陸氏曰」、「金華應氏曰」。按：「山陰陸氏」為陸游，「長樂劉氏」及「金華應氏」則尚待考證。

二是運用《文獻通考》時，應同時稽考其他相關文獻。

《文獻通考》共二十四考，所涉既廣，徵引難免疏漏。《四庫全書總目提要》卷八一《文獻通考》一書的〈提要〉，條陳其失載的情形，云：

> ……中如〈田賦考〉，載唐租庸調之制，而據《唐會要》，則自開元十六年（七二八）以後，其法屢改。載五代田賦之制，而據《五代會要》，尚有天成四年（九二九）戶部奏定三京諸府夏秋稅法一事，乃一概略之。楊炎定兩稅法奏疏，最關沿革，亦佚不載。〈職役考〉載口算之制，而《後漢書》永建四年（一二九）除三輔，三年逋租過更口算芻稾詔書不載。〈征榷考〉詳載鹽鐵，而《五代會要》後唐長興四年（九三三）諸道鹽鐵轉運使奏定鹽鐵條例不載。又雜稅載菓菜之稅，而《後漢書》永元六年（九四）流民販賣勿出租稅詔不載。〈國用門（考）〉載漕運興廢，而《後漢書》建武七年（三一）罷護漕都尉，建初三年（七八）罷常山諸處河漕，不載。其載唐代東都及鄭州諸處漕運措置，亦不及《唐會要》之詳。歷代賑恤，於漢既載本始四年（前七〇）之〈詔〉，而略三年（前六九）〈郡國傷旱甚者民毋出租賦〉之詔。〈選舉考〉詳載兩漢之選舉，而《漢書》元封四年（前一〇七）詔舉茂才異等；始元元年（前八六）遣廷尉持節行郡國舉賢良；永光元年（前四三）詔舉樸質敦厚遜讓有行者，光祿歲以此科第郎從官，俱不載。〈學校考〉辨先聖先師之分，而《唐會要》貞觀二十一年（六四七）詔以孔子為先聖，顏回等為先師之〈制〉，不載。至〈職官

考〉，則全錄杜佑《通典》，五代建置，尤敘述寥寥，核以王溥《五代會要》、孫逢吉《職官分紀》，僅得其十之一二。〈郊社考〉多引經典，而《尚書》之肆類于上帝，不載；《逸周書》、《白虎通》、《三輔黃圖》所載周明堂之制最詳，亦不及徵引。又載歷代明堂之制，而梁武帝改作明堂，詳於《隋書・禮儀志》者，不載。地祇之祭，祇引《周官》及《禮記・郊特牲》，而〈禮運〉祭地瘞繒及〈考工記〉玉人兩圭五寸祀地之文，不載。漢祀后土之制，祇載《漢舊儀》祭地河東，而《漢官儀》北郊壇在城西北諸制，不載。又雩祭引《左傳》、《周禮》注疏，而《禮記・祭法》：「雩宗，祭水旱也。」《爾雅》：「舞號雩也。」皆不載。祭日月，祇引《禮記》、《周禮》，而《大戴禮》「天子春朝，朝日秋暮夕月。」及《尚書大傳》「古者帝王以正月朝，迎日于東郊。」皆不載。於漢制，既載宣帝時，成山祠日，萊山祠月，而建始時罷此祠，復立於長安城事，又不載。〈社稷門〉引各經註疏所論社制，而《周書・作雒篇》建社之制及蔡邕《獨斷》所載天子大社之制，皆不載。〈祀山川〉亦引經傳，而《儀禮・覲禮》「祭山，丘陵升，祭川沉。」《爾雅》：「祭山曰庪縣，祭川曰浮沉。」皆不載。又分代詳載，而獨略北齊天保元年（五五〇）分遣使人致祭於五嶽四瀆。〈宗廟考〉載後魏七廟之制，祇引〈禮志〉改七廟之詔，不知興建沿革，詳於孫惠蔚本傳。又唐初建七廟，《新唐書・禮樂志》多略，而不參用《舊唐書・禮儀志》。〈王禮考〉載周之朝儀，而不引《周書・王會解》。又詳載歷代朝儀，而不載《史記・秦本紀》始皇三十五年（前二一二）營作朝宮。載漢代朝儀，而不載《續漢書・禮儀志》所載常廟之制。又輿服之載於史志者，必詳敘卿士大夫，如漢制二千石車朱兩轓之類，所以明差等也，而一概從略。〈樂考〉載五代廟樂，不如《五代會要》之詳。〈兵考〉載晉兵制至悼公四年而止，其後治兵邾南，甲車四千乘，不載。載魯兵制，自昭公蒐紅始，而成公元年作丘甲，襄公十一年作三軍，昭公五年舍中軍，俱不載。〈經籍考〉卷帙雖繁，然但據晁、陳二家之目，參以諸家著錄，遺漏宏多。〈輿地考〉，近本歐陽忞《輿地廣記》，罕所訂補。大抵門類既多，卷繁帙重，未免取彼失此。

按：《四庫全書總目提要》所論，大抵根據《通考》所徵引書目所失載者言之。其實，馬氏未及徵引的還有很多，這是由於馬氏撰寫《通考》，大致根據其個人的家藏圖書，自不免有所疏漏。因此，研讀取資《通考》時，除《通考》所引文獻，需與原典覆核，以免漏載或有所刪節外，宜再參稽下列各項文獻，以補《通考》的不足：

《西漢詔令》十二卷　（宋）林虙編。**按**：此書起高祖，迄平帝，每帝各一卷。

《東漢詔令》十一卷　（宋）樓昉編。**按**：此書起光武，迄獻帝，每帝一卷。

《唐大詔令集》一三〇卷　（宋）宋敏求編。**按**：此書薈萃唐代的詔令冊文，分〈帝王〉、〈妃嬪〉、〈追謚〉、〈冊謚〉、〈哀冊文〉、〈皇太子〉、〈諸王〉、〈公主〉、〈郡縣主〉、〈大臣〉、〈典禮〉、〈政事〉、〈蕃夷〉等十三門。每一門下，復分子目。

《宋朝大詔令集》二四〇卷　（宋）不著編人。**按**：分〈帝統〉、〈太皇太后〉、〈皇太后〉、〈皇太妃〉、〈皇后〉、〈妃嬪〉、〈太子〉、〈親王〉、〈皇女〉、〈宗室〉、〈宰相〉、〈將帥〉、〈軍職〉、〈武臣〉、〈典禮〉、〈政事〉等目。

《慶元條法事類》八十卷附《開禧重修尚書吏部侍郎右選格》二卷　（宋）謝深甫等撰。**按**：此書今僅存三十六卷，所存的類目有〈職制門〉十卷、〈選舉門〉二卷、〈文書門〉二卷、〈榷禁門〉二卷、〈財用門〉三卷、〈庫務門〉二卷、〈賦役門〉二卷、〈農桑門〉一卷、〈道釋門〉二卷、〈公吏門〉一卷、〈刑獄門〉存三卷、〈當贖門〉一卷、〈服制門〉一卷、〈蠻夷門〉一卷、〈畜產門〉一卷、〈雜門〉一卷。

按：以上詔令類各書，內容包羅很廣，可補各考之不足。

《范文正公政府奏議》二卷　（宋）范仲淹撰。

《包孝肅公奏議》十卷　（宋）包拯撰。

《范忠宣公奏議》三卷附《恭獻諸公奏議》一卷　（宋）范純仁撰。

《東坡奏議》十五卷　（宋）蘇軾撰。

《盡言集》十三卷　（宋）劉安世撰。

《宋丞相李忠宣公奏議》六九卷《附錄》九卷　（宋）李綱撰。

《文公先生奏議》十五卷　（宋）朱熹撰。

《左史諫草》一卷　（宋）呂午撰。

《歐陽文忠公奏議》十八卷　（宋）歐陽脩撰。

《讜論集》五卷　（宋）陳次升撰。

《周文忠公奏議》十二卷　（宋）周必大撰。

《中興備覽》三卷　（宋）張浚撰。

《宋特進左丞相許國公奏議》四卷　（宋）吳潛撰。

按：《文獻通考》頗引奏議，但疏漏頗多，上列諸書，可參稽取資，補其未備。

《元豐官制》不分卷　（宋）元豐四年（一〇八一）敕撰。

《麟臺故事》五卷　（宋）程俱撰。

《翰苑遺事》一卷　（宋）洪遵撰。

《南宋館閣錄》十卷《續錄》十卷　（宋）陳騤撰。《續錄》　（宋）不著撰人。

《州縣提綱》四卷　（宋）陳襄撰。

《作邑自箴》十卷　（宋）李元弼撰。

按：以上各書，可補〈選舉考〉、〈職官考〉之不足。

《救荒活民書》三卷《拾遺》一卷　（宋）董煟撰。**按**：此書上卷考古以證今，中卷條陳救荒之策，下卷及《拾遺》一卷，記載宋代名臣賢士對救荒政策的議論。此書可補〈職役考〉、〈征榷考〉、〈國用考〉之未備。

《卻掃編》三卷　（宋）徐度撰。

《墨莊漫錄》十卷　（宋）張邦基撰。

《曲洧舊聞》十卷　（宋）朱弁撰。

《文昌雜錄》七卷　（宋）龐元英撰。

《春明退朝錄》三卷　（宋）宋敏求撰。

《澠水燕談錄》十卷　（宋）王闢之撰。

《皇朝事實類苑》七八卷　（宋）江少虞撰。

按：《文獻通考》多引雜家類的著作，如宋代王明清的《揮麈錄》、宋代葉夢得的《石林燕語》、宋代洪邁的《容齋隨筆》等，均多所徵引。上舉七種雜著筆記，多記國家典章及前賢逸事，可補《通考》的不足。

馬氏於宋人著作，徵引較多，但是宋人著作繁夥，所以馬氏未及徵引或徵引未備的也多，因此上面所列舉的，偏重於宋人所編撰的著作。至於五代以前的文獻，亦大致需多參考其他著作，才可得見文獻的全貌。

三、要擇用善本

目前《文獻通考》所通行的本子，是民國四十七年（一九五八）臺北新興書局縮影民國二十五年（一九三六）上海商務印書館《萬有文庫》《十通》本。此本由於是採縮影方式，故字體很小，且有誤字，不得謂之善本。因此，閱讀利用《文獻通考》時，要擇用善本。

《文獻通考》一書，由於篇幅甚巨，明代以後頗有節本行世。如明胡震亨節錄二十四考之要為《文獻通考纂》（二十四卷）⑰；有明代不著撰人所編《文獻通考摘要》（二十四卷）⑱；清康熙間，嚴虞惇

---

⑰ 此書今臺北國家圖書館有明天啟六年（一六二六）刊本，六冊。

⑱ 此書今臺北國家圖書館有明藍格鈔本，十二冊。

刪錄其要為《文獻通考詳節》（二十四卷）⓳；清乾隆年間又修《文獻通考紀要》（二卷）⓴；又有不著撰人之《文獻通考鈔》（一卷）㉑；不著撰人之《文獻通考歌括》（不分卷）㉒；此皆節鈔或摘錄之本也。

《文獻通考》除節錄本外，又有合編本。清乾隆年間，合唐杜佑《通典》、宋鄭樵《通志》、元馬端臨《文獻通考》為《三通》，於乾隆十二年（一七四七）由武英殿刊行㉓。清乾隆十二年（一七四七）迄五十二年（一七八七）年間，陸續修纂《欽定續通典》（一五〇卷）、《欽定續通志》（六四〇卷）、《欽定續文獻通考》（二五〇卷）、《皇朝通典》（一〇〇卷）、《皇朝通志》（一二六卷）、《皇朝文獻通考》（三〇〇卷）等，清光緒中輯刊為《九通》，浙江書局為之刊行。清光緒三十一年（一九〇五），劉錦藻輯乾隆五十一年（一七八六）至光緒三十年（一九〇四）間之典章制度為《皇朝續文獻通考》（四〇〇卷）。民國二十四年（一九三五）至二十六年（一九三七）間，上海商務印書館以劉書合《九通》為《十通》印行。此為彙編本刊行之經過也。

由於節錄本已非完本；彙編本均為清以後所編，近世刊行、影印者甚多。此所舉善本，限於清代以前的單行本。

⓳ 此書今臺北國家圖書館有舊鈔本，十六冊。

⓴ 此書今臺北國立故宮博物院有乾隆間武英殿刊本，二冊。

㉑ 此書今臺北國家圖書館有《觀我堂叢書》本，清編者手稿本。

㉒ 此書今臺北國家圖書館有舊鈔本，四冊。

㉓ 此《三通》，除武英殿刊本外，又有清咸豐九年（一八五九）崇仁謝氏刊本及清同治中廣州學海堂刊本等。

關於《通考》之初刻年代，清代以來，眾說紛紜，主要之說法如左：

(1)以為初刊於元至大二年（一三〇九）。清于敏中等於乾隆四十年（一七七五）奉敕編纂之《天祿琳琅書目》卷八著錄明嘉靖三年（一五二四）司禮監刊本，云：

> 宋馬端臨撰，三百四十八卷。前明世宗〈序〉，次元至治二年（一三二二）〈訪文獻通考文移〉，次元王壽延㉔〈進書表〉，次端臨〈自序〉。明世宗〈序〉作於嘉靖三年（一五二四），以是書為有益於世，特命司禮監重刻此本，槧印極精。所載王壽延〈進書表〉，題延祐六年（一三一九），自稱宏文輔道粹德真人。考延祐為元仁宗年號，陶宗儀《輟耕錄》載壽延字眉叟，杭州人，出家為道士，受知晉邸，後以宏文輔道粹德真人管領開元宮。所云晉邸者，考《元史》仁宗嘗出封懷州。懷州即今懷慶，本晉地也。但進書宜在訪書之後，而書中所載訪書文移，反稱至治二年（一三二二）。至治為英宗年號。按英宗以延祐七年（一三二〇）即位，明年（祐按：即一三二一）方改元至治，則書中所刊，必有差誤。或至治係至大之譌。訪書在武宗時，未可知也。㉕

清咸豐間，丁丙（一八三二—一八九九）承襲此說。《善本書室藏書志》卷十三著錄元刊本《文獻通考》三百四十八卷，丁氏云：

㉔「延」，一作「衍」。

㉕清于敏中等編《天祿琳琅書目》，民國五十七年三月，臺北廣文書局影印本，頁六六一。

按：王壽延〈進書表〉題延祐六年（一三一九），延祐為元仁宗年號。《輟耕錄》載壽延字眉叟，杭州人，出家為道士，受知晉邸。後以宏文輔道粹德真人管領開元宮。所云晉邸者，《元史》仁宗嘗出封懷州，即今懷慶，本晉地也。但進書應在訪書之後，而書中所載訪書文移反稱至治二年（一三二二）。至治為英宗年號。英宗以延祐七年（一三二〇）即位，明年方改元至治，書中所刊或係至大之譌，訪書疑在武宗時耳。……[26]

(2)以為初刊於元仁宗延祐（一三一四—一三二〇）間者，此清周星詒（一八三三—一九〇四）主之。《四庫簡明目錄標注》卷八於《文獻通考》條下引周氏云：

> 延祐刊本，甚密，十三行，二十六字。[27]

(3)以為初刊於元英宗至治二年（一三二二），此清周中孚（一七六八—一八三一）、邵懿辰（一八一〇—一八六一）等主之。周中孚《鄭堂讀書記》（卷二十九）著錄元至治壬戌（二年，一三二二）刊本《文獻通考》三百四十八卷，周氏云：

> 前載〈自序〉、〈小序〉及至大元年（一三〇八）李謹思〈序〉、延祐六年（一三一九）王壽衍〈進

[26] 清丁丙《善本書室藏書志》，民國五十六年八月，臺北廣文書局影印本，頁六〇九—六一〇。

[27] 清邵懿辰《四庫簡明目錄標注》，民國五十年十月，臺北世界書局影印本，頁三三六。

表〉、至治二年（一三二二）〈鈔白〉。〈鈔白〉末有「速為差委有倖人員禮請馬端臨親齎所著《文獻通考》赴路謄寫校勘刊印施行」云云，則當至治二年（一三二二）始為校刊云。㉘

邵氏《四庫簡明目錄標注》卷八《文獻通考》條下云：

元至治二年（一三二二）刊本，即明南監本。㉙

按：邵氏雖未明言至治二年（一三二二）刊本為初刊本，然其所著錄諸本，以此本為最早，不云有更早之本，又云即明南監本所自出，可見其以為至治二年刊本係最初之刻本。

(4)以為元泰定元年（一三二四）始刊行者，此說瞿鏞（一七九四—一八七五）、陸心源（一八三四—一八九四）、葉德輝（一八六四—一九二七）、莫伯驥（一八七八—一九五八）等主之。

按：元泰定元年（一三二四）西湖書院刊後至元五年（一三三九）余謙重刻本，載江浙等處儒學提舉余謙〈敘記〉，云：

鄱人宋相子馬端臨述《文獻通考》于家，泰定元年（一三二四）江浙省彫寘于西湖書院。越十有一年，予由太史氏出統學南邦，因莅杭閱究其文，或譌或逸，版咸有焉。……

㉘ 清周中孚《鄭堂讀書記》，民國五十四年四月，臺北世界書局影印本，卷二十九，葉六—八。

㉙ 同㉗。

主此書初刊於泰定元年（一三二四）者，蓋據此而言也。

瞿鏞《鐵琴銅劍樓藏書目錄》卷十二著錄元刊本《文獻通考》三百四十八卷，云：

宋馬端臨撰并〈序〉。前有王壽衍〈進書表〉，又李謹思〈序〉。初刻於泰定元年（一三二四），寘板西湖書院。後有闕失，至正五年（一三四五）江浙儒學提舉余謙，訪得原稿於其子志仁，重為訂正補刊，印行於世。……㉚

陸心源《儀顧堂續跋》卷七〈元槧文獻通考跋〉云：

自壽衍進書之後，泰定元年（一三二四）江浙行省始刊版於杭州之西湖書院。㉛

葉德輝於《郎園讀書志》卷四著錄元至元七又五年西湖書院刊本《文獻通考》三百四十八卷，云：

《文獻通考》元時西湖書院前後凡兩刻：一泰定元年（一三二四）刻者。前有延祐六年（一三一九）四月弘文輔道粹德真人王壽衍〈上書表〉、至治二年（一三二二）六月〈鈔白〉奉聖旨發下浙江行省儒學繕刊指揮一道，其版明時在南京國子監。諸家書目有以為延祐刻者，有以為至治刻者，實則延祐進書，至治發刻，而刻成則在泰定元年（一三二四）也。一至元又五年（即後至元五年，

㉚ 清瞿鏞《鐵琴銅劍樓藏書目錄》，民國五十六年八月，臺北廣文書局影清原刊本，頁七〇九—七一〇。

㉛ 清陸心源《儀顧堂續跋》，民國五十七年三月，臺北廣文書局影印本，頁三二三—三二五。

（一三三九）刻者，前〈進表〉、〈鈔白〉同，末有江浙等處儒學提舉余謙〈敍〉……㉜

莫伯驥《五十萬卷樓藏書目錄初編》卷八著錄紅蘭主人舊藏元刻本《文獻通考》三百四十八卷，莫氏云：

自壽衍進書之後，泰定元年（一三二四）江浙行省始刊版于杭州之西湖書院。㉝

以上四說：于敏中等所撰《天祿琳琅書目》及丁丙以為初刊於至大二年（一三〇九）者，純屬臆測，固不足徵。周星詒以為初刊於延祐間者，蓋今元刊本前有延祐六年（一三一九）四月弘文輔道粹德真人臣王壽衍〈進文獻通考表〉之故。周中孚、邵懿辰以為初刊於至治二年（一三二二）者，又蓋今元本前有至治二年（一三二二）饒州路總管府下樂平州刊印《通考》指揮〈鈔白〉一則之故。瞿鏞等所稱初刊於泰定元年（一三二四）者最合理，其中又以葉德輝所說，最為詳審。今據以論定《通考》之初刻年代，當在泰定元年（一三二四）。

今將《文獻通考》所知見的傳本著錄於下：

⑴元泰定元年（一三二四）西湖書院刊本

此本《鄭堂讀書記》著錄。

㉜ 清葉德輝《郋園讀書志》，民國七十九年十二月，臺北明文書局影印本，頁三六七—三六九。

㉝ 莫伯驥《五十萬卷樓藏書目錄初編》，民國五十六年八月，臺北廣文書局影印本，卷八，頁九四九。

清周中孚《鄭堂讀書記》卷二十九著錄此書元至治壬戌（二年，一三二二）刊本，周氏云：

> 元馬端臨撰。……前載〈自序〉、〈小序〉及至大元年（一三〇八）李謹思〈序〉、延祐六年（一三一九）王壽衍〈進表〉、至治二年（一三二二）〈鈔白〉。〈鈔白〉末有「速為差委有俸人員禮請馬端臨親齎所著《文獻通考》赴路謄寫校勘刊印施行」云云，則當至治二年（一三二二）始為校刊云。[34]

按：周氏所見，並不云有余謙〈敘記〉，當即泰定元年（一三二四）初刻本，以有至治二年（一三二二）〈鈔白〉，而誤以為至治二年（一三二二）刊本也。今國立北京圖書館藏有此本。

(2)元後至元五年（一三三九）余謙重刊本

《通考》既初刊於泰定元年（一三二四），以尚有譌缺，及後至元五年（一三三九），余謙為江浙儒學提舉，復為之重行校刊者也。此本載余氏〈敘記〉，述其校刊之經過甚詳，云：

> 鄱人宋相子馬端臨述《文獻通考》于家，泰定元年（一三二四）江浙省彫寘于西湖書院。越十有一年，予由太史氏出統學南邦，因莅杭閱究其文，或譌或逸，版咸有焉。時端臨既沒，厥壻楊元長教于東湖，乃俾造厥嗣志仁，詢取先文，用正斯失，至則就俾元偕西湖長方員率學者正之。踰年而訖，將圖正于梓未諧，又踰年，中書遣太常陳氏來訪求典籍于茲，行中書以其事，惟予是任，

---

34 同28。

乃克遂舊圖俾儒士葉森董正梓工，且不足于不逮，必予復省功乃已，幸獲底于備可觀。烏呼！考之述繼世而成，歷代而行，踰十年而徵，又三年而明，匪易匪輕，可戒于德之不恆。至元又五年（一三三九）三月朔，江浙等處儒學提舉余謙敘記。

此本《天祿琳琅書目後編》（卷九）、《愛日精廬藏書志》（卷十九）、《善本書室藏書志》（卷十三）、《鐵琴銅劍樓藏書目錄》（卷十二）、《皕宋樓藏書志》（卷三十五）、《儀顧堂續跋》（卷七）、《適園藏書志》（卷五）、《五十萬卷樓藏書目錄初編》（卷八）、《郘園讀書志》（卷四）、《嘉業堂藏書志》（卷二）等著錄。

今臺北國家圖書館藏有此本兩部。板匡高二十六・三公分，寬十九公分。左右雙欄，小黑口。板心上方記字數，下方記刻工。雙魚尾（對魚尾），上魚尾下方記書名、卷第、頁次。半葉十三行，小字雙行，行俱二十六字。書中間有大黑口板，約係明初補刊。書中鈐有「擇是居」朱文橢圓印、「張印鈞衡」白文方印、「石銘祕笈」朱文方印、「吳興張氏適園收藏圖書」朱文長方印、「逬圃收藏」朱文長方印、「袁氏家藏子孫永保之」朱文方印、「奉天靖難推誠宣力武臣特進榮祿大夫柱國駙馬都尉廣平侯袁容圖書印」朱文方印、「國立中央圖書館收藏」朱文長方印等印記[35]，知此本即張鈞衡《適園藏書志》所著錄者也。張鈞衡（一八七二—一九二七），字石銘，號適園主人，近代吳興烏程人，曾輯刊《適園叢書》、《擇是居叢

[35] 參見國立中央圖書館編《國立中央圖書館金元本圖錄》（臺北中華叢書編審委員會出版，一九六一年八月），頁一七七—一七九，及《國家圖書館善本書志初稿》（臺北國家圖書館，一九九七年六月），第二冊，頁二三六—二三八。

書》等。子乃熊，字逬圃，編有《逬圃善本書目》。

又一部，存二七七卷，九十七冊，所缺卷次為：卷四十六至卷六十七、卷七十、卷七十一、卷八十三至卷九十六、卷一五〇至卷一五二、卷一九三至卷一九五、卷二九六至卷三一三、卷三三三至卷三三五、卷三三九至卷三四四，凡七十一卷。前王壽衍〈進文獻通考表〉佚去，間有明初補刊黑口版。鈐有「振綺堂」朱文長方印、「孝喆所藏書畫金石」朱文長方印、「傅增湘」朱文方印、「江安傅沅叔藏書記」朱文長方印、「藏園」朱文方印、「癸卯館元」白文方印、「雙鑑樓珍藏印」朱文長方印、「江安傅氏藏園鑑定書籍之記」朱文長方印、「萊娛室印」朱文方印、「傅印增湘」白文方印、「洗心室圖書章」朱文方印、「雙鑑樓」朱文方印、「江安傅增湘沅叔珍藏」朱文方印、「江安傅氏洗心室藏」朱文長方印、「江安傅忠謨晉生珍藏」白文方印、又朱文方印、「國立中央圖書館收藏」朱文長方印等印記㊱，知此本為傅增湘舊藏。傅增湘（一八七二—一九五〇），字沅叔，或署書潛，晚號藏園居士。以藏有宋板百衲本《資治通鑑》及元刊本《資治通鑑胡注》，藏書之所命名為「雙鑑樓」。民國七年（一九一八），傅氏在北平之新宅落成，取蘇東坡「萬人如海一身藏」詩句，名為「藏園」，園內書齋有洗心室、長春室、食字齋、池北書堂、龍龕精舍、萊娛室、抱素書屋等。撰有《雙鑑樓善本書目》、《雙鑑樓藏書續記》、《藏園群書經眼錄》、《藏園群書題記》。民國三十六年（一九四七），傅氏以藏書中之善本三七三部捐贈國立北平圖書館。一九五〇年傅氏去世後，長子忠謨（字晉生）又先後將藏書捐贈國立北京圖書館。

臺北國立故宮博物院藏有此本一部，其中部分為明弘治間修補，文字頗有漫漶者，且有缺葉，經後

㊱ 參見《國立中央圖書館金元本圖錄》，頁一七七—一七九，及《國家圖書館善本書志初稿》，第二冊，頁二三八。

世抄補。書中鈐有「五福五代堂寶」朱文方印、「八徵耄念之寶」朱文方印、「太上皇帝之寶」朱文方印、「乾隆御覽之寶」朱文圓印、「天祿繼鑑」白文方印、「天祿琳琅」朱文方印等印記。原藏清宮昭仁殿，此本即《天祿琳琅書目後編》（卷九）所著錄者[37]。

(3)明正德己卯（十四年，一五一九）建陽劉氏慎獨齋刊本

此本末載明鄒武〈跋〉，於是本之刊刻緣起，敘述極詳，云：

夫道之顯者曰文，經書史傳，文之流傳者也。帝王之心跡，聖賢之授受，道統之絕續，世道之升降，風俗之孅惡，天下之治忽，悉載於是，憂道者之所必慮也。間有承訛踵謬，點畫形象，或失其真，文因以晦，道亦無以顯矣。大巡黎先生出自內翰，惟是之慮，正德辛巳（十六年，一五二一），與提學胡先生、分巡蕭先生謀議，以建陽校書事委之。武既受成法，顧淺陋涫薄，慚懼弗勝，勉強問學，乃即建寧訪求善本考證。復得郡守張君公瑞恊相厥宜，爰集郡邑學博鄉獻及庠士敏秀者，以圖厥成。所校書籍五經四書大全，旁及子史諸書，凡二十四部，以正字計則三萬六千有奇也。事竣，不敢僭引於經史之後，竊於《文獻通考》末簡自附，以見一時承布大君子之意云。嘉靖元年（一五二二）歲在壬午二月朔旦，後學常熟鄒武謹書。

知此書與其他經史子書同時刊刻，全部完工則在嘉靖元年（一五二二）也。

---

[37] 參見吳哲夫教授著〈文獻通考三四八卷（善本書志）〉，《故宮季刊》，十二卷四期（民國六十七年夏季），頁三九－四〇。

此書丁丙《善本書室藏書志》（卷十三）、繆荃孫《藝風藏書記》（卷四）、張鈞衡《適園藏書志》（卷五）、葉德輝《郋園讀書志》（卷四）等著錄。

此本版匡高十八・四公分，寬十二・七公分，四周雙欄。半葉十二行，行二十五字，小字雙行，亦二十五字。版心花口，版心上方記書名、卷第。雙魚尾。前有至大戊申（元年，一三〇八）七月既望李謙思〈養吾〉〈序〉、延祐六年（一三一九）四月王壽衍〈進文獻通考表〉、至治二年（一三二二）六月〈抄白〉、〈自序〉、〈目錄〉、余謙〈敘記〉。李謙思〈序〉後有跨三行雙欄木記，云：「皇明己卯歲／脊獨齋刊行」。〈目錄〉後有跨五行雙欄木記，云：「皇明正德戊寅／愼獨精舍栞行」。卷末有嘉靖元年壬午（一五二二）二月鄒武〈文獻通考後序〉。

臺北國家圖書館有此本五部：一部一百冊，又一部一百冊，一部六十四冊，一部存七十六卷二十四冊，一部存九卷二冊。一百冊者鈐有「南書房舊講官」白文方印、「朱彝尊錫鬯」朱文方印。又一部一百冊者，書前護葉有清沈曾植手書題記。鈐有「巽齋所藏」朱文方印、「潭月山房書印」白文方印、「王印士禎」白文方印、「阮五官長」朱文方印、「養吾」白文方印、「世子衡圖書」朱文方印、「兌廬」朱文方印、「庚戌曝書記」白文方印、「嘉禾姚埭沈氏金石圖史」朱文長方印、「玉溪丁蘭谷圖書」朱文方印、「祖孫父子兄弟山水文章之樂」白文方印、「潛庸」朱文方印、「孺菴」白文方印、「霞秀景飛之室」朱文方印等印記。存七十六卷二十四冊者，所存者為〈經籍考〉部分，其中卷一百七十五第十五葉、卷一百七十六第十葉係以抄本配補。卷一百九十一至卷一百九十三，則係以明馮天馭刊本配補。鈐有「孺卿」朱文方印、「宛委使者章」白文方印、「霞秀景飛之室」朱文方印、「雲林」朱文方印、「禮岳樓」朱文長方印、

「遜齋」朱文方印、「三嶽祠官」白文方印、「植」朱文方印、「葵亭」白文長方印、「孺菴」白文方印、「皖伯」白文方印、「魏堂」朱白文方印、「仲官」朱文方印等印記。存九卷二冊者，所存者卷一百二十六至卷一百三十、卷一百四十七至卷一百五十。鈐有「陳允文」白文方印、「允文所藏」白文方印㊳。

按：此本之優劣，各家評論有所不同：丁丙謂此本「版式狹小」㊴；張鈞衡則謂「劉氏刊本板式尚雅」㊵；葉德輝則云：

> 明時坊估以建陽劉洪慎獨齋刻書為最多，且長編巨集，故自來藏書家如范氏天一閣、孫星衍平津館，其目錄皆有劉所刻書，而《天祿琳瑯書目後編》竟以所刻《十七史詳節》誤列宋板，則其書之精鏤，蓋可知矣。此所刻《文獻通考》，每半葉十二行，行二十五字。前有至大戊申（元年，一三〇八）李謙思〈序〉，後有長方木牌記「皇明己卯歲昚獨齋刊行」十字。目錄後有長方木牌記「皇明正德戊寅慎獨精舍栞行」十二字。此書以前藏書家罕箸于錄，近則仁和丁丙《善本書室藏書志》、江陰繆氏《藝風堂藏書記》，均有其一。豈前人未嘗措意，抑此本流傳本少耶？㊶

㊳ 參見《國家圖書館善本書志初稿》，第二冊，頁二三八－二三九。
㊴ 同㉖，頁六一一。
㊵ 張鈞衡《適園藏書志》，臺北廣文書局，民國五十七年三月影印本，卷五，頁二五九。
㊶ 葉德輝《郋園讀書志》，卷五，頁三六九－三七〇。

按：今詳閱此本，以視宋、元版刻，則顯版式較狹，行數過密；以之與一般明版相較，則又字體尚雅，不沾匠氣。

(4)明嘉靖三年（一五二四）司禮監刊本

明代官制，宦官十二監：司禮監、內官監、御用監、司設監、御馬監、神宮監、尚膳監、尚寶監、印綬監、直殿監、尚衣監、都知監等。每監各太監一員，正四品；左右少監各一員，從四品；左右監丞各一員，正五品；典簿一員，正六品；長隨奉御無定員，從六品。此洪武舊制，其後時有更革。其中司禮監，掌皇城內一切儀禮、刑名、章奏、文書、書籍名畫等[42]。司禮監設有書籍名畫等庫，掌刻書者曰經廠，因此司禮監刊本，或稱內府刊本，或稱經廠本。此本《天祿琳琅書目》（卷八）、《天祿琳琅書目後編》（卷十五）、《善本書室藏書志》（卷十三）、《郘園讀書志》（卷四）、《五十萬卷樓藏書目錄初編》（卷八）等著錄。其中，《善本書室藏書志》所著錄者題「明內府刊本」。

此書前有明世宗嘉靖三年（一五二四）五月初一日〈序〉，云：

孔子有言：「夏禮吾能言之，杞不足徵也；殷禮吾能言之，宋不足徵也；文獻不足故也。」夫三代之法制，大備於成周，孔子蓋深致意焉，然而未得邦家，以行從周之志，欲誦言夏殷之文獻，又慊於杞宋之無徵。雖其晚年刪述六經，垂憲萬世者，大抵皆論道敷治之言，而於制度文為，固未數數然也。後之人欲稽古鑒遠者，豈不難哉。自周歷秦漢而下，代各有史，史有志，則一代之

[42] 見清張廷玉等撰《明史》，臺北藝文印書館影清乾隆武英殿本，卷七十四，頁七八三。

制備焉，其間又或散見於紀傳，分標於年表，經緯錯綜，纖悉委曲，當年不能究其功，白首不能窮其業，況欲一開卷間，了然今古，燦焉前陳，抑又難矣。唐杜佑括為《通典》一書，肇自上古，迄唐天寶，歷代因革，居然可知，綱領宏大，考訂該洽，可謂論說之足徵，著述之有用者也。然天寶以後尚闕焉。宋儒馬端臨取而續之，則直至宋嘉定之末，無不採摭，又增益其事迹之所未備，離析其門類之所未詳，或有自得之見，亦附著其後，名為《文獻通考》。蓋本諸經史，參之百家以為文；取名臣奏議及先儒評讚以為獻。上下數千年，若端拜而議，抵掌而談，下由漢唐宋，遠泝三代，上窺唐虞，渾渾噩噩之氣象，巍然煥然之治功，懿矩尚在，淳風可還，不降席而求之有餘，豈惟考證綜核之明，而於論道敷治，亦有補益。昔人謂在宇宙間是書不可闕，真知言哉。朕萬機之暇，親繙閱之，喜其有益於世，與夫仕者之仕，學者之學，皆不可不觀也，乃命司禮監重刻之以傳，稱朕表章之意焉。

此本版匡高二十五・一公分，寬十七・五公分，雙欄，每半葉十行，行二十字，注文小字雙行，字數同。版心黑口，雙魚尾（對魚尾）。上魚尾下記書名、卷第；下魚尾下記葉次。卷首載嘉靖三年（一五二四）五月初一日〈御製重刊文獻通考序〉、王壽衍延祐六年（一三一九）四月〈進文獻通考表〉、至治二年（一三二二）六月〈抄白〉及〈自序〉。

臺北國家圖書館藏有此本四部：一部一百冊，鈐有「六合徐氏孫麒珍藏書畫印」朱文長方印、「劉印承幹」白文方印、「求恕齋藏」朱文方印、「南林劉翰怡收藏書畫」朱文方印、「孫麒氏使東所得」白文長方印等。又一部一百冊者，卷六十九及卷二百三十七第一葉至第十葉，均係後人抄補。鈐有「廣運之寶」朱文方印、「文章經史之章」朱文方印等。又一部一百冊，無藏章。又一部一百二十六冊者，首冊序目、及卷十三第四葉至第十六葉係抄補。鈐有「廣運之寶」朱文方印、「會稽王季愷珍藏印」朱文長方印、「靜齋」朱文方印、「御史大夫」朱文方印、「瑯嬛主人」白文方印等印記㊸。

按：此本之評價，各家說法亦有出入。《天祿琳琅書目》（卷八）謂此本「槧印極精」㊹；丁丙《善本書室藏書志》（卷十三）著錄此本，謂「板寬字大，寫刻極工。」㊺；葉德輝《郎園讀書志》（卷四）著錄此本，云：

> 明嘉靖時刻書，頗為藏書家所珍尚，惟司禮監以內閣主其事，校勘訛誤，為士大夫所輕。往時京師書估，一言及經廠本書籍，則攢眉搖首，若視坊刻書為尤賤者然。故其書無不字大如錢，且兼白棉紙精印，而列之插架，塵封漏濕，等于廢紙殘編。乃聞近二三十年，聲價頓增，廠甸列肆中，幾無一冊之存在。詢之書友，則云邇來一千部員，相與爭購明版白紙印本書，不問有用無用，但求裝潢精好，列屋壯觀。故昔年極不行之明人書，今皆有俄空之勢。繆筱珊學丞嘗與余戲言：「今日買書人多，讀書人少，真咄咄怪事。」然則，此書雖為司禮監刻本，余以為康瓠，人且以為寶

㊸ 參見國家圖書館編印：《國家圖書館善本書志初稿》，第二冊，頁二四〇。

㊹ 同㉕，卷八，頁六六〇。

㊺ 同㉖，頁六一一。

鼎矣。㊻

(5)明嘉靖馮天馭刊本

此本《群碧樓善本書目》(卷四)、《五十萬卷樓藏書目錄初編》(卷八)、《雙鑑樓善本書目》(卷二)、《嘉業堂藏書志》(卷二)等著錄。

此本板匡高十九・四公分,寬十四・四公分,左右雙欄。每半葉十三行,行二十四字,注文小字雙行,字數同。版心白口,單魚尾。魚尾上刻其篇目類別,下記書名卷幾,次記葉數,次刻工姓名。㊼。國家圖書館藏有此本三部:一部一百冊,無鈐章。又一部一百冊,卷三四八第十三葉係鈔補,卷二六一第十六葉係重刊者,版心下方刻有「萬曆三年重刊」。一部八十冊,鈐有「劉承幹字貞一號翰怡」白文方印、「吳興劉氏嘉業堂藏書印」朱文方印㊽。

按:莫伯驥《五十萬卷樓藏書目錄初編》(卷八)著錄此本,題「明馮氏校刊本」,謂此本「字法刻刀,均嚴整可觀。」㊾劉承幹則謂「勝於經廠大字本」㊿。傅增湘《雙鑑樓善本書目》(卷二)著錄此本一部,鈐有「商丘宋筠蘭揮氏」、「宛平王氏家藏」、「暮齋鑒定」等印[51]。丁日昌《持靜齋書目》著錄此

㊻ 同㉜,頁三七〇—三七一。

㊼ 同㊸,頁二四〇—二四二。

㊽ 同㊸。

㊾ 同㉝,卷八,頁九五四。

㊿ 見繆荃孫等所編劉承幹《嘉業堂藏書志》,上海復旦大學出版社,一九九七年十二月,卷二,頁三六〇。

本，則題「明刊十三行小字本」52，蓋此本行密字小之故也。

(6)明鈔本

此本見傅增湘《雙鑑樓藏書續記》（卷上）。云：

《文獻通考》殘本一百八十九卷。明鈔本，棉紙，墨格。半葉十三行，每行二十六字。版心上記字數，下記刻工姓名，蓋從元泰定刊本鈔出。匡格高廣，尚存舊式，存卷如下：卷二十四至二十七、卷三十四至四十六、卷五十四至九十、卷九十八至一百五、卷一百十三至一百四十一、卷一百四十九至一百七十一、卷二百十三至二百二十一、卷二百二十九至二百三十五、卷二百四十三至二百四十九、卷二百七十二至二百七十八、卷二百八十四至二百九十四、卷二百九十八至三百十四、卷三百十九至三百二十九、卷三百四十二至三百四十八。余見此於廠市文友堂，以殘編敗帙，無人垂眄，遂以廉值得之。適國學邢君贊庭，先收得〈經籍考〉十許卷，更輟以見贈。余別藏元刊藏本六十卷，亦可配入，計可三分有二矣。第原書斷爛，手不可觸，裝靪之錢，數倍收書之價。然余於《通典》，藏有宋刊；《通志》，藏有元刊；待茲鼎立，雖勞費，又烏能已乎？庚午小寒節，書潛附志。53

---

51 傅增湘《雙鑑樓善本書目》，民國五十八年二月，臺北廣文書局影印本，卷二，頁六七。

52 丁日昌《持靜齋書目》，民國六十七年七月，臺北成文出版社據清光緒二十一年元和江氏師許室刊本影印，頁一三七三三。

53 傅增湘：《雙鑑樓藏書續記》，民國五十八年二月，臺北廣文書局影印本，卷上，頁四三。

(7)明嘉靖內府刊清康熙十二年（一六七三）修補本

此本今藏臺北國立故宮博物院。

版匡寬十七．五公分，高二十五．二公分，雙欄，大黑口，對魚尾，上魚尾下題「文獻通考卷幾」，次題葉次。半葉十行，行二十字。

前有康熙十二年（一六七三）四月初九日〈御製文獻通考序〉，次為嘉靖三年（一五二四）五月初一日〈明御製重刊文獻通考序〉，次延祐四年（一三一七）七月王壽衍〈進文獻通考表〉，次至治二年（一三二二）六月〈鈔白〉。

書衣書簽題「康熙十二年（一六七三）翻元刊本」。首行題「文獻通考」，次行空七格題「鄱陽馬端臨貴與著」，三行空四格題「自序」，次「文獻通考目錄」。

康熙十二年（一六七三）〈御製文獻通考序〉云：

朕惟治天下之道，莫詳於經；治天下之事，莫備於史。人主總攬萬機，考證得失，則經以明道，史以徵事，二者相為表裡，而後郅隆可期。經史而外，編纂之書，不啻百家，其溯委窮源，足資化理，而部分類別，便於覽觀者，莫善於宋儒馬端臨所輯《文獻通考》一書。以古為鑒，則取諸文；以人為鑒，則取諸獻。一展卷間，而上下千餘年，貢賦之贏絀、人才之進退、規制之沿革、禮樂之廢興、輿圖之險易、災祥之感召，是非隆替，瞭如指掌，可以為考鏡之林，稽古之助矣。間嘗披覽史冊，漢唐以降，代有誼辟，以彼更絃易轍，鮮不各有張弛，然而法立弊滋，罕臻盡善，豈非博綜往事，曲協時宜之為難歟？語曰：「有治人無治法。」又曰：「師古者，師其意，不師其跡。」今歷代之已事具在，自唐、虞以迄宋季，中間因時適變，義例棼如，詳考事理之源流，參以諸儒之論說，雖神而明之，存乎其人，然率循舊章，斟酌損益，端於是書有藉焉。流傳歲久，版籍殘缺，特命禮臣重加補訂，俾成完書。朕聽政之餘，時勤乙覽。爰製〈序〉於卷端，以昭示海內。凡我庶府諸司，尚其共討舊聞，與治同道，庶稱朕表章之意也夫。康熙十二年四月初九日。

(8)清乾隆十二年（一七四七）武英殿刊本

此本今藏臺北國立故宮博物院。

版寬十五公分，高二十二・四公分，左右雙欄，花口，單魚尾。版心上題「乾隆十二年校刊」，魚尾下題「文獻通考卷幾」。每半葉十行，行二十一字，小字雙行，行亦二十一字。前有乾隆戊辰（十三年，一七四八）冬十二月〈御製重刻文獻通考序〉，序末題「經筵講官兵部尚書臣梁詩正奉敕敬書」。次「校刻文獻通考諸臣職名」，次元至治二年（一三二二）六月〈抄白〉，次元延祐六年（一三一九）四月弘文輔道粹德真人臣王壽衍〈進文獻通考表〉，次〈自序〉，次〈目錄〉。

首行題「文獻通考卷第一」，次行空二格題「鄱陽馬端臨貴與著」，第三行空一格題「田賦考」。

(9)清《四庫全書薈要》本

此本今存臺北國立故宮博物院。前有乾隆戊辰（十三年，一七四八）冬十二月〈御製重刻文獻通考序〉、〈校刻文獻通考諸臣職名〉、元至治二年（一三二二）六月下樂平州〈鈔白〉、元延祐六年（一三一九）四月弘文輔道粹德真人臣王壽衍〈進文獻通考表〉、〈自序〉，知據武英殿本抄寫。每半葉八行，行約二十一字。小字雙行，字數同。

⑽清文淵閣《四庫全書》本

此本今存臺北國立故宮博物院，內容、行款悉與《四庫全書薈要》本同。

《文獻通考》自元泰定元年（一三二四）西湖書院刊行以來，歷代均曾多次刊行。今初刻本已罕見，元後至元五年（一三三九）余謙重刊本，除保有初刻本之原貌外，復補正原刻本之譌缺，為目前存世各本中之最善者。明清以來之各種抄本、刊本，亦各有其優點與缺失。目前國內所通行者，係民國四十七年（一九五八）臺北新興書局縮影民國二十五年（一九三六）上海商務印書館《萬有文庫》之《十通本》。此本係據乾隆十二年（一七四七）武英殿本排印，雖附《考證》三卷，仍有誤字，不得謂之善本。如能以元泰定元年（一三二四）西湖書院刊本為底本，以元後至元五年（一三三九）余謙重刊本及明以後刊本、抄本為輔本，再以明以後類書及徵引《文獻通考》者為他校資料，從事校讎，當可得一善本。

第四節　雜著筆記

一、雜著筆記的性質與範圍

歷代書目及史書藝文志，都沒有「雜著筆記」這個類目。所謂「雜著筆記」類的著作，係指一書的內容，所載不限於一事、一物、一人或一書的考證；其體制，大致是依所見所聞，隨意錄載，未必從事嚴謹的分類或排比。這類圖書，在史書藝文志或圖書目錄裡，大多屬於子部的「雜家類」。以《四庫全書總目》為例，「雜家類」又分為「雜學之屬」、「雜考之屬」、「雜說之屬」、「雜品之屬」、「雜纂之屬」、「雜編之屬」等六個類屬。各個類屬的性質及內容，《四庫全書總目提要》〈雜家類小敘〉有很詳細的說明。曰：

衰周之季，百氏爭鳴，立說著書，各為流品，《漢志》所列備矣。或其學不傳，後無所述；或其名不美，人不肯居，故絕續不同，不能一概著錄。後人株守舊文，於是墨家僅《墨子》、《晏子》二書；名家僅《公孫龍子》、《尹文子》、《人物志》三書；縱橫家僅《鬼谷子》一書；亦別立標題，自為支派，此拘泥門目之過也。黃虞稷《千頃堂書目》於寥寥不能成類者，併入雜家。雜之義廣，無所不包，班固所謂合儒墨兼名法也。變而得宜，於例為善，今從其說。以立說者謂之「雜學」；辨證者謂之「雜考」；議論而兼敘述者謂之「雜說」；旁究物理，臚陳纖瑣者謂之「雜品」；類輯舊文，塗兼眾軌者謂之「雜纂」；合刻諸書，不名一體者謂之「雜編」；凡六類。

今檢「雜學之屬」所收的，有《鬻子》、《墨子》、《子華子》、《尹文子》、《慎子》、《鶡冠子》、《公孫龍子》、《鬼谷子》等書，大抵都屬名家、縱橫家、墨家等著作，以「其傳者寥寥無幾，不足自名一家」54，所以用「雜學」稱之。

「雜考之屬」所收，則有《白虎通義》、《獨斷》、《資暇集》、《東觀餘論》、《容齋五筆》、《野客叢書》、

54 說見《四庫全書總目提要．子部．雜家類》「雜學之屬」末的按語。

《困學紀聞》等書。此等著作，大抵在考證四部圖書的內容，《四庫全書總目提要》說它「真出於議官之雜家也（班固謂雜家者流，出於議官）。」[55]

「雜說之屬」，收錄《論衡》、《風俗通義》、《封氏聞見記》、《文昌雜錄》、《夢溪筆談》、《冷齋夜話》、《曲洧舊聞》等書。《四庫全書總目提要》謂「其說或抒己意，或訂俗偽，或述近聞，或綜古義，後人沿波，筆記作焉。大抵隨意錄載，不限卷帙之多寡，不分次第之先後，興之所至，即可成編。」[56]

「雜品之屬」，收錄《洞天清錄》、《雲煙過眼錄》、《竹嶼山房雜部》、《清祕藏》等書。這些圖書，大抵都是為了著錄古器、書畫、奇玩等而作。不過，《四庫全書總目》將「專明一事一物者」，例如專錄揚州芍藥的《揚州芍藥譜》（一卷，宋王觀撰）、專為菊花作譜記的《史氏菊譜》（一卷，宋史正志撰）、專門記載海棠故實、栽種方法及諸家吟詠的《海棠譜》（三卷，宋陳思撰）等，則另外設立「譜錄類」收錄。「雜品之屬」所收的，則都是「雜陳眾品者」[57]。

「雜纂之屬」，收有《意林》、《紺珠集》、《類說》、《事實類苑》、《仕學規範》、《自警編》、《說郛》、《古今說海》等書。此類圖書的性質，《提要》說「以上諸書，皆採摭眾說以成編者，以其源不一，故悉列之雜家。」[58]

---

[55] 說見《四庫全書總目提要・子部・雜家類》「雜考之屬」末的按語。
[56] 說見《四庫全書總目提要・子部・雜家類》「雜說之屬」末的按語。
[57] 說見《四庫全書總目提要・子部・雜家類》「雜品之屬」末的按語。
[58] 說見《四庫全書總目提要・子部・雜家類》「雜纂之屬」末的按語。

至於「雜編之屬」，則收有明代陸深《儼山外集》(三十四卷)、胡應麟《少室山房筆叢》(三十二卷)《續集》(十六卷)、清代馮班《鈍吟雜錄》(十卷)等書。《四庫全書總目提要》云：

案古無以數人之書，合為一編，而別題以總名者。惟《隋志》載《地理書》一百四十九卷《錄》一卷，〈註〉曰：『陸澄合《山海經》以來一百六十家以為此書。澄本之外，其舊書並多零失，見存別部行者惟十二家。』是為叢書之祖，然猶一家言也。左圭《百川學海》出，始兼裒諸家雜記。至明而卷帙益繁，《明史・藝文志》無類可歸，附之『類書』，究非其實，當入之『雜家』，於義為允。今雖離析其書，各著於錄，而附存其目，以不沒蒐輯之功者，悉別為一門，謂之『雜編』。其一人之書，合為總帙而不可名以一類者，既無所附麗，亦列之此門。

按：「雜編之屬」所收，都屬於個人叢書。

又按：《提要》謂兼裒諸家雜說的叢書，始自左圭的《百川學海》。按：左圭輯《百川學海》，事在宋度宗咸淳九年（一二七三）。而在寧宗嘉泰元年（一二〇一），俞經、俞鼎孫兄弟已輯編《儒學警悟》一書。《提要》之說偶疏。

今詳細分析《四庫全書》「雜家類」之六類屬所收，「雜學之屬」，多為一家之學說，由於其書非儒、非道、非法，所以歸之於「雜學」。「雜品之屬」，則多為藝術評論方面的著作。「雜纂之屬」所著錄的，一部分屬叢書，如《說郛》、《古今說海》等都是叢書；一部分屬類書，如《意林》、《紺珠集》等都是類書；還有一部分則屬雜著筆記，如《事實類苑》。「雜編之屬」所收，大部分為叢書，其中屬個人叢書的，大部分屬雜著筆記之作。至於「雜考之屬」與「雜說之屬」兩類，所收大部分都是有關考證典籍、訂正訛誤之作，也就是雜著筆記。

根據上述分析，「雜著筆記」類的著作，其性質之特色為不論考證訂譌或記述所見所聞，都是隨筆記載，不同於體例嚴謹的專門著述；至於其涵蓋的範圍則甚廣。若以《四庫全書總目》的分類為準，則「雜著筆記」類的著述，大致隸屬於子部雜家類的「雜考之屬」及「雜說之屬」；一小部分則隸屬於「雜纂之屬」及「雜編之屬」中。

二、雜著筆記的內容

雜著筆記的內容，十分廣博、繁雜。以所考訂的事物來說，天文、地理、人事、器物，無所不及；以所記讀書內容來說，經、史、子、集，無不涉及。茲舉較具代表性的著作為例，以見雜著筆記之內容。以明代楊慎的《升庵外集》為例。

楊慎（一四八八—一五五九），字用修，號升庵，新都人。正德六年（一五一一）進士第一，授翰林院修撰。丁繼母憂。服闋起故官。十二年（一五一七），武宗微行出居庸關，慎抗疏切諫，尋移疾歸。世宗立，起充經筵講官。大禮議起，慎偕庭臣伏左順門力諫，帝震怒，命執首事八人下獄，於是慎及檢討王元正等撼門大哭，聲徹殿庭，帝益怒，下詔獄廷杖之，謫戍雲南永昌衛。嘉靖三十八年（一五五九）七月卒，年七十二。生平具《明史》（卷一九二）本傳。

慎自幼警敏，篤好古學，既投荒多暇，於書無所不覽，曾經對人說：「資性不足恃，日新德業，當自學問中來。」讀書窮理，老而彌勤。在明代的學者中，記誦之博，著作之富，以慎為第一。

升庵的著作，據墓文所載，多達一百又九種。明代焦竑嘗依其性質分為三類刊行：一為《正集》，所收都是詩文，如《升庵玉堂集》、《升庵文集》、《升庵詩集》、《升庵遺集》、《南中集》、《南中續集》、《連夜吟卷》、《滇南月節詞》、《高嶢十二景詩》等。二為《雜集》，所收都是慎所選輯批評自為一書者，如《管子敘錄》、《檀弓叢訓》、《水經補注》、《古文韻語》、《禪林鉤玄》、《批選瀛奎律髓》等。三為《外集》，所收都是雜著筆記類的著作。

按：楊慎所撰雜著筆記之作，為數甚夥。除自編成書的以外，他人為之整理編纂的，在焦竑前已有多次。如《丹鉛錄》一書，即曾多次纂編。升庵既然博覽群書，又喜為雜著，其考證諸書異同的著作，都以「丹鉛」為名。其中《丹鉛餘錄》（十七卷）、《丹鉛續錄》（十二卷）、《丹鉛摘錄》（十三卷）三書，皆是升庵自己所編定的，刊於嘉靖二十六年（一五四七）。後來，其門人梁佐，裒合諸錄為一編，刪除重複部分，定為二十八類，名曰《丹鉛總錄》，嘉靖中刊於上杭。到了萬曆中，四川巡撫張士佩重刊慎集，以諸錄及《譚苑醍醐》等書刪併為四十一卷，附於集後。清《四庫全書》據浙江范懋柱天一閣藏本錄寫的本子，則是三錄與《總錄》並行。萬曆中，焦竑以升庵的著作大部分是偏部短記，易於散佚，乃廣為搜羅，依其性質，分為《正集》、《雜集》、《外集》三類刊行。《正集》收詩文十五種，《雜集》收書八十三種，《外集》收書三十八種，則都屬於考證論議方面的作品。這三集於萬曆四十五年（一六一七）刊行，顧起元校並〈序〉，汪煇撰〈跋〉。

《外集》所收雜著筆記方面的著作，共有三十八種，其目如下：

《丹鉛錄》。《丹鉛總錄》。《丹鉛別錄》。《丹鉛要錄》。《丹鉛閏錄》。《丹鉛贅錄》。《丹鉛續錄》。《丹鉛餘錄》。《丹鉛摘錄》。《秇林伐山》。《清暑錄》。《墐戶錄》。《莊子闕誤》。《楊子卮言》。《卮言閏集》。《譚苑醍醐》。《經言指要》。《升庵經說》。《升庵詩話》。《詩話補遺》。《墨池瑣錄》。《古諺》。《古今風謠》。《詞品》。《詞品拾遺》。《希姓錄》。《謝華啟秀》。《千里面談》。《寫韻樓雜錄》。《晴雨曆》。《錄異記》。《異魚圖贊》。《龍宇雜出》。《蒼珥紀遊》。《滇程記》。《滇載記》。《山海經補註》。《蜷籛瓿筆》。

焦氏將上列三十八種雜著筆記，彙為《外集》一百卷。為方便檢索，復依其性質，分類排比，得二十七類。顧起元〈序〉云：「《外集》（部帙）尤多，異者疏之，同者合之，復者刪之，互者仍之，疑者闕之，誤者正之。就一部之中，別之以類；就一類之內，辨之以目。巨細畢收，綱維不紊。」此二十七類之目為：

天文（卷一卷二）。地理（卷三至卷七）。宮室（卷八卷九）。人物（卷十至卷十四）。器用（卷十五至卷二十二）。飲食（卷二十三）。經說（卷二十四至卷三十七）。史說（卷三十八至卷四十五）。子說（卷四十六至卷四十八）。雜說（卷四十九至卷五十一）。文藝（卷五十二卷五十三）。文事（卷五十四至卷五十六，謝華啟秀及四六）。人事（卷五十七至卷五十九）。文事（卷六十卷六十一，理學及科舉）。瑣語（卷六十二）。俗言（卷六十三）。古文韻語（卷六十四）。古音略例（卷六十五）。騷賦（卷六十六）。詩品（卷六十七至卷七十八）。古今風謠（卷七十九）。古今諺（卷八十）。詞品（卷八十一至卷八十六）。字說（卷八十七至卷九十三）。畫品（卷九十四）。動物（卷九十五至卷九十七）。植物（卷九十八至卷一〇〇）。

每一類又分細目，如卷十至卷十四之「人物」，分「官制」、「兵農」、「隱逸」、「養生」、「仙釋」、「婦女」等目；卷十五至卷二十二之「器用」，分「冠裘」、「冠服（附顏色）」、「圭璽」、「簠簋（附戲具）」、「文具」、「寶甑」、「音樂」、「鹵簿」、「舟車」等目；卷二十四至卷三十七之「經說」，分「周易」、「尚書」、「毛詩」、「春秋左傳（附公穀）」、「禮記」、「周禮」、「儀禮」、「戴記」、「論語」、「孟子」、「爾雅」等目。

再以明代來斯行所撰《槎菴小乘》（四十一卷）一書為例。

斯行，字道之，號槎菴居士，西陵人，萬曆丁未三十五年（一六〇七）進士，官至福建右布政使。斯行為學甚勤，著有《經史典奧》六十七卷，倣司馬光《徽語》之例，取經史諸書字句之可用者，鈔撮成書。此書則為其平日讀書有得，以次記載而成。〈自序〉釋書名之義，云：「槎菴者地也，小者避大也，乘者志載也。」可知此書之作，旨在考證典籍中不為人所重之隱微者。全書四十一卷分二十二類，其類目如下：

天文類（卷一至卷三）。地理類（卷四卷五）。國事類（卷六至卷九）。考訂類（卷十至卷十五）。經史類（卷十六至卷二十一）。兵刑類（卷二十二）。祭葬類（卷二十三）。冠冕類（卷二十四）。姓名類（卷二十五）。音樂類（卷二十六）。書畫類（卷二十七）。閨壼類（卷二十八）。藝術類（卷二十九）。驗方類（卷三十）。飲食類（卷三十一）。格物類（卷三十二）。仙釋類（卷三十三卷三十四）。祥異類（卷三十五卷三十六）。鳥獸類（卷三十七卷三十八）。蟲魚類（卷三十九）。草木類（卷四十）。夷狄類（卷四十一）。

以上二書，都屬於雜家類的「雜考之屬」，內容以考證舊文為主。

再以宋代沈括《夢溪筆談》（二十六卷）為例。沈氏之書，依其內容分為十七類，其類目為：「故事」、

「辨證」、「樂律」、「象數」、「人事」、「官政」、「權智」、「藝文」、「書畫」、「技藝」、「器用」、「神奇」、「異事」、「謬誤」、「譏謔」、「雜誌」、「藥議」。

《四庫全書總目》將沈書置於「雜說之屬」，內容多記當代掌故及目見耳聞之事。

從以上三書的類目來看，大致可見雜著筆記類的著作，內容以考證舊文，記錄掌故及見聞為主，所涉及的，涵蓋天文、地理、人事、草木、鳥獸、器物等。

三、雜著筆記的文獻價值

雜著筆記類的著作，由於採摭繁夥，所涉甚廣，每為學者所引用。若從文獻的角度觀察，其價值可從下列幾點論之：

㈠可資輯佚

雜著筆記類的圖書，不論其為考證舊文或記錄見聞，每多引故事，或以證成其說，或以存異聞。其所引文獻，每有今日已佚而不傳者，成為後人輯佚之寶庫。

以宋代王安石所撰《字說》（二十四卷）一書為例。《宋史・藝文志・經部・小學類》著錄此書二十四卷；晁公武《郡齋讀書志》著錄此書則作二十卷。晁氏曰：

> 皇朝王安石（介甫）撰。晚年閑居金陵，以天地萬物之理，著於此書，與《易》相表裡。而元祐中，言者指其揉雜釋老，穿鑿破碎，聾瞽學者，特禁絕之。王氏〈自序〉曰：「文者奇耦剛柔，

雜比以相承，如天地之文，故謂之文。字者始於一，一而生於無窮，如母之字子，故謂之字。其聲之抑揚開塞，合散出入；其形之衡從曲直，邪正上下，內外左右，皆有義，皆出於自然，非人私智所能為也。與文王八卦，文王六十四，異用而同制，相待而成《易》，先王以為不可忽，而患天下後世失其法，故三歲一同，同者所以一道德也。秦燒《詩》、《書》，殺學士，而於是時始變古而為隸，蓋天之喪斯文也，不然，則秦何力之能為。而許慎《說文》，於書之意，時有所悟，因序錄其說為二十卷，以與門人所推經義附之。惜乎先王之文缺已久，慎所記不具又多外，而以予之淺陋考之，宜有所不合，雖然，庸詎非天之將興斯文也，而以予贊其始，故其教學必自此始，能知此者，則於道德之意已十九矣。」[59]

按：《字說》一書說解文字的方法，多用會意的角度說解字義，而忽略了聲義間的關係，因此不免有所穿鑿附會。《文獻通考・經籍考》引石林葉氏（夢得）曰：

> 凡字不為無義，但古之制字，不專主義，或聲或形，其類不一，先王略別之，以為六書，而謂之小學者，自是專門一家之學，其微處遽未易盡通，又更篆隸，損益變易，必多乖失。許慎之《說文》，但據東漢所存，以偏旁類次，其造字之本，初未嘗深究也。王氏見字多有義，遂一概以義取之，雖六書且不問矣，況所謂小學之專門者乎。是以每至於穿鑿附會，有一字析為三四文者，古

---

[59] 此據《文獻通考・經籍考》所引。清代王先謙以衢本為底本之校刊本及商務印書館《四部叢刊續編》本影宋淳祐袁州本，並無「王氏〈自序〉曰」以下文字。

書豈如是煩碎哉。學者所以鬨然起而交詆，誠不為無罪，然遂謂之皆無足取，則過也。

王氏之書，由於「穿鑿破碎，聾瞽學者」（晁公武語），「學者所以鬨然起而交詆」（葉夢得語），遂佚而不傳，但是我們可以從當時的雜著筆記，獲得許多《字說》的資料。今舉數書為例：

1. 宋代黃朝英所撰《靖康緗素雜記》（十卷），《四庫全書總目提要》謂其「大抵多引據詳明，皆有資考證，固非漫無根柢，徒為臆斷之談。」是宋代重要的雜著筆記。今檢此書卷八「鴝鵒」條云：

《字說》鴝从句，鵒从欲，解云：「鴝鵒多欲，尾而足句焉。」余少時讀《字說》而不解其義，後因看段成式《酉陽雜俎》云：「鴝鵒交時，以足相句促鳴，如鼓翼相鬥狀，往往墮地，人或就將掩之，取其句足為魅藥。」今觀鴝鵒群集木上，其間或有雙墮地者，以是驗成式之言果不妄，而舒王于百家小說之書無所不取也。唐耜注《字說》，但云鳥名，引〈考工記〉曰「鸜鵒不踰濟」而已，其它無義，蓋唐公亦未見段成式之說。

按：王安石嘗封舒國公，故又稱舒王。此引《字說》以說解「鴝鵒」之義。

又按：唐耜，累官知邛州，著有《字說集解》三十冊，一百二十卷，今已亡佚。

2. 宋代朱翌所撰《猗覺寮雜記》（二卷），也是著名的雜著筆記。《四庫全書總目・子部・雜家類・雜考之屬》著錄，《提要》說它「引據精鑿者不可殫數，在宋人說部中，不失為《容齋隨筆》之亞。」此編卷上云：

介甫《字說》往往出於小說佛書，且如「天一而大」，蓋出《春秋說辭》。「天之為言填也，居高理下，含為太一，分為殊形，故立字一而大。」見《法苑珠林》。如「星字，物生於下，精成於列。」「精成於列」，《晉天文志》張衡論也。「鸜鵒句其足而欲」，見《酉陽雜俎》。「鸜鵒之交句其足，往往墮地，人掩之以為媚藥。」「年字，禾一成為年。」《書正義》：「孔炎曰：年取禾穀一熟。」

按：這一則採摘《字說》「天」、「星」、「鸜鵒」、「年」四則的說解。

3.宋代袁文所撰《甕牖閒評》（八卷）一書，《四庫全書總目提要》說它「雖徵引既繁，不無小誤」，然「大致賅洽，實考據家之善本。」此書久佚，清乾隆年間，四庫館臣從《永樂大典》輯得四百餘條，依類詮次，分為八卷：卷一論經；卷二論史；卷三論天文、地理、人事之類；卷四專論小學；卷五論詩詞、書畫之類；卷六論飲食、衣服、器用、宮室之類；卷七論釋道、技術、物產之類；卷八則為雜論因果怪異及自記之語。今檢此編卷四云：

《字說》于種字韻中入穜字，云：「物生必蒙，故從童。艸木亦或種之，然必穜而生之者禾也，故從禾。」是王介甫亦以穜為種字焉。《藝苑雌黃》云：「穜植之穜，其字從童，之用切。種稑之種，其字從重，直容切。」蓋與此意同矣。

按：這一則採錄《字說》對「穜」字的說解。

4.宋代陸游所著《老學庵筆記》（十卷），《四庫全書總目・雜家類・雜說之屬》著錄。陳振孫說他「生識前輩，年登耄期，所記見聞，殊可觀也。」[60]《四庫全書總目提要》則稱其「軼聞舊典，往往足備考證。」今檢此書卷二云：

> 《字說》盛行時，有唐博士耜、韓博士兼，皆作《字說解》數十卷；太學諸生作《字說音訓》十卷；又有劉全美者，作《字說偏旁音釋》一卷、《字說備檢》一卷，又以類相從，為《字會》二十卷。故相吳元中試辟雍，程文盡用《字說》，特免省。門下侍郎薛肇明（昂）作詩奏御，亦用《字說》中語。予少時見族伯父彥遠和霄字韻詩云：「雖貧未肯氣如霄」，人莫能曉，或叩之，答曰：「此出《字說》『霄』字，云：『凡氣升此而消焉。』」其奧如此。鄉中前輩胡浚明，尤酷好《字說》，嘗因浴出，大喜曰：「吾適在浴室中有所悟，《字說》『直』字云：『在隱可使十目視者直。』吾力學三十年，今乃能造此地。」近時此學既廢，予平生惟見王瞻叔參政，篤好不衰，每相見必談《字說》，至莫不雜他語，雖病亦擁被指畫，誦說不少輟，其次晁子止侍郎亦好之。

按：這一則載錄《字說》有關「霄」、「直」二字的說解。

5. 宋代葉大慶所撰《考古質疑》（六卷），也是雜著筆記類的著作。《四庫全書總目提要》云：「其書上自六經諸史，下逮宋世著述名家，各為抉摘其疑義，考證詳明，類多前人所未發，其有徵引古書及疏通互證之處，則各於本文之下，用夾註以明之，體例尤為詳悉，在南宋說部之中，可無愧淹通之目。」今檢此編卷三云：

[60] 說見《直齋書錄解題》卷十一《老學庵筆記》條解題。

古人制字，皆有名義，或象形而會意，或假借而諧聲，或轉注而處事，莫不有義存乎其間，是以成周設官，外史達書名于四方，行人諭書名于九歲，凡以是也。故止戈為武（原註：《左傳》宣十二年），反正為乏（原註：宣十五年），皿蟲為蠱（原註：昭元年），見于《左傳》者不一，雖然，要難一律論也。近世王文公其說經亦多解字，如曰：「人為之謂偽。」曰：「位者人之所立。」曰：「訟者言之于公。」與夫「五人為伍」、「十人為什」、「歃血自明而為盟」、「二戶相合而為門」、「以兆鼓則曰鼗」、「與邑交則曰郊」、「同田為富」、「分貝為貧」之類，無所穿鑿，至理自明，人亦何議哉。有如「中心為忠」、「如心為恕」，朱晦庵亦或取之。惟是不可解者，亦必從而為之說，遂有勉強之患，所以不免諸人之譏也。

按：此段錄載《字說》中有關「偽」、「位」、「訟」、「伍」、「什」、「盟」、「門」、「鼗」、「郊」、「富」、「貧」、「忠」、「恕」等字的說解。

6.宋代羅壁所撰《識遺》（十卷）一書，《四庫全書總目・雜家類・雜考之屬》著錄。《提要》說它「爬梳鉤索，徵據舊文，尚頗可採。」今檢此書卷九〈詩從寺〉條云：

詩，古人言志之辭。孔穎達推其始於蕢桴土鼓之世，蓋有樂即有節，音節者章句之原，聖人刪取為經，以人情是非，求合乎眾之所與，故可以興，可以觀，所以有補治道為經也。王臨川謂：「詩製字從寺，九寺，九卿所居，國以致理，乃理法所也。」釋氏名以主法，如寺人掌禁近嚴密之役（原注：韻書寺音侍，詩注初音皆如字。）皆謂法禁所在，詩從寺，謂理法語也。故雖世衰道微，必止乎禮義，雖多淫奔之語，曰思無邪。後之詩，直者傷於訐，美者過於諛，甚至增淫導慾，誇華門靡，豈詩之旨哉。康節云：「自從刪後，更無詩。」以無維持世道之詩也。近代推杜子美詩為詩史，知道者猶以不濟事少之，故真西山選詩，取於民彝世教有補者，至孔子刪《詩》而無自作之詩；商、賜可與言《詩》，孟子長於《詩》，例皆無詩，苟無益鑒戒，徒工言語，无取也。

按：這一則載錄《字說》說解「詩」字的資料。

以上所舉六書，都是雜著筆記，它們所載錄的《字說》資料，都可供輯佚。

㈡多存佚聞

雜著筆記，每載聞見之事，其中頗有佚聞，可補他書之不足。例如宋代朱弁《曲洧舊聞》卷一云：

仁宗皇帝至誠納諫，自古帝王無可比者。一日朝退至寢殿，不脫御袍，去幞頭，曰：「頭癢甚矣！」急喚梳頭者來。及內人至，方理髮次，見御懷有文字，問曰：「官家是何文字？」帝曰：「乃臺諫章疏也。」問：「言何事？」曰：「淫霖久，恐陰盛之罰。嬪御太多，宜少裁減。」掌梳頭者曰：「兩府兩制，家內各有歌舞，官職稍如意，往往增置不已。官家根底襶有一二人，則言陰盛須減去，只教渠輩取快活。」帝不語。久之，又問曰：「所言必行乎？」曰：「臺諫之言，豈敢不行。」又曰：「若果行，請以奴奴為首。」蓋恃帝寵也。帝起，呼老內侍及夫人掌宮籍者，擕籍過後苑，有旨戒閽者，雖皇后不得過此門來。良久降指揮：自某人以下三十盡放出宮。時迫進膳，慈聖亟遣，不敢少稽。既而奏到，帝方就食，慈聖不敢發問。食罷進茶，慈聖云：「掌梳頭者，是官家所愛，奈何作第一名遣之？」帝曰：「此人勸我拒諫，豈宜置左右。」慈聖由是密戒嬪侍勿妄言，無預外事，「汝見掌梳頭者乎？官家不汝容也。」

按：此可補史傳的不足。

又如宋釋文瑩《玉壺清話》卷三〈盧多遜籤兆〉條云：

盧多遜方丱角，其父攜就雲陽觀小學，與群兒見廢壇上有古簽一筒，競往抽之為戲。多遜尚未識字，抽一簽歸示其父，詞曰：「身出中書堂，須因天水白。登仙五十二，終為蓬島客。」父見之，頗意以為吉兆。迨作相，與秦王事故敗，始因遣堂吏趙白，遂竄南荒，卒于朱崕，年五十二，無一字之差。

按：這一則雖涉神仙之說，亦可供參考。

㈢可資校勘

雜著筆記所載，多徵引他書。其徵引的方式，有的引用其意，有的摘錄部分文字，有的則襲錄全文。引用其意的，文字自是不同，當然不得作為校勘的資料；但是摘錄部分文字或襲錄全文的，則可以作為校勘的資料。

以宋江少虞《宋朝事實類苑》卷五十八所載〈种世衡〉佚事十一則中的第六則為例。這一則是摘錄自舊題宋司馬光所撰《涑水記聞》卷九。今將此二書所載作一比勘，以見其異文的現象：

慶曆二年（《類苑》「二」作「三」）春，范文正公巡邊，至為環慶經略使。環州屬羌（《類苑》此句作「知環州以屬羌」），多懷二心，密與元昊通。公以世衡素得屬羌心（《類苑》此句作「以种世衡素得羌屬心」），而青澗城已完固（《類苑》無「固」字），乃奏徙世衡知環州以鎮撫之（《類苑》「乃」作「因」；《類苑》無「知環州」三字）。有牛努額者（「努額」，《類苑》作「奴訛」；《類苑》無「者」字），素崛強（「崛」，《類苑》作「倔」），未嘗出見州官，聞世衡以約，明日當至其帳，慰勞部落。是夕雪深三尺（《類苑》「夕」作「日」），左右曰：「努額凶詐難信（「努額」，《類苑》作「奴訛」），且道險不可行（「不可行」，《類苑》作「不平」）。」世衡曰：「吾方以信結邊人（「邊人」，《類苑》作「諸部」），可失期耶？」遂冒雪而往，既至，努額尚寢（「努額」，《類苑》作「奴訛」），世衡蹴起之，努額大驚（「努額」，《類苑》作「奴訛」），曰：「吾世居此山，漢官無敢至者，公乃不疑吾耶？（「吾」，《類苑》作「我」）」率部落羅拜，皆感激心服。61

兩書所載，頗有異文，可為校勘之資。

(四)方便檢索文獻

雜著筆記為求考證精核，作者每每博採散處各書中的相關資料，纂輯成文，一方面方便學者檢索文獻，一方面類聚相關文獻，使原本孤立的瑣碎資料，組成有用的文獻。例如宋代黃朝英《靖康緗素雜記》卷五〈烏鬼〉條云：

61 《涑水記聞》及《宋朝事實類苑》，並用清文淵閣《四庫全書》本。

《筆談》嘗論：「杜甫詩：『家家養烏鬼，頓頓食黃魚。』世之說者，皆不解其義。唯士人劉克，按《夔州圖經》稱峽中人謂鸕鷀為烏鬼，蜀人臨水居者，皆養鸕鷀，繩繫其頸，使之捕魚，則倒提出之，至今如此。予在蜀中，見人家養鸕鷀使捕魚，信然，但不知謂之烏鬼耳。」[62]又按《東齋記事》云：「蜀之漁家養鸕鷀十數者，日得魚可數十斤，以繩約其吭，纔通小魚，大魚則不可食，時呼而取出之，乃復遣去。甚馴狎，指顧皆如人意。有得魚而不得歸者，則狎群者啄而使歸，比之放鷹鶻，無馳走之勞，得利又差厚，所載此而已。」[63]然范蜀公亦不知鸕鷀乃老杜所謂烏鬼也。案《夷貊傳》云：「倭國水多陸少，以小鐶挂鸕鷀項，令入水捕魚，日得百餘頭。」則此事信然。

按：黃氏將《夢溪筆談》、《東齋記事》、《夷貊傳》三種圖書中有關以鸕鷀捕魚之事，類聚纂輯，以

---

62 《夢溪筆談》此事見卷十六〈藝文三〉。原文云：「士人劉克，博觀異書，杜甫詩有『家家養烏鬼，頓頓食黃魚。』世之說者，皆謂夔峽間至今有鬼戶，乃夷人也。其主謂之鬼主，然不聞有烏鬼之說。又鬼戶者夷人所稱，又非人家所養。克乃按《夔州圖經》，稱峽中人謂鸕鷀為烏鬼，蜀人臨水居者，皆養鸕鷀，繩繫其頸，使之捕魚，得魚則倒提出之，至今如此。予在蜀中見人家養鸕鷀使捕魚，信然，但不知謂之烏鬼耳。」《靖康緗素雜記》所引，頗多刪改。

63 范鎮《東齋記事》，《宋史・藝文志》作十二卷，其書久佚，清四庫館臣從《永樂大典》輯得五卷，並從江少虞《皇朝事實類苑》及曾慥《類說》輯得部分佚文，彙為《補遺》一卷。今《四庫全書》輯本中，並沒有蜀人養鸕鷀的記載，所以這一段可補《四庫全書》本之不足。

考證鸕鷀就是杜詩中的烏鬼。這種將有關鸕鷀的文獻纂輯成篇的資料，對研究杜詩和民俗的學者，都有幫助。

又如清代顧炎武《日知錄》卷二十八〈邸報〉條云：

《宋史．劉奉世傳》：「先是進奏院，每五日具定本報狀，上樞密院，然後傳之四方，而邸吏輒先期報下，或矯為家書，以入郵置。奉世乞革定本，去實封，但以通函騰報，從之。」〈呂溱傳〉：「儂智高寇嶺南，詔奏邸毋得輒報，溱言：『一方有警，使諸道聞之，共得為備，今欲人不知，此意何也？』」〈曹輔傳〉：「〈徽宗〉政和後，帝多微行，始民間猶未知，及蔡京謝表，有『輕車小輦，七賜臨幸』，自是邸報聞四方。」邸報字見于史書，蓋始于此時。然唐《孫樵集》中，有〈讀開元雜報〉一篇，則唐時已有之矣。

這一條纂輯《宋史》的〈劉奉世傳〉、〈呂溱傳〉、〈曹輔傳〉及唐代《孫樵集》等有關「邸報」的資料，成為一條敘述「邸報」史的最完整文獻。

這種纂輯資料，方便檢索，為多數雜著筆記的特色。

四、雜著筆記的缺失

雜著筆記的價值雖多，但是也有缺失，這些缺失，是運用雜著筆記的文獻者，所必須了解的。現在從文獻的觀點，列舉其缺失如下：

(一)多有不注明出處者

以宋代江少虞《皇朝事實類苑》一書為例。其中有注明出處的，但也有不注明出處的。例如卷四十三〈麻希夢〉一則，云：

端拱初，太宗詔訪高年，前青州錄事參軍麻希夢，年九十餘，居臨淄，召至闕下，延見便殿，賜坐，語極從容，及詢人間利害，對之甚詳，多蒙聽納。他日訪以養生之理，對曰：「臣無他術，惟清心寡慾，節聲音，薄滋味，故得致此。」詔以為尚書工部郎中。致仕，賜金紫工部。好學，善訓子孫，太宗興國中登進士甲第，孫溫基、溫舒，祥符中相繼舉進士第，為天下第三人，而天下稱麻氏教子有法。64

今檢宋王闢之《澠水燕談錄》卷三亦載此事，云：

端拱初，太宗詔訪天下高年，前青州錄事參軍麻希夢年九十餘，居臨淄，召至闕下，延見便殿，賜坐，語次從容，詢及人間利害，對之尤詳，多蒙聽納。他日訪以養生之理，對曰：「臣無他術，惟寡情慾，節聲色，薄滋味，故得至此。」詔以為工部郎中，致仕，賜金紫工部。好學，善訓子孫，子景孫，興國中登進士甲科；孫溫其、溫舒，祥符中相繼登第，為天下第三人，衣冠以為盛事，而天下稱麻氏教子有法。

---

64 此據清文淵閣《四庫全書》本。

按：江少虞，字虞仲，衢州常山人，政和（一一一一—一一一七）中進士。王闢之，字聖塗，青州營丘人，治平（一〇六四—一〇六六）中進士，嘗為高唐令，紹聖三年（一〇九六）知忠州。志尚博雅，退居澠水，日與賢士大夫遊，每燕談間，有可取者輒記之，久而得三百事，編次成帙，題曰《澠水燕談錄》。王氏較江氏為早，可知《皇朝事實類苑》所載，係採自《澠水燕談錄》。

又如宋代葉夢得《石林燕語》卷八云：

李文定公在場屋有盛名，景德二年（一〇〇五）預省試，主司皆欲得之以置高第，已而竟不在選，主司意其失考，取所試卷覆視之，則以賦落韻而黜也，遂奏乞特取之。王魏公（王旦）[65]時為相，從其請。既廷試，遂為第一。

今檢宋代范鎮《東齋記事》卷一亦載此事，云：

景德中，李迪、賈邊皆舉進士，有名當時，及就省試，主文咸欲取之，既而二人皆不與，取其卷視之。迪以賦落韻，邊以「當仁不讓於師」，論以師為眾，與注疏異說。乃為奏，具道所以，乞特收試。時王文正公（王旦）為相，議曰：「迪雖犯不考，然出於不意，其過可恕。如邊特立異說，此漸不可啟，將令後生務為穿鑿，破壞科場舊格。」遂收迪而黜邊。

按：葉夢得（一〇七七—一一四八），字少蘊，號肖翁，又號石林，吳縣人。紹聖四年（一〇九七）

[65] 王旦（九五七—一〇一七），字子明，封魏國公，諡文正。

進士，累遷翰林學士，戶部尚書。紹興十八年（一一四八）卒，年七十二，事跡具《宋史》卷四四五。范鎮（一〇〇八－一〇八八），字景仁，華陽人，寶元五年（一〇三八）會試第一，仁宗時知諫院，累官翰林學士，元祐三年（一〇八八）卒，年八十一，事跡具《宋史》卷四四五。可見《石林燕語》所載，是襲自《東齋記事》。

㈡考證偶有疏誤

雜著筆記所載，固多精詳，足資參考，但是也不免有所疏誤，這是在利用雜著筆記的文獻時，不能不注意的。

茲以明代楊慎的雜著筆記為例。

楊氏以博學稱於當世，他的《升庵外集》，固然多所發明，但是疏舛亦不免。明代陳耀文所撰《正楊》、胡應麟所撰《丹鉛新錄》、《藝林學山》及周嬰所撰《卮林・明楊篇》等，皆是改正楊慎雜著筆記錯誤的著作。

就以陳耀文《正楊》一書所列舉的楊慎的錯誤甚多，陳氏把這些錯誤歸納為四類加以訂正：第一種是楊氏的錯誤很明顯，陳耀文直接指出其錯誤而訂正之。例如陳書卷四「苦水變甘泉」條，楊氏以李錫為蘆城令，陳氏則改正為虞城。第二種是楊氏所偽造的文獻，陳耀文舉發之。例如陳書卷四「唐詩葳蕤」條，楊氏偽造《錄異記》有「葳蕤鎖金鏤，屈伸在人」句，陳氏則辨正說：「《錄異記》杜光庭所著，無葳蕤鎖事」。三是陳氏對楊氏的說法不滿意，但又不足以訂證，則姑舉存疑。例如陳書卷四「石尤風」條，楊氏謂郎士元留盧秦卿詩中石尤風當謂打頭逆風，陳氏舉古樂府宋武帝〈丁督護歌〉「願作石尤風，四面斷行旅」句，而謂「似非打頭風也」。第四種是楊氏的說法不誤，但是考證不夠詳備，陳氏則加以補充。例如陳書卷四「龍鍾」條，楊氏謂「龍鍾，竹名，年老曰龍鍾，言如竹之枝葉搖曳而不自禁持也。」但是未言出自何處。陳氏則舉《南越志》所載「羅浮山第三十一領，半是巨竹，皆七八圍，長一二丈，葉若芭蕉，謂之龍鍾竹。」這是龍鍾的出處。陳氏又舉昌黎詩「白首誇龍鍾」，董彥遠注：「潦倒意」，用以說明「龍鍾」一詞由年老義引申為潦倒意的典故出處。《四庫全書總目》於《丹鉛餘錄》十七卷《續錄》十二卷《摘錄》十三卷《總錄》二十七卷等書的〈提要〉，談到楊慎所撰雜著筆記的得失，云：

慎以博治冠一時，使其覃精研思，網羅百代，竭平生之力以成一書，雖未必追蹤馬鄭，亦未必遽在王應麟、馬端臨下。而取名太急，稍成卷帙，即付棗梨，饉飣為編，祇成雜學。王世貞謂其工於證經而疎於解經；詳於稗史而忽於正史；詳於詩事而略於詩旨；求之宇宙之外，而失之耳目之內。……好偽撰古書，以證成己說，睥睨一世，謂無足以發其覆，而不知陳耀文《正楊》之作，已隨其後，雖有意求瑕，詆諆太過，毋亦木腐蟲生，有所以召之之道歟！

陳耀文所舉楊慎的訛誤，共多達一百五十條，但並不完全正確，《四庫全書總目》於《正楊》（四卷）一書的〈提要〉說：

慎於正德、嘉靖之間，以博學稱，而所作《丹鉛錄》諸書，不免瑕瑜竝見，真偽互陳，又晚謫永昌，無書可檢，惟憑記憶，未免多疎。耀文考正其非，不使轉滋疑誤，於學者不為無功。然釁起爭名，語多攻訐，醜詞惡謔，無所不加，雖古人挾怨構爭，如吳縝之糾《新唐書》者，亦不至是，殊乖著作之體。又書成之後，王世貞頗有違言，耀文復增益之，反脣辨難，喧同詬詈，憤若寇讎，觀是書者，取其博贍，亦不可不戒其浮囂也。朱國楨《湧幢小品》曰：「自有《丹鉛錄》諸書，便有《正楊》，又有《正正楊》，古人、古事、古字，此書如彼，彼書如此，散見雜出，各不相同，見其一，不見其二，鬨然糾駁，不免為前人所笑。」是亦善於解紛之說，然博辨者固戒游詞，精核者終歸定論。國楨之病是書，竟欲取考證而廢之，則又矯枉過直矣。

(三)引文每有增省刪改

古人引書，每多增省刪改。陸游《示兒編・引經誤》說：

〈无妄〉六二曰：「不耕穫，不菑畬，則利有攸往。」而〈坊記〉乃曰：「不耕穫，不菑畬，凶。」〈牧誓〉曰：「戎車三百兩，虎賁三百人。」而《孟子》乃曰：「革車三百兩，虎賁三千人。」「矢其文德，洽此四國。」宣王也，《禮記》以為太王（〈閒居〉）。「戎狄是膺，荊舒是懲。」僖公也，《孟子》以為周公（〈滕文公〉上）。「致遠恐泥」，子夏之言也，班固以為出孔子。「其進銳者，其退速。」孟子之言也，李固以為出《老子》。《孟子》以孔子所謂「生事之以禮，死葬之以禮，祭之以禮。」為曾子。《唐史》以曾子所謂「以能問於不能，以多問於寡。」為孔子。與有扈戰于甘野，夏啟也，劉向以為夏禹（《說苑》）。濟人於溱洧，子產也，劉向以為景差（《說苑》）。〈微子〉曰：「我舊云刻子。」《論衡・本性篇》引之曰：「我舊云孩子。」〈立政〉曰：「以乂我受民。」

《論衡・明雩篇》引之曰：「以友我愛民。」《荀子・堯問篇》乃曰：「諸侯自為得師者王，得友者伯，得疑者存，自為疑而莫己若者亡。」與〈仲虺之誥〉「能自得師者王，謂人莫己若者亡。」文意小異。《鹽鐵論・文舉》所引《孟子》乃曰：「居今之朝，不易其俗，而成千乘之勢，不能一朝居。」與今《孟子》「由今之道，無變今之俗，雖與之天下，不能一朝居。」文意大異。

陸氏所說，雖以古籍引經為例，其實徵引其他典籍，其增省刪改的情形，也是一樣的。雜著筆記既是多引各書，增省刪改的現象，尤為嚴重。茲以宋代江少虞《皇朝事實類苑》〈曹瑋〉一則為例。這一則江少虞是引自舊題司馬光著的《涑水記聞》卷二。今將二書所載，比較如下：

《事實類苑》卷五十七〈曹瑋〉	《涑水記聞》卷二
曹侍中將薨，神宗親臨視之，問以後事，對曰：「臣無事可言。」固問之，對曰：「臣二子璨與瑋，材器有取，臣若內舉，皆堪為將。」上問其優劣，對曰：「璨不如瑋。」已而果然。瑋知秦州，嘗巡城，以城上遮箭板太高，召主者令下之，主者對曰：「舊如此久矣。」瑋怒曰：「舊固不可改耶？」命遣出斬之。僚佐以主者老將，諳兵事，罪小宜可赦，皆諫瑋。瑋不聽，卒誅之，軍中慴伏。西番犯塞，候騎報敵將至，瑋方飲啗自若，頃之，報敵去城數里，乃起貫戴，以帛纏身，令數人引之，身停不動。上馬出城，望見敵陣前有僧奔馬往來於陣前檢校，瑋問左右曰：「彼布陣乃用僧耶？」對曰：「不然，	曹侍中將薨，神宗親臨視之，問以後事，對曰：「臣無事可言。」固問之，對曰：「臣二子璨與瑋，才器可取，皆堪為將。」上問其優劣，對曰：「璨不如瑋。」已而果然。瑋知秦州，嘗出巡城，以城上遮箭板太高，召主者令卑之，主者對曰：「舊如此久矣。」瑋怒曰：「舊固不可改也？」命牽出斬之，僚佐以主者老將，諳兵事，罪小宜可赦，皆諫瑋。瑋不聽，卒誅之，軍中慴伏。西蕃犯塞，候騎報敵將至，瑋方飲啗自若，頃之，報敵去城數里，乃起貫戴，以帛纏身，令數人引之，身停不動。上馬出城，望見敵陣有僧奔馬徑來于陣前檢校，瑋問左右曰：「彼布陣乃用僧耶？」對曰：「不然，此敵之貴

此敵之貴人。」瑋問軍中誰善射者？眾言李超。瑋即呼超指示之曰：「汝能取彼否？」對曰：「憑太保威靈，願得十五騎裹送至敵陣前，可以取之。」瑋以百騎與之，敕曰：「不獲而返當死。」遂至敵陣前，騎左右開，超射之，一發而斃，於是敵鳴笳嘯而遁，瑋以大軍乘之，敵眾大敗，出塞窮追，俘斬萬計，改邊鑿壕，西番由是慴伏，至今不敢犯塞，每言及瑋，則加手於頂，呼之為父云。瑋在秦州，有士卒十餘人叛，赴敵中，軍吏來告，瑋方與客奕棋，不應，軍吏亟言之，瑋怒，叱之曰：「吾固遣之去，汝再三顯言耶？」敵聞之，亟歸告其將，盡殺之。	人也。」瑋問軍中誰善射者？眾言李超。瑋即呼超指示之曰：「汝能取彼否？」對曰：「憑太保威靈，願得五十騎裹送至敵陣前，可以取之。」瑋以百騎與之，勑曰：「不獲而返當死。」遂進至敵陣前，騎左右開，超射之，一發而斃，于是敵鳴笳而遁，瑋以大軍征之，敵眾大敗，出塞窮追，俘斬萬計，改邊鑿壕，西邊由是慴伏，至今不敢犯塞，每言及瑋，則加手于額，呼之為父云。（全昭云）瑋在秦州，有士卒十餘叛，赴敵中，軍吏來告，瑋方與客奕棋，不應，軍吏亟言之，瑋怒，叱之曰：「吾固遣之去，汝再三顯言耶？」敵聞，亟歸告其將，盡殺之。（伯康云）

按：《涑水記聞》與《事實類苑》所載，不僅文字有不同，最值得注意的，《涑水記聞》所載，原為二則，分別為全昭與伯康二人的話語，《事實類苑》則擅自併為一則，又刪去「全昭云」與「伯康云」，這使資料來源泯然不明了。

五、雜著筆記的運用

雜著筆記於學術研究，功用顯著，但是在運用時，也有下列一些應注意的事項：

(一)應注意其出處

傅孟真先生嘗謂史料有「直接資料」與「間接資料」之分。「直接資料」，就是未經改寫或轉引的原始文獻；「間接資料」，就是經後人轉引、改寫的資料[66]。雜著筆記多載佚聞佚事，其中固然有作者親自見聞的事，但是也有不少是輾轉稗販因襲他書的資料。以明代趙釴撰《古今原始》（十四卷）為例，《四庫全書總目提要》謂其「採摭繁蕪，漫無別擇，又多不註所出。」又如清方中履所撰《古今釋疑》（十八卷），卷一至卷三論經籍，卷四至卷九論禮制，卷十論氏族姓名，卷十一論樂，卷十二、十三論天文推步，卷十四論地理，卷十五論醫藥，卷十六至卷十八論小學算術。《四庫全書總目提要》評其「鎔鑄舊說以成文，皆不標其所出。」對於這些著作，研讀時應注意其資料出處，俾避免將間接資料誤以為直接資料。

(二)應注意改編竄匿

雜著筆記類的著作，由於方便學者援引考證，於是部分書估每多改編竄匿，刊行射利。以明代商濬所刊《稗海》中所收《蒙齋筆談》（二卷）一書為例。此書作者題宋鄭景望撰，內容實則全錄葉夢得《巖下放言》之文，但刪其十分之三四，而顛倒其次序[67]。

又如臺北國家圖書館所藏《授書隨筆》（十七卷）一書為例。此書舊題清黃宗羲撰。惟此書歷來書目罕見著錄。宗羲有關傳記，亦不云有此著作。此書不詳分類目，大抵卷一至卷十論經史，卷十一、卷十二曆象，卷十三地理，卷十四醫學，卷十五文學，卷十六聲韻，卷十七算學。卷首有萬斯大所撰〈黃氏世譜〉，謂作以冠於《南雷集》的前面。又有所謂黃氏自撰〈凡例〉六則。民國六十一年（一九七二），業師屈翼鵬（萬里）院士主編《雜著祕笈叢刊》，收錄此書，命兆祐撰寫〈敘錄〉，冠諸卷首，當時以各

---

[66] 說見《傅孟真先生集》中編上〈史學方法導論〉。

[67] 說見《四庫全書總目》卷一二七《蒙齋筆談》二卷之〈提要〉。

家書目罕見著錄，全謝山所撰碑文中雖謂宗義撰有《授書隨筆》一卷，惟全氏所稱《授書隨筆》一書，其內容「則閣徵君問《尚書》而告之者」68，與此編通考經史禮樂天地人身及律曆音韻書數者不同，終不能定其為黃氏之書，故當時仍署「題清黃宗義撰」以俟考。其後，余英時先生見此書，乃謂此書實為方中履《古今釋疑》（十八卷）一書。方書因書中有逆犯戴移孝序文而遭禁燬。考孫殿起《清代禁書知見錄》云：「《古今釋疑》十八卷，桐城方中履撰，康熙二十一年（一六八二）汗青閣刊。此書內有逆犯戴移孝序文一篇應抽燬。」余先生即據此以為「《授書隨筆》之名，當是書估妄改，假梨洲之名以索善價者也69。至於《古今釋疑》刊本作十八卷，而抄本《授書隨筆》作十七卷者，屈翼鵬師以為「抄本十七卷者，或是較早之底本，刻本十八卷者，至印書時復有增補，亦未可知。」70此即書估改編竄匿他書為另一書之又一個例子。

(三)應注意傳本的優劣

雜著筆記由於實用性高，書坊每多傳刻。傳本既多，優劣互見。其中以改易書名及刪節篇卷者，最宜注意。蓋改易書名，易誤以一書為二書；刪節篇卷，則會喪失許多珍貴的文獻。擅改書名方面，例如

---

68 見全氏所撰碑文。

69 詳見余英時先生撰〈方中履及其「古今釋疑」〉，民國六十一年（一九七二）六月十六日，《書目季刊》，第六卷三、四期合刊，頁五九。

70 詳見屈萬里先生撰〈影印「古今釋疑」後記〉，民國六十一年（一九七二）六月十六日，《書目季刊》，第六卷三、四期合刊，頁七二。

宋代魏了翁所撰《經外雜鈔》二卷，清初曹溶所輯《學海類編》、清乾隆中平湖陸烜所輯刊的《奇晉齋叢書》及乾嘉年間李調元所輯刊的《函海》等叢書，都把書名改為《鶴山筆錄》一卷。刪節篇卷方面，例如宋程大昌所撰《演繁露》一書，本來是十六卷，然《儒學警悟》所收，僅有六卷，《唐宋叢書》、《說郛》等所收，則僅有一卷。又如清胡鳴玉所撰《訂譌雜錄》一書，本來是十卷，《四庫全書》所收，猶是完本，清道光年間，沈楙悳續輯《昭代叢書》癸集萃編所收，則刪減為一卷。

雜著筆記之遭後人刪節，最為後人所譏病者，為明代陳繼儒之刪削《野客叢書》。《野客叢書》（三十卷）附《野老記聞》（一卷），宋王楙撰。楙（一一五一—一二一三）字勉夫，長洲人。資賦穎悟，少孤，養母不仕，惟杜門著述，當時稱為「講書君」。所著《野客叢書》，大抵雜采群書，議論其是非；或摘引他書，以為言談之資。卷首有小序，寫於慶元改元（一一九五）三月，說明成書的旨趣及書名的由來。曰：

僕閒以管見隨意而書，積數年間，卷帙俱滿。旅寓高沙，始令筆吏，不暇詮次，總而錄之為三十卷，目之曰《野客叢書》。井蛙拘墟，稽考不無疏鹵，議論不無狂僭，君子謂其野客則然，不以為罪也。

又有再記一則，寫於嘉泰二年（一二〇二）十月，曰：

此書自慶元改元以來，凡三筆矣。繼觀他書，間有暗合，不免為之竄易，轉烏為烏，吏筆舛譌，以竢訂正。續有數卷見別錄云。

足見其撰寫之謹慎與改訂之勤。卷末所附《野老記聞》一卷，則是其父所著。

此書由於篇幅甚多，引據又繁，疏漏自是不免，但是可資稽考的文獻很多。郭紹彭所撰〈墓銘〉云：「《叢書》門分類聚，鉤隱抉微，考證經史百氏，下至騷人墨客佚事，細大不捐，士大夫爭先謄寫，親族之仕達者，欲鋟木以傳。」《四庫全書總目提要》謂其書間有千慮一失之處，然「多考辨精核，位置於《夢溪筆談》、《緗素雜記》、《容齋隨筆》之間，無愧色也。」清周中孚《鄭堂讀書記》謂其「摘引群書以考證其同異，辨論其是非，極為詳明精確，雖卷帙繁富，不免時有舛誤，然于經史大端，多所釐正，在南宋說部之中，惟《容齋五筆》可與對壘，他家終不逮也。」清代李慈銘的《越縵堂讀書記》亦謂其「間有摘錄之功，足資考覈，其他雜載，亦多有據依。」諸家所論，大致平允。

明代萬曆年間，陳繼儒以其家藏及平日所抄、所校的圖書，彙編為《寶顏堂祕笈》刊行。其中所收《野客叢書》，只有十二卷，比原本三十卷少了十八卷，王氏不少考證精審的資料，遭到刪除。目前臺北國家圖書館所藏明嘉靖四十一年（一五六二）王穀祥刊本，可以說是《野客叢書》所傳各本中之最佳者。筆者以此三十卷本與陳繼儒的十二卷本核對，發現不僅刪削甚多，篇目的文字，也多所改易。

1. 遭刪削的篇目計有：

卷一　〈文帝露臺〉、〈古者男女相見無嫌〉、〈東箱〉、〈張杜酷惡之報〉、〈張杜皆有後〉、〈董仲舒決獄事〉、〈三公治獄陰德〉。

卷二　〈楊興妄作〉、〈持國秉〉、〈誣罔難明〉、〈當時佚事〉、〈楚王好細腰〉、〈稱漢年數〉、〈晉惠問蝦蟆聲〉。
卷三　〈論語點句〉、〈東漢呼萬歲〉、〈喜人附己〉、〈婦人封命〉、〈楊胡有後〉。
卷四　〈張輔妄論班史〉、〈趙周守節優劣〉、〈漢宣親政事〉、〈田叔善導驕主〉、〈蘇武在匈奴〉、〈新書所云〉、〈表郭論孔明〉、〈穆生鄒陽〉。
卷五　〈玉樹青葱〉、〈高適詩誤〉、〈夏侯傳注〉、〈翱湜待退之之異〉。
卷六　〈荊公讀蘇文〉、〈毛詩異同〉、〈攜家居省〉。
卷七　〈陳平用張辟彊計〉、〈蘇黃互相引重〉、〈三公詩句〉。
卷八　〈二老歸周〉、〈僧孺徐昕佚事〉。
卷九　〈李陸娛老之趣〉、〈賈逵傳誤〉、〈元白韓柳〉、〈王易簡詩句〉、〈餅粟鬢絲〉。
卷十　此卷未刪。
卷十一　〈汲冢書〉、〈古者糧給之數〉。
卷十二　〈酇生事不同〉、〈公門有公〉、〈王介詩〉、〈藥欄〉、〈如律令〉、〈古人引用經子語〉、〈稱翁姑為官家〉。
卷十三　〈解經惡穿鑿〉、〈夷亭之讖〉、〈書詞輕重〉、〈弟姪獻言〉。
卷十四　〈奚斯頌魯〉、〈櫻桃無香〉。
卷十五　〈古人名字隱而不彰〉、〈行狀不宣等語〉、〈設法〉、〈螟蛉〉、〈千秋一日九遷〉、〈蕭何留守〉、

〈人生何須〉、〈衙牙二字〉、〈奏記禮重〉、〈致仕官祿〉、〈雌霓〉、〈曾子之書〉、〈臺笠緇撮〉。

卷十六　〈漢唐俸祿〉、〈致敬宰相母〉、〈黃鳥嚶嚶〉、〈螳螂捕蟬〉、〈廣陵〉、〈旄頭罼網〉、〈香橙〉、〈以珠為名〉、〈大節七日假〉、〈男子稱寡〉、〈退之毛穎傳〉。

卷十七　〈賀知章上昇〉、〈藥名詩〉、〈善學柳下惠〉、〈後世珠少〉、〈過與不及〉、〈用管蘇事〉、〈漢碑疑字〉、〈潘安仁言遁逃字〉、〈原道中語〉、〈羅珦事〉、〈福不盈眦〉、〈古人名詩〉、〈一句中對偶〉。

卷十八　〈大人尊稱〉、〈萬機〉、〈魏表非誤〉、〈漢人用事〉、〈擬婦人不以其倫〉、〈東漢注〉、〈楊牧二子〉、〈漢人作字〉、〈張說誤引宋璟世系〉、〈碑陰〉、〈唐書敘事疏鹵〉、〈晉有二阿大〉、〈薛戎事〉、〈興雨祈祈〉、〈子美櫻拂詩〉。

卷十九　〈詩讖〉、〈白蛾蔽日〉、〈賤子具陳〉、〈征有二義〉、〈古樂府名〉、〈著鞭聒耳〉、〈李習之為鄭州〉、〈此陛下家事〉、〈韓退之文章〉、〈避高祖諱〉。

卷二十　〈規倣古詩意〉。

卷二十一　〈方言序〉、〈鸞栖枳棘〉、〈粃繆皮傳〉、〈蕭華傳〉、〈食酒〉。

卷二十二　〈後漢無二名〉、〈儒人不作釋氏語〉、〈侯霸員半千宋璟〉、〈陳元方事〉、〈漢人規戒〉、〈鳳尾虎頭〉、〈蘇州〉、〈二迹〉、〈麵以斤兩為斗〉、〈吾丘壽王論〉。

卷二十三　〈集註坡詩〉、〈松江詩話〉。

卷二十四　〈赤令與中丞分道〉、〈阿房宮賦〉、〈在人賢識其大〉、〈葺輯〉、〈大小言作〉。

卷二十五　〈夏商鑄錢〉、〈王褒碑〉、〈續釋常談〉、〈古人對偶〉、〈卜式何預學校〉、〈掖庭收養曾孫〉。

卷二十六　〈隸釋〉、〈二公不喜人議其文〉、〈孟嘗非謚〉、〈半夜鐘〉、〈劉夢得烏衣卷詩〉、〈五松事〉、〈盤谷序〉、〈報羅二說〉。

卷二十七　〈退之淮西碑〉、〈古人諺語〉、〈唐宰相視事〉、〈漢朝臣見三公禮〉、〈省中畫壁〉、〈景帝殺周亞夫〉。

卷二十八　〈二史贊論〉、〈退之注論語〉、〈古今之學〉、〈心堅石穿覆水難收〉、〈唐書用媒蝎字〉。

卷二十九　〈石頭石城西塞〉、〈鶡冠子〉、〈武王鏡銘〉、〈陳平祖人故智〉、〈白鷗波浩蕩〉、〈不磷不緇〉、〈續釋常談〉、〈養鷹化鳳〉、〈青溪一曲製一弄〉、〈集靈宮〉。

卷三十　〈古本漢書〉、〈王播入相〉、〈聘后金數〉、〈得一順天錢〉、〈其唯聖人乎〉、〈健兒跋扈〉、〈廣武君用百里奚之意〉、〈八珍〉、〈匋里〉。

2. 遭改易文字的篇名有：

卷二　〈殷浩失望〉改為〈殷浩〉。

卷三　〈歐公論騶虞〉改為〈騶虞〉。

卷四　〈公子非暴勝之字〉改為〈暴勝之〉。〈爰盎密害晁錯〉改為〈爰盎〉。〈王子猷操行〉改為〈王子猷〉。〈蜀先主讀書〉改為〈蜀先主〉。〈漢貴薦賢〉改為〈薦賢〉。

卷五　〈唐人言牡丹〉改為〈牡丹〉。〈玉蘂花〉改為〈玉蘂〉。〈後世務省文〉改為〈省文〉。〈顏駟事與馮唐同〉改為〈顏駟馮唐〉。〈惠帝諱字〉改為〈廟諱〉。〈相如上林賦〉改為〈上林賦〉。〈竹坡言綠沉槍〉改為〈綠沉槍〉。〈王維詩誤〉改為〈數奇〉。〈文選注謬〉改為〈王氏〉。〈孫公談圃〉改為〈談圃〉。

〈中和樂職詩〉改為〈中和樂職〉。〈二公言宮殿〉改為〈宮殿〉。

卷六　〈作字〉改為〈作佐〉。〈詩句用嫖姚事〉改為〈嫖姚〉。〈蘇明允不能詩〉改為〈蘇明允〉。〈毛詩諧聲〉改為〈諧聲〉。〈莪儀同音〉改為〈莪儀〉。〈三傳不同〉改為〈三傳〉。〈周禮中言餻字〉改為〈題餻〉。

卷七　〈拾遺記言傳說〉改為〈傳說〉。〈二書中言錫字〉改為〈錫字〉。〈損益前人詩語〉改為〈損益詩語〉。〈韓李設喻〉改為〈韓李〉。〈承露絲囊〉改為〈絲囊〉。〈不識撐犁事〉改為〈不識撐犁〉。〈五技之鼠有二〉改為〈五技鼠〉。〈陳文惠詩句〉改為〈陳文惠〉。〈割名割炙〉改為〈名炙〉。〈唐壞麻事〉改為〈壞麻〉。〈鞅挾三術〉改為〈三術〉。

卷八　〈蒼茫作上聲〉改為〈蒼茫〉。〈誤引畢萬後〉改為〈畢萬〉。〈徐彭年謬論〉改為〈元寶〉。〈開元乾元二錢〉改為〈鑄錢〉。〈明妃事〉改為〈明妃〉。〈嵇康集〉改為〈嵇康〉。〈東道主等語〉改為〈東道主〉。〈阿堵此君〉改為〈阿堵〉。

卷九　〈魏舒無聊〉改為〈魏舒〉。〈古人避諱〉改為〈避諱〉。〈禹錫平淮詩〉改為〈平淮詩〉。〈髯奴事〉改為〈髯奴〉。〈三公官加公字〉改為〈三公〉。〈唯室青詞〉改為〈青詞〉。

卷十　〈漢碑引經語〉改為〈漢碑〉。〈韓信之幸〉改為〈韓信〉。〈明妃琵琶事〉改為〈明妃琵琶〉。

卷十一　〈漢唐人丐閒之章〉改為〈丐閒〉。〈師古注青紫〉改為〈青紫〉。〈米價貴賤〉改為〈米價〉。〈二公言時政〉改為〈時政〉。〈少翁致神〉改為〈少翁〉。〈蔡邕女賢〉改為〈蔡邕女〉。〈喉脣喉吻〉改為〈喉脣〉。〈王建襲杜意〉改為〈王建襲杜〉。

卷十二 〈史記簡略〉改為〈兒寬〉。〈漢獄吏不恤〉改為〈漢獄吏〉。〈經怪二字〉改為〈經怪〉。〈開八表〉改為〈八表〉。〈二公待宦官〉改為〈宦官〉。

卷十三 〈陳遵投轄〉改為〈投轄〉。〈士君子立論之難〉改為〈立論之難〉。〈新莽威斗〉改為〈威斗〉。〈王勃等語〉改為〈王勃語〉。

卷十四 〈王珪母妻識見〉改為〈王珪〉。〈賈島事眾說不同〉改為〈賈島〉。〈文帝輕信〉改為〈文帝〉。〈金條脫事〉改為〈金條脫〉。〈承准字〉改為〈承准〉。

卷十五 〈酒分聖賢〉改為〈酒聖賢〉。

卷十六 〈上巳袚除〉改為〈上巳〉。〈相如大人賦〉改為〈大人賦〉。〈古之媵者〉改為〈媵〉。

卷十七 〈一抔土事〉改為〈一抔土〉。〈木易非姓楊字〉改為〈木易〉。

卷十八 〈何武言誤〉改為〈淮南王〉。〈孔門十哲〉改為〈十哲〉。〈李白事說者不一〉改為〈李白〉。

卷十九 〈顛倒用事〉改為〈李湜〉。

卷二十 〈魯直茶蘼詩〉改為〈茶蘼詩〉。〈詒厥友于等語〉改為〈詒厥友于〉。〈少游斜陽暮〉改為〈斜陽暮〉。〈人物名字不同〉改為〈人物名字〉。〈詩中重押韻〉改為〈重押韻〉。

卷二十一 〈一丁字〉改為〈一丁〉。〈詩家用明光事〉改為〈明光〉。〈車作居音〉改為〈車予〉。〈蘭茶二種〉改為〈蘭茶〉。〈望雲懷鄉〉改為〈望雲〉。〈傳說刑人〉改為〈傳說〉。〈誤以翟公為方進〉改為〈翟公〉。

卷二十二 〈古詩香字〉改為〈古詩香事〉。

卷二十三　〈古者拜禮〉改為〈拜〉。〈骨利幹日出〉改為〈骨利幹出日〉。〈唐人用一麾事〉改為〈一麾〉。〈韓白詩意同〉改為〈韓白詩〉。〈東坡用如皋事〉改為〈如皋〉。〈東坡用西施事〉改為〈西施〉。〈東坡用計魁梧〉改為〈計魁梧〉。〈詩品所載〉改為〈詩品〉。〈地名語譌〉改為〈地名語訛〉。〈鸒匹蠵三事〉改為〈鸒匹蠵〉。〈古人博識〉改為〈博識〉。

卷二十四　〈二花睡足〉改為〈花睡足〉。〈杜詩言沈宋〉改為〈沈宋〉。〈間平等語〉改為〈間平〉。〈以物性喻人〉改為〈物性喻人〉。〈東坡水調〉改為〈水調〉。〈薦疏稱字與年〉改為〈薦疏〉。〈張祐經涉十一朝〉改為〈張祐〉。〈饑食榆皮〉改為〈食榆皮〉。

卷二十五　〈文士言數目〉改為〈百丈松〉。〈不用南人為相〉改為〈南人為相〉。〈晉惟尉用一印〉改為〈晉印〉。〈謚文與正〉改為〈謚〉。〈利益後嗣〉改為〈後嗣〉。〈左右丞相〉改為〈丞相〉。〈漢嫁娶喪葬過制〉改為〈嫁娶〉。

卷二十六　〈漢人用積薪事〉改為〈積薪〉。〈長安浩穰〉改為〈浩穰〉。〈唐言金印〉改為〈金印〉。〈唐袍服用花綾〉改為〈唐袍服用〉。〈宣帝之致良吏〉改為〈良二千石〉。〈丹陽有數處〉改為〈丹陽〉。〈釋乳母之過〉改為〈釋乳母過〉。

卷二十七　〈姓名同者〉改為〈鄭子真〉。〈東陽沈隱侯〉改為〈沈隱侯〉。〈應璩百一詩〉改為〈百一詩〉。

卷二十八　〈三叟百餘歲〉改為〈三叟〉。〈太公之年〉改為〈太公〉。〈唐人一詩見兩處〉改為〈唐詩見兩處〉。〈禍福不相遠〉改為〈同年〉。〈事有定數〉改為〈前定〉。〈慨慷等語〉改為〈慨慷〉。

卷二十九　〈用張家故事〉改為〈張家故事〉。〈杜詩用玉盤二字〉改為〈玉盤〉。〈俗語有所自〉改為〈俗語〉。〈前輩與叔手帖〉改為〈再拜〉。

卷三十　〈邊詔晝眠〉改為〈晝寢〉。〈小名犬子〉改為〈小名〉。〈以點心為小食〉改為〈小食〉。〈五總龜九齡〉改為〈五總龜〉。

從上面的核校，可見《寶顏堂祕笈》這一部叢書所收的十二卷本《野客叢書》，不僅篇目刪削嚴重，其中不少精核處，均遭到刪除，即篇目也多遭到改易或刪省，可以說是面目全非。清代的周中孚識云：「陳眉公刻入《祕笈》，僅刪存十二卷，殊為妄耳。」[71]清代的李慈銘則以未能目睹三十卷本為憾，他說：

閱王勉夫《野客叢書》，止十二卷，末附其父《野老記聞》數葉，即明人陳繼儒刪存本也。繼儒，俗士妄人，聞見卑陋，全不知學問，自來欺世盜名無有如此人者。所刻《祕笈》，妄刪古書，尤為可恨。勉夫此書，向推南宋說部之傑出，本為三十卷，今所傳皆《祕笈》本，予家所藏亦同。而《四庫》所收三十卷之原本，購之累年不可得，意必有可觀者。即陳本論之，於經史之學甚淺，蓋南宋人大抵如此。然亦間有摘錄之功，足資考覈，其他雜載，亦自有據依。惜所存不及十之六七，其菁華刊落者多矣。[72]

葉德輝亦稱「陳繼儒《祕笈新書》，尤為陋劣。」[73]

[71] 說見《鄭堂讀書記》卷五十四〈野客叢書三十卷附野老記聞一卷，明刊本〉條。

[72] 見《越縵堂讀書記》〈野客叢書〉條。

六、雜著筆記的整理方法

雜著筆記由於部帙繁夥，各書所載內容，天文、地理、人事、經籍、動植物、典章制度等，無所不包，且多隨筆記錄，沒有固定的編纂方式，讀者檢索其中文獻，每多不便。為使為數繁夥的雜著筆記，成為有系統的資料，方便學者運用，應積極予以整理。數年前，國立國家圖書館舉行館藏善本圖書整理座談會，會中筆者即建議積極整理雜著筆記。茲將管見，列舉如下：

(一)編纂雜著筆記的專門書目

近世所編纂的特種書目及專科書目有多種，以善本舊籍方面來說，在臺灣有公藏善本書目及普通舊籍的「聯合目錄」，如《國立中央圖書館善本書目》、《國立故宮博物院善本舊籍總目》、《國立臺灣大學善本書目》、《中央研究院歷史語言研究所善本書目》、《國立中央圖書館普通本線裝書目》等；在大陸則有《中國古籍善本書目》、《北京圖書館古籍善本書目》、《清華大學圖書館藏善本書目》等。在叢書方面，有上海圖書館所編《中國叢書綜錄》、王寶先先生所編《臺灣各圖書館現存叢書子目索引》等。在類書方面，有鄧嗣禹所編《燕京大學圖書館目錄初稿——類書之部》[74]、莊芳榮先生所編《中國類書總目初稿》、王三慶先生所著《敦煌類書》等。在方志方面，有朱士嘉所編《中國地方志綜錄》、《(美國)國會圖書館藏中國方志目錄》(*A Catalog of Chinese Local Histories in the Library of Congress*)、中國科學院北京天文

---

[73] 詳見《書林清話》卷七〈明人刻書改換名目之謬〉條。

[74] 此書一九三五年由北平燕京大學圖書館印行。一九七〇年，臺北古亭書屋影印，易名為《中國類書目錄初稿》。

臺主編的《中國地方志聯合目錄》、王德毅所編的《中華民國臺灣地區公藏方志目錄》、崔建英所編《日本見藏稀見中國地方志目錄》等。惟迄今仍未有專為雜著筆記所編的專門書目。筆者建議應將海內外所見存的雜著筆記，彙為一目。每一書著錄書名、卷數、作者、版本、所藏地點，並編製書名及人名索引，俾便檢索。

㈡編纂雜著筆記的專門叢書

前人已有為說部之書編纂叢書者，其中著稱者，如元代陶宗儀所編《說郛》、明代陸楫所輯《古今說海》、清宣統年間國學扶輪社所輯《古今說部叢書》等。惟此等叢書所收，均屬廣義的說部著作，並不是專為雜著筆記而編纂的。以《說郛》為例，所收如《洞冥記》、《搜神記》、《續搜神記》等，多記神仙事；《揚子》、《鬼谷子》、《顏子》、《老子》等，則屬諸子中的雜學之屬；《西域志》、《雞林志》、《九域志》、《名山志》等，都是地理類圖書；《尚書璇璣鈐》、《孝經援神契》、《孝經緯》、《禮含文嘉》等，則為圖讖緯書之屬。至於《古今說海》收書一百三十五種，〈序〉云：

> 凡古今野史外記、叢說脞語、藝書怪錄、虞初稗官之流，靡不品隲抉擇，區別彙分，勒成一書，刊為四部，總而名之曰《古今說海》，計一百四十二卷，凡一百三十五種。㊷

卷首總目，分〈說選〉、〈說淵〉、〈說略〉、〈說纂〉四部，下又分〈小錄〉、〈偏記〉、〈別傳〉、〈雜記〉、〈逸事〉、〈散錄〉、〈雜纂〉等家。其中惟〈雜記家〉所收，多為雜著筆記之屬，其餘則為雜史、傳記類的圖

㊷ 今所見明嘉靖二十三年（一五四四）雲間陸氏儼山書院刊本，收書實為一百三十八種。

書。民國六十年（一九七一）屈萬里（翼鵬）院士所主編的《雜著祕笈叢刊》，所收全為雜著筆記，可以說是真正的雜著筆記的專門叢書，所可惜者，收書僅十七種，篇帙過小。今後如能編纂完整的雜著筆記類專門叢書，並注意慎擇善本，如能兼事校勘，則更佳矣。至於存世的稿本，亦當收錄。

㈢編纂雜著筆記綜合索引

雜著筆記種類既多，所載內容又出經入史，兼及諸子百家、詩文及所見所聞，為方便檢索，編製綜合索引，有其必要。

近世所編有關雜著筆記之索引，多以單種著作為主。所常見者有：

《考古質疑引得》，梁佩貞編　《哈佛燕京學社引得》第三號。

《容齋隨筆五集綜合引得》，哈佛燕京學社引得編纂處編　《哈佛燕京學社引得》第十三號。

《封氏聞見記校證附引得》，趙貞信編，《哈佛燕京學社引得》特刊第七號。

《蘇氏演義引得》，侯毅編，《哈佛燕京學社引得》第十四號。

《崔東壁遺書引得》，哈佛燕京學社引得編纂處編，《哈佛燕京學社引得》第五號。

將多種雜著筆記彙編綜合索引的，主要有日本京都大學東洋史研究會所編《中國隨筆索引》[76]及日本學者佐伯富所編《中國隨筆雜著索引》[77]二書。前者收錄唐代至民國初年雜著筆記一百六十種；後者則補收前者所未收者四十六家。此二書的優點，在於將唐以來重要雜著筆記編成索引，然也有缺失：一

[76] 一九五四年，日本京都思文閣印行。

[77] 一九六〇年，日本京都大學文學史東洋史研究會印行。

是所收部分圖書，不屬於雜著筆記，例如宋代徐鉉《稽神錄》(六卷)《拾遺》(一卷)《補遺》(一卷)，所載多神仙怪異之事，無益於考證故實。二是收錄仍是不全，尤其是清代以來的稿本，多未及收錄。

編纂雜著筆記的綜合索引，除了必須慎擇善本外，最困難的地方，在於雜著筆記大部分是隨筆錄記而來，起初多無標目；有些標目是由後人所為，因此常見同一書的同一條資料，而各傳本的標目有所不同。如何為每條標定正確、適當的子目，也是編纂綜合索引前的重要課題。

綜合索引一旦編纂完成，不僅方便檢索，各雜著筆記輾轉因襲的現象，也得以一覽無遺。

(四)整理稿本

今傳世的雜著筆記，頗有明清人所著稿本，以臺北國家圖書館所藏而言，如明代倪涑所撰《閒閒堂會心錄》(十六卷)，為清初鈔校底稿本；清朱士端所撰《彊識篇》(八卷)，為著者手定底稿本；清孫奇逢所撰《孫夏峰先生筆記》(不分卷)，為著者手稿本；清半餘氏所撰《春雲館讀書日記》(不分卷)，為手稿本；清梁松年所撰《心遠論餘》(一四三卷)，為清咸豐間著者手定底稿本；清童翼駒所撰《香葉山房讀餘志》(不分卷)，為清稿本；清蔣宗海所撰《蔣舍人隨筆》(不分卷)，為著者手稿本；清不著撰人之《困學日錄》(不分卷)，為著者手定底稿本；清童槐所撰《今白華堂筆記》(四卷)，為清稿本。這些稿本，都是足資稽考的雜著筆記。

整理稿本，首重精確。稿本中尤多後人所寫的浮簽，需細心保存。

上列四項，為目前亟需從事者。今日由於電子科技之進步，雜著筆記之整理，不論是目錄、索引的編製及稿本整理後之印行，均應與現代科技結合。以綜合索引為例，今日以電腦終端機檢索資料，任何資料庫儲存之資料，均可從線上索得，因此，可將索引的標目輸入檢索資料，即可索得。其他目錄之編製，甚至叢書之印行，亦可全文錄製於光碟上，則既輕便，又省空間。惟電腦為一電子器材，電腦本身並不能產生任何記憶，更不會創造思考，電腦的記憶、思考功能，均有賴人們的設計。因此，如何將雜著筆記之繁夥文獻，設計完善的檢索程式，俾學者得正確而迅速索得，為目前整理雜著筆記的重要課題。

第五節　域外漢籍刊本

所謂域外漢籍刊本，指中國以外地區所印行的中國古籍。就目前所存的文獻觀察，域外漢籍刊本，以日本及韓國最多，其中又以日本刊本，不僅為數最多，且頗有罕見的傳本。這些日本刊本，也是從事學術研究時所需重視的圖書文獻。

本節包括〈中國古籍日本刊本的價值〉及〈日本刊本《新編群書類要事林廣記》〉。前者綜論日本刊本在文獻上的價值；後者則以一書為對象，深入討論。《群書類要事林廣記》為宋代陳元靚所編類書，甚具文獻價值。

一、中國古籍日本刊本的價值

(一)前　言

中日兩國之交流，由來已久。《史記》有徐市（即徐福）率童男女東渡，入海求僊之記載[78]，惟史事

---

[78] 見《史記》卷六〈秦始皇本紀〉。

綿邈，不可詳考。惟自隋唐以降，日本僧人及留學生紛紛來中國求經讀書，我國古籍逐漸傳入日本，則是斑斑可考。宋代歐陽修曾撰〈日本刀歌〉古詩，詩云：

昆夷道遠不復通，世傳切玉誰能窮。寶刀近出日本國，越賈得之滄海東。魚皮裝貼香木鞘，黃白閑雜鍮與銅。百金傳入好事手，佩服可以禳妖凶。傳聞其國居大島，土壤沃饒風俗好。其先徐福詐秦民，採藥淹留丱童老。百工五種與之居，至今器玩皆精巧。前朝貢獻屢往來，士人往往工詞藻。徐福行時書未焚，《逸書》百篇今尚存。令嚴不許傳中國，舉世無人識古文。先王大典藏夷貊，蒼波浩蕩無通津。令人感激生流涕，鏽澀短刀何足云。[79]

歐公詩中所稱「徐福行時書未焚，《逸書》百篇今尚存」云云，雖未必可盡據，但是，我國古籍佚存於日本者甚多，則是事實。

日本不僅從中國大量輸入古籍，且自行大量刊印中國古籍。日本之版刻技術，或謂彼邦自行創發，或謂傳自中國。主張後說者，以為日本於隋唐屢遣留學生來中國，當時中國已有簡單之印刷術，則日本留學生除學習儒家典籍外，雕版印刷術，當亦在傳習之列。蔣復璁先生於〈中日書緣〉一文中，以為日本之雕版印刷術固傳自中國，活字印刷術亦傳自中國[80]。我國古籍在日本流傳之情形，前人時賢多所論

---

[79] 此詩見《歐陽文忠公文集》卷五十四，即〈外集〉卷四。詩中「前朝貢獻屢往來」句中「往」字，《四部叢刊》本作「住」，此據《四部備要》本。

[80] 〈中日書緣〉，見《珍帚齋文集》，卷二（上），頁二九二—二九六。

及，如清代楊守敬之《日本訪書志》，近人傅增湘之〈東游別記〉，董康之《書舶庸譚》，日本學者神田喜一郎與長澤規矩也兩氏合著之〈佚存書目〉等均多載留存日本之中國古籍。此外，蔣復璁先生之〈中日書緣〉，昌瑞卿（彼得）先生之〈美日訪書記〉，亦足資參考[81]。惟關於日本刊本（包括活字本）之價值如何，專論之作則罕見。葉德輝《書林清話》中，與日本刊本相關者有兩則：一是〈日本朝鮮活字板〉[82]，一是〈日本宋刻書不可據〉[83]。前者旨在列舉日本以銅活字本所刊印之重要中國古籍，有《蒙求補注》、《貞觀政要》、《七經》、《孟子》、《黃石公三略》、《武經》、《六臣文選注》、《白氏文集》、《朱子小學書》、《事實類苑》、《太平御覽》、《釋藏》等十餘種，於此等活字本之價值得失，則未之及。後者旨在辨證楊守敬所輯刊《古逸叢書》中如《太平寰宇記》殘本等書，頗有出自偽撰，不可盡據，也未論及日本刊本之優劣。

筆者比年多閱國內所藏日本刊本，今就所見，列舉其中數種以論日本刊本之價值，以為研究文獻學者取資，並請方家指正。

(二)日本刊本價值之一——留存中國古籍之異本

中國古籍流傳至日本，經日本書肆刊雕，每有與中國流傳者不同之異同。蓋日本刻本，頗有根據較早之刊本翻雕，能保有較原來之面目。或同一書在中國有多種刊本，而在日本所刊刻流傳者，在中國已

---

[81] 〈美日訪書記〉，載《國立中央圖書館館刊》，新三卷一期，頁一六—二二。
[82] 見《書林清話》，卷八。
[83] 見《書林清話》，卷十。

罕見之現象。茲舉金張天錫所撰《草書韻會》一書為例言之。

按：清錢大昕《補元史藝文志》（金代部分）〈小學類〉著錄：「《草韻》十冊，張天錫、趙世昌撰。」孫德謙《金史藝文略》〈小學類〉著錄《草書韻會》，云：

> 張天錫撰。明趙崎《石墨鐫華》載趙秉文〈序〉云：「徘徊閒雅之容，飛走流注之勢，驚竦峭拔之氣，卓犖跌宕之志，矯若游龍，疾若驚蛇，似邪而復直，欲斷而還連，千態萬狀，不可端倪，亦閒中之一樂也。」其文不載《滏水集》，可錄以補遺。若《補元史藝文志》著《草韻》十冊，題張天錫、趙世昌同撰，當別有依據矣。

按：此書本題《草書韻會》，孫德謙《金史藝文略》所著錄者是也；錢大昕《補元史藝文志》作《草韻》者，當是《草書集勻》之省稱。今國家圖書館藏有此書二部：一為日本據元刊本翻刻者，書名作《草書韻會》，五卷；一為明成化十年（一四七四）蜀藩刊本，作《草書集勻》，亦五卷，可證。

日本刊本，半葉板匡高二十一公分，寬十五．四公分，四周單欄，無界格。前有趙秉文〈草書韻會引〉，云：

> 草書尚矣，由漢而下，崔（瑗）、張（藝）精其能；魏晉以來，鍾（繇）、王（羲之）擅其美。自茲以降，代不乏人。夫其徘徊閑雅之容，飛走流注之勢，驚竦峭拔之氣，卓犖跌宕之志，矯若游龍，疾若驚虵，似邪而復正，足斷而還連，千態萬狀，不可端倪，亦閑申之一樂也。初，明昌（一

一九〇－一一九五）間，翰林學士承旨党文獻公，始集數千條，修撰黃華王公又附益之，兵火散落，不復可見。今河中大慶關機察張公君用，類以成勻，捃拾殆盡，用意勤矣。將板行以與士大夫共之。竊嘗以謂通經學道，本也；書，一藝耳。然非高人勝士，胸中度世有數百卷書，筆下無一點塵，亦不能造微入妙。君用素工書翰，故能成此。至大八年（一三三一）二月四日，閑閑居士趙秉文為題其端。

末一行云：「見住燕京縣角頭鄭州主家彫印。」

今就日本刊本與明成化十年（一四七四）蜀藩刊本做一比較，其不同處有左列幾項：

1. 日本刊本書名題《草書韻會》；明刊本則題《草書集韻》。

2. 日本刊本每卷均著明編者，或題「錦谿老人張天錫輯」，或題「錦溪真逸張天錫集」，卷前並有金正大八年（一三三一）趙秉文〈序〉；明刊本則每卷不著編者，亦無趙序，而有成化十年（一四七四）不署撰人之〈草書集韻序〉。

3. 兩本均以韻編輯，同為五卷，然每卷所收之韻目，日本刊本較多，明刊本則刪削甚多。以卷三上聲為例，日本刊本收錄二十九韻，即：一董、二腫、三講、四紙、五尾、六語、七麌、八薺、九蟹、十賄、十一軫、十二吻、十三阮、十四旱、十五潸、十六銑、十七篠、十八巧、十九晧、二十哿、二十一馬、二十二養、二十三梗、二十四迥、二十五有、二十六寑、二十七感、二十八琰、二十九豏。而明刊本則僅收二十二韻，即：一董、二紙、三薺、四語、五姥、六解、七賄、八軫、九旱、十產、十一銑、十二篠、十三巧、十四哿、十五馬、十六者、十七養、十八梗、十九有、二十寢、二十一感、二十二琰。再以卷五入聲為例，日本刊本收十七韻，即一屋、二沃、三覺、四質、五物、六月、七曷、八黠、九屑、十藥、十一陌、十二錫、十三職、十四緝、十五合、十六葉、十七洽。明刊本則僅收十韻，即：一屋、二質、三曷、四轄、五屑、六藥、七陌、八緝、九合、十葉。

4. 明刊本經趙世昌續輯，是以增入張天錫、鮮于樞兩家字體，而日本刊本則無。

5. 日本刊本與明刊本所刊字體，頗有不同，可見兩本之來源不同。

明刊本末有近人袁克文手書〈題記〉一則，可藉以考見日本刊本之勝於明刊本。〈題記〉云：

> 《草書集韻》五弓，明蜀藩刊，不著輯者姓字。比獲倭島舊繙洪武本金錦溪老人張天錫集《草書韻會》五弓，即此書所自出。首有正大趙閑閑、樗軒兩〈序〉，刊刻較此為佳，無稍訛謬。此惟後增張天錫、鮮于樞兩家書法。二書皆不見著錄，深可寶也。

此日本刊本多存異本之一例也。

㈢日本刊本價值之二——留存中國已失傳之古籍

此以國家圖書館所藏《毛詩蒙引》一書為例。

《毛詩蒙引》二十卷，明陳子龍撰，日本寬文十二年（清康熙十一年，一六七二）刊本。子龍（一六〇八—一六四七），字人中，更字臥子，號大樽，松江華亭人。工舉子業，兼治詩賦古文，取法魏晉，駢體尤精妙。第崇禎十年（一六三七）進士，選紹興推官。以定亂功，擢兵科給事中，命甫下而京師陷。乃事福王於南京，以時事不可為，乞終養去。南都失，遁為僧。尋以受魯王部院職銜，結太湖兵欲舉事，事露被擒，乘間投水死，年四十，諡忠裕。事跡具《明史》卷二七七。

按：子龍之著作，《明史．藝文志．集部》著錄：

《明代經世文編》五〇八卷

《明詩選》十三卷

《欽定續文獻通考．經籍考．經部》則著錄：

《詩問略》一卷

《四庫全書總目．農家類存目》著錄：

《別本農政全書》四十六卷（明徐光啟撰，陳子龍刪補）

然均不及此書。

此書為日本寬文十二年（清康熙十一年，一六七二）刊本，二十卷。版匡高二十．三公分，寬十二．三公分，每半葉十行，行二十二字。內封頁題「陳臥子先生訂定」、「諸名家合訂詩說蒙引」、「本衙藏版」。前有楊萬里（自邇）〈毛詩蒙引序〉，次為〈毛詩蒙引例〉、〈採用姓氏〉及〈援引書目〉。

〈毛詩蒙引例〉有六則，大抵可見茲編之體例：

1. 六經為註疏所厄，昔人有獨抱遺經之嘆，而《詩》則齊魯韓三家盡亡，獨存毛鄭。自朱子《集傳》出，而毛鄭之說又束之高閣矣。顧晦翁方培擊〈小序〉，而後人復左袒漢儒，又一時如呂東萊《讀詩記》、嚴華谷《詩緝》，亦先後互出，與朱傳抗衡，余以為苟非出自詩人，總之皆臆說也。謂漢儒近古，度有師承，而傳會不少；謂宋儒明理，疑無曲說，而矯枉或過。今所輯一依紫陽，用遵時制，而義可別解，兼錄〈小序〉，第另載篇末，庶幾存羊之意云。

2. 國朝纂修大全，裨益後學，而與朱傳相矛盾者，輒為棄去，故註疏之說，既不收錄，而諸家之論亦不甚有所發明。又高明之士，視為筌蹄，不復染指，而矻首研摩，皆其庸庸者耳。此詩解所以概未盡善也。余生平最喜徐儆弦先生《翼說》與吾鄉玄扈徐公《六帖》，以其綜輯前人，而超然獨解，絕無穢雜，余故篇中所載，兩公居多，而又廣以箋疏，附以臆說，雖不敢謂於《朱傳》有裨，聊補大全所未備也。

3. 近世註疏，大全並有纂錄，然猶厭其冗繁，講解諸家，互相勦襲，然多沒其姓氏。余據耳目所及，標而出之，顛倒錯綜，不拘世代先後，雖人自為說，而依經疏解，又意若鱗次云。

4. 詩人託物比興，最為精覈，故草木鳥獸，定有取義，而今皆亡之，苟有關於《詩》學，輒為收採，不然而徒博異聞，罔資六義，亦無取焉。

5. 《毛詩大義》數條，冠之篇首，讀者見謂無關舉業，必且學之弁髦，然未有不明其說而能得詩義之深者也。余無論其他，即如先輩經義，其賦比興各有體裁，風雅頌各為聲調，而今靡然，若一先民，影響盡矣。嘗試質以二雅，如何謂大？如何謂小？何者為正？何者為變？經生尚有茫然者，又安望其誦《詩》三百，而即以達之政哉。余故不揣無聞，搜摭諸儒之論乃爾，讀者詳之。

6. 余義例大都倣之《翼說》而與《六帖》相參，故首之以總意，次之以章旨，而其間疑義有辨正，奧義有發明，取之他經傳以相質證，而因以訂其訛缺，有考證，有備考，求之本旨外，以相符合，而又或別生論辨，有合意，有餘意，余悉因之而第分注各章，不另自標目。至如《六帖》，曰〈翼傳〉，曰〈存古〉，曰〈廣義〉，曰〈博物〉，曰〈擥藻〉，曰〈正葉〉。是編所輯，茲意具存，而惟音韻之學，未易曉暢，姑採其議論，附著簡端；圖則從削。

據此六條〈凡例〉，知茲編之編纂，旨在為舉業之須。其書又以徐光啟《六帖》相參，其為帖經之作，更為明顯。惟此書之可貴，在其引用諸家說及書目甚多，其中頗有今已罕見之書。據〈採用姓氏〉所載如左：

毛萇、鄭玄、申培、揚雄、皇甫謐、陸璣、郭璞、杜預、劉熙、崔靈恩、孔穎達、陸德明、歐陽脩、程顥、程頤、張載、朱熹、蘇洵、蘇軾、蘇轍、王安石、曾鞏、范祖禹、呂大鈞、呂大臨、謝顯道、楊時、劉安世、陳鵬飛、陸佃、李樗、李柟、黃櫄、王氏（佚其名，長樂人）、胡安國、劉彝、鄭樵、胡宣、張栻、蔡沈、呂祖謙、董氏（佚其名）、戴溪、林之奇、陳傅良、陳淳、李如圭、胡泳、輔廣、蔡謨、趙順孫、潘時舉、饒魯、葉夢得、吳琮、黃幹、甘節、陳文蔚、吳必大、王日休、陳埴、真德秀、曹氏（佚其名）、吳師道、顏達觀、項安世、嚴華谷、濮一之、王炎、段氏（佚其名，建昌人）、陳大猷、王質、洪邁、戴植、謝枋得、熊禾、劉辰翁、張學尤、彭執中、胡一桂、董鼎、陳櫟、許謙、劉瑾、羅中行、曹居貞、金履祥、許衡、朱善、陳祥道、黃震、章如愚、朱克升、王逢、何英、羅大經、王應麟、馬端臨、薛敬軒、王鏊、王守仁、顧東江、陸深、湛若水、鄭曉、丘濬、楊慎、程敏政、黃佐、葉時、袁仁、崔銑、季本、呂柟、唐順之、薛應旂、潘恩、陶澤、邵寶、袁煒、茅坤、蔡我齋、何良俊、錢文子、章東、瞿景淳、顧雅齋、王世貞、桂茂枝、朱得之、郝孔昭、潘石室、陸垹、黃葵峰、許后山、許天贈、鄧元錫、徐常吉、陸南陽、沈蓮岡、鄒泉、吳瑞登、薛志學、陳所學、陳推、何確齋、鄭卿、向楫、許國、葉朝榮、葉向高、田一儁、黃洪憲、唐本堯、張麟峰、吳安國、謝吉卿、謝合卿、顧起元、陶龍岑、楊沖所、袁黃、姚舜牧、趙一元、劉楨、陶其情、徐光啟、張所望、喬時敏、馮復京、顧大韶、陳深、沈萬鈳、瞿汝說、陳繼儒。

至於〈援引書目〉，則著錄左列諸書：

《周易》、《易飛候》、《易乾鑿度》、《焦氏易林》、《尚書》、《周禮》、《汲冢周書》、賈公彥《正義》、《大戴禮》、《禮記》、《儀禮》、陳祥道《禮書》、《春秋左傳》、《公羊傳》何休學、《穀梁傳》范甯〈注〉、《春秋繁露》、《孝經》、《家語》、《爾雅》郭璞〈註〉、李巡〈註〉、孫炎〈註〉、陸佃《埤雅》、羅願《爾雅翼》、《小爾雅》、劉熙《釋名》、許慎《說文》、崔豹《古今註》、陸德明《釋文》、《鬻子》、《老子》、《關尹子》、《莊子》、《列子》、《荀子》、《墨子》、《管子》、《韓非子》、《孔叢子》、《尸子》、《呂氏春秋》、《淮南子》、《法言》、《方言》、《文中子》、《國語》、《戰國策》、賈誼《新書》、《史記》、張守節《正義》、《漢書》、《後漢書》、《說苑》、《通鑑外紀》、《論衡》、《博物志》、《西京雜記》、《山海經》、《神異經》、《水經注》、《風俗通》、《白虎通》、《列女傳》、《禽經》、《草木品魚疏》、《左傳集解》、樂史《寰宇記》、《輿地廣記》、《通典》、《楚詞》、《文選》、《韓愈集》、《柳宗元集》、《李白集》、毛萇〈傳〉、鄭玄〈箋〉、《詩譜》、孔穎達〈正義〉、《子貢傳》、《韓詩外傳》、魯申公《詩說》、崔靈恩《集註》、歐陽脩《本義》、王安石《新經義》、蘇轍《集解》、《欒城集》、程頤《詩說》、《藍田二呂說》、朱熹《語錄》、《語類》、楊時《辨疑》、陳鵬飛《詩解》、陳埴《木鐘集》、李樗《詳解》、蔡謨《毛詩疑字說》、呂祖謙《讀詩記》、范處義《解頤新語》、戴溪《讀詩記》、段氏《集解》、《陳傅良說》、鄭樵《詩傳》、王應麟《詩考》、《困學記聞》、嚴粲

《詩緝》、劉瑾《通釋》、洪邁《容齋隨筆》、戴埴《鼠璞》、胡双湖《補傳》、黃震《日抄》、章如愚《山堂考索》、朱善《解頤》、朱公遷《疏義》、《文獻通考》、丁奉《臆言》、薛瑄《讀書錄》、王守仁《傳習錄》、陸深《外集》、鄭曉《古言》、《丹鉛錄》、何良俊《叢說》、楊時《談經錄》、黃佐《通解》、潘恩《輯說》、唐順之《主意》、薛應旂《詩說》、袁煒《定見》、章甫《肯綮》、袁仁《詩經或問》、吳安國《纍瓦編》、鄧元錫《五經釋》、陸浰《蕢齋集》、黃葵峰《蠡測》、瞿景淳《主意》、郝孔昭《正解》、許天贈《正義》、徐常吉《翼說》、陸南陽《講意》、鄒泉《折衷》、吳瑞登《引曜》、葉朝榮《存固》、薛志學《傳旨》、陳推《正宗》、姚舜牧《疑問》、趙一元《大全纂》、謝台卿《課子衍義》、劉楨《多識錄》、陶其情《注疏大全纂》、顧起元《詩說》、徐光啟《六帖》、楊文奎《定衡》、瞿汝說《世業》、馮復東《名物疏》、陳深《十三經解詁》、馮時可《詩臆》、沈萬鈳《類考》。其中不少今已亡佚不存，即近如陶其情《詩經注疏大全纂》十二卷、楊文奎《定衡》等，今並已罕見矣。然則，此書甚具文獻之價值。

卷末刊有「寬文十二年，仲春吉辰，村上平樂寺。」復載「書林」十一家：

京都寺町通佛光寺　河內屋藤四郎
江戶日本橋通堂丁目　須原屋茂兵衛
同　貳丁目　山城屋佐兵衛
同　貳丁目　須原屋新兵衛
同　四日市　山城屋政　吉

同　本石町十軒店　英　大助
同　下　谷御成道　英　文　藏
同　大傳馬町貳丁目　丁子屋平兵衛
同　　藝神明前　岡田屋嘉　七
大阪心齋橋涌本町角　河內屋藤兵衛
大阪心齋橋筋博勞町角　河內屋茂兵衛

書中有〈題記〉一則，不著撰者，云：

文久元辛酉年（清咸豐十一年，一八六一）三月，於芝神明前和泉屋吉兵衛求之。

此書雖是供舉子習讀之書，然其中所徵引之資料，頗有今已不傳之文獻，此不傳於中國之古籍，幸賴日本刊本得以流傳，彌足珍貴。

(四)日本刊本價值之三——留存中國古籍罕見之完本

部分古籍，在中國所傳，多為殘缺不完之本，而日本刊本則猶得見完本。此以《皇朝事實類苑》（七十八卷）一書為例。

按：宋代江少虞所撰《皇朝事實類苑》一書，《宋史・藝文志》之〈史部・故事類〉及〈子部・類事類〉分別著錄，並作二十六卷。

陳振孫《直齋書錄解題》（卷十四）〈類書類〉著錄此書，亦作二十六卷[84]，陳氏曰：

知吉州江少虞撰。紹興中人。其書亦可入〈小說類〉。

知此書當時所見多作二十六卷，惟江氏〈自序〉，則謂其書為「七十八卷，二十八門」，則二十六卷者，或係重編之本，析併不同故也。

然此書在中國傳本不多，清乾隆年間編《四庫全書》時，據馬裕家藏本所著錄者僅六十三卷。《四庫全書總目》（卷一三三）所載〈提要〉云：

宋江少虞撰。少虞始末未詳。據〈序〉首自題稱左朝請大夫權發遣吉州軍州事，而《江西通志》亦未載其履貫，蓋已不可考矣。其書成於紹興十五年（一一四五），以宋代朝野事迹見於諸家記錄者甚多，而畔散不屬，難於稽考，因為選擇類次之，分二十二門，各以四字標題，曰〈祖宗聖訓〉、〈君臣知遇〉、〈名臣事迹〉、〈德量智識〉、〈顧問奏對〉、〈忠言讜論〉、〈典禮音律〉、〈官政治績〉、〈衣冠盛事〉、〈官職儀制〉、〈詞翰書籍〉、〈典故沿革〉、〈詩賦歌詠〉、〈文章四六〉、〈曠達隱逸〉、〈仙釋僧道〉、〈休祥夢兆〉、〈占相醫藥〉、〈書畫技藝〉、〈忠孝節義〉、〈將相才略〉、〈知人薦舉〉、〈廣智博識〉、〈風俗雜記〉。〈自序〉作二十八門，蓋傳錄之譌也。……

按：近世所見此書之傳本，除日本活字本外，均是不完之殘本。《四庫簡明目錄標注》云：

---

[84] 《文獻通考・經籍考》引《直齋書錄解題》，誤作三十六卷。

路有鈔本。振綺堂有鈔本。許氏有舊鈔本。

胡心耘有校本。張菊生藏舊鈔本六十二卷，盛意園物。又鈔七十三卷本。日本元和七年活字印本七十八卷，題麻沙新雕皇朝類苑，十三行二十字，提行空格，均依宋式，有江之門生吉州學教授汪僎〈序〉。亦傳鈔本所無，不止卷數之多為可貴也。民國武進董氏仿宋刊本。

邵章〈續錄〉云：

邵章所記日本元和七年（明天啟元年，一六二一）據宋代紹興二十三年（一一三五）麻沙本排印之活字本，今國家圖書館有三部，其中一部係前國立北平圖書館舊藏。此七十八卷本題《皇宋事實類苑》，板匡寬十七．三公分，高二十三．三公分，無界欄，半葉十三行，行二十字。前有江少虞〈自序〉、〈目錄〉，後有汪僎〈後序〉及日本釋瑞保〈跋〉。此本視《四庫全書》本多〈談諧戲謔〉、〈神異幽怪〉、〈詐妄謬誤〉、〈安邊禦寇〉四門。〈談諧戲謔〉門有子目三十九，〈神異幽怪〉門有子目五十八，〈詐妄謬誤〉門有子目八十六，〈安邊禦寇〉門有子目十九，可見視《四庫全書》本之文獻超出甚多。

此日本活字本，不僅書名、卷數、門目與《四庫全書》本不同，即其卷次、文字及著錄之方式亦多不同。茲先將卷次比勘如左：

日本元和七年本		《四庫全書》本	
卷一—卷五	祖宗聖訓	卷一—卷五	祖宗聖訓
卷六、七	君臣知遇	卷六、七	君臣知遇
卷八—卷十二	名臣事迹	卷八—卷十二	名臣事迹
卷十三、十四	德量知識	卷十三、十四	德量知識
卷十五	顧問奏對	卷十五	顧問奏對
卷十六	顧問奏對	卷十六	顧問奏對
	忠言讜論		
卷十七	忠言讜論	卷十七	忠言讜論
卷十八—卷二十	典禮音樂	卷十八—卷二十	典禮音樂
卷二十一—卷二十三	官政治績	卷二十一—卷二十三	官政治績
卷二十四	衣冠盛事	卷二十四	衣冠盛事
卷二十五—卷二十八	官職儀制	卷二十五—卷二十八	官職儀制
卷二十九—卷三十一	詞翰書籍	卷二十九—卷三十一	詞翰書籍
卷三十二—卷三十三	典故沿革	卷三十二、三十三	典故沿革
卷三十四—卷三十九	詩歌賦詠	卷三十四—卷三十九	詩歌賦詠
卷四十	文章四六	卷四十	詩歌賦詠
卷四十一、四十二	曠達隱逸	卷四十一、四十二	文章四六
卷四十三、四十四	仙釋僧道	卷四十三、四十四	曠達隱逸
卷四十五、四十六	休祥夢兆	卷四十五、四十六	仙釋僧道
卷四十七	休祥夢兆	卷四十七—卷四十九	休祥夢兆
卷四十八、四十九	占相醫藥		

卷五十、五十一	書畫伎藝	卷五十、五十一	占相醫葯
卷五十二	書畫伎藝	卷五十二	書畫伎藝
卷五十三	忠孝節義	卷五十三	書畫伎藝
卷五十四	忠孝節義、將帥才略	卷五十四	書畫伎藝
卷五十、五十六	將帥才略	卷五十五、五十六	忠孝節義
卷五十七	知人荐舉	卷五十七	將帥才略
卷五十八	廣知博識	卷五十八	將帥才略
卷五十九	廣知博識	卷五十九	知人荐舉
卷六十、六十一	風俗雜誌	卷六十、六十一	廣知博識
卷六十二	風俗雜誌	卷六十二	風俗雜誌
卷六十三—卷六十七	談諧戲謔	卷六十三	風俗雜誌
卷六十八、六十九	神異幽怪		
卷七十—卷七十四	詐妄謬誤		
卷七十五、卷七十六	安邊禦寇		

不僅卷目之次序不同，每一門中子目之順序、多寡亦有不同。

至於文字上亦多有不同。茲舉卷二十一〈漕河〉條為例（以日本元和本為底本，《四庫》本異文以小字附註）。括弧（　）中之字為元和本有而《四庫》本所無者：

國初方隅未一，京師儲廪仰給，惟京東京西數路而已，河渠轉漕，最為急務。京東自濰維　密以西州郡租賦，悉輸沿河諸倉，以備上供。清河起清淄，合黃河歷齊鄆郡 涉倉 梁山濼濟州入五丈河達汴都，歲漕百餘萬石，所謂清河（即）濟水也。而五丈河常若 苦 淤淺每春初農隙，調發夫眾大興力 利 役，以是 而 開濬，始得舟楫通利，無所壅遏。太祖皇帝素知其事，尤先 所屬意，至歲中 終 興役之際，必輿 御 駕親臨督課，率以為常。先是（春）夫不給口食，古之制也。上惻 憫 其勞苦，特令一夫日給米二升，天下諸處役 丁 夫亦如之，迄今（遂）為永 成 式。

復以卷二十九〈白麻〉條為例：

翰林規制，自好 妃 后皇太子親王公主宰相樞密節度使，並降制白麻紙書，每行四字不用印，進入後降付正衙宣讀，其麻即付中書門下，當日本院官告院取索 素 綾紙待詔，寫官告 誥 只用麻，詞官告 誥 所署中書三司官宣奉行，並依告 誥 身體式，常用閣 門 長一人銜位。

按：從〈漕河〉條觀之，日本活字本較佳，《四庫全書》本訛奪較多；從〈白麻〉條觀之，則日本活字本亦頗有訛誤，蓋麻沙本校勘不精，日本活字本仍襲其誤也。

就著錄文獻方式之不同言之，日本活字本每條下均注明出處，而《四庫全書》本則每多脫漏，如卷二十九〈知制誥上事圖長壓角〉一條，日本活字本注云：「出《春明退朝錄》。」《四庫全書》本則不云出處；又〈學士繫鞋〉、〈學士俸薄〉二條，日本活字本注云：「出《東軒筆錄》。」而《四庫全書》本亦未注明。

《皇宋事實類苑》之價值，主要在保存宋代之文獻，後人每可藉其出處之注明，了解後世已佚圖書之內容。例如卷十八〈郊祭〉條，注云：「《元豐聖訓》。」按：《宋史・藝文志》著錄兩部《元豐聖訓》，一在〈別史類〉，一在〈故事類〉。在〈別史類〉者，三卷，宋舒亶撰。在〈故事類〉者，二十卷，宋林虙撰。此二書今並不存。《郡齋讀書志》（卷六）著錄《神宗寶訓》二十卷，謂其書分一百門[85]，《玉海》卷四九亦云《元豐聖訓》分一百門[86]，是《元豐聖訓》一名《神宗寶訓》。以《皇宋事實類苑》分門記載之體例而觀，江氏所引，當是林虙之書。今據《皇宋事實類苑》之注明出處，猶可得見此書之內容。因此，《四庫全書》本於出處多所脫漏，於文獻之取資考訂，頗有影響。

據以上數端，可知日本活字本猶存早期刊本之面貌。

(五)結　論

本篇以國內所見日本刊本為例，析論日本刊本之價值。由於日本刊本頗有留存異本，除提供版本學之重要資料外，亦可提供國內傳本所不載之資料。由於日本刊本留存中國已失傳之古籍，使後人得獲更豐富之文獻，從事研究。由於日本刊本留存罕見之完本，不僅可使研究工作免於資料不足之缺憾，復可藉以考索佚書及校勘之資。凡此，皆日本刊本於從事學術研究工作時之價值也。雖然，利用日本刊本時，

[85] 《郡齋讀書志》云：「右皇朝林虙撰。虙，希之姪也。剽聞神宗聖政，輒私記錄，分一百門，以續五朝寶訓，崇寧上於朝。」

[86] 《玉海》（卷四九）云：「起居舍人林虙編集神宗大猷丕訓為一百門二十卷上之，名《元豐聖訓》。」

亦宜注意其內容之訛誤。蓋日本自中國購書，多購坊刻本。坊本校勘之精者固有之，然亦有校讎粗劣者，如部分之麻沙本是也。因此，於使用日本刊本時，宜留心其傳本之源流，如有他本，則宜多加核校，以免為訛誤所欺。

二、日本刊本《新編群書類要事林廣記》

國家圖書館藏有日本元祿十二年（清聖祖康熙三十八年，一六九九）刊本《新編群書類要事林廣記》九十四卷，十五冊，宋陳元靚撰，元人續增。

陳元靚，《宋史》無傳。《四庫全書總目提要》謂「不知其里貫」[87]。此本題「西潁陳元靚編」；劉純序《歲時廣記》云：「龜峰之麓，梅谿之灣，有隱居子廣寒之孫，涕唾功名……。」宋鑑序《歲時廣記》則云：「南潁陳君，蒐獵經傳……。」知其為安徽南潁人也。至於其時代，《四庫全書總目提要》云：「（朱）鑑乃朱子之孫，……元靚與之相識，則理宗（一二二五－一二六四）時人矣。」

元靚著有《歲時廣記》四卷、《博聞錄》十卷及此書，然《宋史・藝文志》均未著錄。《四庫全書》則僅著錄《歲時廣記》而不及此書。

此書今所見者有四本：一是元建安椿莊書院刻本，題《新編纂圖增類群書類要事林廣記》，《前集》十三卷，《後集》十三卷，《續集》存八卷，《別集》存八卷，計存四十二卷，十二冊，今存臺灣國立故宮博物院。二是影印元至元庚辰十七年（一二八〇）鄭氏積誠堂刊本，此書題《纂圖增新群書類要事林廣記》，分《甲集》、《乙

[87] 參見《四庫全書總目・歲時廣記提要》。

集》、《丙集》、《丁集》、《戊集》、《己集》、《庚集》、《辛集》、《壬集》、《癸集》等十集，今臺灣國立故宮博物院有購自日本之影印本。三是明成化十四年（一四七八）劉廷賓寫福建刊本，題《新編纂圖增類群書類要事林廣記》，《前集》十卷，《后集》十卷，《續集》（或作《新集》）十卷，《別集》十卷，共四十卷，今藏國家圖書館。四是日本元祿十二年（相當於康熙三十八年，一六九九）刊本，題《新編群書類要事林廣記》，《甲集》十二卷，《乙集》四卷，《丙集》五卷，《丁集》十卷，《戊集》十卷，《己集》十卷，《庚集》十卷，《辛集》十卷，《壬集》十卷，《癸集》十三卷，計九十四卷。

此四本不僅刊刻之時代不同，卷數不同，卷目不同，內容亦多所不同。同一人所撰之書，而有如此顯著之不同，殊值得探討。

從其內容觀察，此四本中，以至元庚辰十七年（一二八〇）鄭氏積誠堂刊本為最早，元建安椿莊書院刊本次之，明成化刊本及日本刊本為最晚，蓋椿莊書院刊本，其帝王紀年已至至順（一三三〇—一三三二），較至元十七年（一二八〇）晚五十年。

至元十七年刊本，每半葉十六行，行二十五字，無序跋，前有〈總目〉，目後有長方形牌記，云：「至元庚辰良月/鄭氏積誠堂刊。」版匡大小，以為影印，難以確知。

元椿莊書院刊本，每半葉十四行，左右雙欄，雙魚尾，小黑口，版匡寬十一公分，高十七・五公分，無序跋，卷一〈目錄〉後有牌記一塊，云：「《事林》一書，資於博物洽聞之士尚矣。道散天下，事無不該，物无不貫，其記載容有能盡者乎。是編增新補舊，視它本特加詳焉。收書君子幸鑒。椿莊書院謹啟。」卷前有清代張師誠題記一則，云：

臣謹按：《事林廣記》《前集》十三卷，《後集》十三卷，《續集》八卷，《別集》八卷。卷首題陳元靚撰。元靚有《歲時廣記》，《欽定四庫全書》已著錄，《提要》稱宋陳元靚撰，不知其里貫，前有朱鑑〈序〉一篇，朱鑑乃朱子之孫，元靚與之相識，則理宗時人云云。今者此本乃元代所刻，則元靚當入元初，及見至元、大德時事者。故〈宋志〉不著錄。《前集》分類蓋以天地人為綱，如首卷為天象，而二、三卷則以曆候、節序附之；四卷為地輿，而五、六、七、八卷則以郡邑、方國、勝蹟、仙境附之；九卷為人事，而十卷至十二卷則以家禮、儀禮、農桑附之；十三卷則因農桑而推及於花果竹木焉。其所徵引雖旁及稗官說部，而皆係宋以前書，尚無後人竄入之跡。卷首所列璣衡分野、日月交會、律呂配卦、氣候本始、晝夜長短各圖，亦各附論說，與別本《歲時廣記》卷首所列二十圖互相出入，而詳核則遜之。蓋《歲時廣記》為時令專門之書，此則天象、曆候、節序三門，特為書中一類，宜其體例之互異也。惟《後集》、《續集》、《別集》則分類頗雜，恐未必盡出元靚之手。如《後集》列帝王紀年，直至至順。今按宋理宗末年為景定五年甲子（一二六四），下至元文宗至順元年庚午（一三三〇）計六十七年，此時元靚雖存，未必尚能著作。又如《後集・文籍門》，以周興嗣所編千文冠首，《續集》以道釋二教列〈文藝〉之前，〈文藝門〉以琴奕列『六書』之前，以習蒙古書為入仕捷徑，又以鍛煉幻術殿文藝之末，創例措辭多欠允協，惟《別集》所列官制刑法特詳元制，實一代掌故所繫，足與正史互相參考。而末附〈茶果〉、〈酒麴〉二門，則仍不免瑣碎，取其長而略其短可矣。

此段文字，所論此書成書之時代及後人所竄入部分，均極詳確。

明成化刊本，卷前有成化十四年（一四七八）賜進士亞中大夫福建等處承宣布政使司左參政仁和李昂（文舉）〈序〉，略云：「閩方伯瑞安鍾公景清，宣政之暇，取《事林廣記》是定其舊本而增新焉，為卷什者二，為類什者三，……乃定謀於大參武進劉公廷賓、少參姚江陳公巨源，捐俸鋟梓以傳……。」知明刊本亦已非原本之舊矣。

日本刊本首葉題：「西潁陳元靚編。《事林廣記》。洛陽書肆鐫行。」每集卷首有目錄。《甲集》目錄後有牌記一塊，云：「此書因印匠漏失版面，以致有誤君子，今再命工修補外，新增添六十餘面，以廣其傳，收書君子，幸垂鑒焉。泰定乙丑仲冬增補。」泰定乙丑為二年，西元一三二五年，知此所據又一元代坊刻本，其時代較至元庚辰鄭氏積誠堂刊本晚，較椿莊書院刊本略早。

此日本刊本卷前有貞亨元年（相當於康熙二十三年，西元一六八四年）遯菴由的〈序〉，曰：「陳元靚所編之《事林廣記》，自《甲集》至《癸集》若干卷，記事靡排語，摘要罔冗雜，引證詳而不加臆說，有功世教者不少，余二十年前曾見此書之寫本，字畫漫漶而疑事最多矣，然無他本可考驗之，實為可恨矣。頃或人加訓點，命之印工，而印工請序余，余就閱之，則圖也字也，舊時之訛者，於是正焉；舊時之疑者，於是辨焉；舊時之闕者，於是補焉。不知從何處而得此善本乎哉。此書有梓刻，可謂有助于學者。雖然，奈何多彼視肉者乎。嗟乎！於此書之行于世與不行于世，非余之所逆覩也。貞亨元年六月，遯菴由的序。」可為刊刻此書緣由之說明。

此本雖亦由元刊本翻刻而來，然與其他元本亦多所不同，今以〈天象〉一類為例，較其異同如下：

至元十七年積誠堂刊本之〈天象類〉置《甲集》，所載內容為：太極、兩儀兩曜之圖、兩儀圖說、兩曜圖說、七政之圖、璿璣玉衡圖、十二宮分野所屬圖、十二次日月交會圖、二十八宿宮分之圖、晦朔弦望之圖。

元椿莊書院刊本之〈天象類〉，在《前集》卷一，其內容為：太極圖、太極圖說、兩儀兩曜圖、兩儀圖說、兩曜圖說、渾象圖說、紫微垣星圖說、七政圖說、璣衡圖說、分野星圖說、日月交會圖說、二十八宿圖說、晦朔弦望圖說、星說、風說、雲說、霧說、雷說、電說、虹霓說、霜說、雪說、冰說、雨說、霰說、雹說、天文名數。

日本刊本〈天象類〉易名為〈天文圖說門〉，置《甲集》卷一，內容包括：太極圖說、兩儀圖說、三才圖說、日月圖說、北辰圖說、三臺圖說、東北方圖說、西南方圖說、渾象北極圖、渾象南極圖、渾象圖說、紫微垣星圖說、北斗圖說、五星圖說、七政圖說、十一曜圖、分野星圖、十二次圖、廿八宿圖、箕好風圖、畢好雨圖、星說、風說、雲說、霧說、雷說、電說、虹蜺說、霜說、雪說、冰說、雨說、霰說、雹說、昏旦星圖、晦朔弦望。

此一部分之比較，即可見三者差異之遠。

從此種現象，吾人可得左列幾項初步之結論：

一、《事林廣記》為一類書，其功用甚宏，因此，歷來書肆競相刊行，以應需求。

二、類書之內容，每隨時代增益，宋代以來類書，即有此現象，而以此書，增益情形最為顯者。

三、流傳於海外之古書，多據購自中國之刊本翻刻。而其所據底本，頗有在中國已罕見者。此書日本刊本所據元刊本，與其他元刊本不同，即為一明證。

附：國家圖書館所藏日本刊善本書目

經　部

周易本義十二卷五冊　宋朱熹撰　日本寬政元年刊本

尚書正義二十卷二十冊　舊題漢孔安國傳　唐孔穎達疏　日本弘化四年細川利和覆刊宋浙東茶鹽司本
毛詩二十卷五冊　漢毛公撰　鄭玄箋　日本舊活字本
毛詩蒙引二十卷十冊　明陳子龍撰　日本寬文十二年刊本
禮記十卷五冊　漢鄭玄注　日本舊刊本
禮記集說三十卷十五冊　元陳澔撰　日本寬文四年野田庄右衛門刊本
春秋經傳集解三十卷十五冊　晉杜預撰　日本舊活字本
春秋經傳集解三十卷十五冊　晉杜預撰　日本舊刊本
春秋經傳集解三十卷十五冊　晉杜預撰　日本安政三年田邊氏覆宋刊本　朱校
東萊博議十二卷四冊　宋呂祖謙撰　日本元祿庚辰（十三年）刊本
左傳註解辨誤補遺一卷附古器圖一卷二冊　明傅遜撰　日本延享丙寅（三年）刊本
古文孝經孔氏傳一卷一冊　題漢孔安國撰　隋劉炫解　傳鈔日本寬政庚申（十二年）刊足利本　民國十一年黎

經誥手書題識

孝經大義一卷一冊　元董鼎撰　日本正保四年刊本
四書輯釋大成三十六卷十四冊　元倪士毅撰　日本文化九年覆刊元至正間日新書堂本
四書蒙引十五卷二十冊　明蔡清撰　林希元訂補　日本寬永十三年刊本
四書圖史合考二十四卷二十五冊　題明蔡清撰　日本寬文九年中野氏刊本
四書便蒙講述二十卷六冊　明盧一誠撰　日本慶安辛卯（四年）書林道伴刊本
大廣益會玉篇三十卷七冊　梁顧野王撰　唐孫強增補　宋陳彭年等重修　日本舊刊本

草書韻會五卷二冊　金張天錫撰　日本舊刊本
韻府古篆彙選五卷五冊　清陳策撰　日本元祿十年柳枝軒刊正德三年印本
纂圖附音增廣古註千字文三卷一冊　梁周興嗣撰　李暹注　日本舊刊本
西河合集經問九卷五冊　清毛奇齡撰　日本寬政十一年蔓延堂刊本

史　部

史記一百三十卷五十冊　漢司馬遷撰　宋裴駰集解　唐司馬貞索隱　張守節正義　日本舊活字本
漢書評林一百三十卷五十冊　漢班固撰　班昭補　唐顏師古注　明凌稚隆輯評　日本明曆三年林和泉掾刊本
南宋書六十八卷十六冊　明錢士升撰　日本芳川逸校點　日本進修館刊本
新鍥李卓吾先生增補批點皇明正續合併通紀統宗十三卷二十五冊　明陳建撰　卜大有增補　李贄評點　日本元祿九年林九兵衛刊本
春秋左傳屬事二十卷二十一冊　明傅遜撰　日本寶曆十二年菊池武愼刊本
明季遺聞四卷四冊　清鄒漪撰　日本東壁堂刊本
禪林僧寶傳三十卷二冊　宋釋惠洪撰　日本寬永二十一年刊本
宋名臣言行錄十卷後集十四卷六冊　宋朱熹撰　日本寬文七年刊本
五家正宗贊六卷四冊　宋釋紹曇撰　日本舊刊本
唐才子傳十卷五冊　元辛文房撰　日本正保四年上村二郎衛門刊本
伊洛淵源續錄六卷二冊　明謝鐸撰　日本慶安二年刊本
伊洛淵源錄新增十四卷三冊　明楊廉撰　日本慶安二年刊本

朱子年譜三卷四冊　明葉公回等重編　日本寬文六年井上忠兵衛刊本
大明一統志九十卷六十冊　明李賢等修　日本正德三年弘章堂刊本
名山勝槩圖三卷三冊　明劉振卿撰　日本木雍摹繪　日本享和元年刊本
大唐西域記十二卷六冊　唐釋玄奘記　辨機編　日本永應二年中野五郎刊本

子部

孔子家語十卷五冊　魏王肅注　日本寬永十五年風月宗智刊本
新語二卷一冊　漢陸賈撰　日本寶曆十二年刊本　朱筆校
賈子新書十卷五冊　漢賈誼撰　日本寬延二年刊本
潛夫論十卷五冊　漢王符撰　日本天明七年浪華六藝堂刊本
忠經集註評解一卷一冊　唐海鵬撰並注　日本天和三年刊本　日本山井幹六朱墨筆校補
近思錄集解十四卷四冊　宋朱熹、呂祖謙撰　葉采集解　日本萬治二年權兵衛刊本
神器譜五卷五冊　明趙士楨撰　日本清水正德校訂　日本文化五年坊刊本　近人羅振玉手書題記
武經七書存二十二卷六冊　宋不著編人　日本慶長十一年刊本　缺孫子三卷
韓非子二十卷十冊　周韓非撰　日本延享三年刊鈔補本
金匱要略正義二卷四冊　清朱充被撰　日本躋濤館活字本
巢氏諸病源候論五十卷六冊　隋巢元方撰　日本正保二年木村源兵衛刊本
醫說十卷續醫說十卷七冊　宋張杲撰　明俞弁續　日本萬治元年刊本
醫方大成論一卷一冊　元孫允賢撰　日本正保四年刊本

難經本義六卷六冊　元滑壽撰　日本正保五年刊本
傷寒六書六卷五冊　明陶華撰　日本寬永庚午（七年）刊本
京板校正大字醫學正傳八卷八冊　明虞搏撰　日本元和八年村上平樂寺刊本
名醫類案十二卷十二冊　明江瓘撰　江應宿補　日本寬文元年野田庄右衛門刊本
赤木玄珠三十六卷醫案十三卷五十一冊　明孫一奎撰　日本明曆三年刊本
新刊醫林狀元濟世全書八卷八冊　明龔廷賢撰　日本寬永十三年村上平樂寺刊本
痘科鍵二卷四冊　明朱巽撰　日本享保十五年石倉屋喜兵衛刊本
痘脹玉衡書三卷後卷一卷六冊　清郭志邃撰　日本享保八年刊本
千金方九十三卷十六冊　唐孫思邈撰　日本萬治二年刊本
外臺祕要四十卷二十四冊　唐王燾撰　日本延享四年山脅尚德刊本
普濟本事方十卷續集十卷五冊　宋許叔微撰　日本享保二十一年刊本　朱墨藍三色批校
世醫得效方二十卷十六冊　元危亦林撰　日本舊刊本配補鈔本
本草綱目五十二卷圖三卷三十七冊　明李時珍撰　日本寬文十二年刊本
本草綱目五十二卷三十八冊　明李時珍撰　日本正德四年刊本
東垣十書三十二卷二十冊　金李杲等撰　明朱植編　王宇泰訂正　日本萬治元年武村市兵衛刊本
薛氏方書七十八卷六十四冊　明薛巳編　日本承應三年刊本
玄鈔類摘六卷五冊　明徐渭撰　陳汝元補註　日本寶曆五年刊本
子華子二卷二冊　舊題周程本撰　日本延享四年刊本

新雕劉子五卷五冊　題梁劉勰撰　唐袁孝政注　日本寶曆八年刊本
陳眉公重訂野客叢書十二卷六冊　宋王楙撰　日本承應二年中野氏刊本
困學紀聞二十卷七冊　宋王應麟撰　日本寬文元年書林中野道也刊本
論衡三十卷八冊　漢王充撰　日本延享五年刊本
鶴林玉露十八卷九冊　宋羅大經撰　日本寬文二年刊本
草木子四卷四冊　明葉子奇撰　日本寬文九年刊本
文海披沙八卷四冊　明謝肇淛撰　日本寶曆己卯（九年）刊本
群書治要五十卷二十五冊　唐魏徵等編　日本天明七年細井德民等校刊本
新雕皇朝類苑七十八卷十六冊　宋江少虞撰　日本元和七年活字本　近人渠夢翔手書題記
標題徐狀元補註蒙求三卷三冊　五代李瀚撰　宋徐子光補正並註　日本寬永乙亥（十二年）中野小佐衛門刊本
蒙求詳說十六卷五冊　五代李瀚撰　宋徐子光補正並註日本宇宙的詳說　日本天和三年刊本
新編群書類要事林廣記九十四卷十五冊　宋陳元靚撰　元人續增　日本元祿十二年刊本
京本音釋註解書言故事大全十二卷六冊　宋胡繼宗撰　明陳玩直註　日本正保三年田中文內刊本
增續會通韻府群玉三十八卷二十五冊　元陰時夫撰　陰中夫註　明包瑜續　日本寬永二年刊本
卓氏藻林存七卷七冊　明卓明卿編　日本元祿九年村上平樂寺刊本　缺卷六
輟耕錄三十卷十冊　明陶宗儀撰　日本舊刊本　近人陸大坊手書題記
太平廣記五百卷五十二冊　宋李昉等編　日本舊刊本
剪燈新話句解三卷三冊　明瞿佑撰　垂胡子集釋　日本舊刊本

塵餘二卷二冊　明謝肇淛撰　日本寬政八年刊本
大方廣圓覺略疏註經四卷四冊　唐釋宗密撰　日本寬永甲申（二十一年）村上平樂寺刊本
註維摩詰經十卷五冊　後秦釋僧肇撰　日本貞享三年刊本
維摩經略疏十卷十冊　隋釋智顗撰　日本寬文九年刊本
維摩詰所說經疏五卷五冊　隋釋吉藏撰　日本元祿十一年宣風坊書林井上實刊本
金剛般若波羅密經三卷三冊　明釋宗泐註　日本翻刻康曆二年臨川寺本
般若波羅密多心經註解一卷一冊　明釋宗泐撰　日本寬永十五年中野市右衛門刊本
法華玄論十卷四冊　隋釋吉藏撰　日本天和三年中野五郎左衛刊本
科註妙法蓮華經八卷十冊　元徐行善科註　釋必昇校證　日本慶安二年豐興堂刊本
梵網古迹鈔八卷八冊　□不著撰人　日本寬永甲申（二十一年）中野是誰刊本
首楞嚴義疏註經十卷十冊　宋釋子璿撰　日本寬永壬申（九年）刊本
說無垢稱經贊疏六卷六冊　唐釋窺基撰　日本覆刊卷子本
楞嚴摸象記三卷三冊　明釋袾宏撰　日本明曆二年刊本
大日經疏指心鈔十六卷八冊　唐釋一行撰　日本寬文元年野田庄右衛門刊本
俱舍論記三卷三十冊　宋釋普光撰　日本元祿十五年宣風坊書林井上實刊本
大乘阿毗達磨雜集論述記十卷十冊　唐釋窺基撰　日本元文六年刊本　朱墨批校
釋摩訶衍論贊玄疏五卷七冊　遼釋法悟撰　日本正保三年吉野屋權兵衛刊本
附釋摩訶衍論記六卷　宋釋普觀撰

釋摩訶衍論通玄鈔四卷　遼釋志福撰

二諦章二卷二冊　隋釋吉藏撰　日本寶永七年刊本

集　部

杜律集解六卷六冊　明邵傅撰　日本貞享二年刊本

杜律集解六卷十二冊　明邵傅撰　日本宇都宮標註　日本元祿九年刊本

五百家註音辯昌黎先生文集存三十五卷八冊　唐韓愈撰　宋魏仲舉編　日本舊活字本　缺卷二十四至卷二十八

唐韓昌黎集四十卷外集十卷遺文一卷附錄一卷四十冊　唐韓愈撰　明蔣之翹注　日本萬治三年刊本

唐柳河東集四十五卷三十五冊　唐柳宗元撰　明蔣之翹注　日本寬文四年刊本

白氏文集七十一卷五十冊　唐白居易撰　日本元和戊午（四年）那波道圓活字本

歐陽文忠公集三十六卷十冊　宋歐陽脩撰　日本寶曆十四年島靖之刊本

增本校正王狀元集註分類東坡先生詩二十五卷二十七冊　宋蘇軾撰　題王十朋集註　劉辰翁批點　日本明曆丙申（二年）松柏堂刊本

山谷詩集註二十卷五冊　宋黃庭堅撰　任淵註　日本寬永己巳（六年）大和田意閑刊本

山谷詩集註二十卷十一冊　宋黃庭堅撰　任淵註　日本慶安五年刊本

山谷詩集註二十卷十一冊　宋黃庭堅撰　任淵註　日本覆刊朝鮮甲寅活字本

山谷外集詩註十七卷別集詩註二卷十冊　宋黃庭堅撰　史容、史季溫注　日本舊刊本

后山詩註十二卷四冊　宋陳師道撰　任淵註　日本元祿三年刊本　朱筆批校

龍川文集三十卷十五冊　宋陳亮撰　日本嘉永三年如不及齋活字本

真山民詩集一卷一冊　宋真山民撰　日本文化九年刊本
梨雲館類定袁中郎全集二十四卷二十冊　明袁宏道撰　日本元祿九年刊本
王癸集一卷一冊　民國王國維撰　日本京都聖華房木活字本　王氏手校並跋
六臣注文選六十卷三十一冊　梁蕭統編　唐李善等六臣注　日本寬文二年刊本
魁本大字諸儒箋解古文真寶前集十卷二冊　宋黃堅編　元林以正註　日本舊刊本
魁本大字諸儒箋解古文真寶後集二卷二冊　宋黃堅編　元林以正註　日本寬文十年山田市郎兵衛刊本
新刻李袁二先生精選唐詩訓解七卷四冊　題明李攀龍編　日本田原仁翻刊明萬曆本
新刻陳眉公考正國朝七子詩集註解七卷四冊　明陳繼儒編註　李士安補註　日本元祿己巳（二年）刊本
詩人玉屑二十一卷三冊　宋魏慶之撰　日本寬永十六年田原仁刊本
冰川詩式十卷七冊　明梁橋撰　日本萬治三年刊本
詩藪八卷四冊　明胡應麟撰　日本貞享丙寅（三年）武林新兵衛刊本

第六節　古籍刊本中的域外地圖

一、前　言

中國文獻，向以「圖」「書」並稱。在早期，「圖」與「書」並行，多數書中都繪有圖。今檢《漢書・藝文志》，其所著錄者，有時稱「篇」，有時稱「卷」。其稱「篇」者，大抵以竹簡為之；稱「卷」者，則大抵以紙張或帛布為之。紙張和帛布，在當時是少有而珍貴的物品，以之寫書者，一方面取其方便攜帶及典藏，一方面則取其方便書寫、繪圖及閱讀。就《漢書・藝文志》所著錄的圖書來說，有不少是書中附圖的，例如：

《吳孫子兵法》八十二篇。班固《注》：「圖九卷。」《齊孫子》八十九篇。班固《注》：「圖四卷。」（右二書，屬〈兵書略・權謀〉）《楚兵法》七篇。班固《注》：「圖四卷。」《孫軫》五篇。班固《注》：「圖二卷。」《王孫》十六篇。班固《注》：「圖五卷。」《魏公子》二十一篇。班固《注》：「圖十卷。」（右四書，屬〈兵書略・形勢〉）《黃帝》十六篇。班固《注》：「圖三卷。」《風后》十三篇。班固《注》：「圖二卷。」《鵊冶子》一篇。班固《注》：「圖一卷。」《鬼容區》三篇。班固《注》：「圖一卷。」《別成子望軍氣》六篇。班固《注》：「圖三卷。」（右五書，屬〈兵書略・陰陽〉）《鮑子兵法》十篇。班固《注》：「圖一卷。」《伍子胥》十篇。班固《注》：「圖一卷。」《苗子》五篇。班固《注》：「圖一卷。」（右三書，屬〈兵書略・技巧〉）

此外，〈數術類〉的曆譜也著錄：

《耿昌月行帛圖》二百三十二卷。

到了《隋書・經籍志》，所著錄的「圖」尤多，如《周髀圖》一卷、石氏《渾天圖》一卷、高洪文《天文橫圖》一卷、《摩登伽經說星圖》一卷、《星圖》一卷等。

宋代的鄭樵在《通志・圖譜略・索象篇》於「圖」「書」並重的道理，論述極詳。他說：

河出圖，天地有自然之象；洛出書，大地有自然之理。天地出此二物，以示聖人，使百代憲章，必本於此而不可偏廢者也。圖，經也；書，緯也。一經一緯，相錯而成文。圖，植物也；書，動物也。一動一植，相須而成變化。見書不見圖，聞其聲不見其形；見圖不見書，見其人不聞其語。圖，至約也；書，至博也。即圖而求易，即書而求難。古之學者為學有要：置圖於左，置書於右；索象於圖，索理於書。故人亦易為學，學亦易為功。

這段話說明「圖」與「書」的密切關係，也說明「圖」之重要。鄭氏又於〈明用篇〉，更具體的列舉圖譜之用有十六項：

一曰天文，二曰地里，三曰宮室，四曰器用，五曰車旂，六曰衣裳，七曰壇兆，八曰都邑，九曰城築，十曰田里，十一曰會計，十二曰法制，十三曰班爵，十四曰古今，十五曰名物，十六曰書。

這十六項中，「地里」、「宮室」、「都邑」、「城築」、「田里」等五項，事實上都屬於今日所稱的「地圖」的範圍，或者和「地圖」有關。可見在早期，地圖是中國古籍中很重要的一部分。

不過，隨著文字書籍的日益增加，「圖」的功用漸為人所忽視，遂致「圖」在文獻中的地位，日漸降低。關於「圖」與「書」消長的原因，鄭樵說：

漢初，典籍無紀。劉氏創業，總括群書，分為七略，只收書，不收圖。藝文之目，遞相因習，故天祿、蘭臺、三館、四庫、內外之藏，但聞有書而已，蕭何三圖，自此委地。

鄭氏把「圖」之不受重視，歸咎於《七略》之只錄書，不錄圖。我們現在看《漢書・藝文志》，鄭氏的話，自有一定的道理，不過，我認為漢代的學者，過分重視訓詁，導致後代重視文字的討論和敘述，漸忽視「圖」的功用，也是一個重要的因素。

在各種「圖」中，「地圖」是重要的一部分，這可以從鄭樵所舉圖譜之用十六種中，與「地圖」有關者占近三分之一可見。不過，後世討論中國版刻及印刷史者，多以草木蟲魚鳥獸及人物之繪像為主，很少及於「地圖」的刊鐫問題。「地圖」的鐫刻，在藝術上自然比不上草木蟲魚鳥獸及人物之受人重視及引人興趣，但是，「地圖」既然是「圖」的一種，而其刊繪，同樣的需要技巧，因此，古籍刊本裡的地圖，是中國板本學上值得從事探討的問題。

另一方面，中西交通史，是近世紀以來中外學者多所討論的問題。不過，多數的學者，都是根據相關的文字著作，像明馬歡的《瀛涯勝覽》（一卷）、明費信的《星槎勝覽》（二卷）、清楊炳南的《海錄》等為主，從事討論。從中國古書的地圖，尤其是域外地圖，討論中國人對東西方認識的進展的論文，則極為罕見。

近代重視中國古書中地圖的學者，當以王庸為最有成就。他所著的《中國地理圖籍叢考》及《中國地理學史》二書，是討論中國古書裡的地圖，堪稱最為詳細的著作，不過，於「域外」地圖部分，則還沒有專章討論㊽。因此，筆者試就中國古籍刊本中的域外地圖，加以討論，一方面可補歷來版本學上於

㊽《中國地理學史》第一章第四節〈外國圖記〉，所討論的「外國」，多屬漢代的西域，與今所指「外國」，同名異實也。

地圖方面研究之不足，一方面可以從這些地圖，窺探中國人世界觀的演進。

為了專就版刻中的地圖予以討論的方便，抄本、寫本中的地圖及輿圖長卷，不在本文討論的範圍。又：中西交通是一門很專門的學術領域，不是筆者的研究專長，因此，筆者僅就「域外地圖」方面，提供文獻的基礎，至於這些地圖所牽引出來的一些與中西交通有關的問題，則留待中西交通史的學者專家們，從事進一步的討論。

二、宋代以前的地圖

中國地圖之作，起源甚早，到了唐宋，這一方面的文獻，已經不少。宋代以前的地圖，雖多已亡佚，但是這些地圖，對後代的地圖，自有一定的影響，因此，在此略事討論。

以今日所知文獻來看，中國地理書之有圖，大概以《山海經》中的圖為最早。《隋書・經籍志》及兩《唐志》也都著錄了郭璞《山海經圖讚》二卷，都足證《山海經》有圖。惟《山海經》所載多怪誕之事，故《四庫全書總目》不入〈地理類〉，而以之入〈小說家類〉。〈提要〉說：

書中敘述山水，多參以神怪，故《道藏》收入〈太元部・競字號〉中。究其本旨，實非黃、老之言。然道里山川率難考據，案以耳目所及，百不一真。諸家並以地理書之冠，亦為未允，核實定名，實則小說之最古者耳。

宋代王應麟《王會補傳》引朱子之言，謂《山海經》記諸異物飛走之類，多云東向，或曰東首，疑本因圖畫而述之云云。從這些記述，可知《山海經》裡的圖，不僅不是地圖，大概還是飛禽走獸之怪者。同時，《山海經圖讚》中的「圖」，《宋史・藝文志》已不著錄，可見宋代已不復傳世，其在圖譜上的影響很有限。

地圖之作，以今之文獻考之，成於唐宋兩代者頗多。鄭樵《通志略・圖譜略》中，「記有」項下著錄二百七幅圖，其中屬於地理者有：

楊佺期「唐洛陽京城圖」。「唐長安京城圖」。呂大防「唐長安京城圖」。「唐太極宮圖」。「唐大明宮圖」。「唐興慶宮圖」。「三宮合為一圖」。「洛陽宮闕圖」。「宋朝宮闕圖」。「汴京圖」。「唐九嵕山昭陵建陵合為一圖」。梁元帝「二十八圖職貢圖」。閻立本「西域諸國風物圖」。「大遼對境圖」。「大金接境圖」。「契丹地理圖」。「西夏賀蘭山圖」。「勃海圖」。「三輔黃圖」。

另外，在「記無」一項裡，也著錄了「地里」、「會要」、「紀運」、「百官」、「易」、「詩」、「禮」、「樂」、「春秋」、「孝經」、「論語」、「經學」、「小學」、「刑法」、「天文」、「時令」、「算數」、「陰陽」、「道家」、「釋氏」、「符瑞」、「兵家」、「藝術」、「食貨」、「醫藥」、「世系」等圖。其中「地里」圖有：

「地域方丈圖」。「地域方尺圖」。僧道安「江圖」。賈耽「地圖」。裴矩「西域圖」。「華夷列國入貢圖」。馬寔「諸道行程血脈圖」。「開元分野圖」。「冀州圖」。「十七路轉運圖」。「河北四十四郡圖」。「十七路圖」。「蜀程圖」。沈括「使北圖」。《洞庭譜》。「嶽瀆福地圖」。蔣炳「西山圖」。

《通志略・圖譜略》所著錄的這些地圖，多屬中國境內的地圖，同時也都已亡佚。不過，這些地圖，對後世地圖的繪製技巧，自有一定的影響。

三、中國古籍刊本中的「域外」地圖

唐以前無刊本，且唐以前亦無「域外」地圖。唐以前的「域外」地圖或「外國圖」，率指西域而言，以今看來，乃屬邊裔圖之類。

就今日所留傳的文獻而言，《宋史·藝文志·地理類》所著錄的徐兢《宣和奉使高麗圖》（四〇卷），可能是古籍中繪有域外地圖最早的一書。《四庫全書總目提要·地理類》（四）說：

……其書分二十八門，凡其國之山川、風俗、典章、制度，以及接待之儀文，往來之道路，無不詳載。而其〈自序〉，尤拳拳於所繪之圖。此本但有書而無圖，已非完本。然其有其姪葳〈題詞〉一首，稱書上御府，其副藏家。靖康丁未（二年，建炎元年，一一二七），兵亂失之。後從醫者得其本，惟海道二卷無恙。又述兢之言，謂世傳其書，往往圖亡而經存，欲追畫之，不果就，乃以所存刻之澂江郡齋。周煇《清波雜志》亦稱兢仿元豐中王雲所撰《雞林志》為《高麗圖經》，物圖其形，事為其說，蓋徐素善丹青也。宣和末，老人在歷陽（原注：按此「老人」字疑為「先人」之語，蓋指其父邦彥也）雖得見其書，但能鈔其文，略其繪事。乾道中刊於江陰郡齋者，即家間所傳之本，圖亡而經存，蓋兵火後，徐氏亦失元本云云。是宋時已無圖矣。

根據《提要》的說法，徐氏書中的圖，可能止於山川、風物等「名物」的圖，未必是地理的圖。如此說來，宋代的典籍中，仍尟有明確的「域外」地圖。

元代，刊繪有地圖的書籍，以朱思本的《輿地圖》（二卷）為最著。清瞿鏞《鐵琴銅劍樓藏書目錄》（卷二二）云：「《貞一齋雜著》一卷，《詩稿》一卷，鈔本。元朱思本撰。思本，字本初，江西臨川人。學道龍虎山中，從張仁靖真人扈直西京，又從吳全節居都下。後主席玉龍、萬壽宮。嘗以周遊天下，考覈地理，竭十年之力，著有《輿地圖》二卷，刊石於上清之三華院，惜今不傳。」89關於朱書的內容，可以根據明代羅洪先《廣輿圖》所引朱思本〈自敘〉，略知其內容。朱氏〈自敘〉云：

予幼讀書，知九州山川。及觀司馬氏周遊天下，慨然慕焉。後登會稽，泛洞庭，縱逝荊、襄，流覽淮、泗，歷韓、魏、齊、魯之郊，結轍燕、趙，而京都實在焉。繇是奉天子之命，祠嵩京，南至於桐柏，又南至於祝融，至於海，往往訊遺黎，尋故迹，考郡邑之因革，覈河山之名實。驗諸滏陽安陸石刻《禹跡圖》、《建安混一六全郡邑圖》，乃知前人所作，殊為乖謬，思構為圖以正之。閱魏酈道元注《水經》、唐《通典》、《元和郡縣志》、宋《元豐九域志》、今秘府《大一統志》，參考古今，量校遠近，既得其說，尚未敢自是也。中朝大夫，使於四方，遐爾攸同，冠蓋相望，則每囑以質諸藩府，博采群言，隨地為圖，乃合而為一。自至大辛亥迄延祐庚申，而始成功。其間山河繡錯，城連徑屬，旁通正出，布置曲折，靡不精到。若夫漲海之東南，沙漠之西北，諸蕃異域，雖朝貢時至，而遼絕罕稽，言之者既不能詳，詳者又未可信，故於斯類，姑用闕如。嗟呼！

89 關於朱思本之生平，參閱日本學者內藤虎次郎撰〈地理學家朱思本〉一文，吳晗譯，《北平圖書館館刊》，七卷二號，民國二十二年三月出版。

余自總角，志於四方，及今二毛，討論殆遍。茲圖蓋其平生之志，而十年之力也。後之覽者，始知其非茍云。是歲日南至，臨川朱思本初父自敘。

根據《自敘》中「若夫漲海之東南，沙漠之西北，諸蕃異域，雖朝貢時至，而遼絕罕稽，言之者既不能詳，詳者又未可信，故於斯類，姑用闕如」云云，則朱書所繪，蓋皆國中之圖。

明代，地理圖之繪製刊刻，大為興盛。以國內地圖來說，例如陸應陽的《廣輿記》（二十四卷），刊繪「皇輿總圖」、「北直隸圖」、「南直隸圖」、「山西圖」、「山東圖」、「河南圖」、「陝西圖」、「浙江圖」、「江西圖」、「湖廣圖」、「四川圖」、「福建圖」、「廣東圖」、「廣西圖」、「雲南圖」、「貴州圖」等十六幅地圖，可以說是明代刊本中鐫繪國內地圖的代表作。但仍不及「域外」地圖。

繪有「域外」地圖的明代以後著作，以左列三書較著：

㈠明蕭崇業、謝杰同撰的《使琉球錄》二卷

崇業，雲南臨安衛籍應天府上元縣人，隆慶五年（一五七一）進士，官至右僉都御史提都操江。杰，福建長樂人，萬曆二年（一五七四）進士，官至戶部尚書總督倉場。

按：明隆慶六年（一五七二），琉球中山王尚元卒，萬曆元年（一五七三）世子尚永遣使入貢請封。四年（一五七六），命戶科左給事中蕭崇業，行人司行人謝杰，充正副使，帶著皮弁圭玉往封尚永為王。此書就是蕭謝二人記其出使的經過及見聞者。

琉球從隋朝以後，就和中國交通。關於琉球的輿地、風俗、山川等，如《大明一統志》、《蠃蟲錄》、

《星槎勝覽》、杜氏《通典》、《集事淵海》、《使職要務》等書，都有所記載。不過，雙方有使者往來，則是明以後的事。明洪武年間，琉球分為三：即中山王、山南王、山北王。洪武五年（一三七二），明太祖遣行人楊載帶著詔書往諭，詔書說：「昔帝王之治天下，凡日月所照，無有遠邇，一視同仁。自元沒不綱，天下兵爭者十有七年。朕起布衣，開基江左，命將四征不庭，西平漢主陳有諒，東縛吳王張士誠，南平閩越，北清幽燕。朕為臣民推戴，即皇帝位，宜有天下之號曰大明，建元洪武。是用遣使外邦，播告朕意，使者所至，稱臣入貢。惟爾琉球，在中國東南，遠處海外，未及報知。玆特遣使往諭，爾其知之。」中山王察度，遂遣弟泰期奉表貢方物，這是琉球入貢之始，從此，雙方來往密切。出使者，返國後多撰出使錄，以備後世考鏡，如陳侃嘉靖甲午（十三年，一五三四）的《使錄》、高澄嘉靖甲午的《操舟記》及郭汝霖嘉靖辛酉（四十年，一五六一）的《使錄》等。但早期的出使錄，只有文字的記述，而沒有繪圖，此書在文字的記述上，維大抵根據陳侃及郭汝霖二書，但卻繪製了地圖。也可以說是早期的「域外」地圖。

此書的地圖為〈琉球過海圖〉，計七頁，為萬曆年間刊本[90]。

(二)明羅洪先撰的《廣輿圖》二卷

羅洪先（一五〇四－一五六四），字達夫，號念菴，吉水人。好王守仁學，舉嘉靖八年（一五二九）進士第一，授修撰，即請告歸。後召拜春坊左贊善，罷歸。卒年六十一。著有《冬逝記》、《念菴集》。《明

[90] 圖於此書之詳細內容，參閱拙著〈明代史籍彙刊敘錄〉，《書目季刊》，四卷二期，頁六一－七三，民國五十八年十二月十六日出版。

史》卷二八三〈本傳〉云：「考圖觀史，自天文地志，禮樂典章，河渠邊塞，戰陣攻守，下逮陰陽算數，靡不精研。」

《廣輿圖》所載之地圖，其目如左：

「輿地總圖」。「北直隸輿圖」。「南直隸輿圖」。「山東輿圖」。「山西輿圖」。「陝西輿圖」。「河南輿圖」。「浙江輿圖」。「江西輿圖」。「湖廣輿圖」。「四川輿圖」。「福建輿圖」。「廣東輿圖」。「廣西輿圖」。「雲南輿圖」。「貴州興輿圖」。(以上卷一)「九邊總圖」。「遼東邊圖」。「薊州邊圖」。「內三關邊圖」。「宣府邊圖」。「大同外三關邊圖」。「榆林邊圖」。「寧夏固蘭邊圖」。「莊寧涼永邊圖」。「甘肅山丹邊圖」。「洮河邊圖」。「松潘建昌邊圖」。「麻陽圖」。「海運圖」。「漕運圖」。「朝鮮圖」。「西南海夷總圖」。「西域圖」。「朔漠圖」。「琉球圖」。「日本圖」。「華夷總圖」。

共三十七幅地圖。《明史．藝文志》云：「羅洪先增補朱思本《廣輿圖》二卷。」羅氏〈自序〉後的〈附記〉也說：「朱圖長廣七尺，不便舒卷，今據畫方，易以簡編。」可見羅書大致是根據朱圖。不過，朱氏的〈自敘〉，已說明並不及「域外」，因此，羅書中「朝鮮圖」、「西南海夷總圖」、「琉球圖」、「日本圖」、「華夷總圖」等與「域外」有關者，都不是朱書原來所有。

今檢羅書各圖，在「日本圖」上注云：「崑山鄭子若著」，知「日本圖」取材自鄭氏。至於其他各域外圖，王庸云：

> 羅氏〈自序〉附記其圖有「兩直隸十三布政司圖」十六、「九邊圖」十一、「洮河、松潘、虔鎮、

麻陽諸邊圖」五、「黃河圖」三、「漕河圖」三、「海運圖」二、「朝鮮、朔漠、安南、西域圖」四。又言「凡沿革附麗、統馭更互，難以旁綴者，各為副圖六十八。」可見其增廣朱圖者甚多。但今檢此通行圖本，除黃河、漕河、海運實各一圖，而分畫為三幅外，另有琉球、日本二圖，為胡松刊布時所增（胡〈序〉曰「為補倭及琉球二圖」）。而卷末尚有〈華夷總圖〉一，〈朝鮮圖〉後有〈東南海夷總圖〉及〈西南海夷總圖〉各一，羅氏未曾述及，疑為錢岱重刊時加入。因錢氏〈序〉中有「眂舊本稍加拓展，增建而未入者入之，圖說有未詳者詳之」之言耳[91]。

此圖今有明萬曆己卯（七年，一五七九）刊本，題「元臨川朱思本（本初）原圖，明吉水羅洪先（念菴）增募，滁州胡松（柏泉）刊補。」卷首有朱氏及羅氏序，嘉靖辛酉（四十年，一五六一）胡松及徐九皋〈序〉，嘉靖丙寅（四十五年，一五六六）霍冀、韓君恩〈序〉，萬曆七年（一五七九）錢岱〈重刻廣輿圖序〉。

㈢清徐繼畬撰的《瀛寰志略》十卷

徐繼畬（一七八九—一八六七），字健男，號松龕，清山西五台人。幼年岐嶷，讀書穎悟，工屬文。年未冠，中舉人。道光六年（一八二六）進士第一，選為翰林庶吉士。丁父憂，服滿後，授翰林院編修，隸陝西道監察御史，多次上書言天下大計。掌奏言政體宜崇儉要，祈酌刪部例，裁抑吏權，宣宗嘉納之。十六年（一八三六）出為廣西潯州知府。二十年（一八四〇）調署福建汀漳龍道。時海疆多事，敵艘聚

---

[91] 詳見王庸《中國地理學史》，頁九一。

廈門，與漳州隔水相望，居民一日數驚。繼畬相機堵禦，境內終獲安靖，二十二年（一八四二）五月，擢升兩廣鹽運使；旬日，復遷廣東按察司；二十三年（一八四三）擢福建布政司；二十六年（一八四六）授廣西巡撫，調福建令，辦通商事務。同治四年（一八六五）詔以京卿來見，派總理各國事務衙門行走，旋補太僕寺卿，六年（一八六七）致仕，卒年七十九。《清史稿》有傳。

徐氏由於久駐嶺表，熟悉軍務及邊事，同時，擔任總理各國事務衙門行走，得以通曉外國語文，閱讀西方書籍。楊篤所撰〈松龕先生傳〉說：「公既久駐嶺表，益究心洋務，於外國山川道里政事風俗一切戰守之勢，張弛之宜，無不瞭然心目。」這些經歷，都和他日後撰寫《瀛寰志略》有關。

《瀛寰志略》共載地圖三十八幅，其目如左：

「地球圖」。「皇清一統輿地全圖」。「亞細亞圖」。「東洋二國（日本、琉球）圖」。「南洋濱海各國圖」。（以上在卷一）「南洋各島圖」。「東南洋大洋海各島圖」。（以上在卷二）「五印度圖」。「五印度舊圖」。「印度以西回部四國圖」。「西域各回部圖」。（以上在卷三）「歐羅巴圖」。「峨羅斯圖」。「峨羅斯西境圖」。「瑞國圖」。「嗹國圖」。（以上在卷四）「奧地利亞圖」。「普魯士圖」。「日耳曼列國圖」。「瑞士圖」。（以上在卷五）「土耳其圖」。「希臘圖」。「意大利亞列國圖」。「荷蘭圖」。「比利時圖」。（以上在卷六）「佛郎西圖」。「西班牙葡萄牙全圖」。「英吉利三島總圖」。「英吉利英倫圖」。「英吉利蘇格蘭圖」。「英吉利阿爾蘭圖」。（以上在卷七）「阿非利加圖」。「麥西圖」。（以上在卷八）「南北阿墨利加總圖」。「北亞墨利加英吉利屬部圖」。「米利堅合眾國圖」。（以上在卷九）「北亞墨利加南境各國圖」。「南亞墨利加各國圖」。「亞墨利加海灣群島圖」。（以上在卷十）

民國二年（一九一三），刊行《松龕先生全集》，收有《兩漢幽并涼三州今地考略》一書，張元濟〈序〉云：

五台徐松龕先生，道咸間名臣也。博聞強識，尤長輿地考證之學。所著《瀛寰志略》，為中土言外志者之先河，久已家置一編，不脛而走。

張氏說他「長於輿地考證之學」，而此編論世界各海島最詳，也最具價值，稱得上是張元濟所說「為中土言外志者之先河」的著作[92]。

明清繪刊「域外」地圖之書，為數甚多，如明代鄧鐘的《安南圖誌》（一卷）、清代魏源的《海國圖志》（一〇〇卷）等，都是重要的著作。尤其是魏書，用經緯度刊繪地圖，尤具特色，《續修四庫全書總目提要》雖譏其「地圖簡陋，殊無裨於尋覽」[93]，然其繪刻方法的進步，也是值得注意的。然由於篇幅所限，俟他日再論。

四、結論——「域外」地圖在文獻上的價值

綜觀明以來古籍刊本中的「域外地圖」，從文獻學的觀點來觀察，有幾項值得吾人注意的事項：

---

[92] 關於徐繼畬的地理學及《瀛寰志略》的價值，參閱拙著〈徐繼畬及其《瀛寰志略》〉，《書和人》，第二五七期，民國六十四年三月十五日出版。

[93] 詳見《續修四庫全書提要・史部》，頁二八二三，光緒二年重刻本《海國圖志》一百卷條。

㈠地圖的內容，深受西方地圖的影響——早期的「域外」地圖，多限於琉球、日本、安南及朝鮮等鄰近國家和地區。自從明代中葉以後，西方文化藉傳教士而東來，各國地圖亦相繼輸入，於是中國古籍中的地圖，也逐漸豐富起來。徐繼畬在《瀛寰志略》一書中的「凡例」第一條說：「此書以圖為綱領，圖從泰西人原本鉤摹。其原圖，河道脈絡，細如毛髮，山嶺城邑，大小畢備，既不能盡譯其名，而漢字筆畫繁多，亦非分寸之地所能注寫，故河道僅畫其最著者，山嶺僅畫其大勢，城邑僅標其國都，其餘一概從焉」，這說明了清代以來的地圖，多受西方地圖的影響，這是今後研究中國圖譜文獻學者，所宜了解的。

㈡這些地圖，是研究中國人認識西方世界過程的重要文獻——一般研究中西交通史的學者，所根據的，多數是文字的資料，事實上，這些域外地圖，也呈現中國人認識西方世界過程的曲折及錯誤。所謂「曲折」，我們可以從各時代的「域外」地圖的異同中看出。就以安南地圖來說，明代嘉靖年代不著撰人所繪的「安南圖」、明代羅洪先所繪的「安南圖」、明萬曆年間鄧鐘所刊繪的「安南圖」及清代魏源繪的「安南圖」，若仔細對照，自可發現不同。所謂「錯誤」，以徐繼畬的《瀛寰志略》來說，仍然免不了諸多錯誤。根據清代□毅（失其姓氏）所著的《瀛寰志略訂誤》，列舉徐氏的牴牾處，大約有：1.邦國稱名之誤；2.方向錯置之誤；3.地勢斷續之誤；4.部屬遺漏之誤；5.島嶼遺漏之誤；6.島名錯置之誤；7.川名錯置之誤；8.東西互易之誤；9.遠近失考之誤；10.大小失實之誤。清以前的域外地圖，這種錯誤多少難免，而這些錯誤，正是研究中國如何從中土邁向世界的重要文獻。

㈢這些地圖，是研究地理版刻的重要文獻——宋元時代所刊繪的古籍地圖，現在已罕見。明清兩朝所刊繪者，從其內容、刊繪方法及技巧，可看出中國版刻在這方面的演進情形。以刊繪方法來說，在利瑪竇的「世界地圖」傳來以前，囿於「天圓地方」的舊觀念，所刊繪的地圖，都以平面的觀點來繪製。自從利瑪竇的「世界地圖」輸入後，到了清初，多數已懂得利用經緯度繪製地圖。又如明代羅洪先的《廣輿圖》，已懂得刊繪地圖時，製訂「圖例」，例如「朝鮮圖」下云：「每方百里。」在「東南海夷總圖」下云：「界內每方四百里，界外海中風迅不常，難以里載。」這也是地圖版刻演進的文獻。至於海洋的繪製、河川、山丘、城邑、邊關等的圖例，也都是研究版刻的重要文獻。

第三章　非圖書文獻

第一節　非圖書文獻與治學的關係

所謂「非圖書文獻」，就是指不是記載在書本上的文獻，例如甲骨文、石刻、銅器、器物及生活習俗等都是。

利用非圖書文獻從事學術研究，在漢代已有。例如《漢書・郊祀志》下說：

> 是時（宣帝時），美陽得鼎，獻之。下有司議，多以為宜薦見宗廟，如元鼎時故事。張敞好古文字，桉鼎銘勒而上議曰：「臣聞周祖始乎后稷，后稷封於斄，公劉發迹於豳，大王建國於郊梁，文武興於酆鎬。由此言之，則郊梁、豐鎬之間，周舊居也，固宜有宗廟壇場祭祀之臧。今鼎出於郊東，中有刻書曰：『王命尸臣：「官此栒邑，賜爾旂鸞黼黻琱戈。」尸臣拜手稽首曰：「敢對揚天子丕顯休命。」』臣愚不足以迹古文，竊以傳記言之，此鼎殆周之所以褒賜大臣，大臣子孫刻銘其先功，臧之於宮廟也。昔寶鼎之出於汾脽也，河東太守以聞，詔曰：『朕巡祭后土，祈為百姓蒙豐

年，今穀嗛未報，鼎焉為出哉？』博問耆老，意舊臧與？誠欲考得事實也。有司驗雕上非舊臧處，鼎大八尺一寸，高三尺六寸，殊異於眾鼎。今此鼎細小，又有款識，不宜薦見於宗廟。」制曰：「京兆尹議是。」

這是張敞已用出土的鼎和上面的款識，考訂史事的例子。

到了東漢以後，用地下文物以從事考訂者尤多。許慎《說文解字・敘》說：「……郡國亦往往於山川得鼎彝，其銘即前代之古文，皆自相似。」段玉裁《注》云：「郡國所得秦以上鼎彝，其銘即三代古文，如〈郊祀志〉：上有故銅器，問李少君。少君曰：『此器齊桓公十年陳於柏寢。』已而案其刻，果齊桓公器。又美陽得鼎，獻之，有司多以為宜薦見宗廟，張敞按鼎銘勒而上議。凡若此者，亦皆壁中經之類也，皆自相似者。謂其學皆古文，彼此多相類。」《說文解字》所錄，以小篆為主，而兼錄古文、籀文，其中有一部分當是得諸銅器上之文字。

晉代王肅注解《詩經》，也曾用地下所得的器物，改正前人之說。按：《詩經・魯頌・閟宮》：「白牡騂剛，犧尊將將。」「犧尊」是怎樣的酒器呢？《毛傳》云：「犧尊，有沙飾也。」「犧尊」一物，也數見其他典籍。例如《周禮・春官宗伯・司尊彝》：「其朝踐用兩獻尊，其再獻用兩象尊。」鄭玄《注》引鄭司農云：「獻，讀為犧。犧尊，飾以翡翠；象尊，以象鳳皇。或曰：以象骨飾尊。」可見「犧尊」也可寫作「獻尊」，「犧」是本字，「獻」是假借字，蓋兩字聲同相假借。《禮記・禮器》：「犧尊疏布鼏。」鄭玄《注》云：「鼏，或作幕。」於「犧尊」未作解釋。〈禮器〉又云：「犧尊在西。」鄭玄《注》說：

「犧，《周禮》作獻。」從這些注解看來，鄭玄對犧尊的器形，並沒有明確的說解。唐代孔穎達《毛詩正義》云：「犧尊之字，〈春官・司尊彝〉作獻尊。鄭司農云：『獻，讀為犧，犧尊，飾以翡翠；象尊，以象鳳皇。或曰：以象骨飾尊。』此《傳》言犧尊者，沙羽飾，與司農飾以翡翠意同，則皆讀為娑，《傳》言沙，即娑之字也。阮諶《禮圖》云：『犧尊飾以牛，象尊飾以象，於尊腹之上畫為牛象之形。』王肅云：『……大和中，魯郡於地中得齊大夫子尾送女器，有犧尊，以犧牛為尊。然則，象尊，尊為象形也。』王肅此言，以二尊形如牛象，而背上負尊，皆讀犧為義，與《毛傳》義異，未知孰是？」**按**：王肅以地下發現的器物，印證書本上的資料，顯然要比鄭司農、鄭康成的說法正確，孔穎達說「未知孰是」，不敢斷其是非，是太迷信二鄭的緣故。

梁代的劉杳、沈約，就很認同王肅的說法。《梁書》卷五十〈劉杳傳〉云：「杳少好學，博綜群書，沈約、任昉以下，每有遺忘，皆訪問焉。嘗於（沈）約坐，語及宗廟犧樽，約云：『鄭玄答張逸，謂為畫鳳皇尾娑娑然。今無復此器，則不依古。』杳曰：『此言未必可。按古者樽彝，皆刻木為鳥獸，鑿頂及背以出內酒。頃魏世魯郡地中得齊大夫子尾送女器，有犧樽，作犧牛形。晉永嘉賊曹嶷，於青州發齊景公冢，又得二樽，形亦為牛、象。二處皆古之遺器，知非虛也。』約大以為然。」劉杳除了王肅所舉的齊大夫子尾送女器外，又舉了另一個曹嶷於青州齊景公塚中所發現的二具犧樽為例，證明王肅之說為可信。

隋唐以後，都有不少學者，利用古器物印證書本上的資料，其中又以宋、清兩朝，在這方面的貢獻最為卓著。

宋代的學者，由於重視非圖書文獻，編輯考訂地下文物的風氣很盛，其中如呂大臨的《考古圖》（十卷）《續考古圖》（五卷）《釋文》（一卷）、王黼所撰《宣和博古圖》（三十卷）二書，更是摹繪器物的形制與文飾，並考訂其款識，為後世古器物圖書，奠定了基礎規範。王國維在〈宋代金文著錄表〉中，於宋人在金石學方面的貢獻，有一番確切的說明，他說：「《考古》、《博古》二圖，摹寫形制，考訂名物，其用力頗鉅，所得亦多。乃至出土之地，藏器之家，苟有所知，無不畢記，後世著錄家，當奉為準則。至於考釋文字，宋人亦有鑿空之功，國朝阮、吳諸家，不能出其範圍。」王氏之說，很明確的說出宋代在古器物上的考訂工作，為後代奠定了規範和基礎。

到了清代，由於地下文物的發現日多，因此有關地下文物的著作，也大大超越前代。單就金石方面的著作，根據容媛《金石書錄目》的統計，約有九百餘種，其中比較重要的，如乾隆年間編的《西清古鑑》（四十卷）、阮元的《積古齋鐘鼎彝器款識》（十卷）、吳榮光的《筠清館金石文字》（五卷）、羅振玉的《殷虛文字類編》、《殷虛書契考釋》（三卷）、《殷虛書契後編》（二卷）、《殷虛文字續編》（六卷）等。從漢代以後，雖都已知道用地下古器物印證圖書資料，但是，正式提出這種理論的，則是清代末年的王國維。王氏在《古史新證·總論》中說：

> 研究中國古史，為最糾紛之問題。上古之事，傳說與史實混而不分。史實之中，固不免有所緣飾，與傳說無異；而傳說之中，亦往往有史實為之素地：二者不易區別，此世界各國之所同也。……故《尚書》於今古文外，在漢有張霸之《百兩篇》，在魏晉有偽孔安國之書。……又汲冢所出《竹

書紀年》，自夏以來，皆有年數，亦《諜記》之流亞。……至於近世，乃知孔安國本《尚書》之偽，《紀年》之不可信。而疑古之過，乃併堯、舜、禹之人物而亦疑之。其於懷疑之態度及批評之精神，不無可取。然惜於古史材料，未嘗為充分之處理也。吾輩生於今日，幸於紙上之材料外，更得地下之新材料。由此種材料，我輩固得據以補正紙上之材料，亦得證明古書之某部分全為實錄，即百家不雅馴之言亦不無表示一面之事實。此二重證據法，惟在今日始得為之。雖古書之未得證明者，不能加以否定，而其已得證明者，不能不加以肯定，可斷言也。

王氏這種「二重證據法」的理論，加強了非圖書文獻在治學材料中的地位。

第二節　非圖書文獻的種類

可以印證圖書記載的非圖書文獻有哪些？

王國維在《古史新證・總論》裡，所列舉的地下材料僅有二種：一是甲骨文字（殷時物，自盤庚遷殷後，迄帝乙時）；二是金文（殷周二代）。

另外，他又在〈最近二三十年中中國新發現之新學問〉一文中說：

自漢以來，中國學問上最大之發現有三：一為孔子壁中書；二為汲冢書；三則今之殷虛甲骨文字、敦煌塞上及西域各處之漢晉木簡、敦煌千佛洞之六朝及唐人寫本書卷、內閣大庫之元明以來書籍檔冊。此四者之一，已足當孔壁、汲冢所出，而各地零星發見之金石書籍，於學術上有大關係者，尚不與焉。

王氏所謂的「新發現的新學問」，除了殷虛甲骨文字外，敦煌塞上及西域各處之漢晉木簡，也是非圖書文獻。

梁啟超在《中國歷史研究法・說史料》中，以為得史料之途徑不外兩種：一是在文字記錄以外者；二是在文字記錄者。

所謂「在文字記錄以外者」，就是非圖書文獻。

梁氏又把「文字記錄以外」的史料，依其性質分為三類：一是現存的實蹟，二是傳述的口碑，三是遺下的古物。其中第三類「遺下的古物」，他列舉了十類及其功用。他說：

一曰殷周間禮器：漢許慎《說文・敘》言「郡國往往於山川間得鼎彝」，是當時學者中，已有重視之者，而搜集研究，曾無聞焉，至宋代始啟端緒，尋亦中絕。至清中葉以後而極盛。據諸家所記有文字款識之器，宋代著錄者六百四十三，清代著錄者二千六百三十五，而內府所藏尚不與焉。此類之器，除所鐫文字足補史闕者甚多，當於次條別論外，吾儕觀其數量之多，可以想見當時社會崇尚此物之程度；觀其種類之異，可以想見當時他種器物之配置；觀其質相之純固，可以想見當時鑄冶術之精良；觀其花紋之複雜優美，圖案之新奇淵雅，可以想見當時審美觀念之發達。凡此皆大有造於史學者也。

二曰兵器：最古者如殷周時之琱戈矢鏃等，最近者如漢、晉間弩機等。

三曰度量衡器：如秦權、秦量、漢建初尺、新莽始建國尺、晉前尺、漢量、漢鍾、漢鈁、漢斛等，制度之沿革可考焉。

四曰符璽：上自秦虎符，下迄唐、宋魚符，又秦漢間璽印封泥之屬，出土者千數，於研究當時兵制官制，多所補助。

五曰鏡屬：自秦、漢至元、明，比其年代，觀其款識，可以尋美術思想發展之跡。

六曰貨幣：上遡周末列國，下迄晚清，條貫而絜校之，蓋與各時代之經濟狀況息息相關也。

此六者皆銅器之屬，此外銅製雜器存者尚多，不備舉。

七曰玉石：古玉鐫文字者少，故難考其年代。然漢以前物傳至今者確不乏，以難毀故也。吾儕研究古玉，亦可以起種種聯想：例如觀其雕紋之美，可知其攻玉之必有利器；觀其流行之盛，可推見古代與產玉區域交通之密：此皆足資史料者也。至石刻研究，則久已成專門之學。自岐陽石鼓，李斯刻石，以迄近代，聚其搨片，可汗百牛。其文字內容之足裨史料者幾何，下條論之，茲不先贅。至如觀所刻儒佛兩教所刻之石經，可以想見古人氣力之雄偉，且可比較兩教在社會上所憑藉焉。又如觀漢代各種石刻畫象，循溯而下，以至魏齊造像，唐昭陵石馬，宋靈巖羅漢，明碧雲刻桷，清圓明雕柱等，比較研究，不啻一部美術變遷史矣。又如橋柱、井闌、石闕、地莂等類，或可以睹異製，或可以窺殊俗，無一非史家取材之資也。

八曰陶瓷：吾國以製瓷擅天下，外人至以吾國名名斯物。今存器孔多，派別尤眾，治者別有專家，不復具論。陶器比來出土愈富，間有碎片，範以極奇古之文字，流傳當出三代上。綜此兩物，以觀其遞嬗趨良之蹟，亦我民族藝術的活動之一表徵也。

九曰瓦甎：我族以宅居大平原之故，石材缺乏，則以人造之甎瓦為建築主要品，故斯物發達最早，且呈種種之進步。今之瓦當甎甋，殆成考古一專科矣。

十曰地層中之石器：茲事在中國舊骨董家，曾未留意，晚近地質學漸昌，始稍有從事者。他日研究進步，則有史以前之生活狀態，可以推見也。

梁氏所列舉的非圖書文獻，要比王國維所舉者多出甚多。王氏所列舉的，都限於刻有文字的文物；梁氏則不限於有文字的文物，只要是有助於考史的，都是梁氏所重視的非圖書文獻。

胡適在民國十二年（一九二三）發表的〈國學季刊發刊詞〉❶中說：

> 清朝學者好古的風氣不限於古書一項，風氣所被，遂使古物的發現、記載、收藏，都成了時髦的嗜好，鼎彝、泉幣、碑版、壁畫、雕塑、古陶器之類，雖缺乏系統的整理，材料確是不少了。最近三十年來，甲骨文字的發現，竟使殷商一代的歷史有了地底下的證據，並且給文字學，添了無數的最古資料。最近遼陽、河南等處石器時代的文化的發現，也是一件極重要的事。

可見胡適除了重視刻有文字的文物外，也很重視壁畫、雕塑、古陶器等資料。今綜合各家的說法，列舉甲骨文、金器、石刻三項加以論述。

第三節　甲骨文

❶ 見《胡適文存》，第二集，頁三。

「甲骨文」，就是殷商時代刻在龜甲或獸骨上面的文字。這些文字，是用來卜斷吉凶的。龜甲，通常用的是腹甲，偶爾用背甲。獸骨，通常用的是肩胛骨，偶爾用肢骨或獸角。刻字的經過是：先在靠內臟一面的龜甲，鑿橢圓形的小孔。這些小孔，並不穿透，還差薄薄的一層。然後用一枝燃著的樹枝，在孔邊燒灼。這樣，沒穿孔的那面腹甲，就會出現直紋和橫紋。商代的人就根據這些裂紋，占斷吉凶。然後，把卜問的事情和結果，就刻在龜甲上面。用牛骨或其他獸骨卜問的情形，大致和龜甲差不多。這些刻在龜甲和獸骨上面的文字，就稱做「甲骨文」。

甲骨文雖是三千多年前的文字，但是一直到清光緒二十五年（一八九九）才被發現。發現的經過，也很有傳奇性。

在河南省安陽縣西北的小屯村，田地裡常有龜甲和獸骨出現，農人在耕地的時候，頗為這些雜物所苦，常把它們撿拾在一堆。後來有人把這些甲骨磨成粉，用以止血，叫做「刀尖藥」。

山東省福山縣有一位著名的翰林，名字叫做王懿榮，他那時做北京國子監的祭酒。清光緒二十五年（一八九九），他生了瘧疾，派人往北京前門外菜市口的達仁堂裡買藥。那時，老殘劉鶚遊京師，正好寄住在王懿榮家。家人把藥品買回後，劉鶚發現在甲骨上刻著文字，拿給王氏看。王氏本來就是研究鐘鼎文的，對甲骨上的文字，雖然認不得幾個字，但，他已斷定那是古代的文字應無問題。於是他就託專為端方搜購古物的古董商人范維卿到甲骨的產地，高價搜購。大約不到一年的工夫，他已收買了一千二百多片。收買的價格，據說高達每字一兩銀子。王氏共花了三千兩銀子買甲骨。王氏雖然蒐購了不少甲骨文字，可是很不幸的死在光緒二十七年（一九〇一）的義和團之亂。王氏死了以後，他的收藏，都歸劉鷚。

甲骨文出土後，研究者日多。甲骨文在文字學、經學、史學等方面的研究，都產生很大的作用。

一、在文字學方面的貢獻

以前一般人研究文字，多數以許慎的《說文解字》為主，不過，《說文解字》是以李斯所定的小篆為主。甲骨文要比小篆早很多。小篆的字形結構和字義，從甲骨文經過鐘鼎文的演變，已經和原始的字形結構和意義，大為不同。茲舉幾個例子：

㈠行。這個字，小篆作「」，很像人行走時擺動雙腿的樣子。所以《說文解字》就解釋為「人之步趨也」。不過，這個字在甲骨文寫作「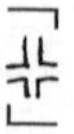」，在鐘鼎文寫作「」，都是像道路的樣子。所以現在看先秦的文獻，「行」字不少是「道路」的意思。例如《詩經》裡的「嗟我懷人，寘彼周行。」（〈卷耳〉）；「佻佻公子，行彼周行。」（〈大東〉）；「厭浥行露，豈不夙夜，謂行多露。」（〈行露〉）。又如《呂氏春秋．下賢篇》的「桃李之垂於行者，莫之援也。」這些「行」字，都是「道路」的意思。所以「行」的本義是「道路」，「人之步趨也」，是由於小篆改變了字的形體後的誤認而產生的意義。

㈡長。這個字，小篆寫作「」，許慎把它的結構說成「从兀从匕，亡聲。」「兀」有高遠的意思，「匕」就是「化」的本字，有久遠的意思，因此許慎解釋為「久遠也」。不過，這個字，在甲骨文寫作「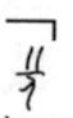」或「」，在鐘鼎文寫作「」，都是像草木生長發芽和土中生根的情形。因此，「生長」是「長」字的本義；「久遠」，則是許慎誤解其結構而產生的意義。

㈢為。這個字，小篆寫作「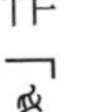」，《說文解字》放在「爪」部，許慎解釋說：「母猴也。其為禽好爪，下腹為母猴形。王育曰：『爪，象形也。』」母猴，就是沐猴，也稱獼猴。可是我們檢閱所有的古籍，沒有把「為」字解釋為「母猴」的情形，這就對許慎的說法是否正確，不得不加懷疑。在甲骨文裡，「為」字寫作「」，金文則寫作「」，都像一個人牽著一頭象的樣子。古代在中國的南方有很多象，人們常常驅使牠們工作。一個人牽著大象工作，就是有所作為，直到今天，「為」的意義仍然是行為、作為的意思，保留了「為」字的本義。《說文解字》「母猴」的說解，顯然是受到小篆改變字形的結構而產生的誤解。

㈣牡。這個字，小篆寫作「」，《說文解字》說：「畜父也，从牛，土聲。」在許慎的認知裡，右邊的聲符是個「土」字。但是「土」字和「牡」字，既非雙聲，也非疊韻，顯然，「土聲」是有問題的。段玉裁發現了這個問題，所以段氏注解說：「按土聲，求之疊韻、雙聲皆非是，蓋當是从土，取土為水牡之意。或曰土當作士，士者夫也，之韻、尤韻合音最近。从士，則為會意兼形聲。」段氏的說解分為兩個部分：前半段，他認為是「从牛，从土。」是個會意字。後半段，他認為「土」當作「士」，「士」字就是男子，同時，「士」字在「之」韻，「牡」字在「尤」韻，兩韻音近可以相通，所以，段氏認為這個「牡」字應該解釋為「从牛，从士，士亦聲。」是個會意兼聲字。段氏的說法，以後半段為正確，可是他沒有明確的證據。甲骨文裡，「牡」字的寫法很多：「」、「」、「」。左邊是「牛」，右邊就是「士」。在甲骨文裡，「十」寫作「丨」，孔子曰：「推十合一為士。」則「丄」就是「士」。可見在甲骨文裡，「牡」字是「从牛从士」的。可以為段氏的說法，提供證據。所以，「牡」字正確的說解有二：如果解釋為「从

牛，士聲。」則是形聲兼會意字；如果解釋為「从牛，从士，士亦聲。」則是會意兼聲字。許慎之所以錯誤，是由於小篆的錯誤所致。

㈤若。這個字，小篆寫作「」，《說文解字》說：「擇菜也，从艸右，右，手也。一日杜若，香草。」試檢先秦典籍，並沒有把「若」解釋為「擇菜」或「香草」的。《尚書・堯典》：「乃命羲、和，欽若昊天。」司馬遷在《史記・五帝本紀》裡，把「欽若昊天」，改為「敬順昊天」，可見在漢代，「若」的意義是「順」。在甲骨文裡，「若」字寫作「」，像一個人跪坐在地上，雙手整理頭髮，使頭髮順的樣子。也有人認為是像俘虜跪地舉手表示降順的樣子。不論是整理頭髮或舉手投降，都有「順」的意思。許慎說解之所以錯誤，顯然是受到小篆錯誤的字形結構的影響。

㈥昔。這個字，小篆寫作「」，《說文解字》說：「乾肉也，从殘肉，日以晞之。」可是我們檢索古今文獻，從來沒有把「昔」字解釋為「乾肉」的，直至今天，「昔」字都是「往日」的意思。在甲骨文裡，「昔」字寫作「」、「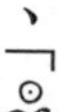」、「」，「」、「」像水波，「⊙」是太陽，這個字正像洪水滔天的樣子。揚雄《法言・問道篇》說：「洪荒之世，聖人惠之。」這個字，正像遠古時，洪水滔天，禾稼蕩然的現象。由於事在遠古，所以「昔」字用來比況往日也。

㈦得。這個字，在小篆寫作「」，《說文解字》說：「得，行有所得也，从彳，㝵聲。」這個字，有個重文：「㝵，古文省彳。」《說文解字》說：「㝵，取也，从見寸。寸，度之，亦手也。」段氏《注》說：「按彳部㝵為古文得，此為小篆，義不同者，古今字之說也。在古文則同得，在小篆則訓取也。」在甲骨文裡，這個字寫作「」，像用手拾取貝殼的樣子。中國古代主要在黃河流域發展，貝類很少，自

然珍貴。拾取貝殼，得義自明。許慎把「㝵」字解釋為「从見寸」，是受到小篆改變字形的影響。甲骨文的字形，則很明顯的看得出是貝殼的形狀。

從以上所列舉的七個字，甲骨文可以提供最早的字形結構，改正由於小篆字形的改變或錯誤而產生的誤解。

二、在經學方面的貢獻

儒家的經書，頗載上古之事，但是，由於時代久遠，傳述、記載難免失實，甲骨文的記載，每每可以補正這些錯誤。董作賓在《甲骨學六十年》中說：

> 我國典籍浩瀚，時間久遠，解釋乖誤，傳聞失實，所在多是。惟世相傳，代相因，或習焉不察，或積非成是，雖後學轉精，訓詁校讎，祛妄置疑，然終未達一間。自山川效靈，天賜神物，殷虛甲骨出土，使吾人得據此接近原始字形之古文字，循文字形體之變遷，聲音之變化，來訓詁典籍，正解經傳，此匪特後學轉精，甚且超越前修也。

文中所謂「訓詁典籍，正解經傳」，正是指出甲骨文在經學方面的價值。

茲舉二例說明。

㈠關於《尚書》中〈高宗肜日〉的作者及肜祭問題。按：〈高宗肜日〉是《尚書》中〈商書〉的一篇。高宗，就是殷高宗武丁。

〈書序〉說：「高宗祭成湯，有飛雉升鼎耳而雊。祖己訓諸王，作〈高宗肜日〉、〈高宗之訓〉。」《史記．殷本紀》也說：「帝武丁祭成湯，明日，有飛雉登鼎耳而呴。」又說：「帝武丁崩，子帝祖庚立，祖己嘉武丁之以祥雉為德，立其廟為高宗，遂作〈高宗肜日〉及〈訓〉。」〈書序〉和《史記．殷本紀》都以為〈高宗肜日〉為武丁祭成湯，也都認為本篇是祖己所作。至於成書時代，〈書序〉以為作於武丁之世，《史記．殷本紀》則認為作於祖庚之時。王國維根據甲骨文肜日之祭的記載，凡是肜日上的人名，皆為被祭的祖先，因而撰成〈高宗肜日說〉一文，以為：1.〈高宗肜日〉，乃祖庚祭高宗。2.本篇當作於武乙之後。3.祖己即孝己。屈萬里先生在《尚書集釋》裡，則更進一步說：「(王國維)第1點之說蓋是，而宋金履祥《書經注》(卷六)已先言之。武丁之稱高宗，甲骨文中未見；此稱最早亦不前於殷代晚年。本篇既稱高宗，又稱祖己，知其必為後人追述之作。以文辭之淺易覘之，本篇作成時代，似當在戰國之世。而祖己、孝己，《漢書．(古今)人表》，以為二人，故《殷曆譜》從班氏說。且孝己為祖庚之兄，祖庚立時，孝己已歿；以此言之，亦可知祖己非孝己也。」

此外，肜祭之義，屈先生也據甲骨文中的資料，訂正《爾雅》之說。考《爾雅．釋天》：「繹，又祭也。周曰繹，商曰肜，夏曰復胙。」郭璞於「繹，又祭也」下注曰：「祭之明日，尋繹復祭。」因此歷來認為肜為祭之明日又祭之稱。屈先生曰：「按：甲骨文中記肜祭之事甚多。肜字作彡、彡彡等形。凡當日祭先祖者，謂之肜日；先一日祭者，謂之肜夕；後一日祭者，謂之肜龠。以此證之，《爾雅》之說，實未盡合。吳其昌《殷虛書契解詁》，董作賓先生《殷曆譜》，皆謂肜為伐鼓而祭。然否，尚待論定。」

(二)關於《尚書．無逸篇》中，殷王中宗為誰的問題。《尚書．無逸篇》云：「周公曰：『嗚呼！我聞曰，昔在殷王中宗，嚴恭寅畏，天命自度，治民祗懼，不敢荒寧。』」此所稱中宗，《史記‧殷本紀》以為太戊；《詩經‧商頌‧烈祖‧序》：「烈祖，祀中宗也。」鄭玄《箋》云：「中宗，殷王大戊，湯之玄孫也。有桑穀之異，懼而脩德，殷道復興，故表顯之，號為中宗。」此後歷代經師皆承其說。王國維根據戩壽堂所藏甲骨文字，有斷片曰：「中宗祖乙，牛吉。」又據《太平御覽》（卷八十三）引《竹書紀年》曰：「祖乙滕即位，是為中宗。」王氏乃證明中宗乃祖乙，而非太戊。說見王氏所著〈殷卜辭中所見先公先王續考〉一文❷。屈萬里先生云：「王氏著此文後，甲骨文出土愈多，『中宗祖乙』之文數見，證知王氏之說，至確不可易。」❸

三、在史學方面之貢獻

中國歷史，尤其是上古史，很多是依據傳說寫成的，其中不可盡信的史事，為數不少。甲骨文上的記載，正可以改正古史的一些錯誤。容庚說：

> 吾人治殷商歷史，只取材於〈商書〉七篇及《史記‧殷本紀》、〈三代世表〉。雖諸子書中，不無記殷商之事，然迷離惝恍，近於神話，固不足徵。今甲骨文字之發現，于都邑、帝王及其制度、卜法，皆可據此推求。❹

❷ 見《觀堂集林》。

❸ 見《尚書集釋‧無逸》註五。

今舉二例說明。

㈠關於殷王世系的考訂。根據《史記．殷本紀》，殷王朝的世系是：契——昭明——相土——昌若——曹圉——冥——振——微——報丁——報乙——報丙——主壬——主癸——天乙。王國維在〈殷卜辭中所見先公先王考〉及〈續考〉中，根據卜辭，認為卜辭中的土就是相土，季就是冥，上甲就是微，大乙與唐就是天乙、成湯。又根據卜辭所列的世次，將〈殷本紀〉中「上甲（微）——報丁——報乙——報丙」的次序，更正為「上甲——報乙——報丙——報丁」。

㈡關於古代外族的考證。在甲骨文中，記載著殷代王朝征伐的事情，從這些記載，可以考見當時外族的情形。王國維曾根據卜辭，並參考《易》〈既濟〉、〈未濟〉二卦的爻辭、《詩經．大雅．蕩》、《竹書紀年》及銅器上的銘文，撰成〈鬼方昆夷玁狁考〉一文。他說：

> 我國古時有一彊梁之外族。其族，西自汧、隴，環中國而北，東及太行、常山間。中間或分或合，時入侵暴中國。……是以中國之稱之也，隨世異名，因地殊號，至於後世，或且以醜名加之。其見於商周間者，曰鬼方，曰混夷，曰獯鬻，其在宗周之季則曰玁狁，入春秋後則始謂之戎，繼號曰狄。戰國以降，又稱之曰胡，曰匈奴。綜上諸稱觀之，則曰戎曰狄者，皆中國人所加之名；曰鬼方，曰混夷，曰獯鬻，曰玁狁，曰胡，曰匈奴者，乃其本名；而鬼方之方，昆夷之夷，亦為中國所附加。

❹ 說見〈甲骨文字的發現及其考釋〉，北京大學《國學季刊》，第一卷四號。

第四節 金 器

金，又稱吉金，如王孫遺者鐘曰：「擇其吉金。」邾公華鐘曰：「擇厥吉金。」陳侯因資敦曰：「諸侯寅薦吉金。」僕兒編鐘曰：「得吉金鎛鋁。」吉，一方面有吉祥之意，一方面也有堅固之意。

金器的種類繁夥，其分類各家多不同，今綜合各家所著錄，可分為五類：

一、樂器：有鐘、鎛、鐸、鐃、句鑃、鼓、錞、磬等。

二、禮器：有簠、卣、觶、鍴、罍、彝、尊、豆、敦、簋、爵、斝、匜、觥、角、盉、鼎、鬲、甗、盤、壺、觚等。

三、兵器：有戈、戟、句兵、戵、矛、劍、刺、匕首、劍格、刀、削、斧、矢鏃、矢括、弩機、戣、槍、距末、刀珌等。

四、度量衡器：有權、尺、斛、勺、合、鍾、鈁、升、衡、斗等。

五、雜器：有銅漏、盂、洗、碗、香爐、梧、兵符、銅環、熨斗、博局、車飾、農器、烙馬印、鐵券、文字笵等。

金器雖代有發現，但是，將各種金器有系統的加以整理、著錄及考證者，則始於宋代。王國維曾綜採宋代與金器有關的專門著作十一種，撰為《宋代金文著錄表》❺。王氏所採錄的十一種著作為：

一、《集古錄跋尾》十卷　宋歐陽修撰。二、《考古圖》十卷　宋呂大臨撰。三、《宣和博古圖》三十

❺ 詳見《王觀堂先生全集》，第十冊。

卷　宋王黼等撰。四、《金石錄》三十卷　宋趙明誠撰。五、《東觀餘論》二卷　宋黃伯思撰。六、《廣川書跋》一卷　宋董逌撰。七、《嘯堂集古錄》二卷　宋王俅撰。八、《鐘鼎款識法帖》二十卷　宋薛尚功撰。九、《續考古圖》五卷　宋不著撰人。十、《紹興內府古器評》二卷　宋張掄撰。十一、《復齋鐘鼎款識》一卷　宋王厚之撰。

這十一種著作，大致可歸納為三類：圖象類、款識類、考錄類。像呂大臨《考古圖》、王黼等《宣和博古圖》、不著撰人《續考古圖》等書，屬於圖象類。像王俅《嘯堂集古錄》、薛尚功《鐘鼎款識法帖》、王厚之《復齋鐘鼎款識》等書，屬於款識類。像歐陽修《集古錄跋尾》、趙明誠《金石錄》、黃伯思《東觀餘論》、董逌《廣川書跋》、張掄《紹興內府古器評》等書，或著錄古器物，或考辨其款識、體制，屬於考錄類。王國維《宋代金文著錄表・序》，對於宋人在金器方面考訂工作的情形及成就，有很簡要的說明。他說：

> 古器之出，蓋無代而蔑有。隋、唐以前，其出於郡國山川者，雖頗見於史，然以識之者少，而記之者復不詳，故其文之略存於今者，唯美陽與仲山甫二鼎而已。趙宋以後，古器愈出，祕閣太常，既多藏器，士大夫如劉原父（敞）、歐陽永叔（脩）輩，亦復蒐羅古器，徵求墨本；復得楊南仲輩，為之考釋，古文之學，勃焉中興。伯時（李公麟）、與叔（呂大臨），復圖而釋之。政（和）、宣（和）之間，流風益煽，《籀史》所載著錄金文之書，至三十餘家，而南渡後諸家之書尚不盡與焉，可謂盛矣。今就諸書之存者觀之，約分三類：與叔之圖，宣和之錄，既圖其形，復摹其款，此一類也；

《嘯堂集錄》、薛氏《法帖》，但以錄文為主，不圖原器之形，此二類也；歐（歐陽修）、趙（趙明誠）金石之錄，才甫（張掄）古器之評，長睿（黃伯思）東觀之論，彥遠（董逌）廣川之跋，雖無關圖譜，而頗存名目，此三類也。國朝乾、嘉以後，古文之學頗盛，輒鄙薄宋人之書，以為不屑道。竊謂《考古》、《博古》二圖，摹寫形制，考訂名物，其用力頗鉅，所得亦多，乃至出土之地，藏器之家，苟有所知，無不畢記，後世著錄家，當奉為準則。至於考釋文字，宋人亦有鑿空之功，國朝阮（元）、吳（大澂）諸家，不能出其範圍。若其穿鑿紕繆，誠若有可議者，要亦國朝諸老之所不能免也。

可知宋人在金器方面的研究，影響於後世的有三方面：一是奠定研究金器的三個方向：摹繪圖形、摹寫款識及著錄考證。二是為著錄金器的方法奠定規範：著錄器名、出土之地、藏器者及銘文。三是考釋文字。

元、明兩代，金器之研究衰微，到了清代，由於承平日久，考古之風又盛，於是金器方面之研究，在宋人研究方法的基礎上，各家所著錄的器物，則遠邁宋代。及至近代，由於受到西方考古方法的影響，出土文物日多，考證的方法也日益精密。同時，由於西方攝影術的傳入，器物的形狀、花紋及款識等，更能存真。清初至近世，根據《殷周青銅器通論》，摹繪圖象的，有下列諸書：

一、《西清古鑑》四十卷　清梁詩正等編。二、《西清續鑑甲編》二十卷《西清續鑑乙編》二十卷　清王杰等編。三、《十六長樂堂古器款識考》四卷　清錢坫撰。四、《懷米山房吉金圖》一卷　清曹載奎輯。五、《長安獲古編》二卷 清劉喜海輯。六、《兩罍軒彝器圖釋》十二卷 清吳雲撰。七、《攀古樓彝器款識》二冊 清潘祖蔭撰。八、《恆軒所見所藏吉金錄》二冊 清吳大澂撰。九、《陶齋吉金錄》八卷《續錄》二卷附《補遺》 清端方撰。十、《雙王璽齋金石圖錄》一卷 鄒安撰。十一、《夢郼草堂吉金圖》一卷《續編》一卷 羅振玉輯。十二、《夢坡室獲古叢編》十二卷 周慶雲（夢坡）藏器 鄒壽祺編。十三、《寶蘊樓彝器圖錄》二冊 容庚撰。十四、《新鄭古器圖錄》二卷 關百益撰。十五、《澂秋館吉金圖》二冊 陳承裘藏器 孫壯編。十六、《頌齋吉金圖錄》一冊《續錄》二冊 容庚撰。十七、《武英殿彝器圖錄》二冊 容庚撰。十八、《雙劍誃吉金圖錄》二卷 于省吾撰。十九、《善齋吉金錄》二十八冊 劉體智輯。二十、《海外吉金圖錄》三冊 容庚撰。二十一、《十二家吉金圖錄》二冊 商承祚撰。**按：**十二家者：于省吾、方煥經、方若、王辰、周進、孫壯、孫政、張瑋、張允中、黃濬、商承祚、葉恭綽。二十二、《貞松堂吉金圖》三卷 羅振玉輯。二十三、《鄴中片羽》初集二冊，二集二冊，三集二冊 黃濬輯。二十四、《善齋彝器圖錄》三冊 容庚撰。二十五、《尊古齋所見吉金圖》四卷 黃濬輯。二十六、《西清彝器拾遺》一冊 容庚撰。二十七、《凝盦藏金》一冊《續集》一冊 李泰棻撰。二十八、《雙劍誃古器物圖錄》二卷 于省吾撰。二十九、《巖窟吉金圖錄》二冊 梁上椿撰。

款識類的著作，有下列數種：

一、《積古齋鐘鼎彝器款識》十卷 清阮元編錄。二、《筠清館金文》五卷 清吳榮光撰。三、《從古堂款識學》十六卷 清徐同柏釋文 徐士燕橅錄。四、《攈古錄金文》三卷九冊 清吳式芬撰。五、《綴遺齋彝器款識考釋》三十卷 清方濬益撰。六、《愙齋集古錄》二十六冊《釋文賸稿》二卷 清吳大澂撰。

七、《奇觚室吉金文述》二十卷　清劉心源撰。八、《周金文存》六卷附《補遺》　鄒安輯。九、《貞松堂集古遺文》十六卷《補遺》三卷《續編》三卷　羅振玉撰集　羅福頤橅。十、《小校經閣金文拓本》十八卷　劉體智輯。十一、《三代吉金文存》二十卷　羅振玉輯。十二、《積微居金文說》　楊樹達撰。

通考類的著作，有下列數種：

一、《殷周青銅器銘文研究》　郭沫若撰。二、《金文叢考》四卷《金文餘釋之餘》一卷　郭沫若撰。三、《兩周金文辭大系圖錄考釋》八冊　郭沫若撰。四、《商周彝器通考》二冊　容庚撰。

宋代、清代及近世如此繁夥的金文著作，在學術上產生什麼作用呢？梁啟超在《中國歷史研究法・說史料》一節〈文字記錄的史料〉一項中說：

金文之研究，以商、周彝器為主。吾前已曾言其美術方面之價值矣，今更從文字款識上有所論列。金文證史之功，過於石刻，蓋以年代愈遠，史料愈湮，片鱗殘甲，罔不可寶也。例如周宣王伐玁狁之役，實我民族上古時代對外一大事，其跡僅見《詩經》，而簡略不可理；及小盂鼎、虢季子白盤、不嬰敦、梁伯戈諸器出世，經學者悉心考釋，然後茲役之年月、戰線、戰略、兵數，皆歷歷可推。（原注：今人王國維有〈鬼方昆夷玁狁考〉及〈不嬰敦蓋銘考釋〉兩篇，考證茲役，甚多新解。）又如西周時民間債權交易準折之狀況，及民事案件之裁判，古書中一無可考，自曶鼎出，推釋之即略見其概（原注：清劉心源《奇觚室吉金文述》，釋「曶鼎」文最好）。餘如克鼎、大盂鼎、毛公鼎等，字數抵一篇《尚書》，典章制度之藉以傳者蓋多矣。又如秦〈詛楚文〉，於當時宗教信仰情狀、兩國交惡始末，皆有關係，雖原器已佚，而摹本猶為瓌寶也（原注：〈詛楚文〉摹本見《絳帖》、《古文苑》有釋文）。若衡以吾所謂抽象的史料者，則吾曾將金文中之古國名，試一蒐集，竟得九十餘國，其國在春秋時已亡者，蓋什而八九矣。若將此法應用於各方面，其所得必當不乏也。至如文字變遷之跡，賴此大明，而眾所共知，無勞喋述矣。

今再就金文在考訂古籍方面的作用，舉數例言之：

一、訂正古書的錯誤

《顏氏家訓・書證篇》云：「《史記・始皇本紀》：『二十八年，丞相隗林、丞相王綰等，議於海上。』諸本皆作山林之林。開皇二年五月，長安民掘得秦時鐵稱權，旁有銅塗，鐫銘二所，其一所曰：『廿六年，皇帝盡幷兼天下諸侯，黔首大安，立號為皇帝，乃詔丞相狀、綰，法度量鼎（音則），不壹歉疑者，皆明壹之。』凡四十字。其一所曰：『元年，制詔丞相斯去疾，灋度量盡，始皇帝為之。皆□刻辭焉。今襲號而刻辭不稱始皇帝，其於久遠也，如後嗣為之者，不稱成功盛德，刻此詔左，使毋疑。』凡五十八字，一字磨滅，見存五十七字，了了分明，其書兼為古隸，余被敕寫讀之，與內史令李德林對見。此稱權今在官庫，其丞相狀字，乃為狀貌之狀，片旁作犬，則知俗作隗林，非也，當為隗狀爾。」

二、參證經義

《禮記・祭統》云：「夫鼎有銘，銘者，自名也，自名以稱揚其先祖之美，而明著之後世者也。為先祖者，莫不有美焉，莫不有惡焉，銘之義稱美而不稱惡，此孝子孝孫之心也，唯賢者能之。……故衛孔悝之鼎銘曰：『六月丁亥，公假于大廟，公曰叔舅，乃祖莊叔，左右成公，成公乃命莊叔隨難于漢陽，即宮于宗周，奔走無射。啟右獻公，獻公乃命成叔，纂乃祖服。乃考文叔，與舊耆欲，作率慶士，躬恤衛國，其勤公家，夙夜不解，民咸曰休哉。公曰叔舅，予女銘，若纂乃考服。悝拜稽首曰：對揚以辟之，勤大命施于烝彝鼎。』此衛孔悝之鼎銘也。」

按：此引銘以證經文「銘者，自名也，自名以稱揚其先祖之美」之義。

三、可為訓詁之資

《詩經・鄭風・羔裘》一詩，是歌頌大夫之賢能，優於政事，不涉危亂之事的詩。全詩三章，每章四句。首章云：「羔裘如濡，洵直且侯。彼其之子，舍命不渝。」其中「舍命不渝」一句，《毛傳》云：「渝，變也。」鄭《箋》云：「舍猶處也；之子，是子也。是子處命不變，謂守死善道，見危授命之等。」清代道光末年，在陝西岐山縣挖掘到毛公鼎，銘文多達四百九十七字，其中「叀命」「舍命」之詞數見，例如銘文曰：「自今出入，叀命于外，厥非先告父厝，父厝舍命，毋又敢悉叀命于外。」王國維在〈毛公鼎銘考釋〉及〈與友人論詩書中成語書〉二文中，認為「舍命」與「叀命」、「布命」同義，都是傳達命令的意思。屈萬里先生在《詩經釋義》一書裡，就採用了王國維的說法。這是用金文改正舊時訓詁的一例。

四、可為考史之資

以散氏盤為例。散氏盤，又稱矢人盤。高二〇・六公分，口徑三四・六公分。附耳。腹飾夔紋，足飾饕餮紋。腹內銘文十九行，三五七字。這篇銘文是記載矢人撲伐散邑，因而劃分疆界及盟誓的事。如《戰國策・趙策》所謂「三分趙國壤地，著之盤盂。」一類的事情。這篇銘文，前半段敘兩國疆界所經之道，立表以為標識；中敘兩國官員履勘之事；末敘兩國誓辭及繪圖釁器。銘文的性質，類似後世的協約、合同。透過這篇銘文，可以考見西周時代散國和矢國打仗議和的經過，可以補史書的不足。

五、在文學上的價值

清代龔自珍《商周彝器文錄・序》說：

三代以上，無文章之士，而有群史之官。群史之官之職，以文字刻之宗彝，大氐為有土之孝孫，使祝嘏告孝慈之言，文章亦莫大乎是，是又宜為文章家祖。

近人黃公渚《周秦金石文選・緒言》說：

古文之精嚴雅潔者，莫如金石文字。而周秦金石諸作，上接典、謨、雅、頌之緒，下導兩漢碑刻之先，尤為崇閎雋偉之鉅製。……大氐金石文字，皆有法度，其文大半出太史手筆，故立言皆有

> 史法。文之有史法者，乃可以傳千秋，《史》、《漢》之所以號稱卓絕者，有史法故也。況周秦金石諸作，尤在其上乎。後之學文者，不當於此中求之乎？……金石文字，既為太史氏所作，然則讀金石文字者，不啻為太史氏親炙弟子，不猶愈於讀《史》、《漢》乎？

此編所錄銘文有〈非非盤銘〉、〈五鳳盤銘〉、〈熹平盤銘〉、〈元壽鏡銘〉、〈千秋萬歲鏡銘〉、〈尚方仙人鏡銘〉、〈新莽量銘〉等。

第五節　石　刻

刻石之風，流行於秦、漢之世，而極盛於東漢。漢末群雄並起，天下紛亂，魏武帝以天下凋敝，禁止立碑，刻石之禁，至南朝而不改。到了隋唐，刻石之風又盛，事無大小，多刻石以記之。石刻的內容繁富。清代龔自珍《說刻石》，談到古代刻石之事有九。他說：

> 帝王有巡狩則紀，因頌功德，一也；有畋獵游幸則紀，因頌功德，二也；有大討伐則紀，主於言勞，三也；有大憲令則紀，主於言禁，四也；有大約劑大詛則紀，主於言信，五也；所戰、所守、所輸糧、所瞭敵則紀，主於言要害，六也；決大川、濬大澤、築大防則紀，主於形方，七也；大治城郭宮室則紀，主於考工，八也；遭經籍潰喪、學術歧出則刻石，主於考文，九也。九者，國之大政也，史之大支也。或紀於金，或紀於石。石在天地之間，壽非金匹也。其材巨形豐，其徙也難，則壽侔於金者有之，古人所以舍金而刻石也與？

石刻的種類也很多，常見的有：

一、碑

碑之名始於周代，起初是為致用而設，不是作為刻辭之用。碑最早的功用有三：

㈠為了繫牲口。《禮記・祭義》云：「祭之日，君牽牲，穆答君，卿大夫序從。既入廟門，麗于碑。」鄭玄《注》云：「麗，猶繫也。」孔穎達《疏》云：「君牽牲入廟門，繫著中庭碑也。」

㈡為了識日影。《儀禮・聘禮》：「飪一牢，鼎九，設于西階前，陪鼎當內廉，東面北上，上當碑南陳。牛、羊、豕、魚、腊、腸、胃同鼎，膚、鮮魚、鮮腊設扃鼏……。」鄭玄《注》云：「宮必有碑，所以識日景，引陰陽也。凡碑引物者，宗廟則麗牲焉，以取毛血。其材宮廟以石，窆用木。」唐賈公彥《疏》云：「言所以識日景者，《周禮・匠人》云『為規識日出之景，與日入之景』者，自是正東西、南北。此識日景，唯可觀碑景邪正，以知日之早晚也。」

㈢用以下棺。《禮記・檀弓》下云：「季康子之母死，公輸若方小，斂，般請以機封，將從之。公肩假曰：『不可！夫魯有初，公室視豐碑，三家視桓楹。般，爾以人之母嘗巧，則豈不得以？其母以嘗巧者乎？則病者乎？噫！』弗果從。」鄭玄《注》云：「言視者時僭天子也。豐碑，斲大木為之，形如石碑，於槨前後四角樹之，穿中，於間為鹿盧，下棺以縴繞。天子六縴四碑，前後各重鹿盧也。」唐孔穎達《疏》云：「凡言視者，不正相當比擬之辭也，故〈王制〉云：『天子之三公視公侯，卿視伯，大夫視子男』是也，故云言視僭天子也。云斲大木為之，形如石碑者，以禮廟庭有碑，故〈祭義〉云：『牲人麗于碑。』《儀禮》每云『當碑揖』。此云豐碑，故知斲大木為碑也。云於椁前後四角樹之者，謂椁前後及兩旁樹之，角落相望，故云四角。非謂正當椁四角也。云穿中於間為鹿盧，所謂穿鑿去碑中之木，令使空，於此空間著鹿盧。鹿盧兩頭各入碑木。云下棺以綍繞者，綍即紼也。以紼之一頭繫棺緘，以一頭繞鹿盧，既訖，而人各背碑負紼末頭聽鼓聲以漸，卻行而下之。云天子六綍四碑者，案《周禮》大喪屬其六引，故知天子六綍也。〈喪大記〉云『君四綍二碑』，諸侯既二碑，故知天子四也。云前後各重鹿盧也者，以六綍四碑，明有一碑兩紼者，故知一碑上下重著鹿盧，知唯前後碑重鹿盧者。以棺之入椁，南北豎長，前後用力深也。案《春秋》天子有隧以羨道下棺，所以用碑者。凡天子之葬，掘地以為方壙，《漢書》謂之方中，又方中之內先累椁於其方中。南畔為羨道，以蜃車載柩至壙，說而載以龍輴，從羨道而入，至方中乃屬紼於棺之緘，從上而下棺入於椁之中，於此之時用碑綍也。」孔氏將用碑下棺的過程，說得極為仔細。

上述三種用途的碑，都是不刻文辭的。宋人所著錄刻有文辭的碑，部分稱係三代之碑。例如所謂「岣嶁碑」、「盧氏摩厓」，相傳為夏禹之跡；所謂「紅厓刻石」，相傳為殷高宗所刻；所謂「錦山摩厓」，相傳為箕子所書；所謂「壇山刻石」，相傳為周穆王所刻。其實，「岣嶁碑」雖見於唐、宋人記載，實屬傳聞之辭，今所傳「岣嶁碑」，實出明人模刻，明郭昌宗已辨其附會。「盧氏摩厓」，只有一字，清劉師陸釋作「洛」，但經考證，乃石紋交錯之狀，並非字跡。「紅厓刻石」，俗稱「諸葛誓苗碑」，清鄒漢勳釋為殷高宗伐鬼方刻石，莫友芝則辨為三危禹跡，眾說紛歧，難有定論。「錦山摩厓」葉昌熾謂於古無徵，實出附會。「壇山刻石」，宋歐陽修據《穆天子傳》及《圖經》，定為穆王登贊皇時所刻，但是趙明誠已疑之。可見所謂三代之碑，多為後人所偽刻。

碑上刻辭，為漢代以後之事。最初的碑文，就是刻在用以下棺的石碑。子孫多在下棺的石碑上刻上述先人之德或先人的事跡，其後相習成風，以至今日，各種墓園中的碑，已專用以刻辭之用，不再為下棺之用。葉昌熾《語石》云：「凡刻石之文皆謂之碑，當自漢以後始。」

至於碑上刻辭的內容，《語石．立碑總例》，云立碑之例，厥有四端：

一曰述德：崇聖、嘉賢、表忠、旌孝。

二曰銘功：述聖、記功、中興，以逮邊庭諸將之記功。

三曰記事：自廟學營繕，以逮二聖之功是也。

四曰纂言：官私文書，古今格論，自朝廷渙號，以逮詞人之作。

二、碣

《說文解字》云：「碣，特立之石。」《後漢書．竇憲傳》：「封神丘兮建隆嵑。」唐李賢《注》云：「方者謂之碑，員者謂之碣。嵑亦碣也，協韻，音其例反。」可知碣與碑為一物，只是形狀不同。

三、墓　誌

「墓誌」，又稱「墓碣」，唐代或稱「墓記」，宋、元時多稱「埋銘」或「壙誌」。

墓誌的主要用意，在於記載死者的事跡，埋於墓穴中，以防將來墓碑遭破壞，仍可識別。清龔自珍

〈說碑〉云：「仁人孝子，於幽宮則刻石而薶之，是又碑之別也。」至於墓誌起於何時，尚無確說。清代王昶《金石萃編》云：「《西京雜記》稱前漢杜子春臨終，作文刻石，埋於墓前。此實誌銘之始，今皆不傳。」

墓誌之制，由兩塊方形平坦的石板疊置，上石篆蓋，下石鐫銘。石板長寬各約二至三尺。

四、石經

所謂「石經」，就是將儒家經書鐫刻於石板。

刻石經之事，始於東漢的蔡邕（伯喈）。《後漢書・蔡邕列傳》說：「（靈帝）建寧三年（一七〇），辟司徒橋玄府，玄甚敬待之。出補河平長。召拜郎中，校書東觀。遷議郎。邕以經籍去聖久遠，文字多謬，俗儒穿鑿，疑誤後學，熹平四年（一七五），乃與五官中郎將堂谿典、光祿大夫楊賜、諫議大夫馬日磾、議郎張馴、韓說、太史令單颺等，奏求正定《六經》文字。靈帝許之，邕乃自書丹於碑，使工鐫刻，立於太學門外。於是後儒晚學，咸取正焉。及碑始立，其觀視及摹寫者，車乘日千餘兩，填塞街陌。」從此，鐫刻石經，成為傳播經籍的重要方法。

今將歷代重要的石經，略述如下：

㈠漢代熹平石經

此石經始刻於東漢靈帝熹平四年（一七五），完成於光和六年（一八三）。石經立石於洛陽太學門外。此石經全用隸書鐫刻，所以又稱「一字（體）石經」或「今字石經」，也有人稱之為「鴻都石經」。其實，太學在洛陽開陽門，與鴻都有一段距離。

熹平石經所刻經數有七，即：《周易》、《尚書》、《魯詩》、《儀禮》、《春秋》、《公羊傳》、《論語》。經石共六十四枚，每石三十五行，行約七十字至七十八字。碑高一丈許，寬四尺。《周易》共二萬四千四百三十七字。《尚書》一萬八千六百五十字，用今文《尚書》。《魯詩》四萬八百四十八字，用《魯詩》，同時兼存《齊詩》、《韓詩》二家異文。《儀禮》五萬七千一百十一字。《春秋》一萬六千五百七十二字。《公羊傳》二萬七千五百八十三字，用嚴氏本，而兼存顏氏異文。《論語》一萬五千七百一十字，用張論，兼存盍、毛、包、周諸本異文。

石經刻成後七年，即漢獻帝初平元年（一九〇），董卓挾帝遷都長安，《後漢書・獻帝本紀》云：「焚洛陽宮廟及人家」。《三國志・王肅傳》注引魚豢《魏略》云：「至黃初元年（二二〇）之後，新主乃復始掃除太學之灰炭，補舊石碑之闕壞。」此所謂「舊石碑」，當指熹平石經。此為熹平石經第一次遭受毀壞。

晉懷帝永嘉五年（三一一），漢劉曜、王彌入洛，《資治通鑑・晉紀》云：「焚宮廟官府皆盡。」《水經注》卷十六〈穀水〉「又東過河南縣北，東南入於洛」句下，《注》云：「漢石經北，有晉辟雝行禮碑，是太始二年（二六六）立。其碑中折，但世代不同，物不停故，石經淪缺，存半毀幾，駕言永久，諒用憮焉。考古有三雝之文，今靈臺太學，並無辟雝處。晉永嘉中，王彌、劉曜入洛，焚毀二學，尚髣髴前基矣。」據此可知石經在此役也必有所損壞。這是石經第二次的毀壞。

《魏書・馮熙傳》云：「……於是除車騎大將軍，開府都督，洛州刺史，侍中太師如故。洛陽雖經破亂，而舊三字石經宛然猶在。至熙與常伯夫相繼為州，廢毀分用，大至頹落。」又檢《魏書・崔光傳》云：「神龜元年（五一八）夏，光表曰：『《詩》稱蔽芾甘棠，勿翦勿伐，召伯所茇。又云：雖無老成人，尚有典刑。傳曰：思其人猶愛其樹，況用其道，不恤其人。……矧迺聖典鴻經，炳勒金石，理為國楷，義成家範，迹實世模，事則人軌，千載之格，言百王之盛烈，而令焚荒汙毀，積榛棘而弗掃，為鼯鼬之所栖宿，童豎之所登踞者哉。誠可為痛心疾首，拊膺扼腕。伏惟皇帝陛下孝敬日休，自天縱睿，垂心初學，儒業方熙，皇太后欽明慈淑，臨制統化，崇道重教，留神翰林，將披雲臺而問禮，拂麟閣以招賢，誠宜遠開闕里，清彼孔堂，而使近在城闉，面接宮廟，舊校為墟，子衿永替，豈所謂建國君民，教學為先，京邑翼翼，四方是則也。尋石經之作，起自炎劉，繼以曹氏，典論初乃三百餘載，計末向二十紀矣。昔來雖屢經戎亂，猶未大崩侵如。聞往者刺史臨州，多構圖寺道俗諸用，稍有發掘，基蹠泥灰，或出於此。……職忝胄教，參掌經訓，不能繕修頹墜，興復生業，倍深慙恥，今求遣國子博士一人堪任幹事者，專主周視，驅禁田牧，制其踐穢料，閱碑牒所失，次第量厥補綴……。』今張」可知馮熙與常伯夫廢毀分用者，是指修建浮圖寺廟，供道俗諸用。這是石經第三次的遭毀。

《魏書・孝靜紀》云：「（武定）四年（五四六）八月，移洛陽漢魏石經于鄴。」鄴，今河南臨漳縣境。《隋書・經籍志・經部・小學類・小敘》云：「後魏之末，齊神武執政，自洛陽徙于鄴都。行至河陽，值岸崩，遂沒于水。其得至鄴者，不盈太半。」這次移徙之舉，是石經第四次的破壞。

《周書・宣帝紀》：「大象元年（五七九）……辛卯，詔徙鄴城石經於洛陽。」據宋代董逌《廣川書跋》云，徙鄴城石經於洛時，為士卒所毀，亦有竊載還鄴者，船壞沉溺，不勝其眾。其後得者，盡破為橋基。

《隋書‧儒林‧劉焯傳》：「（開皇）六年（五八六），運洛陽石經至京師（長安），文字磨滅，莫能知者，奉敕與劉炫等考定。」知石經又一次遷徙。

熹平石經既屢遭毀壞，又經多次遷徙，石經之蹤跡，不復可考。至唐、宋以後，始陸續發掘，後見於世。唐李綽《尚書故實》謂東都（洛陽）創造防秋館，「穿掘多得蔡邕鴻都學所書石經，後洛中人家，往往有之。」宋代張舜民《畫墁錄》（卷一）云：「嘉祐末（八年，一〇六三），得石經二段於洛陽，乃蔡邕隸書《論語》。」宋代黃伯思《東觀餘論》（卷上）云：「此石刻（漢石經）在洛陽，本在洛宮前御史臺中，年久摧散，洛人好事者，時時得之。若騏驥一毛，虬龍片甲。今張燾（龍學）家有十版，最多。張氏壻家有五六版，王晉玉家有小塊。洛中所出者止此，予皆得其拓本。」其他如姚寬《西溪叢語》（卷上）、方勺《泊宅編》（卷二）、董逌《廣川書跋》（卷五）、邵博《聞見後錄》（卷六）等宋人著作，均有石經相關的記載。這些石經，地點大多在洛陽，在長安所發現的，僅《公羊傳》的一段刻石。

宋代所發現的漢石經文字，主要著錄於趙明誠《金石錄》與洪适《隸釋》二書。《金石錄》著錄石經部分共三卷，數千字。《隸釋》（卷十四）著錄之漢石經殘字，計：《尚書》五百四十七字；《魯詩》一百七十三字，又校記等二十餘字；《儀禮》四十五字；《公羊傳》三百七十五字；《論語》九百三十二字。

民國以後，漢石經之出土亦有多次：民國十一年（一九二二）冬，洛陽鄉民朱某，因取瓜蔓合藥，在朱瘩疸村附近，掘地四五尺，得巨碑半截，乃魏正始石經殘石，接著即發掘出熹平石經殘石。十二年

（一九二三），徐森玉、馬衡，訪古洛陽，得殘石數十塊，其中有《周易》殘石。十九年（一九三〇），朱瘩疸村又發現漢石經《周易》殘碑一大段，凡九百七十餘字。賈人將此殘碑截為兩段。上段計四百九十六字，售予萍鄉文素松；下段四百八十字，歸于右任。

近世著錄漢石經殘字的重要著作，有：

《集拓新出漢魏石經殘字》四冊　馬衡撰　一九二八年集拓本。《漢熹平石經殘字集錄》一卷　羅振玉撰　一九二九年影印雙鉤本。《集拓漢魏石經殘字》四冊　吳寶煒撰　一九三〇年集拓本。《漢熹平周易石經殘碑錄》一卷　文素松撰　一九三〇年影印本。《漢熹平石經殘字集錄補遺》一卷　羅振玉撰　一九三一年影印雙鉤本。《漢石經碑圖》一冊　張國淦撰　一九三一年排印本。《漢魏石經殘字附校錄》三卷　屈萬里先生撰　一九三四年山東省立圖書館集拓本。《漢石經集存》二冊　馬衡撰　一九五七年影印本。《漢石經周易殘字集證》三卷　屈萬里先生撰　一九六一年影印本。《漢石經尚書殘字集證》三卷　屈萬里先生撰　一九六三年臺北中央研究院歷史語言研究所影印本。

又按：今臺北國家圖書館藏有《舊雨樓藏漢石經》不分卷，四冊，墨拓本。此書係民國三十五年（一九四六），國立中央圖書館奉教育部令接收偽政府內政部長陳群的「澤存書庫」時所得，共四冊。不著撰人。在第四冊之末，貼了一張白紙，鈐有二印：其一是「方若之印」，白文方印；一是「劬園是寶」，朱文方印。全書是把漢石經殘字的拓片，每行剪成一條，截長補短，裝訂成冊。每半葉六行，間有五行的。每行十字。所收遍及七經，各經字數如下：

《易》約三二〇〇字。《書》約一一〇〇字。《詩》約二八〇〇字。《儀禮》約一二〇〇字。《春秋》約一七〇〇字。《公羊傳》約一二〇〇字。《論語》約一二〇〇字。全書共約一萬二千多字。

漢石經出土後，宋代洪适著錄於《隸釋》者，僅二千一百多字；清代胡宗愈重刻於成都者，約四千二百餘字。舊雨樓所藏者，多達一萬二千餘字，自然引起學術界的重視。屈萬里（翼鵬）先生於一九六七年發表〈舊雨樓藏漢石經殘字辨偽〉一文❻，從「字體不合」、「尚書的碑數不合」、「殘石部位不合」、「錯改的經文」等四種偽跡，證明為方若（藥雨）所偽刻。以「字體不合」一項來說，根據洪适《隸釋》（卷十四）的記載，當時參與正定諸經的，有蔡邕、堂谿典、楊賜、馬日磾、張訓、韓說、單颺等人；《公羊傳》、《論語》碑石之後，還存有堂谿、日磾二人姓名，其他殘餘的石經，另有趙瑊、劉弘、張文、蘇陵、傅楨、左立、孫表等人；在《論語》的殘石上，有「劉寬碑陰」、「王曜題名」。因此，洪适說：「竊意其間必有同時揮毫者」。偽刻石經者，可能受到《漢書・蔡邕傳》「邕乃自書丹於碑，使工鐫刻。」及《隋書・經籍志》說熹平石經「皆蔡邕所書」的影響，一萬二千餘字，都是同一字體。羅振玉《熹平石經殘字集錄・序》也說：「宋人謂諸經書法不同，非出邕一人之手。今目驗諸經殘字，果筆迹各異。」就以字跡不符事實一點，即可證明舊雨樓石經之偽。

㈡魏代正始石經

❻ 此篇原載《書目季刊》二卷一期，民國五十六年（一九六七）九月，頁五三—五七。後收在《屈萬里全集・屈萬里先生文存》第一冊，民國七十三年（一九八四），臺北聯經出版事業公司印行，頁二二五—二三五。

此石經刻於魏廢帝正始（二四〇—二四八）年間，立石於洛陽城南開陽門外太學講堂前。所刻者僅三經，為《尚書》、《春秋》、《左氏傳》。其中《左傳》，僅至魯莊公中葉。石數三十五枚，每一字刻有古文、篆書、隸書三種字體，所以又稱「三字石經」。每字或排成「品」字式，上列古文，篆隸二體則並列於下；或三字直下式，依次為古文、篆書、隸書。「品」字式者，每石約二十五、六行，行七十四字；三字直下式者，每石三十四行或三十二行，行六十字。《尚書》一萬八千六百五十字；《春秋》一萬六千五百七十二字；《左傳》九千三百三十九字。書石者多人，字體不一，或云衛覬，或云邯鄲淳，或云嵇康，今無可考。

正始石經在晉永嘉年間，已多崩敗。北魏馮熙、常伯夫相繼為洛州刺史，對石經廢毀分用。東魏武定四年（五四六），自洛陽徙鄴（今河南臨漳縣境），遇黃河北岸崩塌，石經多沒入水中。北周大象元年（五七九），自鄴徙洛陽，石經多遭毀壞，部分因船壞沒入河中，部分改做橋基。隋開皇六年（五八六），又自洛陽徙長安，廢為柱礎。經過如此多次毀壞，存者甚少。

唐代以後，正始石經，陸續發掘整理。先是，唐貞觀初，魏徵收集石經，得三字石經十數段，放在九成宮祕書監內，到了武后時，移置於著作院。清代光緒年間，在洛陽也發現了部分三字石經。民國十一年（一九二二），洛陽城東的農民耕地時，也發掘出部分正始石經。

著錄正始石經的著作，主要有：

《隸續》，宋洪适撰，著錄八百十九字，謂之《左傳》遺字。

《魏三體石經殘字考》，清孫星衍撰。

《魏石經考》，清王國維撰。

《漢魏石經殘字》二卷校錄一卷，屈萬里先生撰，一九三四年山東省立圖書館出版。

㈢唐開成石經

唐代石經始刊於唐文宗太和七年（八三三），成於開成二年（八三七），稱為「開成石經」。以立石於長安，又稱「雍石經」。

《新唐書．鄭覃傳》：「始覃以經籍刊繆，博士陋淺不能正，建言願與鉅學鴻生，共力讐刊，準漢舊事，鐫石太學，示萬世法。詔可。」乃立石於長安務本坊國子監太學講論堂西廊，每石高六尺五寸，橫廣二尺四寸六分至二尺三寸八分不等。

所刻經數為十二種，另刻唐張參撰《五經文字》（三卷）與唐唐玄度撰《九經字樣》（一卷）二種。諸經僅刻正文，標題次行書某某注，知即其所據之本。今將各種刻石說明如下：

《周易》：上下經用王弼注本，〈繫辭〉、〈說卦〉用韓康伯注本。九卷，九石，二萬四千四百二十七字。《尚書》：用孔傳本。十三卷，十石，二萬七千一百三十四字。《毛詩》：用鄭箋本。二十卷，十五石，四萬八百四十八字。《周禮》：用鄭注本。十二卷，十八石，四萬九千五百十六字。《儀禮》：用鄭注本。十七卷，二十石，五萬七千一百十一字。《禮記》，用鄭注本。首為〈月令〉篇，用李林甫等奉敕注本。二十卷，三十三石，九萬八千九百九十四字。《春秋左氏傳》，用杜氏集解本。三十卷，六十九石，十九萬八千九百四十五字。《公羊傳》，用何休解詁本。十一卷，十七石，四萬四千七百四十八字。《穀梁傳》，用范寧集解本。十二卷，十六石，四萬二千八十五字。《孝經》，用唐玄宗注本。一卷，一石，二千零十三字。《論語》，用何晏集解本。十卷，七石，一萬六千五百九字。《爾雅》，用郭璞注本。三卷，四石，一萬七百九十一字。《九經字樣》，九經者，《易》、《書》、《詩》、《三禮》、《三傳》。一卷，一石，四百二十二字。《五經文字》，三卷，八石，三千二百三十五字。

最後一石，詳記諸經字數，並題年月、書石校勘等人銜名及敕狀。每石行數不等，行八列，每列九字至十一字。書石者為艾居晦、段絳。字體為真書（即楷書）。

唐石經自立石後，經七十年，到唐末哀帝天祐（九〇四—九〇七）中，韓建築新城，將石經棄之於野。朱梁時，劉鄩守長安，依幕吏尹玉羽的請求，將石經用車運送到城內，放置於唐代時尚書省的西隅。當地地雜民居，地勢低下，每逢大雨，石經就會仆倒，歲久折缺不少。到了宋哲宗元祐二年（一〇八七），呂大忠命黎持徙置府學北牖。由於多經遷徙毀損，其字有漫漶者，唐文宗太和（八二七—八三五）時，已有改刻；唐僖宗乾符（八七四—八七九）時，有修改；朱梁時（九〇七—九二三），有補刻；北宋時，有旁改添注；明嘉靖三十四年（一五五五）地震，石經倒損；萬曆間，王堯典等按舊文集其闕字，別刻小石，立於其旁，繆誤甚多。後世裝潢者往往以王堯典的補字湊合於原文闕泐之處，因此頗有錯誤。清代顧炎武所校即據此誤裝之本，故多不合。嚴可均《唐石經校文》最為精審。

唐石經是唐代以前所立石經中，至今保存最為完整者。相關的著作，有：

《唐石經校文》十卷　清嚴可均撰　清元尚居校刊本。《唐石經考異》二冊　清錢大昕撰　涵芳樓景刊本。《唐開成石經圖考》一卷　清魏錫曾撰　鶼香簃精刊本。《唐石經考異》二冊　清毛際盛撰　稿本。《唐石經考異補》一卷　清孫毓修撰　涵芬樓刊本。《唐宋石經考》一卷　清萬斯同

撰 世楷堂刊本。

唐代以後，又多次刊立石經：

五代後蜀（孟昶）廣政七年（九四四），其相毋昭裔所立。經數為《周易》、《尚書》、《毛詩》、《周禮》、《儀禮》、《禮記》、《春秋左傳》、《論語》、《孝經》、《爾雅》十經。

北宋仁宗慶曆元年（一〇四一），在國子監刊立石經，嘉祐六年（一〇六一）完成，經數為《周易》、《詩》、《書》、《周禮》、《禮記》、《春秋》、《孝經》、《論語》、《孟子》等九經。

南宋高宗紹興十三年（一一四三），從左僕射秦檜之請，刻石經於杭州。經數為《周易》、《尚書》、《毛詩》、《春秋左傳》、《論語》、《孟子》等六經。

清代乾隆五十六年（一七九一）刻石經立於太學。其經數為《周易》、《尚書》、《毛詩》、《周禮》、《儀禮》、《禮記》、《春秋左傳》、《春秋公羊傳》、《春秋穀梁傳》、《論語》、《孝經》、《爾雅》、《孟子》等十三經。

以上四種孟蜀以後的石經，除清石經完好外，其餘泰半毀損不完。不過，五代以後，版刻逐漸流行，圖書之流傳，不再依賴石經傳布，因此，這些石經的重要性，遠不若唐以前的石經。

石刻資料，在考訂古籍方面的作用，主要有下列數項：

一、可訂正圖書傳本的錯誤

茲舉二例：

一是關於鄭玄的生平行事。《後漢書・鄭玄傳》中，載有〈戒子書〉，云：

吾家舊貧，不為父母群弟所容。去廝役之吏，游學周、秦之都，往來幽、并、兗、豫之域。獲覲乎在位通人，處逸大儒，得意者咸從捧手，有所受焉。

這是鄭玄給兒子益恩的一封信。根據袁宏《後漢紀》卷二十九說：「鄭玄造次顛沛，非禮勿動。」可見鄭玄是個懂得講究倫理的人。但是，如果根據他給兒子的信，他卻是個不見容於父母群弟的人，和《後漢書》的說法不符。

清乾隆六十年（一七九五），山東學政阮元到鄭玄故鄉拜謁祠墓，在積沙中發現金承安五年（一二〇〇）重刻唐萬歲通天（六九六）史承節所撰碑文。阮元以碑文校《後漢書・鄭玄傳》，頗多異文，「不為父母昆弟所容」一句，碑文無「不」字。《揅經室二集》卷七〈金承安重刻唐萬歲通天史承節撰後漢大司農鄭公碑跋〉云：

漢高密鄭司農祠墓，在濰水旁礪阜山下，承祀式微，不能捍采樵者。濰水乘風內侵，其深及牆，祠宇頹沒。元率官士修之。祠南門外積沙深遠，遂改門東向。植松楊行栗於西南，以殺風勢。修齊正殿，改書木主，增建旁屋三楹，為官吏祭宿地。建坊書「通德門」，以復孔文舉之舊。祠外田盧號鄭公莊者三，散據高密、安邱、昌邑三縣地，鄭氏苗裔百數十人居之，務農少文，而譜系世守猶可考。擇其裔孫憲書，請於禮部劄為奉祀生，給田盧，使耕且讀。是役也，掘沙之工，半於土木。趙商漢碑，見于著錄，今求之不得。得金承安重刻唐萬歲通天史承節所撰碑，搨其文讀之，知承節之文，乃兼取謝承諸史，非蔚宗一家之學。其補正范書，昭雪古賢心迹，非淺也。碑高六尺三寸，廣三尺四寸，文廿九行正書，承節以萬歲通天元年，奉敕於河南道訪察至高密，因父老之請為文，文成，未書碑而卒。開元十三年八月，密州刺史鄭杳，始命參軍劉朏刻石于墓。唐所刻石，今無存，賴金承安五年三月所重刻知之。據《金石錄》云，承節碑乃雙思貞行書，今金碑改為正書，削唐人書碑舊名，然其文則皆因唐舊，無所竄改。元以范書鄭康成《列傳》校之。《傳》「先始通京氏《易》」，碑無「先」字；《傳》「東郡張恭祖」，碑作「欽祖」；《傳》「徵為大司農」，及與袁紹之會數事，碑皆次於與子益恩書前；《傳》「故太山太守應中遠」，碑作「太山守」；《傳》「所注《周易》、《尚書》、《毛詩》、《儀禮》、《禮記》、《論語》、《孝經》」，碑多《周官》，無《論語》；《傳》「答臨孝存」，碑作「孝莊」；《傳》「不為父母群弟所容」，碑無「不」字；《傳》「獲覲乎在位通人，處逸大儒，咸從捧手，有所受焉」，碑省其文，作「大儒得意，有所受焉。」《傳》「乃歸供養」，碑作「乃歸鄉」；《傳》「遇閹尹擅勢，坐黨禁錮」，碑載其事入銘辭中；《傳》「舉賢良方正」，碑作「方正賢良」；《傳》「公車再召」，碑作「再徵」；《傳》「其勖求君子之道」，碑無其字；《傳》「末所憤憤者」，碑作「凡某所憤憤者」；《傳》「亡親墳壟未成」，碑作「吾親」；凡此異同，比而核之，可釋學者積疑，蓋有三焉：司農戒子益恩書，乃歸老疾篤時事，故宜在漢公車徵為大司農，及袁紹邀至冀州諸事後，而范書反載書文於前，使事蹟先後倒置，一也；所注《儀禮》、《周官》、《禮記》，范書無《周官》。案司農《周官注》，完善無缺，世所共學，而范書遺之，二也；為父母群弟所容者，言徒學不能為吏以益生產，為父母群弟所含容，始得去廝役之吏，游學周秦，故〈傳〉曰：「少為鄉嗇夫，得休歸，常詣學官，不樂為吏，父數怒之。」夫父怒之而已，云為所容，此儒者言也，范書因為父怒，而妄加「不」字，與司農本意相反，三也。至於易「恭祖」為「欽祖」者，金避顯宗允恭諱也。「孝存」作「孝莊」者，唐碑本行書，石或剝落，金時不省而誤「存」為「莊」。「莊」為漢諱，未有不避者。其他異同，與范書可互校正，故急表而錄之，以告同志。鄭杏見〈宰相世系表〉；北祖房，官至婺州刺史；劉胐，亦見〈表〉；彭城房，官至汴州刺史。❼

後來，阮元的學生陳鱣，從黃丕烈處得元刊本《後漢書》，元本也沒有「不」字，正可為阮元的說法提供另一佐證。陳鱣《簡莊綴文》卷三〈元本後漢書跋〉云：

> 今歲正月，鱣從武林得元本《漢書》，攜之中吳別業。吾友黃君蕘圃過而見之，云：「家有元本《後漢書》，當以持贈。」越數日，冒雨載書而來，欣然受讀，楮墨精良，實勝《前漢書》遠甚。……今本〈鄭康成傳〉有云：「吾家舊貧，不為父母昆弟所容。」是本無「不」字，俱與唐史承節所撰鄭公碑合。吾師阮撫使《山左金石考》云：「為父母群弟所容，猶言幸為親包覆成就，蓋不欲舉親之失如此。自後校書者，因前不樂為吏，父數怒之，遂疑此書為父母群弟所容不相合，輒妄加『不』字，踵謬至今，是碑遠勝今本《後漢書》。」鱣今得見元本《後漢書》，無「不」字，斯

---

❼ 此文亦見阮元《小滄浪筆談》卷四。

可寶也。

其後，錢泰吉《曝書雜記》卷上即據陳氏跋，云：

鄭公心事，為淺人所誣久矣，得此乃大白。有元刻可證，則亦非范史妄加也。校書之有功於先儒如此。

二是曾鞏墓誌銘的作者問題。曾鞏的墓誌銘，現在載於《四部叢刊》本《元豐類稿》的，不著撰人。《南豐縣志》則這樣說：

贈太師密國公曾致堯墓，七都崇覺寺右，歐陽脩為神道碑文。贈太師魯國公曾易占墓，七都崇覺寺右，陳師道為神道碑文。南豐先生曾鞏墓，敕葬七都崇覺寺右，孫固志銘，韓維撰神道碑文，刻石寺門外。

根據這段記載，則曾鞏的墓誌銘，是孫固寫的。前些年，在江西省南豐縣縣城南郊七公里的源頭村崇覺寺側，挖掘出曾鞏的墓，也發現了他的墓誌銘。墓誌和誌蓋兩石一盒平放。墓誌高一一三公分，寬一一四公分，厚十八公分。墓誌蓋高一一〇公分，寬一一〇公分，厚十八公分。上有「宋中書舍人曾公墓誌銘」十字，篆體陰刻。誌文首為「朝散郎試中書舍人輕車都尉賜紫金魚袋曾公墓志銘並序」，下繫「朝散郎守尚書禮部郎中上騎都尉賜緋魚袋林希撰」，「前承奉郎行太常寺奉禮郎沈遼書」，「宣德郎守太常博士騎都尉賜緋魚袋陳晞篆蓋」。誌文正書計四十三行，滿行五十一字，共約二千七百字。誌文末署「尋陽李仲寧仲憲刊」。

這塊墓誌銘的發現，最少解決了古籍記載的幾個疑難：一是曾鞏的墓誌銘是林希寫的，一則可補《四部叢刊》本《元豐類稿》的不足，一則可糾正《南豐縣志》的錯誤。

為什麼《元豐類稿》上所載墓誌銘不著作者？《南豐縣志》裡為什麼說曾鞏的墓誌銘是孫固寫的，而不照實說林希寫的？這和林希的人格及政治立場有關係。

林希，字子中，號醒老，福州福清人。仁宗嘉祐二年（一〇五七）舉進士。《宋史・林希傳》說：「調涇縣主簿，為館閣校勘、集賢校理。神宗朝同知太常禮院。……及遣使高麗，希聞命，懼形於色，辭行，神宗怒責。……元祐初，歷祕書少監，起居舍人，起居郎，進中書舍人。言者疏其行誼浮偽，士論羞薄不足以玷從列，以集賢殿修撰知蘇州。……會哲宗親政，章惇用事，嘗曰：『元祐初司馬光作相，用蘇軾掌制，所以能鼓動四方，安得斯人而用之。』或曰希可。惇欲使希典書命，逞毒於元祐諸臣，且許以為執政。希亦以久不得志，將甘心焉，遂留行。復為中書舍人。……時方推明紹述，盡黜元祐群臣，希皆密豫其議，自司馬光、呂公著、（呂）大防、劉摯、蘇軾、（蘇）轍等數十人之制，皆希為之，詞極其醜詆，至以老姦擅國之語，陰斥宣仁，讀者無不憤歎。」可見林希是一個膽小、品格卑劣的人。由這樣的人撰寫墓誌銘，曾鞏的後人，一定覺得可恥，因此在《元豐類稿》的墓誌銘作者，遭到刊削；在《南豐縣志》裡，則改為孫固了。

孫固（一〇一六－一〇九〇），字和父，鄭州管城人。九歲讀《論語》，曰：「吾能行此。」擢進士第，調磁州司戶參軍。神宗即位，擢工部郎中、天章閣待制。神宗問王安石可相否？對曰：「安石文行甚高，處侍從獻納之職，可矣。宰相自有其度，安石狷狹少容。必欲求賢相，呂公著、司馬光、韓維，其人也。」凡四問，皆以此對。及安石當國，更法度，固數議事，不合。司馬光退處，固每勸神宗召歸。及光為陳州過鄭，固與論天下大事。元祐五年（一〇九〇）卒，年七十五，諡溫靖。傅堯俞（一〇二四－一〇九一）銘其墓曰：「司馬光之清節，孫公之淳德，蓋所謂不言而信者也。」世以為確論。事跡具《宋史》卷三四一本傳。

曾鞏的墓誌，本來是由與王安石、章惇同黨的林希寫的；但是《元豐類稿》所載墓誌銘的作者遭到刊削，《南豐縣志》更進一步改說是由最為司馬光賞識的孫固撰寫。其間的曲折，是可以做更深入探討的。由於篇幅有限，暫不做進一步的討論。

二、可補史傳的不足

宋代趙明誠《金石錄·序》云：

> 《詩》《書》以後君臣行事之迹，悉載於史，雖是非褒貶，出於秉者之私意，或其失實；然至於善惡大迹，有不可誣，而又傳說既久，理當依據。若夫歲月地理官爵世次，以金石刻考之，其牴牾十常三四。蓋史牒出於後人之手，不能無失；而刻辭當時所立，可信不疑。

清代葉昌熾的《語石》卷六〈碑版有益考訂〉一則也說：

撰書題額結銜，可以考官爵。碑陰姓氏，亦往往書官于上；斗筲之祿，史或不言，則更可以之補闕。郡邑省并，陵谷遷改，參互考求，瞭於目驗。關中碑志，凡書生卒，必云終於某縣某坊某里之私第，或云葬於某縣某鄉某里之原，以證《雍錄》、《長安志》，無不脗合。推之他處，其有資於邑乘者多矣。至於訂史，唐碑之族望，及子孫名位，可補〈宗室宰相世系表〉。建碑之年月，可補〈朔閏表〉。生卒之年月，可補《疑年錄》。北朝造像寺記，可補《魏書・釋老志》。天璽紀功、天發神讖之類，可補〈符瑞志〉。投龍齋醮，五嶽登封，可補〈郊祀志〉。漢之孔廟諸碑，魏之受禪尊號，宋之道君五禮，可補〈禮志〉。唐之令長新誡，宋之慎刑箴戒石銘，可補〈刑法志〉。古人詩集，凡有登覽紀遊之作，注家皆可以題名考之。郡邑流寓，亦可據為實錄。舉一反三，餉遺靡盡。

三、可考證圖書的流傳

這一點，主要是討論石經的價值。

以《易經》為例。今所傳《周易正義》共九卷，其中第七卷至第九卷是〈十翼〉中的〈繫辭〉（上下）、〈說卦〉、〈序卦〉、〈雜卦〉。至於原在〈十翼〉中的〈彖〉（上下）、〈象〉（上下）及〈文言〉，則已和〈經〉混合。這種現象，和漢熹平石經有很大的不同。

根據近世出土的漢石經《周易》，首為上下經，次〈彖〉（上下）、〈象〉（上下）、〈繫辭〉（上下）、〈文言〉、〈說卦〉、〈序卦〉、〈雜卦〉等十篇，經傳分列，不相雜廁。今傳《周易》，將〈彖〉（上下）、〈象〉（上下）分隸在各卦，〈文言〉分隸在〈乾〉、〈坤〉二卦，始於何時？《漢書・儒林傳》說：

費直，字長翁，東萊人也。治《易》為郎，至單父令。長於卦筮，亡章句，徒以〈彖〉、〈象〉、〈系辭〉十篇、〈文言〉解說上下經。……

此外，《三國志》（卷四）〈魏書・高貴鄉公紀〉說：

帝（高貴鄉公）又問（淳于俊）曰：「孔子作〈彖〉、〈象〉，鄭玄作注。……今〈彖〉、〈象〉不與經文相連，而注連之，何也？」俊對曰：「鄭玄合〈彖〉、〈象〉於經者，欲使學者尋省易了也。」

根據這兩段記載，可知將〈彖〉、〈象〉合於經，始於費氏，其後鄭玄承之，到了王弼注解《周易》，則又把〈文言〉合於〈乾〉、〈坤〉二卦。

由於把〈彖〉、〈象〉、〈文言〉合於經文，為了區別經、傳的文字，不得不加「彖曰」、「象曰」、「文言曰」等字，於是今本《周易》較漢石經《周易》多了一千零二十字。

從漢石經的《周易》，很明顯的看出今本《周易》和漢代傳本的異同。

四、在藝術上的價值

陸和九《中國金石學》一書裡，論及刻石在藝術上的價值，云：「金石學為一種特殊學術，而兼括藝術者也，故與其他藝術有特殊之關係。……言建築則有陵闕橋柱，言圖案則有兩漢石畫，言雕型則有六朝造像，舉凡藝術之足以傳世而利用者，幾無一不包含於其中。由是而推論之，貨幣契券，則關係於工商；勒詔符牒，則關係於律令；道興藥方，則關係於醫術；學宮碑記，則關係於教育；揚孟文石門之頌、劉平國白山之記，則關係於交通；高句麗定界之碑、俄羅斯訂約之柱，則關係於外交。其影響所及者甚大，又不僅在藝術已也。」

第四章　文獻的整理

第一節　整理文獻的方法

前人以科學方法整理文獻，當以劉向、劉歆父子開始。所謂科學的方法，是指有具體的方法、合理的步驟。所以談文獻整理，劉氏父子有開啟之功。

向歆父子整理文獻最主要的方法有三：一是校勘，二是分類編目，三是撰寫敘錄。不過，隨著文獻之日益繁富與駁雜，劉氏父子的三個方法，已不足以使所有文獻有系統的流傳，於是更多的方法，如注釋、編集、辨偽、輯佚等方法，應運而生。為了了解前人是如何有效的整理文獻，試將前人整理文獻的方法，歸納臚陳，也可以藉此了解今後該如何在前人的基礎上，發明更有效的方法以整理繁夥的文獻。

一、校　勘

在雕版印刷術發明之前，古籍都以抄寫方式流通。在抄寫的過程中，除了疏忽造成的錯誤外，有時由於文字的異體及假借等原因，都會造成異文的現象，校勘工作因而產生。

《國語・魯語》（下）記載魯大夫對景伯說：「昔正考父校商之名〈頌〉十二篇於周太師，以〈那〉為首。」鄭玄撰《詩譜》亦曾述及此事，鄭玄云：「自從政衰散亡，商之禮樂，七世至戴公，時當宣王。大夫正考父者，校商之名〈頌〉十二篇於周，太師以〈那〉為首，歸以祀其先王。」孔穎達作《正義》，更詳細的討論此事，孔《疏》云：「微子為商之後，得行殷之禮樂，明時〈商頌〉皆在宋矣。於後不具，明是政衰而失之。〈那・序〉云：『微子至於戴公，其間禮樂廢壞。』是散亡商之禮樂也。《史記・宋世家》云：『微子啟卒，弟仲衍立。卒，子宋公稽立。卒，子丁公申立。卒，子湣公共立。卒，弟煬公熙立。湣公子鮒祀殺煬公而自立，是為厲公。卒，子釐公舉立。卒，子惠公覸立。卒，子哀公立。卒，子戴公立。』自微子至戴公，凡十君。除二及餘八君，是微子之後七世至戴公也。〈世家〉又云：『惠公四年，周宣王即位，戴公二十九年，周幽王為犬戎所殺。』考校其年，宣王以戴公十八年崩，是戴公當宣王時也。正考父校商之名〈頌〉十二篇於周之大師，以〈那〉為首，〈魯語〉文也。韋昭云：『名頌，頌之美者。』然則言校者，宋之禮樂雖則亡散，猶有此詩之本。考父恐其舛謬，故就太師校之也。此〈頌〉皆為祀先王而作，故知校之既正，歸以祀其先王也。」從這些文字的記載，孔子的七世祖正考父，曾經校勘過〈商頌〉，這是目前所見文獻中，最早從事校勘的資料。

用校勘方法從事有系統整理文獻的，則是西漢成帝時的劉向。《漢書・藝文志・總序》說：「（成帝）詔光祿大夫劉向校經傳、諸子、詩賦；步兵校尉任宏校兵書；太史令尹咸校數術；侍醫李柱國校方技。每一書已，向輒條其篇目，撮其指意，錄而奏之。」所謂「錄」，就是「書錄」，或稱「敘錄」。「書錄」現存的不多，我們從所留存的部分「書錄」中，可以看出校勘是整理文獻的重要一環。例如〈列子敘錄〉

云：「光祿大夫臣向言：所校中書《列子》五篇，臣向謹與長社尉臣參校讎，太常書三篇，太史書四篇，臣向書六篇，臣參書二篇，內外書凡二十篇，以校。除復重十二篇，定著八篇，中書多，外書少，章亂布在諸篇中，或字誤：以盡為進、以賢為形，如此者眾，及在新書有棧。校讎從中書，已定，皆以殺青。……」這是說明劉向用各種不同的本子從事校勘。「棧」，就是一種勘誤表，把文字的正誤，寫在表格上，作為勘正的根據。又如《晏子敘錄》云：「護左都水使者、光祿大夫臣向言：所校中書《晏子》十一篇，臣向謹與長社尉臣參校讎，太史書五篇，臣向書一篇，參書十三篇，凡中外書三十篇，為八百三十八章。除復重二十二篇六百三十八章，定著八篇二百一十五章。外書無有三十六章，中書無有七十一章，中外皆有以相定。中書以夭為芳，又為備，先為牛，章為長，如此類者多，謹頗略椾。皆已定，以殺青，書可繕寫。……」「椾」字就是《晏子敘錄》中的「棧」字，也作「戔」，都是指勘誤表格。其他現存的敘錄，如《戰國策敘錄》、《管子敘錄》、《孫卿子敘錄》、《韓非子敘錄》、《鄧析子敘錄》、《山海經敘錄》等，都可看到劉向校勘古籍的經過。所以，校勘，是劉向整理文獻的基礎工作。

東漢的鄭玄，他整理文獻的主要方法是注釋，但是，他在注釋五經（《周禮》、《儀禮》、《禮記》、《周易》、《詩經》等）時，仍先行從事校勘，求得正確的文字後，再行注釋。例如《周禮》卷三〈冢宰・小宰〉：「……以官府之八成經邦治：一曰聽政役以比居。……四曰聽稱責以傳別。……」鄭玄注云：「……月終，則令正月要傳別。故書作傳辨。」所謂「故書」，一作「古書」，也就是「舊本」。「舊本」，就是流傳很久而不能定其年代的本子。這是鄭玄用對校的方法校勘《周禮》的一例。又如《儀禮》卷一〈士冠禮〉云：「布席于門中，闑西，閾外，西面。」鄭玄注云：「闑，門橛。閾，閫也。古文『闑』為『槷』，

「閾」為「蹙」。」可見鄭玄注《儀禮》時，先用今文經和古文經互校。關於鄭玄用今古文經互校的情形，孔穎達有很詳細的說明。孔《疏》云：

> 云「古文闑為槷，閾為蹙」者，遭于暴秦燔滅典籍，漢興，求錄遺文之後，有古書、有今文。《漢書》云：『魯人高堂生為漢博士，傳《儀禮》十七篇，是今文也。至武帝之末，魯恭王壞孔子宅，得《古儀禮》五十六篇，其字皆以篆書，是為古文也。』古文十七篇，與高堂生所傳者同，而字多不同，其餘三十九篇絕無師說，祕在於館，鄭注《禮》之時，以今、古二字並之，若從今文，不從古文，即今文在《經》，「闑、閾」之等，是也；於《注》內疊出古文，「槷、蹙」之屬，是也。若從古文，不從今文，則古文在《經》，《注》內疊出今文，即下文「孝友時格」，鄭注云：今文「格」為「嘏」。又〈喪服〉注今文無冠布纓之等，是也。此注不從古文「槷」、「蹙」者，以「槷」、「蹙」非門限之義，故從今不從古也。《儀禮》之內，或從今，或從古，皆逐義彊者從之。若二字俱合義者，則互挽見之，即下文云：「壹揖壹讓升」，注云：古文「壹」皆作「一」；〈公食大夫〉「三牲之肺不離贊者辯取之一以授賓」，注云：古文「一」為「壹」。是大小注，皆疊今、古文，二者俱合義，故兩從之。又鄭疊古、今之文者，皆釋《經》義盡，乃言之。若疊今、古之文說，須別釋餘義者，則在後乃言之，即下文「孝友時格」，注云：今文「格」為「嘏」；又云「凡醮不祝」之類，是也。若然，下記云「章甫殷道」，鄭云：章，明也，殷質，言以表明丈夫也。「甫」，或為「父」，今文為「斧」，事相違，故因疊出今文也。

孔穎達的說明，可讓我們更了解鄭玄校勘《儀禮》的方法。鄭玄注其他的經書，大致都是如此，即先校勘，再行注釋。

唐末、五代，發明了雕版印刷術，到了宋代，多數書籍都以雕版印行。刊本的錯字雖然比抄本少，但是訛誤仍然不免，因此士人每得一書，也相當重視校勘，以免為誤字所欺。宋代朱弁《曲洧舊聞》云：「宋次道（敏求）家藏書，皆校讎三五遍，世之藏書，以次道家為善本。」宋敏求的藏書，想必抄本、刊本兼有，所校勘的，也應包括抄本和刊本。比宋敏求晚一些的王欽臣（字仲至），《宋史》本傳說他「藏書數萬卷，手自讐正，世稱善本。」徐度《卻掃編》云：「予所見藏書之富者，莫如南都王仲至（欽臣）侍郎家，其目至四萬三千卷，而類書之卷帙浩博，如《太平廣記》之類，皆不在其間，雖祕府之盛，無以逾之。聞之其子彥朝云：其先人每得一書，必以廢紙草傳之，又求別本參校，至無差誤，乃繕寫之。必以鄂州蒲圻縣紙為冊，以其緊慢厚薄得中也。每冊不過三、四十葉，恐其厚而易壞也。此本專以借人及子弟觀之。又別寫一本，尤精好，以絹素背之，號鎮庫書，非己不得見也。鎮庫書不能盡有，才五千餘卷。」這段文字，說明王欽臣以校勘整理文獻的情形。

私家藏書如此，公家藏書也是以校勘為整理文獻的第一步。在宋代，國家的藏書主要藏在三館和祕閣。三館為昭文館、史館、集賢院。宋太宗太平興國三年（九七八）建崇文院，稱為三館新修書院，東廡為昭文書庫，南廡為集賢書庫，西廡為史館書庫，其中史館書庫又依經、史、子、集分為四庫，共有六庫。太宗端拱元年（九八八），於崇文院中堂建祕閣，與昭文、集賢、史館合稱四館。宋真宗大中祥符八年（一〇一五），崇文院發生火災，把圖書移置右掖門外，稱為崇文外院。九年（一〇一六）新建崇文院。宋仁宗景祐元年（一〇三四）閏六月，以三館、祕閣所藏，有繆濫不全之書，辛酉，命翰林學士張觀、知制誥李淑、宋祁，將館閣正副本看詳，定其存廢，偽謬重複，並從刪去，內有差漏者，令補寫校對。此後，歷朝都在從事校勘工作，整理文獻。

關於景祐以後校勘圖書的情形，現在還有一些文獻可供了解。其中以校勘《漢書》的資料較為完整。《玉海》卷四十九〈景祐漢書刊誤〉條云：「《國史志》：余靖《漢書刊誤》三十卷。景祐初，靖言《漢書》差舛，詔與王洙盡取祕閣古本對校。踰年乃定著此，議者譏其疏謬。」明凌稚隆《漢書評林》說：「景祐二年（一〇三五），祕書丞余靖上言：『案顏師古〈敘例〉云：班固《漢書》，舊無注解，唯服虔、應劭等各注音義，自名其家。至西晉晉灼，集為一部，凡十四卷，頗以意增益，時辯二學當否，號曰《漢書集注》。永嘉之亂，此書不至江左，有臣瓚者，莫知氏族，考其時代，亦在晉初，又總集諸家音義，稍以己見續廁其末，擠摭前說，多引汲冢竹書，凡二十四卷，分為兩帙，凡稱集解音義，即其書也。蔡謨全取此書散入眾篇，自是以來，始有注本。至唐太宗時，皇太子承乾命顏師古更加刊整，刪繁補略，裁以己說，儒者服其詳博，遂成一家。總先儒注解名姓，可見者三十五人，而爵里年代，史闕載者殆半，考其附著及舊說所承，注釋源流，名爵年次，謹條件以聞，望行刊於本書之末，庶令學者啟卷具知。』」高似孫《史略》卷二〈漢書諸家本〉條，載《景祐刊誤本》，云：「景祐元年（一〇三四），祕書丞余靖上言：國子監所印《兩漢書》，文字舛偽，恐誤後學，臣參括眾本，旁據他書，列而辨之，望行刊正。詔送翰林學士張觀等詳定聞奏。又命國子監直講王洙與靖皆赴崇文院讎對，二年（一〇三五）九月校書畢，凡增七百四十一字，損二百一十二字，改正一千三百三十九字。」可見余靖、王洙等改正了監本不少誤字。而《玉海》引《國史志》說「議者譏其疏謬」，可見校勘之不易。

另外，宋代文獻也有記載當時校勘的方法。宋代沈括《夢溪筆談》卷一記載北宋校書改字的方法，云：「館閣新書淨本有誤書處，以雌黃塗之，嘗校改字之法，刮洗則傷紙，紙貼之又易脫，粉塗則字不沒，塗數遍方能漫滅，唯雌黃一漫則滅，仍久而不脫，古人謂之鉛黃，蓋用之有素矣。」這是談到館閣校勘圖書時，改字的方法。《南宋館閣錄》卷三〈儲藏〉條，則載南宋高宗紹興六年（一一三六）范沖等所定〈校讐式〉，云：

> 諸字有誤者，以雌黃塗訖，別書。或多字，以雌黃圈之；少者，于字側添入。或字側不容注者，即用朱圈，仍于本行上下空紙上標寫。倒置，于兩字間書乙字。諸點語斷處，以側為正。其有人名、地點、物名等合細分者，即于中間細點。

這是當時館閣校書時的「作業手冊」。

到了明清，刊本越來越多，其中又以明刊本為最常見。明代所刻書，錯誤頗多。明楊慎《丹鉛續錄》卷三〈世說誤字〉條談到明人刻《世說新語》所造成的錯誤。楊氏云：

> 古書轉刻轉謬，蓋病于淺者妄改耳。如近日吳中刻《世說》，「右軍清真」，謂清致而真率也。李太白用其語為詩：「右軍本清真」，是其證也，近乃妄改作「清貴」。「兼有諸人之差」，謂各得諸人之參差，近乃妄改作「美」。「聲鳴轉急」，改「鳴」作「氣」。「義學」改作「學義」。皆大失古人

語義。聊舉一二，他不能盡。

顧炎武《日知錄》卷十八〈改書〉條云：

萬曆間人，多好改竄古書，人心之邪，風氣之變，自此而始。且如駱賓王〈為徐敬業討武氏檄〉，本出《舊唐書》，其曰偽臨朝武氏者。敬業起兵，在光宅元年九月，武氏但臨朝而未革命也。近刻古文，改作偽周武氏，不察檄中所云「包藏禍心，睥睨神器」，乃是未篡之時，故有是言（原注：越六年，天授元年九月，始改國號曰周）。其時廢中宗為廬陵王，而立相王為皇帝，故曰「君之愛子，幽之於別宮也」。不知其人，不論其世，而輒改其文，繆種流傳，至今未已。

由於刊本錯字甚多，所以明清以來，不論是私家藏書或官府藏書，也都重視校勘。清代乾隆間的藏書家孫從添（一六九二－一七六七），藏書逾萬卷。他所著《藏書紀要》，分為八目：一曰購書；二曰鑒別；三曰鈔錄；四曰校讎；五曰裝訂；六曰編目；七曰收藏；八曰曝書。其中「校讎」一項，談到校書的過程和方法，相當有趣，也可供參考。他說：

古人每校一書，先須細心紬繹，自始至終，改正錯誤，校讐三、四次，乃為盡善。至於宋刻本，校正字句雖少，而改字不可遽改書上。元版亦然。須將改正字句，寫在白紙條上，薄漿浮簽，貼本行上，以其書之貴重也。

凡校正新書，將校正過善本，對臨可也。倘古人有誤處，有未改處，亦當改正。若明版坊本、新鈔本，錯誤遺漏最多，須覓宋元版、舊鈔本、校正過底本或收藏家祕本，細細讎勘，反復校過，連行款俱要照式改正，方為善本。若古人有弗可考究、無從改正者，今人亦當多方請教博學君子，善於講究古帖之士。又須尋覓舊碑版文字，訪求藏書家祕本，自能改正。

然校書須數人相好，聚於一處，講究討論，尋繹舊文，方可有成。否則終有不到之處。所以書籍不論鈔刻好歹，凡有校過之書，皆為至寶。至於字畫之誤，必要請教明於字學聲韻者，辨別字畫音釋，方能無誤。

古用雌黃校書，因古時皆用黃紙寫，裝成卷軸，故名黃卷，其色相同，塗抹無痕跡也。後人俱用白紙鈔刻，又當用白色塗抹。今之改字，用淡色青田石磨細和膠，做成錠子，磨塗紙上，改字最妙。用鉛粉終要變黑，最不可用。

若大部書籍，延請多人分校，呈於總裁，計日乃成。若校正刊刻，非博雅君子有力而好古者不能也。書籍上版，必要名手校正，方可刊刻。不然，枉費刻資，草率刻成，不但遺誤後人，反為有識所笑。

孫氏這段話，說明他對藏書的整理，把校勘列為其中要務。

清末藏書家葉德輝（一八六四－一九二七），藏書甚富，多宋元善本。他所著《藏書十約》，分為十個子目：一是購置；二是鑒別；三是裝潢；四是陳列；五是鈔補；六是傳錄；七是校勘；八是題跋；九是收藏；十是印記。其中關於校勘，葉氏說：

書不校勘，不如不讀。校勘之功，厥善有八：習靜養心，除煩斷慾，獨居無俚，萬慮俱消，一善也。有功古人，津逮後學，奇文獨賞，疑竇忽開，二善也。日日翻檢，不生潮霉，蠹魚蛀蟲，應手拂去，三善也。校成一書，傳之後世，我之名字，附驥以行，四善也。中年善忘，恆苦搜索，一經手校，可閱數年，五善也。典制名物，記問日增，類事撰文，俯拾即是，六善也。長夏破睡，嚴冬禦寒，廢寢忘餐，難境易過，七善也。校書日多，源流益習，出門採訪，如馬識途，八善也。

葉氏這一段話，雖然強調校勘對修身養心、增加知識的益處，但是，「書不校勘，不如不讀。」一句，也說明了校勘對整理文獻的重要。

清代修《四庫全書》，可以說是文獻學史上的一件大事。乾隆敕修《四庫全書》時，也極重視校勘工作。在「四庫全書館」的組織裡，設有「繕寫處」，在「繕寫處」，設有「總校官」四人，「分校官」一百七十九人。在那麼多人從事校勘的情形下，仍然免不了疏誤，乾隆四十三年（一七七八）五月二十六日上諭，於書中譌舛，深為不滿，諭云：

朕博蒐載籍，特命諸臣纂輯《四庫全書》，弆藏三閣。又擇其尤精者為《薈要》，分貯大內及御園，用昭美備，所以多選謄錄，寬予限期，以期校成善本，嘉惠藝林。昨辦書期屆五年，將校對謄錄諸人，優予議敘，用示勸揚。惟是進呈各書，朕信手抽閱，即有譌舛，其未經指出者，尚不知凡幾。既有校對專員，復有總校、總裁，重重覆勘，一書經數人手眼，不為不詳，何以漫不經意，必待朕之遍覽乎？若朕不加檢閱，將聽其譌誤乎？朕因《四庫全書》應繕寫者，統計十六萬八千冊，卷帙浩繁，既成大事，不妨略其小節，自開館以來，無不曲予加恩，多方鼓舞，所以體恤之者倍至，若此任意疎忽，屢訓不改，長此安窮，是徒以四庫書館開倖進之階，為終南捷徑，又豈可不防微杜漸耶？前定總裁、總校、分校等按次記過，三月查核，交部議處，原不過薄示懲儆，使知愧勵，乃各總裁僅請每部抽看十之一二，以圖卸責。身為大臣，即不宜如此存心，乃既經抽看，而仍聽其魯魚亥豕，累牘連篇，其又何辭以自解飾耶？嗣後務宜痛加猛省，悉心校勘，其於去取謄錄分校之際，更不宜左袒，屢乞恩准，以無負朕稽古右文之意，毋再因循干咎，將此再行嚴飭在館諸臣知之。欽此。

從這一段嚴厲的斥責，可見當時輯編《四庫全書》時，也以校勘為要務。

校勘之學，先秦即有，但是成為一專門學科，則是在清代。在清代，已有專門從事校勘的學者及以校勘為整理文獻方法的專書。清代張之洞所撰《書目答問》附錄〈清代著述諸家姓名總目〉中，「校勘之學家」收有何焯、惠棟、盧見曾、全祖望、沈炳震、沈延芳、謝墉、姚範、盧文弨、錢大昕、錢東垣、彭元瑞、李文藻、周永年、戴震、王念孫、張敦仁、丁杰、趙懷玉、鮑廷博、黃丕烈、孫星衍、秦恩復、阮元、顧廣圻、袁廷檮、吳騫、陳鱣、錢泰吉、曾釗、汪遠孫等三十一人。除了這三十一人，明末清初的顧炎武、乾隆年間的段玉裁、章學誠、阮元等也可以列入。他們大多有校勘的專門著作，例如顧炎武有《九經誤字》（一卷）。何焯所校《兩漢書》、《三國志》最有名，其他所校又有《庚子消夏記校文》（一卷）、《校訂困學紀聞三箋》（二十卷，與閻若璩、全祖望同撰）、《蘇學士文集校語》（一卷）、《中興間氣集校文》(一卷)等。惠棟校勘過《曲洧舊聞》(十卷)、《呂氏春秋》(二十六卷)、《春秋穀梁傳註疏》(二十卷)、《禮記註疏》(六十三卷)、《淮南鴻烈解》(二十一卷)、《論衡》(三十卷)等書,校語都很精密。

盧文弨校書甚多,他把校勘過的經、史、子、集共三十八種,彙為《群書拾補》一書,另外,他又選了一些經過自己精校的書,如《儀禮注疏》、《經典釋文》、《釋名》、《逸周書》、《春秋繁露》、《白虎通》、《新書》、《西京雜記》、《荀子》、《顏氏家訓》、《呂氏春秋》等,於乾隆年間刊於抱經堂;目前所留傳的古籍中,如舊抄本《剡源文集》、舊抄本《爾雅補註》、明鈔本《鬼谷子》等,還可看到他的校語及題記、跋等。錢大昕最重要的校勘專書是《二十二史考異》(一〇〇卷),另外,也校過《困學紀聞》、《皇元聖武親征錄》、《清代樸學孝烈傳》等書。戴東原最重要的校勘工作是從事《水經注》的校勘。世傳《水經注》,多為明刻本,如明嘉靖十三年(一五三四)吳郡黃省曾刊本、明萬曆十三年(一五八五)吳琯刊本、明萬曆四十三年(一六一五)西楚李長庚所刊的《水經注箋》、明崇禎二年(一六二九)武林嚴氏刊本等。這些明刊本,經注往往混淆,誤字尤多。戴氏據《永樂大典》本詳加校訂,計補明刻本所脫漏者二千一百二十八字,刪除妄增者一千四百四十八字,改正後人臆改者三千七百一十五字,使此書得以還其舊觀(詳見《四庫全書總目提要》);除《水經注》外,所校書又有《儀禮集釋》、《大戴禮》、《方言》、《算學十書》等。王念孫的校勘成果,主要都收錄在《讀書雜志》(八十二卷)《餘編》(二卷)中,所校的書包括《逸周書》、《戰國策》、《史記》、《漢書》、《後漢書》、《管子》、《晏子》、《墨子》、《荀子》、《淮南子》、《老子》、《莊子》、《呂氏春秋》、《韓非子》、《法言》、《楚辭》、《昭明文選》等書。此外,不收在《讀書雜志》及《讀書雜志餘編》的,還有《字苑》、《字類》、《聲類》、《韻集》、《韻類》、《切韻》、《小學鉤沉》

等數十種。念孫子引之，亦從事校勘，其校書札記則多收在《經義述聞》一書中。顧廣圻為著名校勘學家，日本學者神田喜一郎在《顧千里年譜》一書中，譽顧氏為「清代校勘第一人」。校有《古列女傳》、《韓非子》、《荀子》、《禮記》、《資治通鑑釋文》、《說文解字》、《履齋示兒編》、《鹽鐵論》、《楚辭》、《昭明文選》等書，他的校記及對校勘的理論，可以從其《思適齋集》、《思適齋集外書跋》二書中看出。阮元最重要的校勘工作，就是《十三經注疏校勘記》。

從上面的敘述，很清楚的說明，歷來學者都把校勘當作整理文獻的基本方法。

二、編輯目錄

戰國、秦、漢之際，戰亂頻仍，典籍蕩然。漢代天下初定，即開始整理圖書文獻。《漢書・高祖本紀》說：

> 天下既定，命蕭何次律令，韓信申軍法，張蒼定章程，叔孫通制禮儀，陸賈造《新語》。又與功臣剖符作誓，丹書鐵契，金匱石室，藏之宗廟，雖日不暇給，規摹弘遠矣。

到了漢武帝，進一步建藏書之策，置寫書之官，下及諸子傳說，悉充祕府。天下圖書，漸漸聚集。到了漢成帝河平三年（前二十六），由於部分圖書散亡，於是詔劉向等典校群書。每校一書，輒條其篇目，論其旨歸，撰為敘錄，放在各書前面。後來又把各篇敘錄另外彙集成一書，稱之為《別錄》。哀帝建平元年（前六）劉向卒，哀帝復使子歆，領校五經，卒其父業。《漢書・藝文志》說：

會向卒，哀帝復使向子侍中奉車都尉歆卒父業，歆於是總群書而奏其《七略》，故有「輯略」，有「六藝略」，有「諸子略」，有「詩賦略」，有「兵書略」，有「術數略」，有「方技略」。《別錄》和《七略》，都是目錄類圖書，可見編輯目錄，也是整理文獻的重要方法。

編輯目錄，在整理文獻過程中的必要性，有下列幾點：

㈠著錄當時文獻，俾後人得知當時所存圖書

多數目錄，不論是官方或私家藏書，都是著錄當時存藏的圖書。以由官方所編輯的目錄來說，像正史中的藝文志或經籍志、劉向的《別錄》、劉歆的《七略》、劉宋王儉的《七志》、晉代荀勗的《中經新簿》、東晉李充的《晉元帝四部書目》、隋代許善心的《七林》、唐代元行沖的《群書四錄》、宋代王堯臣、歐陽脩等所編的《崇文總目》、明代正統年間楊士奇所編《文淵閣書目》、萬曆年間張萱等編的《內閣書目》、清代于敏中、彭元瑞等編的《天祿琳琅書目》、《天祿琳琅書目後編》等，都是當時官方藏書的實錄。例如《宋史．藝文志》是根據宋太祖至宋寧宗四種國史中的〈藝文志〉，刪其重複，再益以寧宗以後的部分圖書而成，而國史中的〈藝文志〉，則是根據當時館閣的實際藏書編製的。《宋史．藝文志》共著錄圖書九千八百十九部，十一萬九千九百七十二卷。據此，可以考知宋代宮中藏書的情形。私人藏書目錄方面，如宋代晁公武的《郡齋讀書志》、陳振孫的《直齋書錄解題》、尤袤的《遂初堂書目》、明代祁承㸁的《澹生堂藏書目》、清代錢謙益的《絳雲樓書目》、阮元的《文選樓藏書記》、徐乾學的《傳是樓書目》、黃丕烈的《蕘圃藏書題識》、張金吾的《愛日精廬藏書志》、瞿鏞的《鐵琴銅劍樓藏書目錄》、丁丙的《善本書室藏書志》、張鈞衡的《適園藏書志》等，一方面可據以知道這些藏書家的藏書數目，也可以看出他們的藏書特色。

㈡分類編目，方便利用，並可免圖書亡佚

編輯目錄的初步工作，即先將圖書分類著錄。這種分類工作，對文獻整理有下列幾種意義：

1. 使文獻免於亡佚

隨著圖書之日益增多，圖書的分類也益趨細密。如果分類不夠周全，致使某類圖書文獻無所歸屬，則此類圖書文獻，必漸漸亡佚。宋代鄭樵在《通志．校讎略》中，於分類在整理文獻過程中，對文獻存亡的關係，有很詳細的說明。鄭氏在〈編次必謹類例論〉中說：

> 學之不專者，為書之不明也。書之不明者，為類例之不分也。有專門之書，則有專門之學；有專門之學，則有世守之能。人守其學，學守其書，書守其類。人有存沒，而學不息；書有變故，而書不亡。以今之書校古之書，百無一存，其故何哉？士卒之亡者，由部伍之法不明也。書籍之亡者，由類例之法不分也。類例分，則百家九流各有條理，雖亡而不能亡也。

這是說明分類關係圖書存亡至鉅。他又在〈編次失書論〉說：

> 書之易亡，亦由校讎之人失職故也。蓋編次之時，失其名帙，名帙既失，書安得不亡也。按《唐志》於〈天文類〉有星書，無日月風雲氣候之書。豈有唐朝而無風雲氣候之書乎？編次之時失之

矣。按《崇文目》有風雲氣候書，無日月之書，豈有宋朝而無日月之書乎？編次之時失之矣。

又說：

射覆一家，於漢有之，世有其書，《唐志》、《崇文目》並無，何也？

又說：

醫方類目，有炮炙一家書，而《唐》、《隋》二志並無，何也？

這些，都在說明一旦目錄中漏失不著錄，圖書即易亡失。

2. 顯示圖書性質，方便學者取資

目錄分類的另一目的，在於顯示圖書的性質，方便學者利用。學有專攻，於汗牛充棟的圖書中，學者如何取得與研究性質有關的圖書，端賴書目的分類。所以歷來編輯書目者，無不重視分類的工作。

一般來說，中國圖書目錄的分類，可分為兩大系統，那就是七分法和四分法。所謂七分法，就是把圖書分為七大類別。採七分法的主要目錄有劉宋王儉的《七志》、梁阮孝緒的《七錄》及隋代許善心的《七林》。這三部書雖都以七部分類，但類目不盡相同。所謂四分法，就是把圖書分為四大類別，像《隋書・經籍志》、《舊唐書・經籍志》、《新唐書・藝文志》、《宋史・藝文志》、《明史・藝文志》、《清史稿・藝文志》、《四庫全書總目》等，它們都把圖書分為經、史、子、集四部，惟每部之下所分的類目不盡相同。

但不論採用何種分類法，不論類目名稱如何，圖書一經分類，其性質立即顯示，學者即可據以取資。例如《漢書・藝文志》有《宋司星子韋》三篇、《公檮生終始》十四篇、《公孫發》二十二篇、《鄒子》四十九篇、《鄒子終始》五十六篇、《乘丘子》五篇、《杜文公》五篇、《南公》三十一篇、《容成子》十四篇、《張蒼》十六篇、《閭丘子》十三篇、《馮促》十三篇、《將鉅子》五篇、《五曹官制》五篇、《周伯》十一篇、《衛侯官》十二篇、《于長天下忠臣》九篇、《公孫渾邪》十五篇等。這些書，若從書名上看，不容易看出其性質，甚至會誤會。例如《五曹官制》，像是記官制的書；《于長天下忠臣》，像是傳記的書。其實都不是。這些書，《漢書・藝文志》都放在「陰陽家」，則皆屬陰陽之書也。《漢書・藝文志》說：「陰陽家者流，蓋出於羲和之官，敬順昊天，曆象日月星辰，敬授民時，此其所長也。及拘者為之，則牽於禁忌，泥於小數，舍人事而任鬼神。」

又如宋代葉紹翁所撰《四朝聞見錄》（五卷）一書，《千頃堂書目》入〈史部〉的〈別史類〉，《四庫全書總目》則入〈子部〉的〈小說家類〉，則可見葉氏的書，固然是可補史書之不足，但也不能不注意其煩碎與體裁上的雜亂。

從文獻的角度說，分類越多，越能統繫所有的文獻；類目越多，越能顯示圖書的性質，方便學者取資。在圖書分類上，能跳脫七分法和四分法限制的，以宋代的鄭樵最著。鄭氏所撰《通志・藝文略》，把文獻分為十二大類：(1)「經類」；(2)「禮類」；(3)「樂類」；(4)「小學類」；(5)「史類」；(6)「諸子類」；(7)「天文類」；(8)「五行類」；(9)「藝術類」；(10)「醫方類」；(11)「類書類」；(12)「文類」。每大類下分若干小類，每一小類下再分若干子目。例如「經類」這一大類下，分「易」、「書」、「詩」、「春秋」、「春秋外傳國語」、「孝經」、「論語」、「爾雅」、「經解」等九小類。在「春秋」這一小類下，又分「經」、「五家傳註」、「三傳義疏」、「傳論」、「序」、「條例」、「圖」、「文辭」、「地理」、「世譜」、「卦繇」、「音」、「讖緯」等十三個子目。這種三段式的分類法，能夠將圖書的性質，很明確的顯示出來。

㈢可提供蒐求佚書的依據

歷代圖書文獻，由於火災、戰亂、黨爭、政治因素等原因，亡佚不少。我們只要檢視歷代史書中的藝文志、經籍志，今存者不及十分之一。亡佚的書，若蒐求得法，仍有再面世的機會。而蒐求遺書最重要的方法，就是以目錄為線索。

利用目錄蒐訪佚書，有兩個方法：

1. 比較前後史志、目錄，以得知佚書：例如《漢書・藝文志》著錄，而《隋書・經籍志》不載者，可能即已亡佚。

2. 利用部分載有佚書的書目，據以蒐訪。最早載錄佚書的史志，是《隋書・經籍志》。《隋書・經籍志・序》說：「今考見存，分為四部，合條為一萬四千四百六十六部，有八萬九千六百六十六卷。」《隋志》所著錄的雖都是當時「現存」的書，但是如果有相關的亡書，則在各書下注明。例如在魏中散大夫嵇康所撰《春秋左氏傳音》(三卷)一書下注云：「梁有服虔、杜預《音》三卷，魏高貴鄉公《春秋左氏傳音》三卷，曹耽《音》、尚書左人郎荀訥等《音》四卷，亡。」又如在劉宋豫章太守謝康樂所撰《要字苑》(一卷)下，注云：「梁有《常用字訓》一卷，殷仲堪撰。《要用字對誤》四卷，梁輕車參軍鄒誕生撰，亡。」這些所載佚亡之書，正可供後人蒐訪的依據。此外，歷代也有一些為亡書所編的目錄，《隋書・

經籍志・簿錄類》著錄《魏闕書目錄》一卷，當是北魏時所編。《宋史・藝文志・目錄類》著錄《唐四庫搜訪圖書目》一卷。《唐會要》（卷三十五）云：「（開元）十一載（七二三）十月，敕祕書檢覈四庫書，與集賢院計會填寫。」這部搜訪闕書的目錄，或是當時所編。宋代由於外族侵入，加上真宗時宮中發生火災，圖書頗有亡失。紹興年間，改定《祕書省四庫闕書目》一卷。這些書目，都是搜訪佚書的線索。

鄭樵《通志・校讎略・闕書備於後世論》說：

> 古之書籍，有不足於前朝，而足於後世者。觀《唐志》所得舊書，盡梁書卷帙，而多於隋，蓋梁書至隋，所失已多，而卷帙不全者又多。唐人按王儉《七志》、阮孝緒《七錄》，搜訪圖書，所以卷帙多於隋，而復有多於梁者。……孰謂前代亡書不可備於後代乎？

這說明編製目錄可以提供搜訪亡佚圖書文獻的依據。

(四)可供後人了解圖書的內容與情狀

目錄的體制主要有三項：一是篇目，二是敘錄，三是小序。有些目錄，僅有篇目，而無敘錄或小序。但是不論何種目錄，書名、卷數、作者等三項，必定具備。綜合起來，目錄除提供篇目、卷數、作者外，還可提供下列資料，俾後人了解圖書的內容與情狀：

1. 作者生平：有敘錄的目錄，如《郡齋讀書志》、《直齋書錄解題》等，於作者之生平，大致都有考述；部分無敘錄的目錄，於作者事跡，亦間有考述。例如《新唐書・藝文志》於劉軻《帝王曆數謌》（一卷）下注云：「字希仁，元和末進士第，洛州刺史。」於崔良佐《三國春秋》一書下注云：「卷亡。良佐，深州安平人，日用從子，居共白鹿山，門人謚曰貞文孝父。」

2.圖書版本：宋代以後的書目，多著錄版本。宋晁公武《郡齋讀書志》中，已有論及版本的資料。南宋尤袤的《遂初堂書目》，著錄版本的資料更多，有成都石經本、祕閣本、舊監本、京本、江西本、吉州本、杭本、舊杭本、嚴州本、越州本、湖北本、川本、川大字本、川小字本、高麗本等。清代以後的書目，著錄版本的現象更為普遍。

3.圖書的真偽：所謂偽書，即書上所題的作者與時代，與真正的作者或時代不符的。誤用偽書，將影響研究成果的真確。部分目錄，記載辨偽資料，足供學者取資。例如《漢書・藝文志》於《文子》（九篇）下注云：「老子弟子，與孔子並時，而稱周平王問，似依託者也。」於《風后》（十三篇）下注云：「《圖》二卷，黃帝臣，依託也。」《神農》（二十篇）下注云：「六國時，諸子疾時怠於農業，道耕農事，託之神農。」宋代的《郡齋讀書志》、《直齋書錄解題》、清代的《四庫全書總目》等目錄，都有很多有價值的辨偽資料。

4.提供後人了解佚書的內容：今存的圖書，可自行研讀，以知其內容。已佚之書，則端賴書目提供資料。例如《漢書・藝文志》著錄《讕言》十篇，此書已佚，班固注云：「不知作者，陳人君法度。」（按：此書今有清馬國翰輯本一卷，題周孔穿撰，收在《玉函山房輯佚書》中，已非真本。）又如《新唐書・藝文志》著錄唐代包諝所撰《河洛春秋》（二卷），此書今已不傳，《新唐書・藝文志》注云：「安祿山、史思明事。」宋鄭樵《通志・藝文略》著錄唐代郭廷誨所撰《妖亂志》三卷，此書今已不傳，鄭樵云：「記高駢鎮廣陵，為妖人呂用之所惑，致生亂，至楊行密。」宋晁公武《郡齋讀書志》卷六〇著錄《三朝政錄》（十卷），此書已佚，晁氏曰：「右皇朝富弼上言，乞選官置局，將三朝典故編成書，即命王洙、余靖、孫甫、歐陽脩編修，分別事類成九十六門。」宋陳振孫《直齋書錄解題》卷五著錄陸游《高宗聖政草》（一卷），此書已不傳，陳氏曰：「陸游在隆興初奉詔修高宗聖政，草創凡例，多出其手，未成而去，私篋不敢留稿，他日追記得此，錄之而書其後，凡二十條。」這些例子，都說明目錄可提供佚書的內容。

㈤可據以了解圖書在流傳過程中的變易

圖書文獻不論是傳抄或刊刻，在流傳過程中，會產生變易。這些變易的現象，包括書名的改易、篇卷的增損、作者的誤題、內容的增刪等，目錄可提供這些改變的情形。例如《宋史・藝文志》著錄宋代寇瑊所撰《奉使錄》一卷，《郡齋讀書志》卷七亦著錄此書，書名則為《生辰國信語錄》（一卷），此書名變易之例。又如《宋史・藝文志》著錄《鴈山行記》一卷，云「不知何人編。」陳振孫《直齋書錄解題》亦著錄此書，云：「永嘉陳謙撰，嘉定己巳（二年，一二〇九）遊山，直至絕頂，得所謂鴈蕩者，前人蓋未之識也，然繼其後者，亦未有聞焉。」這是透過目錄，可知此書當時有兩本，一本不著撰人，一本則著明作者。又如唐代凌準的《邠志》一書，《新唐書・藝文志》作二卷，《通志・藝文略》作一卷，《直齋書錄解題》及《宋史・藝文志》作三卷。這是透過目錄，了解《邠志》唐宋時有三個本子：一卷本、二卷本、三卷本。又如三國時曹植（子建）的集子，《隋書・經籍志》著錄「魏陳思王《曹植集》三十卷」；《舊唐書・經籍志》著錄「《魏陳思王集》二十卷」及「《魏陳思王集》三十卷」兩部；《新唐書・藝文志》著錄「《陳思王集》二十卷」；《宋史・藝文志》著錄「《曹植集》十卷」。可見此書在唐、宋時就有三個不同卷數的本子。而其內容，也有增損。晁公武《郡齋讀書志》云：「……按《魏志》，景初中撰錄植所著賦、頌、詩、銘、雜論凡百餘篇。《隋志》植《集》三十卷。《唐志》植《集》二十卷。今《集》十卷，比隋、唐本有亡逸者，而詩文近二百篇，返溢於本傳所載，不曉其故。」陳振孫《直齋書錄解題》說：「今本二十卷，與《唐志》同。其間亦有采取《御覽》、《書鈔》、《類聚》諸書中所有者，意皆後人附益，然則非當時全書矣。」《四庫全書總目提要》說：「《文獻通考》作十卷，又併非陳氏著錄之舊。此本目錄後有『嘉定六年癸酉』字，猶從宋寧宗時本翻雕，蓋即《通考》所載也。凡賦四十四篇，詩七十四篇，雜文九十二篇，合計之得二百十篇，較《魏志》所稱百餘篇者，其數轉溢。然殘篇斷句，錯出其間。如〈鷂雀〉、〈蝙蝠〉二賦，均採自《藝文類聚》。《藝文類聚》之例，皆標某人某文曰云云，編是集者遂以曰字為正文，連於賦之首句，殊為失考。又〈七哀詩〉晉人採以入樂，增減其詞，以就音律，見《宋書・樂志》中。此不載其本詞，而載其入樂之本，亦為舛謬。〈棄婦篇〉見《玉臺新詠》，亦見《太平御覽》；〈鏡銘〉八字反覆顛倒，皆叶韻成文，實為回文之祖，見《藝文類聚》，皆棄不載。而〈善哉行〉一篇，諸本皆作古辭，乃誤為植作，不知其下所載當『來日大難』，即當此篇也。使此為植作，將自作之而自擬之乎？至於〈王宋妻詩〉，《藝文類聚》作魏文帝，邢凱《坦齋通編》據舊本《玉臺新詠》稱為植作，今本《玉臺新詠》又作王宋自賦之詩。則眾說異同，亦宜附載以備參考，乃竟遺漏，亦為疏略。」這些圖書在流傳過程中所產生的諸種變易，可藉由目錄索知。

㈥可反映每個時代的學術風尚

多數目錄既是著錄當時現存的圖書文獻，學者可從其分類及著錄圖書的性質、多寡，了解每個時代的學術風尚。以類書為例。類書的編輯，起源甚早，三國魏文帝時所編的《皇覽》，可以說是最早的一部類書。但是《隋書・經籍志》並沒有設置類書類，可見在隋代以前，編輯類書並未成為風尚。到了《舊唐書・經籍志》，在子部設置了〈類事類〉，收類書二十二部，七千零八十四卷。可見在唐代，編纂類書成為一種風尚。又如讖緯之書，源出甚早，到了東漢光武帝以圖讖興，其書遂盛行於世。梁阮孝緒的《七錄》，開始設置讖緯一類。《隋書・經籍志》也在〈經部〉設〈讖緯類〉，收書十三部，九十二卷，若通計亡書，合三十二部，共一百三十二卷，都是漢代到南北朝間的著作，可見當時學術的風尚。

由於目錄可以在文獻的流傳過程中，產生如此多的功用，所以編輯目錄，就成為整理文獻的重要方法。

三、注釋

注釋之學，清代以前稱之為「訓詁學」。《說文解字》說：「訓，說教也，从言川聲。」段玉裁《注》說：「說教者，說釋而教之，必順其理引申之，凡順皆曰訓。」「說釋」，今寫作「悅懌」，開解的意思。至於「詁」字，《說文解字》說：「詁，訓故言也，从言古聲。」段玉裁《注》說：「故言者，舊言也，十口所識前言也。訓者說教也，訓故言者，說釋故言以教人，是之謂詁。」從這些說明，可以知道「訓詁」就是說解古代的語言文字。為免讀者誤以這裡所說的注釋，僅限於說解古代字義，因此不用「訓詁」一詞，而用「注釋」一詞。

「注釋」的範圍很廣，不僅限於字形、字音、字義的說解，其他如各種名物、官制、人名、天文、地理、文意、思想等，都是說解的範圍。

注釋的名稱很多，不同的名稱，說解的體例和方法也不同。常見的名稱有：

㈠傳：以傳述為義。例如《春秋左氏傳》，以論述本事，證發經義為旨；《春秋公羊傳》、《春秋穀梁傳》，以闡明經中大義為旨。不過，也有例外，例如《毛詩詁訓傳》，則以說解字義為旨；《韓詩外傳》則以采雜說為旨。

㈡注：以說解字義，使文義明白易知為旨，如鄭玄《周禮注》、《儀禮注》、《禮記注》等。《毛詩注疏》「鄭氏箋」下，孔穎達《疏》云：「注者著也，言為之解說，使其義著明也。」《儀禮注疏》（卷一）「鄭氏注」下，孔穎達《疏》云：「言注者，注義於經下，若水之注物。亦名為著，故鄭〈敘〉云：『凡著《三禮》七十二篇。』云著者，取著明經義者也。」可見「注」的功能，旨在使文義暢通著明。「注」字或作「註」，段玉裁《說文解字注》在「注」字下云：「漢、唐、宋人經注之字，無有作註者，明人始改注為註，大非古義也。古惟註記字从言，如《左傳．敘》『諸所記註』，韓愈文『市井貨錢註記』之類。《通俗文》云：『記物曰註。』《廣雅》：『註，識也。』古起居註用此字，與注釋字別。」是以注解當作注，附註、備註當作「註」。

㈢箋：如鄭玄《毛詩傳箋》。《說文解字》云：「箋，表識書也，从竹戔聲。」段玉裁《注》云：「鄭《六藝論》云：『注《詩》宗毛為主，毛義若隱略，則更表明；如有不同，即下己意。』按：注《詩》稱箋，自說甚明。《博物志》云：『毛為北海相，鄭是郡人，故稱箋以為敬。』此泥魏、晉時上書稱箋之例，絕非鄭意。」《毛詩注疏》「鄭氏箋」下，孔穎達《疏》云：「鄭於諸經皆謂之注，此言箋者，呂忱

《字林》云：『箋者，表也，識也。』鄭以毛學審備，遵暢厥旨，所以表明毛意，記識其事，故特稱為箋。餘經無所遵奉，故謂之注。」據此，可知箋也是注釋，但必須有所遵奉，始可謂之箋。鄭康成遵奉《毛傳》，把自己的見解表識其旁，如今人的簽記，積而成帙者也。

㈣疏：《漢書．蘇武傳》：「數疏（霍）光過失。」顏《注》：「疏，謂條錄之。」《漢書．揚雄傳》：「獨可抗疏。」顏《注》：「疏者，疏條其事而言之。」《廣雅．釋詁》：「疏，識也，今注疏字，亦以疏通分析為義。」可知「疏」的體制，是一條一條的疏通分析。「疏」，又稱「講疏」。「疏」的注釋方法，南北朝即有，梁皇侃有《禮記義疏》（九十九卷）、《禮記講疏》（四十八卷），陳周弘正有《周易義疏》（十六卷）等，而以唐代孔穎達的《五經義疏》最著。皮錫瑞《經學歷史》云：「唐太宗以儒學多門，章句繁雜，詔國子祭酒孔穎達與諸儒撰定《五經義疏》，凡一百七十卷，名曰《五經正義》。正義者，論歸一定，無復歧途也。」

㈤索隱：如唐司馬貞《史記索隱》。《史記索隱．序》云：「……此書殘缺雖多，實為古史，忽加穿鑿，難允物情。今止探求異聞，採摭典故，解其所未解，申其所未申者。……」可見「索隱」的說解，都是前人所未及的發明。

㈥音義：此體旨在考文字音義之異，尤偏於字音的考訂。字音之所以有異，主要是由於外來語、古今音變及假借等原因。音義的最重要著作，就是唐代陸德明的《經典釋文》。此書包括《周易音義》、《毛詩音義》、《周禮音義》、《儀禮音義》、《禮記音義》、《左傳音義》、《公羊音義》、《穀梁音義》、《孝經音義》、《論語音義》、《老子音義》、《莊子音義》、《爾雅音義》等。與「音義」類似的，還有「音詁」、「音釋」、

「音解」、「音隱」、「音」等名稱。

㈦章句：也是注釋的一體。《漢書・藝文志》《尚書》有《歐陽章句》（三十一卷）、《大小夏侯章句》（各二十九卷）等。《後漢書》卷二十八〈桓譚馮衍列傳〉云：「（桓譚）博學多通，徧習《五經》，皆詁訓大義，不為章句。」唐李賢《注》云：「章句謂離章辨句，委曲枝派也。」「章句」之學，也是早期詮釋古書的方法的一種。從事章句之學，有什麼作用呢？梁劉彥和《文心雕龍・章句篇》說：「夫設情有宅，置言有位；宅情曰章，位言曰句。故章者，明也；句者，局也。局言者，聯字以分疆；明情者，總義以包體。區畛相異，而衢路交通矣。」所以分章斷句的目的，使文義更為明確。東漢趙岐撰《孟子章句》，在每章之末，綜括大旨，謂之「章指」。例如在〈梁惠王章句上〉於「孟子見梁惠王，王曰：『叟不遠千里而來，亦將有以利吾國乎？』」章末，云：「章指：言治國之道，明當以仁義為名，然後上下和親，君臣集穆，天經地義，不易之道，故以建篇立始也。」於「孟子見梁惠王，王立於沼上，顧鴻鴈麋鹿曰：『賢者亦樂此乎？』」章末，云：「章指：言聖王之德，與民共樂，恩及鳥獸，則忻戴其上，太平化興。無道之君，眾怨神怒，則國滅祀絕，不得保守其所樂也。」清焦循《孟子正義》云：「蓋經各有義，注各有體，趙氏於《孟子》既分其章，又依句敷衍而發明之，所謂章句也。章有其指，則總括於每章之末，是為章指也。疊詁訓於語句之中，繪本義於錯綜之內，於當時諸家，實為精密而條暢。」（語見《孟子章句・孟子題辭》之注釋）焦氏又云：「趙氏以章句命名，其來尚矣。周氏廣業《孟子古注考》云：『《意林》云：「蜀郡趙臺卿作《章句》。章句曰指事。」』……章句曰指事者，謂斷章而揭其大指，離句而證以實事也。……或云《史記》稱莊周善屬書離辭，指事類情。指事之名本此。案指事為六書之一，許慎《說文·敘》云：『視而可識，察而可見，上下是也。』趙意蓋兼取顯著之義。」❶清沈欽韓《漢書疏證》云：「章句者，經師指括其文，敷暢其義，以相教授。」可見「章句」的工作，不僅是離析章句而已，也兼具了文義的說解。

㈧集解：就是彙集各家的說解。魏何晏《論語集解·序》：「集諸家之說，記其姓名。有不安者，頗為改易。」何氏所彙集的，有包咸、周氏、馬融、鄭玄、陳群、王肅、周生烈等人的注解。

此外，注釋的名稱還有「疑」、「義」、「微」、「訂」、「詮」、「證」等。

這些注釋工作，在文獻的整理過程中，有下列幾項功用：

㈠留存佚書，可為輯佚之資：古注中所徵引圖書，頗有今已不傳的佚書，可供輯佚的取資。《四庫全書總目》，於晉陳壽撰、宋裴松之注的《三國志》（六十五卷）一書，〈提要〉云：「（裴注）然網羅繁富，凡六朝舊籍，今所不傳者，尚一一見其厓略。」一般來說，宋朝以前的注釋，在這方面的價值較高，這是由於宋代以前還沒有印刷術，古籍易於亡佚。以晉代張璠所撰《後漢紀》（三十卷）一書為例。《隋書·經籍志》、《舊唐書·經籍志》、《新唐書·藝文志》等，均著錄此書，但是，宋代以後的書目，如晁公武《郡齋讀書志》、陳振孫《直齋書錄解題》及《宋史·藝文志》等，均不見著錄，可知此書蓋亡於五代之際。今檢《世說新語》劉孝標《注》中，頗引此書：在〈德行篇〉「慈明行酒，餘六龍下食」句下，劉孝標《注》云：「張璠《（後）漢紀》曰：『淑有八子：儉、緄、靖、燾、汪、爽、肅、敷。淑居西豪里，縣令苑康曰：「昔高陽氏有才子八人。」遂署其里為高陽里。時人號曰八龍。』」在〈言語篇〉「荀慈明

❶說見清焦循《孟子正義》（卷一）「梁惠王章句上」下之注釋。

與汝南袁閬相見」句下，劉孝標《注》云：「張璠《（後）漢紀》曰：『董卓秉政，復徵爽，爽欲遁去，吏持之急。起布衣，九十五日而至三公。』」在〈賞譽篇〉「伐惡退不肖，范孟博之風」句下，劉孝標《注》云：「張璠《（後）漢紀》曰：『范滂字孟博，汝南伊陽人。為功曹，辟公府掾。升車攬轡，有澄清天下之志。百城聞滂高名，皆解印綬去。為黨事見誅。』」在〈品藻篇〉「陳仲舉彊於犯上，李元禮嚴於攝下。犯上難，攝下易。」句下，劉孝標《注》云：「張璠《（後）漢紀》曰：『時人為之語曰：「不畏彊禦陳仲舉，天下模楷李元禮。」』」又如東漢鄭興撰有《周官解詁》（不著卷數）一書，惟此書久佚。今檢《周禮》鄭玄《注》中，頗引此書：在〈冢宰治官之職・小宰〉「四曰聽稱責以傳別」句下，鄭玄《注》云：「傳別，故書作傳辨，鄭大夫（興）讀為符別。」在〈冢宰治官之職・甸師〉「祭祀共蕭茅」句下，鄭玄《注》云：「鄭大夫云：『蕭字或為莤。莤，讀為縮，束茅立之，祭前沃酒其上，酒滲下去，若神飲之，故謂之縮。縮，浚也，故齊桓公責楚不貢苞茅，王祭不共，無以縮酒。』」在〈冢宰治官之職・腊人〉「凡祭祀共豆脯薦脯膴胖凡腊物」句下，鄭玄《注》云：「鄭大夫云：『胖，讀為判。』」在〈司徒教官之職・小司徒〉「大祭祀，羞牛牲，共茅蒩」句下，鄭玄《注》云：「鄭大夫讀蒩為藉，謂祭前藉也。《易》曰：『藉用白茅，无咎。』」同篇「巡其前後之屯」句下，鄭玄《注》云：「鄭大夫讀屯為課殿。」在〈司徒教官之職・遂人〉「以興耡利甿」句下，鄭玄《注》云：「鄭大夫讀耡為藉。」這些，都可以作為輯佚的資料。

㈡彙聚各家說解，方便取資：多數注釋者，都會徵引各家說解，以方便讀者取資，尤其是以「集解」、「集注」為名的注釋，更是如此。以劉宋裴駰的《史記集解》（一三〇卷）為例。裴氏《史記集解・序》

說：

考較此書，文句不同，有多有少，莫辯其實，而世之惑者，定彼從此，是非相貿，真偽舛雜。故中散大夫東莞徐廣，研核眾本，為作《音義》，具列異同，兼述訓解，粗有所發明，而殊恨省略。或聊以愚管，增演徐氏，采經傳百家并先儒之說，豫是有益，悉皆抄內。刪其游辭，取其要實。或義在可疑，則數家兼列。《漢書音義》，稱臣瓚者，莫知氏姓，今直云瓚曰。又都無姓名者，但云《漢書音義》。時見微意，有所裨補。譬嘒星之繼朝陽，飛塵之集華嶽。以徐為本，號曰《集解》。

……

可見裴駰的《史記集解》，彙集了徐廣、臣瓚、《漢書音義》所載各家及經傳百家的說解而成。我們如果仔細閱讀裴駰的集解，裴氏所彙集的注，除徐廣、臣瓚外，又有蔡邕、鄭玄、應劭、賈逵、如淳、孔安國、王肅、張晏、韋昭、服虔、皇甫謐、杜預、晉灼、孟康、文穎、鄧展、李奇、李斐等人的注釋。彙聚如此多人的注釋，不僅方便閱讀、取資，其中有不少人的注釋專著已佚，裴駰所引，又可供後人輯佚之資。

再以宋代王與之（次點）所撰《周禮訂義》（八十卷）一書為例。此書彙集了漢代到宋代五十一家的注解，並間出己意而成。此書所彙集的注釋為：杜子春、鄭興、鄭眾、鄭玄（以上漢代）、賈公彥、崔靈恩（以上唐代）、劉敞、王安石、劉恕、程顥、程頤、張載、楊時、王昭禹、陸佃、李覯、胡安國、胡宏、陳祥道、劉彝、方慤、林之奇、鄭鍔、史浩、朱熹、呂祖謙、薛季宣、陳傅良、鄭伯熊、劉迎、王氏（不詳其名，有《王狀元詳說》、楊恪、陳汲、黃度、鄭伯謙、項安世、李叔寶、葉適、易祓、薛衡、陳用之、鄭敬仲、周必大、曹叔遠、林椅、趙溥、陳汪、李嘉會、孫之宏、不著撰人之《禮圖說》、不著撰人之《禮庫》等（以上宋代）。清《四庫全書總目提要》評論說：「所采舊說凡五十一家，然唐以前，僅杜子春、鄭興、鄭眾、鄭玄、崔靈恩、賈公彥等六家，其餘四十五家，則皆宋人。……惟是四十五家之書，今佚其十之八九，僅賴是編以傳，雖貴近賤遠，不及李鼎祚《周易集解》，能存古義，而搜羅宏富，固亦房審權《周易義海》之亞矣。」可知此書不僅彙聚眾說，方便取資，並且是類輯宋人《周禮》佚說的寶庫。

清代編纂集解之風尤盛，如吳昌宗的《四書經注集證》（十九卷）、孫希旦的《禮記集解》（六十一卷）、莊有可的《禮記集說》（四十九卷）、徐松等集釋的《新斠注（漢書）地理志》（十六卷）、王先謙的《漢書補注》（一〇〇卷）等書，均是為學林所重的著作。

㈢多採異本，留存異文：注釋者，每先採各種不同的本子，從事校勘，以免為訛字所誤，然後再從事注釋。因此注釋中，可獲得古代各種不同版本的文獻及異文。以清王先謙所撰《荀子集解》（二十卷）一書為例。《荀子．勸學篇》「青，取之於藍，而青於藍。」句下，《集解》云：

盧文弨曰：「『青，取之於藍。』從宋本。《困學紀聞》所引同元刻，作『青出之藍』，無『於』字。王念孫曰：《困學紀聞》云『青，出之藍。』作『青，取之藍』，監本未必是，建本未必非（自注云：今監本乃唐與政台州所栞。熙寧舊本亦未為善。又云：請占之五泰，注云：五泰，五帝也。

監本改為五帝，而刪注文。）是王以作「出」者為是也。元刻作「出之藍」，即本於建本。監本作「取之於藍」者，用《大戴記》改之也。《荀子》本文自作「出於藍」，《藝文類聚・草部（上）》、《太平御覽・百卉部(三)》及《意林》、《埤雅》引此，竝作「出於藍」。《新論・崇學篇》同。《史記》褚少孫續〈三王世家〉引〈傳〉曰：「青、采出於藍，而質青於藍者，教使然也。」即是此篇之文，則本作「出於藍」明矣（宋錢佃本從監本作「取之於藍」，而所引蜀本亦作「出於藍」，宋龔士禼《荀子句解》同）。今從王說。」先謙案：《群書治要》作「青，取之藍」，是唐人所見《荀子》本已有作「取」者，且《大戴記》即用《荀子》文，亦作「青，取之於藍」，不得謂《荀子》本作「出於藍」，而作「取」者為非也。宋、建、監本歧出，亦緣所承各異，故王氏應麟無以定之，謝本從盧校，今仍之。

又如《荀子・非相篇》「其以治亂者異道」句下，《集解》云：

謝本從盧校作「以其治亂者異道」。王念孫曰：「此文本作「其所以治亂者異道」，謂古今之所以治亂者其道不同也。呂、錢本以其作「其以」，而脫去「所」字，盧本又誤作「以其」，則義不可通。《韓詩外傳》正作「其所以治亂異道」。」先謙案：王說是，今改從呂、錢本作「其以」。

這兩段注釋，所涉及的異本有：

宋本。呂本（即北宋呂夏卿重校本）。熙寧舊本。監本（即南宋淳熙間唐與政台州所栞熙寧本）。建本。錢本（即南宋淳熙間錢佃江西漕司校本）。元刻本（即元刻纂圖互註本）。盧文弨校刊本。謝本（即清乾隆間嘉善謝墉校刊本）。

其中，有不乏今已罕見者。

再以清代段玉裁《說文解字注》為例。

《說文解字》：「鰕，鰕魚也，从魚，叚聲。」段氏《注》云：「三字句，各本作魵也，今正。」

《說文解字》：「㜻，順也，从女，𤔔聲。《詩》曰：『婉兮㜻兮。』孌，籀文㜻。」段氏《注》云：「宋本如此，趙本、毛本刪之，因下文有孌，慕也，不應複出。不知小篆之孌，為今戀字，訓慕。籀文之孌，為小篆之㜻，訓順。形同義異，不嫌複見也。」

《說文解字》：「畬，二歲治田也，从田，余聲。《易》曰：『不菑畬田。』」段氏《注》云：「田，汲古以為衍而空一字，宋本皆有之，蓋凶字之誤。許所據與〈坊記〉所引同也。《周易・无妄》六二爻辭。」

《說文解字》：「軵，反推車令有所付也，从車付，讀若茸。」段氏《注》云：「茸，宋本、小徐本作胥，非也。」

《說文解字》：「紡，紡絲也，从糸，方聲。」段氏《注》云：「紡，各本作網，不可通。唐本作拗，尤誤。」

《說文解字》：「稘，復其時也。从禾，其聲。〈唐書〉曰：『稘三百有六旬。』」段氏《注》云：「〈堯典〉文。今〈堯典〉作期，蓋壁中古文作稘，孔安國以今字讀，易為期也。〈唐書〉，大徐作〈虞書〉，考心部偁〈唐書〉五品不愻，大、小徐本同，此則小徐作〈唐書〉，大徐作〈虞書〉。」

根據以上所引數則，知段玉裁在注釋前，先根據唐本、宋本、大徐本（即徐鉉所校定之《說文解字》）、小徐本（即徐鍇《說文解字繫傳》）、趙本（明趙靈均影宋大字本）、毛本（即汲古閣影刊北宋本）等從事校勘，其中不乏今已罕見者。

㈣留存古代名物制度：古今由於時代不同，名物制度多有變異，注釋中多釋古代的名物制度，是後人研究古代名物制度的重要資料。例如《周禮．司徒教官之職．司關》：「凡所達貨賄者，則以節傳出之。」鄭玄《注》云：「商或取貨於民間，無璽節者至關，關為之璽節及傳出之。其有璽節，亦為之傳。傳，如今移過所文書。」清代孫詒讓《周禮正義》則說：「西漢時用傳，東漢時則為移過文書。凡所過關津必案驗文書乃得行，因即稱其文書為過所，蓋當時俗語如此。」根據鄭、孫兩人的注釋，我們可以知道戰國時的「傳」，東漢時的俗語為「過所」，也就是今之「文書」。又如《詩經．召南．小星》：「肅肅宵征，抱衾與裯，寔命不猶。」《毛傳》云：「裯，襌被也。」《鄭箋》：「裯，床帳也。」可知周代的裯，西漢時稱為「襌被」，東漢則稱為「床帳」。

㈤留存語言演變的資料：語言多隨時代而變遷，清代戴東原在《爾雅文字考．序》說：「蓋士生三古後，時之相去千百年之久，視夫地之相隔千百里之遠無以異；昔之婦孺聞而輒曉者，更經學大師轉相講授仍留疑義，則時為之也。」這是說明語言是隨時代而變異，時代越早的語言，越難知曉。清代陳澧《東塾讀書記》說：「詁者古也，古今異言，通之使人知也。蓋時有古今，猶地之有東西，有南北，相隔遠則言語不同矣。地遠則有翻譯，時遠則有訓詁。有翻譯則能使別國如鄉鄰，有訓詁則能使古今如旦暮，所謂通之也。訓詁之功大矣哉！」這段文字，在說明語言不僅古今不同，也有地域的不同，這些都要賴訓詁才能了解。例如《漢書．項籍傳》：「羽乃曰：『吾聞漢購我頭千金，邑萬戶，吾為公得。』乃自刎。」唐顏師古《注》云：「購，以財設賞，音工豆反。」可知秦漢時的「購」，就是後世所稱賞募。又如《詩經．蓼莪》：「欲報之德，昊天罔極。」屈翼鵬（萬里）師《詩經詮釋》云：「昊天罔極，為斥天之語，謂老天無良，奪其父母而去也。」可知周朝時的「罔極」，是詈人的話，猶今時的「沒良心」。這些都是透過注釋，了解古語的資料。至於注釋裡，也保留了許多方言的資料。例如《周禮．天官．醢人》：「饋食之豆，其實葵菹、蠃醢、脾析、蠯醢、蜃、蚳醢、豚拍、魚醢。」鄭玄《注》云：「鄭大夫、杜子春皆以拍為膊，謂脅也。或曰：豚拍，肩也。今河間名豚脅，聲如鍛鎛。」鄭康成先引鄭大夫（興）、杜子春以為豚拍就是豚脅，另外鄭玄還舉另一說法，以為豚拍就是豚肩。最後，鄭玄提出河間（今河北）地區人士認為豚拍就是豚脅，並且讀為「鍛鎛」。又如《春秋公羊傳》莊公三十一年：「何以書？譏。何譏爾？臨民之所漱浣也。」何休《注》云：「無垢加功曰漱，去垢曰浣，齊人語也。」這些都是透過注釋，了解方言的資料。

㈥留存非圖書資料：在古注裡，每載石刻、習俗、謠諺等非圖書資料。例如《水經注》酈道元的《注》裡，就引用了許多的非圖書資料。

《水經注》卷八〈濟水〉「又東過昌邑縣北」句下，酈《注》云：

大城東北有金城，城內有沇州刺史河東薛季像碑，以郎中拜剡令，甘露降園，熹平四年（一七五）遷州，明年甘露復降，殿前樹從事馮巡、主簿華操等，相與褒樹，表勒崇政。次西有沇州刺史茂陵楊叔恭碑，從事孫光等，以建寧四年（一七一）立。西北有東太山成人班孟堅碑，建和十年（永壽二年，一五六），尚書右丞拜沇州刺史從事秦閏等，刊石頌德，政碑咸列焉。

又卷九〈清水〉「又東過汲縣北」句下，酈《注》云：

城東門北側，有太公廟，廟前有碑，碑云：「太公望者，河內汲人也。縣民故會稽太守杜宣、白令崔瑗曰：太公本生於汲，舊居猶存。君與高國，同宗太公，載在經傳。今臨此國，宜正其位以明尊祖之義。於是國老王喜，廷掾鄭篤、功曹邠勤等，咸曰宜之。遂立壇祀，為之位主。」

又卷二十三〈陰溝水〉「東南至沛，為過水」句下，酈《注》云：

谷水自此東入過水，過水又北逕老子廟東。廟前有二碑，在南門外。漢桓帝遣中官管霸祠老子，命陳相邊韶撰文。碑北有雙石闕，甚整頓。石闕南側，魏文帝黃初三年（二二二），經譙所勒。闕北東側，有孔子廟。廟前有一碑，西面是陳相魯國孔疇建和三年（一四九）立。北則老君廟。廟東院中，有九井焉。又北，過水之側，又有李母廟。廟在老子廟北，廟前有李母冢。冢東有碑，是永興元年（一五三）譙令長沙王阜所立。碑云：「老子生於曲過間。」過水又屈東，逕相縣故城南。其城卑小實中。邊韶老子碑文云：「老子，楚相縣人也。」相縣虛荒，今屬苦，故城猶存，在賴鄉之東。……過水四周城側，城南有曹嵩冢，冢北有碑，碑北有廟堂，餘基尚存，柱礎仍在。廟北有二石闕雙峙，高一丈六尺，榱櫨及柱，皆雕鏤雲矩，上罦罳已碎。闕北有圭碑，題云：「漢故中常侍長樂太僕特進費亭侯曹君之碑，延熹三年（一六〇）立。」碑陰又刊詔策。二碑文同夾碑東西列對。兩石馬高八尺五寸，石作麤拙不匹，光武隧道所表象馬也。有騰兄冢，冢東有碑，題云：「漢故潁川太守曹君墓，延熹九年（一六六）卒。」而不刊樹碑歲月。墳北有其元子熾冢，冢東有碑，題云：「漢故長水校尉曹君之碑，歷大中大夫司馬長史侍中。遷長水，年三十九卒，熹平六年（一七七）造。」熾弟胤冢，冢東有碑，題云：「漢謁者曹君之碑，熹平六年（一七七）立。」城東有曹太祖舊宅，所在負郭對廛，側隍臨水。《魏書》曰：「太祖作議郎，告疾歸鄉里，築室城外，春夏習讀書傳，秋冬射獵，以自娛樂。文帝以漢中平四年（一八七）生於此，上有青雲如車蓋，終日乃解。」即是處也。後文帝以延康元年（黃初元年，二二〇）幸譙，大饗父老，立壇於故宅，壇前樹碑，碑題云：「大饗之碑」。碑之東北，渦水南，有譙定王司馬士會冢，冢前有碑，晉永嘉三年（三〇九）立。碑南二百許步，有兩石柱，高丈餘，半下為束竹交文，作制極工。石榜云：「晉故使持節散騎常侍都督揚州江州諸軍事安東大將軍譙定王，河內溫司馬公墓之神道」。渦水又東逕朱龜墓北，東南流冢南枕道，有碑，碑題云：「漢故幽州刺史朱君之碑。龜字伯靈，光和六年（一八三）卒，官故吏別駕，從事史右北平無終年化，中平二年（一八五）造。」碑陰刊故吏姓名，悉薊涿及上谷北平等人。

酈《注》中所涉及的廟、墓、碑及各種石刻很多，部分碑上題有文字，這些非圖書資料，或可與圖書文獻相互印證，或可補圖書資料的不足。

四、輯佚

所謂「輯佚」，就是將亡佚不傳的古籍，從其他尚見流傳的文獻中，鉤沉纂輯，俾學者得復見佚書內容的工作。這種使已佚的圖書，得以再現於世，自是整理文獻的一種重要方法。

輯佚工作之所以產生，是由於古籍亡佚得太多。《隋書．牛弘傳》即談到隋代以前，古書亡佚的情形，云：

開皇初，遷授散騎常侍祕書監。弘以典籍遺逸，上表請開獻書之路，曰：「經籍所興，由來尚矣。爻畫肇於庖羲，文字生於蒼頡，聖人所以弘宣教導，博通古今，揚於王庭，肆於時夏，故堯稱至聖，猶考古道而言；舜其大智，尚觀古人之象。《周官》外史掌三皇五帝之書及四方之志。武王問黃帝、顓頊之道，太公曰：『在丹書。』是知握符御曆，有國有家者，曷嘗不以《詩》、《書》而為教，因禮樂而成功也。昔周德既衰，舊經紊棄，孔子以大聖之才，開素王之業，憲章祖述，制《禮》刊《詩》，正五始而修《春秋》，闡《十翼》而弘《易》道，治國立身，作範垂法。及秦皇馭宇，吞滅諸侯，任用威力，事不師古，始下焚書之令，行偶語之刑。先王墳籍，掃地皆盡，本既先亡，從而顛覆。臣以圖讖言之，經典盛衰，信有徵數，此則書之一厄也。漢興，改秦之弊，敦尚儒術，建藏書之策，置校書之官，屋壁山巖，往往間出。外有太常、太史之藏，內有延閣、祕書之府。至孝成之世，亡逸尚多，遣謁者陳農求遺書於天下，詔劉向父子讎校篇籍，漢之典文，於斯為盛。及王莽之末，長安兵起，宮室圖書，並從焚燼，此則書之二厄也。光武嗣興，尤重經誥，未及下車，先求文雅，於是鴻生鉅儒，繼踵而集，懷經負帙，不遠斯至。肅宗親臨講肄，和帝數幸書林，其蘭臺石室，鴻都東觀，祕牒填委，更倍於前。及孝獻移都，吏民擾亂，圖書縑帛，皆取為帷囊，所收而西，裁七十餘乘，屬西京大亂，一時燔蕩，此則書之三厄也。魏文代漢，更集經典，皆藏在祕書，內外三閣，遣祕書郎鄭默，刪定舊文，時之論者，美其朱紫有別。晉氏承之，文籍尤廣，晉祕書監荀勗定魏《內經》更著《新簿》，雖古文舊簡，猶云有缺，新章後錄，鳩集已多，足得恢弘正道，訓範當世。屬劉石憑陵，京華覆滅，朝章國典，從而失墜，此則書之四厄也。永嘉之後，寇竊競興，因河據洛，跨秦帶趙，論其建國立家，雖傳名號，憲章禮樂，寂滅無聞。劉裕平姚，收其圖籍，五經子史，纔四千卷，皆赤軸青紙，文字古拙，僭偽之盛，莫過三秦，以此而論，足可明矣。故知衣冠軌物，圖書記注，播遷之餘，皆歸江左。晉宋之際，學藝為多，齊梁之間，經史彌盛，宋祕書丞王儉，依劉氏《七略》，撰為《七志》；梁人阮孝緒，亦為《七錄》，總其書數，三萬餘卷。及侯景渡江，破滅梁室，祕省經籍，雖從兵火，其文德殿內，書史宛然猶存。蕭繹據有江陵，遣將破平侯景，收文德之書及公私典籍重本七萬餘卷，悉送荊州，故江表圖書，因斯盡萃於繹矣。及周師入郢，繹悉焚之於外城，所收十纔一二，此則書之五厄也。」

《隋書》所說的，是隋代以前的五次災厄。隋代到宋代，又有五厄。明代胡應麟《少室山房筆叢》卷一列舉隋以後的五厄為：

隋大業十四年（六一八），煬帝在江都被殺，一時天下大亂，圖書被焚，一厄也。
唐天寶十五年（七五六），安祿山入關，玄宗奔蜀，書籍損失殆盡，二厄也。
廣明元年（八八〇），黄巢入長安，僖宗出走，書籍焚燬不少，三厄也。
靖康二年（一一二七），金人入汴，四厄也。
南宋德祐二年（一二七六），伯顏南下，軍入臨安，圖書禮器，運走一空，是五厄也。

以上十厄，都和戰爭兵燹有關。其實，除了戰亂，其他如黨爭、火災及政治因素等，都會造成圖書的散佚。黨爭方面，例如北宋神宗、哲宗年間的新舊黨爭，一方當權時，就會禁燬對方不利於己的著作，像《神宗實錄》一書，就再三改竄，甚或禁燬。火災方面，例如明代在英宗正統十四年（一四四九），南京的文淵閣大火，明代姚福《清溪暇筆》說：「向所藏者，悉為灰燼。」世宗嘉靖三十六年（一五五七），宮中又遭回祿，三殿被焚，由於明世宗一夜之間數度下令，才把當時藏在文淵閣的《永樂大典》救出，得以保全。由於這次火災，積極促成了《永樂大典》抄錄副本的工作。副本從嘉靖四十一年（一五六二）八月開始抄寫，到穆宗隆慶元年（一五六七）四月完成。正本仍存文淵閣，副本則放在皇史宬。崇禎甲申（十七年，一六四四）李自成入京，文淵閣終於逃不過付之一炬的厄運。清代姜紹書《韻石齋筆談》卷上〈祕閣藏書〉條說：

內府祕閣所藏書甚寥寥，然宋人諸集十九皆宋板也。書皆倒摺，四周外向，故雖遭蟲鼠囓而未損。但文淵閣制既庳狹，而牖復暗黑，抽閱者必秉炬以登，內閣輔臣無暇留心及此，而翰苑諸君世所稱讀中祕書者，曾未得窺東觀之藏。至李自成入都，付之一炬，良可嘆也。

宮中火災，圖書必然遭到燒燬的命運，而私人藏書也不免回祿之厄，其中最著的是清代藏書家錢謙益絳雲樓一炬，損失最鉅。清曹溶〈絳雲樓書目題詞〉說：

虞山宗伯生神廟盛時，早歲科名，交游滿天下，盡得劉子威、錢功父、楊五川、趙汝師四家書，更不惜重貲購古本，書賈奔赴，捆載無虛日。用是所積充軔，幾埒內府，視葉文莊、吳文定及西亭王孫或過之。中年構拂水山房，鑿壁為架庋其中。晚歲居紅豆山莊，出所藏書重加繕治，區分類聚，栖降雲樓上。大櫝七十有三，顧之自喜曰：「我晚而貧，書則可云富矣。」甫十餘日，其幼女中夜與乳媼嬉樓上，剪燭灺落紙堆中，遂燧。宗伯樓下驚起，燄已張天，不及救，倉皇出走，俄頃樓與書俱盡。

此次火災，時人謂之圖書一劫。

至於政治因素，像秦代商鞅變法，為了推行法家思想而消除儒家思想，《韓非子・和氏篇》說：「商君教秦孝公以連什伍，設告坐之過，燔《詩》、《書》而明法令。」因政治因素，而造成圖書散佚的，以清代的禁燬政策最為嚴重。清乾隆編《四庫全書》，一方面是為了「右文」，一方面則行禁燬違礙圖書之實。據雷夢辰《清代各省禁書彙考》，各省共奏繳禁燬圖書多達二千六百二十九種之多。孟森《心史叢刊》說：

今檢清代禁書，不但明清之間著述，幾遭盡燬，乃至自宋以來，皆有指摘。史乘而外，並及詩文。充其自諱為夷狄之一念，不難舉全國之記載而盡淆亂之。始皇當日焚書之厄，決不至離奇若此！蓋一面燬前人之信史，一面由己偽撰以補充之，真是萬古所無之文字劫也。

由於古書遭遇如此多方面的劫難，亡佚不少，於是後人遂有輯佚之舉。輯佚工作起自何人？一直有各種說法。主張始自宋代王應麟的說法，較為通行。清代章學誠《校讎通義內篇第一・補鄭篇》說：

若求之於古而不得，無可如何而求之今有之書，則又有采輯補綴之成法，不特如鄭樵所論已也。昔王應麟以《易》學獨傳王弼，《尚書》止存《偽孔傳》，乃采鄭玄《易注》、《書注》之見於群書者，為鄭氏《周易（注）》、《尚書注》；又以四家之《詩》獨《毛傳》不亡，乃采三家《詩》說之見於群書者，為《三家詩考》。嗣後好古之士，踵其成法，往往綴輯逸文，搜羅略遍。

但是，清末民國初年的葉德輝則以為肇自北宋的陳景元。葉氏在《書林清話》卷八〈輯刻古書不始於王應麟〉條說：

古書散佚，復從他書所引搜輯成書，世皆以為自宋末王應麟輯三家《詩》始，不知其前即已有之。宋黃伯思《東觀餘論》中，有〈跋慎漢公所藏《相鶴經》後〉云：「按《隋（書）・經籍志》、《唐（書）・藝文志》，《相鶴經》皆一卷，今完書逸矣。特馬總《意林》及李善《文選注》鮑照〈舞鶴賦〉鈔出大略。今真靜（按：當作靖）陳尊師所書即此也，而流俗誤錄著故相國舒王《集》中，且多舛午。今此本既精善，又筆勢婉雅，有昔賢風概，殊可珍也。」據此，則輯佚之書，當以此經為鼻祖。今陶九成《說郛》中，尚有其書，錢謙益《絳雲樓書目》亦載有鈔本，雖不知視真靜書如何，要之此風一開，於古人有功不淺。

按：真靖陳尊師，即陳景元。景元，為北宋時道士，字太虛，真靖，其號也，自稱碧虛子，江西南城人。讀書至老不倦，神宗聞其名，召對天章閣，累遷至右街副道籙，賜號真人。身短小而傴，程師孟嘗從求《相鶴經》，得之甚喜，作詩親攜往謝，末云：「收得一般瀟灑物，龜形人送鶴書來。」徐舉首自操吳音吟詠之，諸弟子在旁，皆忍笑不能禁。時王侍郎仲至（欽臣）在坐，顧景元，不覺失聲，幾仆地。事跡具《宣和畫譜》（卷六）、《宋詩紀事》（卷九〇）等書。朱熹《朱文公文集》卷八三有〈跋道士陳景元詩〉。

陳道士雖然較王應麟為早，但是陳景元只是從《意林》及鮑照〈舞鶴賦〉的李善《注》中輯出，規模太小，尚無體例可言，嚴格說來，談不上輯佚。加上清代《四庫全書總目》在王應麟所輯考的《詩考》（一卷）的〈提要〉說：「然古書散佚，蒐採為難，後人踵事增修，較創始易於為力，篳路襤褸，終當以應麟為首庸也。」因此，後人多以王應麟為最早創發輯佚工作的學者。

從南宋末年的王應麟從事輯佚工作後，一直到清代末年，都有不少學者用輯佚方法從事古籍的蒐採、整理。

在元代最重要的輯佚學家是元末的陶宗儀。陶宗儀，字九成，號南村，元末浙江台州黃巖人。寓華亭，著書授徒，不應辟舉。明初嘗仕學官，永樂元年（一四〇三）猶存，卒年不可確考。著有《草莽私乘》（一卷）、《書史會要》（九卷）、《補遺》（一卷）、《輟耕錄》（三十卷）等書。他的事跡，見於《元史類編》（卷三十六）、《明史》（卷二八五）、《宋元學案補遺》（卷八十二）等書。昌彼得（瑞卿）教授所撰《說郛考》一書，於其生平考述最為詳確。

陶氏的輯佚成果，表現在其所編的《說郛》一書中。《說郛》原書一百卷，實際上是一部叢書。「說」，指的是經史傳記、百家諸子之書，而以雜著筆記方面說部的書占多數；「郛」，《說文解字》說：「郛也，从邑，孚聲。」「郛」，今作「廓」，就是古代城市外層的城牆。可見取名「說郛」者，意在蒐羅所有的說部著作，彙聚為一編，像是用一道高牆把書圍起來一樣。

《說郛》一百卷的原本已佚，今行世的有兩個系統：一是民國八年（一九一九），京師圖書館館長張宗祥，依據該館所藏的明抄《說郛》殘本，又借得涵芬樓及傅增湘所藏明代殘抄本四種，以及從書估購得的明抄本，共六種，互相參校而成，共一百卷，收書七二五種，於民國十六年（一九二七）由上海商務印書館印行。一是清順治三年（一六四六）兩浙督學李際期重刊本，共一二〇卷，收書一千兩百餘種。

陶氏在編輯如此巨帙的叢書時，為了使所收的圖書更多、更完備，一些不完整、殘缺的本子也收了進去，甚至一些佚書，陶氏則從各種類書中鉤稽釐定。昌彼得先生《說郛考》一書，談到陶氏《說郛》在輯佚方面的貢獻及影響，他說：

> 類書者，割裂群書而分類編次，其體創於魏文《皇覽》，迄唐宋而盛行。輯佚者，採逸文於諸書，裒合為一，以復原書之舊，其例蓋源於北宋。……陶宗儀《說郛》中，如〈古典錄略〉、〈墨娥漫錄〉、〈讀子隨識〉、〈廣知〉、〈諸傳摘玄〉等篇所載，出於輯錄之書，多至九十餘種。……寖及清代，此體大興，以輯佚名家者輩出，如王謨、趙在翰、張澍、嚴可均、茆泮林、馬國翰、黃奭等，或專精一類，或擴及四部，一鱗半爪，搜採逸文。淪亡古籍，吾人今日尚可得豹窺者，輯佚之功也。然溯其源，實《說郛》有以啟之。

朱明一代，輯佚之風漸盛，像顧元慶所輯編的《文房小說》，收錄唐宋傳奇、志怪小說及雜著筆記計四十種，四十七卷，其中有不少是輯自類書的。又如嘉靖年間陸楫輯刊的《古今說海》，收錄古今野史外記、叢說脞語、叢書怪錄、虞初稗官之流，共一百三十五種，一百四十二卷，分為「說選」、「說淵」、「說略」、「說纂」等四部。下又分「小錄家」、「偏記家」、「別傳家」、「雜記家」、「逸事家」、「散錄家」、「雜纂家」等。其中像《吳保安傳》一卷（唐牛肅撰）、《杜子春傳》一卷（唐鄭還古撰）等，都是從類書《太平廣記》輯出的。

在明代，最值得注意的是明末孫瑴所輯的《古微書》，是中國最早的一部專科輯佚類叢書。《古微書》所輯佚的全是緯書。目前所見的《古微書》共有三十六卷，內容包括：「尚書緯」，收書十八種，附一種；「春秋緯」，收書十五種；「易緯」，收書十二種；「禮緯」，收書三種；「樂緯」，收書三種；「詩緯」，收書三種；「論語緯」，收書五種；「孝經緯」，收書七種；「河圖緯」，收書十八種；「洛書緯」，收書七種。《四庫全書總目》卷三十三〈經部・五經總義類〉著錄此書，〈提要〉云：

明孫瑴編，瑴字子雙，華容人。考劉向（按：當作歆）《七略》不著緯書，然民間私相傳習，則自秦以來有之。……荀爽謂起自哀平，據其盛行之日言之耳。《隋志》著錄八十一篇，燔燒之後湮滅者多矣。至今僅有傳本者，朱彝尊《經義考》稱《易乾鑿度》、《乾坤鑿度》、《禮含文嘉》猶存；顧炎武《日知錄》又稱見《孝經援神契》。然《含文嘉》乃宋張師禹所撰，非其舊文；《援神契》則自宋以來不著於錄，殆炎武一時筆誤，實無此書，則傳於世者，僅《乾鑿度》、《乾坤鑿度》二書耳。皇上光崇文治，四庫宏開，二酉祕藏，罔弗津逮。又於《永樂大典》之中，搜得《易緯稽覽圖》、《通卦驗》、《坤靈圖》、《是類謀》、《辨終備》、《乾元序制記》六書，為數百年通儒所未見，其餘則仍不可稽。蓋遺編殘闕，十不存其一矣。瑴嘗雜採舊聞，分為四部，總謂之《微書》，一曰《焚微》，輯秦以前逸書；一曰《綫微》，輯漢晉閒箋疏；一曰《闕微》，徵皇古七十二代之文；一曰《刪微》，即此書。今三書皆不傳，惟此編在，遂獨被「微書」之名，實其中之一種也。所採凡《尚書》十一種，《春秋》十六種，《易》八種，《禮》三種，《樂》三種，《詩》三種，《論語》四種，《孝經》九種，《河圖》十種，《洛書》五種，以今所得完本校之，瑴不過粗存梗概。又唐瞿曇悉達《開元占經》去隋未遠，所引諸緯，如《河圖聖洽符》、《孝經雌雄圖》之類，多者百餘條，少者數十條，瑴亦未覩其書，故多所遺漏。又摘伏勝《尚書大傳》中〈洪範五行傳〉一篇，指為神禹所作，尤屬杜撰，然其採摭編綴，使學者生於千百年後，猶見東京以上之遺文，以資考證，其功亦不可沒。《經義考》「毖緯」一門所引據出穀書者十之八九，則用力亦可謂勤矣。

及至清代，輯佚的風氣更為興盛，這有兩個主要原因：一是由於清初文字獄的鉗制，學者多偏重從事考據之學。考據工作，主要是校勘、注釋和輯佚。一是乾隆年間編纂《四庫全書》時，詔諭館臣從《永樂大典》輯出佚書，學者受到鼓舞，乾隆以後，是清代輯佚風氣最盛的時期。

與明代以前的輯佚工作比較，清代的輯佚工作有下列的特色：

㈠明代以前所輯佚的對象，雖也及於四部之書，但是以詩文集為多，經、史、子三部圖書，僅限於少數個別的圖書，而且數量也不多。清代的輯佚圖書，不僅涉及四部圖書，而且有計畫、系統的從事輯佚工作，數量也多。

㈡明代以前從事輯佚時，泰半取材自類書。清代學者從事輯佚時，除了類書，其他如古注、政書、史傳、地志、筆記小說等，都成為鉤沉的對象。

㈢明代以前的輯佚成果，都是由私人完成。清代的輯佚工作，有些是由私人完成，有些則是由朝廷集合學者完成。

㈣明代以前所輯佚書，都是學者在抄書時發現佚書資料，隨手抄錄彙輯而成，所輯的佚書，是治學過程中的副產品。清代則有不少學者，以輯佚為其專業，終其一生，以輯佚為主要工作，因此，輯佚成果豐碩，貢獻最大。

清代輯佚的成果，這裡分官方和私人兩方面來談。

官方輯佚書以乾隆間編纂《四庫全書》時，四庫館臣從《永樂大典》輯出不少佚書。根據《四庫全書總目》書名下載明「永樂大典本」字樣的，「著錄」部分，共三八八種；「存目」部分，共一二八種，合計五一六種。其中如宋代薛居正所撰《舊五代史》一五〇卷《目錄》二卷、宋李心傳所撰《建炎以來繫年要錄》二〇〇卷等，都是篇帙相當大的重要著作。在這些從《永樂大典》輯出的圖書中，有一部分是後世仍有傳本，而館臣誤以為已佚而誤輯的，例如宋代王宗稷所撰的《東坡年譜》一卷，今《東坡全集》卷首載之，但館臣又從《大典》輯出。四庫館臣的輯佚工作，雖有缺失，但所輯佚書多達五百餘種，對文獻的貢獻，是值得肯定的。

至於私人的輯佚工作，成果更為豐碩。清代曾經從事輯佚的學者甚多，像朱彝尊、惠棟、余蕭客、任大椿、王謨、畢沅、孔廣林、章宗源、孫星衍、陳鱣、王紹蘭、張惠言、嚴可均、洪頤煊、臧庸、陳壽祺、陳喬樅、宋翔鳳、茆泮林、張澍、馬國翰、湯球、黃奭、喬松年、皮錫瑞、王仁俊等著名學者，都曾從事輯佚。其中以王謨、馬國翰、黃奭、王仁俊等人的成就最大。

王謨（一七三一—一八一七），字仁圃，一字汝麋，號汝上老人，江西金谿人。他的輯佚成果是《漢魏遺書鈔》及《漢唐地理書鈔》。據其〈漢魏遺書鈔序〉，此書分「經翼」、「別史」、「子餘」、「載籍」四大類，共輯得四、五百種。嘉慶三年（一七九八）「經翼鈔」完成，包括「易經翼」七種、「書經翼」八種、「詩經翼」十一種、「禮經翼」二十六種、「樂經翼」八種、「春秋三傳翼」二十二種、「論語翼」五種、「孝經翼」四種、「爾雅翼」二種、「孟子翼」二種、「諸經翼」十三種，計一〇八種，另附鈔五十四種。嘉慶四年（一七九九）一場大火，雕板盡成灰燼，嘉慶十一、二年間（一七八六—一七八七），重新付梓，但只完成一部分，現在所傳的《漢魏遺書鈔》僅收書一〇八種，這些都是「經翼鈔」中的書，所以又稱《經翼鈔》。另外的「別史」、「子餘」、「載籍」三類，不復整理付梓，其稿已佚。至於《漢唐地理書鈔》，原是《漢魏遺書鈔》「別史」類中的一門，原來分「天文星野及五帝三王地理書記」、「秦漢訖隋唐歷朝地理書記」、「漢魏訖唐諸州地理書記」、「漢魏訖唐諸郡國地理書記」、「五岳四瀆及諸名山川書記」、「歷代都邑宮闕寺廟書記」、「聖賢墟墓神仙洞府書記」、「各方故事異聞稗雜書記」、「行役征途經涉地理書記」、「四裔外國地理書記」、「諸州郡先賢耆舊仙真傳記」、「各州郡土產異物及本草道地書記」等十二門，但是今傳《漢唐地理書鈔》，僅有「天文星野及秦以前地理書」二十六種、「秦漢訖隋唐歷朝地理書」二十四種，餘均不可得見。

馬國翰（一七九四—一八五七），字詞溪，號竹吾，山東歷城人。馬氏所輯之書，彙為《玉函山房輯佚書》。此書有兩本，一是同治十年（一八七一）濟南皇華書局刊本，包括「經編」收書四百十五種，「史編」八種，「子編」一百五十一種；另有「補遺」，包括「經編」十八種，「子編」二種；末附馬氏讀書筆記《目耕帖》（三十一卷），即今通行本。一是光緒十五年（一八八九）李元琟補刊本，收書六百零五種，較為完備。

黃奭（一八〇九—一八五三），字右原，江蘇甘泉人。黃氏所輯之書，偏重漢魏六朝間的經、史、子三類著作，共二百八十餘種。黃奭卒後，道光中，其子黃澧延聘儀徵劉良甫整理編目，彙印成《漢學堂叢書》，收錄「經解逸書考」八十五種、「通緯逸書考」五十六種、「子史鉤沉逸書考」七十四種、附刊《高密遺書》十一種，共二百二十六種。民國十二年（一九二三），王鑒以多年搜訪所得黃氏初刻殘版數十種，重加修補，以原版各類篇首下均有「逸書考」三字，乃改名《黃氏逸書考》，於民國十四年（一九二五）印行，收書多達二百八十五種。民國二十三年（一九三四），江都朱長圻復據王本舊版補刻重印，又增佚書二種，是為今通行之本。

王仁俊（一八六六—一九一三），字捍鄭，一字感蒓，江蘇吳縣人。王氏自光緒十四年（一八八八）起，輯十三經漢注，於光緒十六年（一八九〇）完成《十三經漢注四十種輯佚書》。以此為基礎，陸續輯成《玉函山房輯佚書續編》、《玉函山房輯佚書補編》、《經籍佚文》三種。《玉函山房輯佚書續編》，共輯錄唐以前佚書二百七十二種，包括「經編」一百五十三種，「史編」四十種，「子編」七十九種。全書遵馬國翰《玉函山房輯佚書》的體例，所以沿用其名稱。《玉函山房輯佚書補編》，輯錄佚書一百四十種，專收史、地、志、傳方面的逸文。《經籍佚文》，輯錄佚書一百一十六種，包括經部十五種，史部二十二種，子部七十七種，集部二種。王氏所輯各書，一直到一九八九年才由上海古籍出版社據上海圖書館所藏稿本影印，總名為《玉函山房輯佚書續編三種》，並附《十三經漢注四十種輯佚書》。

梁啟超《清代學術概論》說：「吾輩尤有一事當感謝清儒者，曰輯佚。書籍經久必漸散亡，取各史〈藝文〉、〈經籍〉等志，校其存佚易見也，膚蕪之作，存亡固無足輕重；名著失墜，則國民之遺產損焉。乾隆中修《四庫全書》，其書之採自《永樂大典》者以百計，實開輯佚之先聲。此後茲業日昌，自周、秦諸子，漢人經注，魏、晉、六朝逸史、逸集，苟有片語留存，無不搜羅撮錄。其取材則唐、宋間數種大類書，如《藝文類聚》、《初學記》、《太平御覽》等最多，而諸經注疏及他書，凡可搜者無不徧。當時學者從事此業者甚多，不備舉。而馬國翰之《玉函山房輯佚書》，分經、史、子三部，集所輯至數百種，他可推矣。遂使《漢志》諸書，《隋唐志》久稱已佚者，今乃纍纍現於吾輩之藏書目錄中，雖復片鱗碎羽，而受賜則既多矣。」這一段話，不僅說明清人在輯佚方面的貢獻，也說明了輯佚在文獻整理工作上的重要。

五、編纂

所謂「編纂」，就是將文獻依讀者的需要，用不同的方式彙輯成編，以方便檢索的一種文獻整理方式。用編纂的方法整理保存文獻，由來已久。《史記・孔子世家》云：「古者詩三千餘篇，及至孔子，去其重，取可施於禮義，……三百五篇。」孔子刪《詩》之說未必可信，但是將當時各地的歌謠、通行的正樂及祀祖歌，輯編成包括「風」、「雅」、「頌」的《詩（經）》，就是一種編纂的工作。西漢的劉向將戰國時遊士的策謀彙編為《戰國策》，也是編纂的工作。

綜觀歷來用編纂方式整理文獻的方式，大致有下列幾種：

㈠編纂「類書」：如唐代歐陽詢撰《藝文類聚》（一〇〇卷）、虞世南撰《北堂書鈔》（一六〇卷）、徐堅等撰《初學記》（三〇卷）、宋代李昉等撰《太平御覽》（一〇〇〇卷）、明代解縉等撰《永樂大典》（二二八七七卷）、清蔣廷錫等撰《古今圖書集成》（一〇〇〇〇卷）等。

㈡編纂「叢書」：如宋代俞鼎孫、俞經所編《儒學警悟》、左圭所編《百川學海》、元代陶宗儀所編《說郛》、明代陳繼儒所編《寶顏堂祕笈》、清代官修的《四庫全書》、近人張元濟所編《四部叢刊》等。

㈢輯編「總集」：「總集」之目，始自《隋書・經籍志》。《隋志》小序云：「總集者，以建安之後，辭賦轉繁，眾家之集，日以滋廣，晉代摯虞，苦覽者之勞倦，於是採擿孔翠，芟剪繁蕪，自詩賦下，各為條貫。合為編之，謂為《流別》。是後又集總鈔，作者繼軌。屬辭之士，以為覃奧，而取則焉。」並以摯虞《文章流別集》（四十一卷）為總集之首。

此後，總集之作，日益增多。今根據其所收作品之內容、性質，將總集分為十一類：

1. 通代之屬：如梁蕭統編、唐李善注《昭明文選》（六十卷）、宋李昉等輯《文苑英華》（一〇〇〇卷）、陳徐陵輯《玉臺新詠》（十卷）、明馮惟訥輯《古詩紀》（一五六卷）、清曾國藩輯《經史百家雜鈔》（二十六卷）等。

2. 斷代之屬：如明梅鼎祚輯《西漢文紀》（二十四卷）、宋王安石輯《唐百家詩選》（二十卷）、明梅鼎祚編《宋文紀》（十八卷）、宋呂祖謙編《宋文鑑》（一五〇卷）、元蘇天爵編《元文類》（七十卷）等。

3. 方域之屬：如宋鄭虎臣編《吳都文粹》（十卷）、明程敏政編《新安文獻志》（一〇〇卷）、明周復俊編《全蜀藝文志》（六十四卷）、清桂中行編《徐州詩徵》（八卷）、近人黃得時編《板橋詩苑別集》（一卷）等。

4. 氏族之屬：如宋不著編人《三蘇先生文集》（七十卷）、明楊慎編《嘉樂齋選評註三蘇文範》（十八卷）、明蕭翠編《二妙詩集（金段克己、段誠己）》（十三卷）、元譚善心編《河南程氏文集》（十二卷）等。

5. 唱酬之屬：如晉王羲之等撰《蘭亭集》（一卷）、唐陸龜蒙輯《松陵集》（十卷）、宋邵浩輯《坡門酬唱集》（二十三卷）、宋鄧忠臣等撰《同文館唱和詩》（十卷）、清乾隆五十五年敕編《欽定千叟宴詩》（三十六卷）等。

6.題詠之屬：如宋吳渭輯《月泉吟社》（一卷）、清康熙四十五年敕輯《御定佩文齋詠物詩選》（四八六卷）、清康熙四十六年敕輯《御定歷代題畫詩類》（一二〇卷）、清袁枚輯《隨園雅集圖題詠》（一卷）等。

7.輓頌之屬：如明朱之蕃編《蘭嵎朱宗伯彙選當代名公鴻筆百壽類函》（八卷）、明不著編人《尊腰館七十壽言》（一卷）《八十壽言》（三卷）等。

8.謠諺之屬：如清范寅撰《越諺》（三卷）、清杜文瀾輯《古謠諺》（一〇〇卷）、清馬國翰輯《農諺》（一卷）等。

9.尺牘之屬：如明沈佳胤輯《翰海》（十二卷）、清周亮工輯《尺牘新鈔》（十二卷）、清王虎榜輯《分類尺牘備覽》（三十卷）、近人潘承厚編《明清藏書家尺牘》（不分卷）等。

10.課藝之屬：如明茅維編《皇明策衡》（二十二卷）、明蔣一葵編《皇明狀元全策》（十二卷）、明焦竑、吳道南同編《歷科廷試狀元策》（七卷）、清周大樞選釋《應試排律精選》（六卷）等。

11.雜錄之屬：如清阮元編《學海堂集》（十六卷）、清嚴錫康編《滇海雪鴻集》（一卷）等。

「總集」之編輯，在文獻上的貢獻有四：

1.將同一性質的作品彙為一編，方便索閱。

2.許多作家的別集已無傳本，他們的作品，每每賴總集才得以傳世。

3.兩千餘年來，作品繁夥，其中朱紫雜陳，良莠均有，透過總集的編纂工作，可以去蕪存菁。

4.透過總集，可以看出不同時代的衡文標準及每一時代的創作風尚。

(四)編輯「目錄」：漢代天下初定時，即開始廣徵圖書，《漢書・高祖本紀》說：「天下既定，命蕭何次律令，韓信申軍法，張蒼定章程，叔孫通制禮儀，陸賈造《新語》。又與功臣剖符作誓，丹書鐵契，金匱石室，藏之宗廟，雖日不暇給，規摹弘遠矣。」可見當時所徵集圖書之盛。可是由於未加整治，書籍逐漸散佚。到了成帝河平三年（前二十六年），以圖書頗多散亡，乃詔劉向等校書。每校一書，輒條其篇目，論其旨歸，撰為「敘錄」。這些「敘錄」，除載在本書外，並將眾錄彙為一編，名曰《別錄》。劉向卒，其子劉歆，領校五經，卒其父業，將群書分為「輯略」、「六藝略」、「諸子略」、「詩賦略」、「兵書略」、「術數略」、「方技略」，編為《七略》一書，於是宮中藏書得以傳存。可知編輯目錄，是整理文獻的基本方法。

目錄的種類很多。依其編撰目的之不同，可區分為四種：

1. 目錄家之目錄：這種目錄，旨在反映藏書情形，以便檢索之需，所以僅著錄書名、卷數、作者等，如明代楊士奇等所撰《文淵閣書目》（二〇卷）、清代孫星衍所撰《孫氏祠堂書目》（四卷）等。

2. 藏書家之目錄：此種目錄，旨在反映藏書之特色，因此，除了著錄書名、卷數、作者外，並詳著版本，尤強調宋元本，如清代丁丙所撰《善本書室藏書志》（四十卷）、陸心源所撰《皕宋樓藏書志》（一二〇卷）《續志》（四卷）等。

3. 學術家之目錄：這種目錄，旨在提供治學者取資，因此，除特別注意分類工作外，於部類之前撰有總序及小序，以說明學術源流及遞嬗；復於每一書撰有解題，以說明一書之作者、內容、流傳，並評論其得失。如宋晁公武所撰《郡齋讀書志》（二〇卷）、清代永瑢等所撰《四庫全書總目》（二〇〇卷）等。

4. 此種目錄，旨在呈現宋、元版刻及精刊本的藝術價值，因此於行款及鈐章等著錄得格外詳細，如清于敏中、彭元瑞等所撰《天祿琳琅書目》（一〇卷）《後編》（二〇卷）等。

目錄在文獻上的功用有：

1.考知典籍的存佚：多數的目錄，都是著錄當時見存之書，因此，學者可據考知當時圖書的存佚情形。例如將《漢書・藝文志》、《隋書・經籍志》、《新唐書・藝文志》、《宋史・藝文志》之比對，得知歷代圖書的流傳及亡佚情形。

2.甄辨圖書的真偽：目錄每有辨偽之語，可供辨偽書者參考取資。以班固《漢書・藝文志》為例，其中就有不少辨偽的文獻，例如：

《文子》九篇。《注》云：「老子弟子，與孔子並時，而稱周平王問，似依託者也。」

《黃帝君臣》十篇。《注》云：「起六國時，與《老子》相似也。」

《力牧》二十二篇。《注》云：「六國時所作，託之力牧。力牧，黃帝相。」

《神農》二十篇。《注》云：「六國時，諸子疾時怠於農業，道耕農事，託之神農。」

《天乙》三篇。《注》云：「天乙謂湯。其言非殷時，皆依託也。」

其他如晁公武《郡齋讀書志》、陳振孫《直齋書錄解題》及《四庫全書總目提要》等目錄，也有許多辨偽的資料。

此外，也可從目錄著錄的情形，考訂偽書。例如某書《漢志》著錄，《隋志》不著錄，但是到了《唐志》又出現，則此書在《唐志》所見者，可能是偽書。又如某一書在《漢志》僅二卷，到了《隋志》成為五卷，到了《唐志》又成為十卷，時代越晚，卷數越多，則此書可能是後人偽造。明代胡應麟所著《四部正譌》，談到辨偽之方法有八，他說：

> 凡覈偽書之道：覈之《七略》，以觀其源；覈之群志，以觀其緒；覈之並世之言，以觀其稱；覈之異世之言，以觀其述；覈之文，以觀其體；覈之事，以觀其時；覈之撰者，以觀其託；覈之傳者，以觀其人。覈茲八者，而古今贗籍亡隱情矣。

胡氏的辨偽八法中，前兩者就是用目錄從事辨偽。《七略》，就是漢代劉歆的《七略》。「群志」，就是指《漢書・藝文志》、《隋書・經籍志》、《新唐書・藝文志》、《宋史・藝文志》等史書中的經籍、藝文志及其他各種公私藏書目錄。

梁啟超在《古書真偽及其年代》一書的第四章〈辨別偽書及考證年代的方法〉中，根據胡應麟的八個方法，歸納為兩個系統：一是就傳授統緒上辨別，一是就文義內容上辨別。前者和《四部正譌》的第一、第二、第七、第八等四個方法相近；後者和《四部正譌》的第三、第四、第五、第六等四個方法相近。「就傳授統緒上辨別」，梁氏又分八項：

(1)從舊志不著錄，而定其偽或可疑。

(2)從前志著錄，後志已佚，而定其偽或可疑。

(3)從今本和舊志說的卷數、篇數不同，而定其偽或可疑。

(4)從舊志無著者姓名，而定後人隨便附上去的姓名是偽。

(5)從舊志或注家已明言是偽書，而信其說。

(6)後人說某書出現於某時，而那時人並未看見那書，從這上可斷定那書是偽。
(7)書初出現，已發生許多問題，或有人證明是偽造，我們當然不能相信。
(8)從書的來歷曖昧不明，而定其偽。

梁氏所說的「舊志」、「後志」云云，即指歷代史書的經籍、藝文志及各種公私藏書目錄。葉德輝《藏書十約》說：「鑑別之道，必先自目錄學始。」正足以說明目錄在文獻真偽甄辨上的功用。

3. 考見佚書的內容：今存典籍，學者可取而閱讀，若欲考見佚籍的內容，則目錄是最重要的文獻。今舉數例如下：

例一 《新唐書・藝文志・雜史類》著錄唐代李德裕所撰《會昌伐叛記》一卷，此書久佚。宋代鄭樵《通志・藝文略》著錄此書，云：「記李德裕相武宗，破回鶻，平劉稹。」宋代陳振孫《直齋書錄解題》雜史類也著錄此書，云：「記平澤潞事。」根據這兩種目錄，大致可考見李書內容的梗概。

例二 《宋史・藝文志・傳記類》著錄《虜庭雜記》十四卷，云：「不知作者。」此書久佚。考《郡齋讀書志》卷七〈偽史類〉著錄《虜庭雜記》十卷，晁氏曰：「右契丹降人趙志忠撰，記虜廷雜事，始於阿保謹，迄邪律宗真。李清臣云：『志忠仕虜為中書舍人，得罪宗真，來歸，上此書及契丹地圖，言契丹事甚詳。』」根據《晁志》，得以考見三事：一是此書當時有兩個傳本，一作十四卷，一作十卷。二是此書作者是趙志忠。三是此書之內容。

4. 記載版刻資料：宋以後，版刻興盛，於是宋代以後目錄多載版刻資料。清葉德輝《書林清話》卷一〈古今藏書家記版本〉云：「古人私家藏書，必自撰目錄。今世所傳，宋晁公武《郡齋讀書志》、陳振孫《直齋書錄解題》是也。其時，有李淑《邯鄲圖書志》十卷，載《晁志》、《陳錄》。荊南田鎬《田氏書目》六卷，載《晁志》。……諸家所藏，多者三萬卷，少者一、二萬卷，無所謂異本、重本也。自鏤版興，於是兼言版本，其例創於尤袤《遂初堂書目》。目中所錄，一書多至數本，有『成都石經本』、『祕閣本』、『舊監本』、『京本』、『江西本』、『吉州本』、『杭本』、『舊杭本』、『嚴州本』、『越州本』、『湖北本』、『川本』、『川大字本』、『川小字本』、『高麗本』。此類書以正經正史為多，大約皆州郡公使庫本也。」到了清代，公私藏書目錄記載版本者漸多，公藏者如清代于敏中、彭元瑞等所編《天祿琳琅書目》（十卷）《後編》（二十卷），私藏者如張金吾所撰《愛日精廬藏書志》（三十六卷）《續志》（四卷）、丁丙《善本書室藏書志》（四十卷）等，都載有板本資料。

六、考佚

所謂「考佚」，就是從事佚書的考述工作。「考佚」與「輯佚」不同。「輯佚」只是將佚書鉤輯出來；「考佚」則是進一步考論佚書的作者、篇卷、真偽、流傳、亡佚時代及內容等問題。清代朱彝尊《經義考》（三〇〇卷）、謝啟昆《小學考》（五十卷）、章宗源《隋書經籍志考證》（史部）、姚振宗《隋書經籍志考證》、近人張國淦《中國古方志考》等，雖然不是專為考訂佚書而作，但其中所考述者，不少是佚書。筆者所撰《宋史藝文志史部佚籍考》❷一書，則專考佚書之作。此書所考訂的圖書，以《宋史・藝文志》史部所著錄而今已亡佚者為範圍。凡其書已佚而不傳者，或雖佚而後人有輯本的，都是考述的對象。全

❷ 此書於民國七十三年（一九八四）四月，由國立編譯館叢書委員會印行，共一一九八頁。

書分上下兩編：上編為已佚而無輯本者；下編為已佚而有輯本者。每一書仿《四庫全書總目提要》之例，於撰人的生平及著作內容等，加以考述。撰人之考索，其資料或得自史傳，或採自方志，或引自碑銘，或擷自年譜，其詳略去取，視需要而定。於著作內容的考訂，則有關序跋及足資論證的文獻，視實際需要引錄之。如佚文尚可鉤稽而有助於考證者，也加以徵引，以資考核。筆者〈自序〉云：「稽考今存宋人之書，已非易事，而探究佚書，尤為艱難，蓋文獻不足故也。所幸今存宋人之文集、筆記、小說、方志、類書等，尚不乏可取資者。爰博採有關文獻，爬梳董理，歷三歲而撰成斯編。芻見所及，蓋有數端：一曰辨《宋志》史部各書之存佚情形：史部十三類凡著錄二千一百四十七部，今存者僅二百七十餘部，殘者四十餘部，輯者四十餘部，他並亡佚。《宋志》史部諸書中，以地理類為最多，凡四百七部，今存者僅二十餘部，其亡佚亦視他類為甚。於以見宋元以來，史部書盛衰之大勢，或可供治史學史者之參考也。二曰正《宋志》史部之謬誤：《宋志》之叢脞，前人多論及之，然未詳言謬誤所在。本編得其誤處凡二百餘條：或漏略卷數、撰人，或誤署作者，或書名誤題，或一書複出，或誤入他類，凡此皆逐條訂正。三曰據歷代公私藏書目錄，論其亡佚之約略時代；其有輯本者，則考其輯佚所據之書及諸本之異同。四曰探究佚書撰著之緣由及其內容，俾略知原書之情狀。」

「考佚」工作，在文獻上的功用，在於使亡佚之書，經過考證，一方面俾學者了解前人的著述，一方面提供研究者更豐富的研究資料。

七、補　缺

所謂「補缺」，就是原書有不全者或殘缺者，為之從事增補的工作。為古書從事補缺的工作，起源甚早。例如《史記（太史公書）》一書，《漢書・藝文志・六藝略》著錄一百三十篇，班固《注》云：「十篇有錄無書。」也就是說，《史記》一書在西漢時僅有一百二十篇而已。到了漢元帝、成帝之間，褚少孫為之補缺。裴駰《史記集解》云：「按《漢書音義》曰：『十篇缺，有錄無書。』張晏曰：『遷沒之後，亡〈景紀〉、〈武紀〉、〈禮書〉、〈樂書〉、〈兵書〉、〈漢興以來將相年表〉、〈日者列傳〉、〈三王世家〉、〈龜策列傳〉、〈傅靳蒯列傳〉。元、成之間，褚先生補缺，作〈武帝紀〉、〈三王世家〉、〈龜策〉、〈日者列傳〉，言辭鄙陋，非遷本意也。』」

這種補缺的工作，在清代最為盛行。清人所從事補缺的對象，又以史書及文集為最多。史書方面，如清孫星衍《史記天官書補目》（一卷）、盧文弨《史記惠景間侯者年表校補》（一卷）等，是對《史記》的補缺。姚振宗的《漢書藝文志拾補》（六卷）、萬斯同的《新莽大臣年表》（一卷）等，是對《漢書》的補缺。錢大昭的《補續漢書藝文志》（一卷）、侯康的《補後漢書藝文志》（四卷）、顧櫰三的《補後漢書藝文志》（十卷）、姚振宗的《後漢藝文志》（四卷）等，是對《後漢書》的補缺。侯康的《補三國藝文志》（四卷）、姚振宗的《三國藝文志》（四卷）等，是對《三國志》的補缺。畢沅的《晉書地理志新補正》（五卷）、文廷式的《補晉書藝文志》（六卷）等，是對《晉書》的補缺。郝懿行的《補宋書刑法志》（一卷）、盛大士的《宋書補表》（四卷）等，是對《宋書》的補缺。其他各史，也都有補缺之作。

至於文集，也有許多補缺之作。例如元代吾丘衍所撰《竹素山房詩集》（三卷），頗有遺佚。清光緒中丁丙輯刊《武林往哲遺著》，即收錄此書，並從元孟宗寶的《洞霄詩集》（十四卷）、舊題明朱存理所編

《鐵網珊瑚》（十六卷）、明曹學佺編《元詩選》（五〇卷）等三書中輯得七首，編為《補遺》一卷。所收七首之目為：

〈游大滌呈介石先生〉、〈會孟集虛五言寫意〉、〈懷鄧葉二逸人〉、〈清都詞〉二首（以上見《洞霄詩集》）。〈吾子行小篆杜詩帖〉（見《鐵網珊瑚》）。〈別仇山邨〉（見《元詩選》）。

其中〈別仇山邨〉一詩，為吾丘衍在至大三年（一三一〇）為人所累被攝，得釋，不勝其恚，自投西湖而死前寫給好友仇遠的絕筆詩，詩云：「劉伶一鍤事徒然，蝴蝶飛來別有天；欲語太玄何處問，西泠西畔斷橋邊。」讀之令人泫然！

又如元代顧瑛所撰詩集《玉山璞稿》，《四庫全書》本僅一卷，收詩近百首，文一篇，遺佚甚多。清乾隆年間，鮑廷博從諸書輯得一卷本所未收之詩文詞共二百餘首，編為《逸稿》四卷：卷一自《玉山草堂雅集》輯詩三十七首。卷二自《玉山草堂名勝集》輯詩七十四首，詞一闋，記二篇。卷三自《玉山名勝外集》輯詩三十七首，詞一闋。卷四自《西湖竹枝詞》輯詩二首；自《鶴林類集》輯詩四首；自《名蹟錄》輯詩五首，偈二首；自《珊瑚木難》輯詩三首；自《鐵網珊瑚》輯詩十六首；自《檇李詩繫》輯詩五首；自《書畫題跋記》輯詩一首；自《姑蘇志》輯詩二首；自《崑山雜詠》輯詩三首；自《珊瑚屑》輯詩三首；以汲古閣刻本輯詩一首；自《書畫彙考》輯詩二首；自《清河書畫舫》稿本輯詩一首；自舊輯《玉山璞》輯詩一首，文一篇；自《草元閣後集》輯詩一首；自《澹游集》輯詩五首；自《吳都文獻》輯詩五首。

「補缺」大致有兩個方式：一是補原書所無者，如姚振宗《後漢藝文志》（四卷），《後漢書》本無藝文志，姚氏補之。一是補原書所缺佚者，如丁丙之補吾丘衍詩、鮑廷博補顧瑛《玉山璞稿》之缺。不論何種方式，這種整理文獻的方式，能使文獻更完整、更豐富，自然有功於文獻。

第二節　近五十年臺灣地區整理文獻的成果

近五十（一九四一—二〇〇〇）年來，臺灣地區在文獻的整理工作方面，有相當可觀的成果。臺灣地區整理文獻的工作，大致可區分為兩個系統：一是各大學文史研究所的研究生，他們每以與文獻有關的領域，作為論文題目，完成了許多與文獻整理有關的論文；另一則是各出版社、研究機構或學者從事文獻的整理編輯與出版工作。今就這兩方面為之論述，以見近五十年國內整理文獻的成果。

一、臺灣地區博碩士論文在整理古籍方面的成果

㈠前　言

臺灣在四十年代即設有研究所，中國文學研究所則於一九五四年開始設置，迄今臺灣地區已有約二十所大學設有中國文學（語文）研究所。研究生的畢業論文，多數與古典文學或現代文學有關，其中與文獻整理有關者亦不少。除了中文研究所，其他如歷史研究所、哲學研究所及圖書館學研究所等，部分學位論文也與古籍整理有關。

本文所稱博碩士論文，就是以中文研究所的博碩士論文為主，輔以歷史、哲學及圖書館等研究所與整理古籍有關的論文。所稱與整理古籍有關，即論文的內容及寫作方式，與校勘、注釋、敘錄、輯佚、

辨偽、引書考、佚書考等整理文獻有關者。至於論文雖以古籍為對象，然與古籍整理無密切關係者，如《元散曲研究》、《李杜詩比較研究》、《王肅之經學》等，則不在此討論的範圍。

㈡博碩士論文所呈現整理古籍的方式

學位論文的撰寫，有一定的基本要求：在形式上，要符合論文寫作規範；在內容上要能引用新文獻並提出創見。在這些限制下，有些整理古籍的方式，並不適合於當作學位論文，例如分章斷句、編製目錄索引及純粹的輯佚等，由於不易有太多創見，所以這些工作，迄今還沒有把它當學位論文的例子。

為了方便觀察這些年來臺灣地區博碩士論文在整理古籍方面的成果，現在先把與整理古籍有關的論文，依其研究的性質，分成若干類別，每一類別各舉若干篇為例。透過這種分類舉例，可以大致了解博碩士論文在整理古籍時所從事的重點及方式。

1. 注釋

這是傳統的訓詁工作，包括：注、箋、疏、集解、傳等體制。例如：

《碧山詞箋注》　高金賢撰　一九七〇年輔仁大學中文研究所。《詩品彙注》　李徽巖撰　一九七〇年臺灣大學中文研究所。《段安節樂府雜錄箋訂》　洪惟助撰　一九七二年政治大學中文研究所。《鶡冠子箋疏》　張金城撰　一九七四年臺灣師範大學國文研究所。《顧太清研究及東海漁歌箋注》　吳光濱撰　一九七五年中國文化大學中文研究所。

2. 校勘

例如：

《論衡校證》　田宗堯撰　一九六三年臺灣大學中文研究所。《世說新語注校正》　王富祥撰　一九六六年中國文化大學中文研究所。《淮南子斠正》　鄭良樹撰　一九六七年臺灣大學中文研究所。《孔子家語校證》　楊衛中撰　一九六九年臺灣大學中文研究所。《淮南子校訂》　于大成撰　一九七〇年臺灣師範大學國文研究所。

3. 校注

此「校」與「注」同時進行者，如：

《夢窗詞校訂箋注》　黃少甫撰　一九六五年臺灣師範大學國文研究所。《浣花集校注》　江聰平撰　一九六八年臺灣師範大學國文研究所。《東皋子集校注》　簡有儀撰　一九七〇年輔仁大學中文研究所。《華陽國志校注》　蒲志煊撰　一九八〇年中國文化大學中文研究所。《碧雞漫志校箋》　徐信義撰　一九八一年臺灣師範大學國文研究所。

4. 敘錄

包括解題、提要及著述考，如：

《宋詩話敘錄》　陳幼睿撰　一九六〇年臺灣師範大學國文研究所。《歷代詞話敘錄》　王熙元撰　一九六三年臺灣師範大學國文研究所。《汲古閣六十種曲敘錄》　金夢華撰　一九六五年臺灣師範大學國文研究所。《清代尚書著述考》　古國順撰　一九七五年政治大學中文研究所。《唐代小說敘錄》　王國良撰　一九七六年政治大學中文研究所。

5. 佚書考

包括佚籍考述及引佚書考，均於佚籍的整理有所貢獻，如：《禮記正義引佚書考》　何希淳撰　一九六四年臺灣師範大學國文研究所。《先秦諸子考佚》阮廷卓撰　一九六八年臺灣師範大學國文研究所。《馬廷鸞及其佚文》　黃筱敏撰　一九六九年臺灣大學中文研究所。《魏晉南北朝易學考佚》　黃慶萱撰　一九七二年臺灣師範大學國文研究所。《宋史藝文志史部佚籍考》　劉兆祐撰　一九七三年臺灣師範大學國文研究所。

6.辨僞

整理古籍，需先辨其眞正作者及正確的成書時代，因此辨僞之作亦與古籍之整理有關。如：《尹文子辨證》　蒙傳銘撰　一九五九年臺灣師範大學國文研究所。《列子辨僞》　朱守亮撰　一九六一年臺灣師範大學國文研究所。《王制著成之時代及其制度與周禮之異同》　陳瑞庚撰　一九六九年臺灣大學中文研究所。《黃帝四經考辨》　朱曉海撰　一九七六年臺灣大學中文研究所。《豐坊與姚士粦》　林慶彰撰　一九七八年東吳大學中文研究所。

7.引書考

此類論文，一方面爬梳引書，一方面也從事所引書與後代傳本的比勘。前者有書名、作者索引的功能，後者有校讎的功用。這兩者都對整理古籍有一定的貢獻。如：《淮南子引用先秦諸子考》　麥文郁撰　一九六〇年臺灣大學中文研究所。《玄應一切經音義引說文考》　陳煥芝撰　一九六九年中國文化大學中文研究所。《先秦典籍引尚書考》　許錟輝撰　一九七二年臺灣師範大學國文研究所。《唐人類書引說文考》　徐傳雄撰　一九七〇年輔仁大學中文研究所。《太平御覽引史籍考》　陳老福撰　一九七六年政治大學中文研究所。

8.版本的考訂

考訂一書的傳本，可知傳本的優劣，於整理古籍時提供版本的擇定，所以這類論文，也有助於古籍的整理。如：

《儀禮漢簡本考證》　王關仕撰　一九六六年臺灣師範大學國文研究所。《蘇東坡著述版本考》　王景鴻撰　一九六九年臺灣大學中文研究所。《李白及其詩之版本》　唐明敏撰　一九七五年政治大學中文研究所。《帛書本老子校釋》　吳福相撰　一九七九年中國文化大學中文研究所。《紅樓夢版本研究》　王三慶撰　一九八〇年中國文化大學中文研究所。

9.考釋一書的凡例

前人著述，書前多不言其例，讀者每感不便，所以考釋一書的凡例，也是整理古籍的一種方法，如：

《廣雅疏證釋例》　方俊吉撰　一九七〇年政治大學中文研究所。《爾雅義疏指例》　蔡謀芳撰　一九七二年臺灣師範大學國文研究所。《朱子詩集傳釋例》　陳美利撰　一九七二年政治大學中文研究所。《毛傳釋例》　施炳華撰　一九七四年政治大學中文研究所。《王先謙莊子集釋義例》　賴仁宇撰　一九七六年臺灣師範大學國文研究所。

10.書目的整理與研究

書目本身為整理古籍的成果，從事書目的整理及研究，一方面對該書目從事整理，一方面也有助於建立整理古籍的基礎文獻。所以這一類的作品，也視之為整理古籍的一種方式。如：

《增訂書目答問補正史部》　喬衍琯撰　一九六〇年臺灣師範大學國文研究所。《清代禁燬書目研究》　吳哲夫撰　一九六八年政治大學中文研究所。《玉海藝文部研究》　陳仕華撰　一九八四年東吳大學中文研究所。《千頃堂書目研究》　周彥文撰　一九八五年東吳大學中文研究所。《新舊唐書藝文志研究》　楊果霖撰　一九九四年中國文化大學中文研究所。

11. 一書的綜合研究

就某一專書從事綜合研究，通常包括作者的生平、版本、校注及相關資料的考述，這些資料於該書的整理，頗有助益。如：

《晏子春秋研究》　王更生撰　一九六六年臺灣師範大學國文研究所。《揚子法言研究》　藍秀隆撰　一九七二年政治大學中文研究所。《小爾雅考釋》　許老居撰　一九七三年臺灣師範大學國文研究所。《廣雅考》　梁春華撰　一九七五年政治大學中文研究所。《周書研究》　黃沛榮撰　一九七六年臺灣大學中文研究所。

以上係就博碩士論文中，選出與整理古籍有較直接關係者，歸納為十一種形式，每一形式，各舉五篇論文，以見一斑。從這些篇目，大致可以概見博碩士論文在整理古籍中所從事的方向。

㈢博碩士論文在整理古籍方面的成果與檢討

上面把博碩士論文中與古籍整理有關者歸納為十一類，一方面固然可看出博碩士論文在從事古籍整理所呈現的形式與重點，一方面也可藉以看出博碩士論文在古籍整理方面的成果。不過，由於篇幅所限，未能將每一種形式的論文，悉數列舉。今綜觀全部論文，它們在古籍整理方面的成果，可歸納為幾點來說明：

1.在與古籍整理有關的論文中，以「注釋」或「校釋」古籍的論文，為數最多。訓詁是漢代以來學者整理古籍最主要的一種方法，其體制雖有注、箋、疏、集解、發微、章句等多種，但是訓詁的目的則是一樣，即為了方便讀者閱讀。歷代的訓詁工作，偏重於經部和子部，於集部的注釋，除了主要的文學家作品外，多數詩文集尚無注本。在博碩士論文中，則偏重於詩文集的注釋，這是由於這些論文多數由中文研究所的研究生完成，偏重詩文集的校釋，是很自然的事。經部、史部、子部的校釋工作，雖較集部為少，但也有一定的成果。這些為古籍從事校釋，為讀者提供古籍注本，是博碩士論文對古籍整理最顯著的一項成果。

2.除了注釋工作外，其他如校勘、辨偽、版本的考訂、一書的綜合研究等方面的論文，也為數可觀，這些論文也對古籍整理有所貢獻。

3.一些與整理古籍無直接關係的論文，則為整理古籍提供豐富的文獻基礎。譬如有的研究作者的生平（如《蘇東坡年譜會證》　王保珍撰　一九六〇年臺灣大學中文研究所），有的研究作品風格（如《李白詩研究》　呂興昌撰　一九七三年臺灣大學中文研究所），有的研究古籍的文法（如《世說新語語法研究》　詹秀惠撰　一九七五年臺灣大學中文研究所），這些作品，在形式上雖與古籍整理無直接關係，但卻為未來整理古籍時，提供豐富的資料。例如研究作品理論、風格的論文，為將來從事古籍賞析工作時提供資料；研究某一學者著述考的作品，為將來編輯全集或叢書時，提供文獻基礎。所以，從古籍整理所需要的文獻角度來看，所有與古籍有關的論文，都對古籍整理有所助益，只不過有些是直接的，有些則是間接的。

這些博碩士論文固然為數不少，對古籍整理也有一定的貢獻，但也有值得檢討的地方：

1. 多數論文偏重於文學作品，於史部、子部的整理較少。古籍的整理，應是全面性的。如果能有完整的計畫，把四部要籍，依類別及時代先後，依次整理，才能早日完成整理古籍的工作。

在集部的著作裡，也發現偏重於唐宋作品的注釋與校勘，並且不少是重複的。譬如同是孟浩然的詩，就有張學波的《孟浩然詩校注》與游信利的《孟浩然集箋注》；同是王安石的作品，就有李康馨的《王荊公詩析論》、李燕新的《王荊公詩探究》、林敬文的《王安石研究》、梁貴淑的《王安石絕句探析》等；蘇東坡的詩文，也有十餘篇博碩士論文在研究，其中內容多有所重複，實在是人力的浪費。如果能對還沒有整理、研究過的古籍，從事注釋、校勘等整理工作及研究，整理古籍的成果，必更加顯著。

2. 博碩士論文，由於多由個人獨立完成，同時修業年限有一定的規定，因此所整理、研究的古籍，都選擇篇幅較小的；一部分涉及部帙較大的古籍，如叢書、類書等，也只能就其中一小部分從事研究整理。所以筆者以為學位論文的撰寫，似可考慮用集體研究的方式，即多人共同從事同一書的整理研究，每人提出其所負責部分的研究成果為學位論文，則部帙巨大的古籍，才有機會從事整理與研究。

3. 出版社未能充分利用博碩士論文的成果。目前博碩士論文，一部分由各校編印集刊公開印行，一部分則由研究生自行出版，出版社在影印或排印古籍時，很少能利用這些博碩士論文，以與古籍同時印行。因此，出版社如能與各校合作，把研究生論文的成果，充分利用，一方面能讓研究成果廣為流傳，一方面能賦予古籍新的面貌。

4.詳細檢視博碩士論文所涉及的古籍，無一是未刊行的稿本善本書。臺灣地區圖書館所藏善本圖書中，稿本為數不少，以臺北國家圖書館為例，即多達四八三種，這些稿本，亟待整理印行。目前除已影印出版一部分外，國家圖書館限於人力，僅整理出版數種而已。以清代翁方綱的著作而言，國家圖書館有翁氏手稿《復初齋文稿》二十卷、《詩稿》六十七卷、《筆記稿》十五卷、《札記稿》不分卷，共一百三十八冊。筆者曾以之與翁氏已刊的《復初齋文集》三十五卷（清光緒刊本）、《復初齋詩集》七十卷（清道光二十五年刊本）、《復初齋集外詩》二十四卷、《復初齋文集》四卷（清同治六年刊本）等書比勘，發現稿本所載還有很多是未收在已刊的各書中，也有很多詩文，稿本和刊本頗多異文。如果能把這部稿本加以整理，排印出版，則翁氏詩文，將有最完善的本子。迄至目前，所有博碩士論文，還沒有人從事稿本的整理和研究，是一件很遺憾的事。

二、臺灣地區（一九四五—二〇〇〇）整理中國文學文獻的成果

回顧臺灣地區自一九四五年以來，整理中國文學方面的文獻，在編輯目錄及纂輯叢書方面，成果較為顯著；在輯佚方面，則幾乎付之闕如。本篇根據臺灣近五十餘年來整理中國文學文獻的實際成果，分「目錄」、「索引」、「叢書」、「總集」、「年鑑（大事記）」等五項，加以論述。

㈠目　錄

一九四九年以前所編纂的文學書目，為數甚少。其中孫楷第所編的《中國通俗小說書目》（北平　國立北平圖書館出版，一九三三），算是較為學術界所重視的書目。一九四九年以後，在臺灣地區，由於各

公共圖書館編纂聯合書目，再加上古典文學與現代文學的研究，蓬勃興盛，出版了甚多的文學著作。為了方便學者檢索，文學書目的編纂，也就有了相當可觀的成績。

為了方便論述，分「綜合目錄」和「專科目錄」兩類。所謂「綜合目錄」，是指目錄中所收的圖書，涵蓋經、史、子、集四部的著作，或目錄中兼收詩、文、詞、曲、小說、戲劇等各體文學著作。所謂「專科目錄」，則指目錄中所收的圖書，僅限於一種文學體裁的著作，如小說目錄、文學史目錄等。

1.綜合目錄

首先要提到的，是臺灣所藏善本書及普通本線裝書聯合書目。

臺灣幾個重要的公共圖書館及研究教學機構，藏有為數可觀的善本書及普通本線裝書。一九六七年夏，中央研究院中美人文社會科學合作委員會，補助臺灣各文教機構及圖書館，編製聯合書目。先後共完成：

《國立中央圖書館善本書目》，國立中央圖書館編（臺北　國立中央圖書館　一九六七）。《國立故宮博物院善本書目》，國立故宮博物院編（臺北　國立故宮博物院　一九六八）。《中央研究院歷史語言研究所善本書目》，中央研究院歷史語言研究所編（臺北　中央研究院歷史語言研究所　一九六八）。《國立臺灣師範大學善本書目》，國立臺灣師範大學編（臺北　國立臺灣師範大學　一九六八）。《省立臺北圖書館善本書目》，省立臺北圖書館編（臺北　臺灣省立臺北圖書館　一九六八）。《私立東海大學善本書目》，東海大學編（臺中　東海大學　一九六八）。《國立臺灣大學善本書目》，國立臺灣大學編（臺北　國立臺灣大學　一九六八）。《國防研究院善本書目》，國防研究院編（臺北　國防研究院　一九六八）。《國立中央圖書館普通本線裝書目》，國立中央圖書館編（臺北　國立中央圖書館　一九七一）。《國立故宮博物院普通舊籍目錄》，國立故宮博物院編（臺北　國立故宮博物院　一九七〇）。《中央研究院歷史語言研究所普通本線裝書目》，中央研究院歷史語言研究所編（臺北　中央研究院歷史語言研究所　一九七〇）。《國立臺灣大學普通本線裝書目》　國立臺灣大學圖書館編（臺北　國立臺灣大學圖書館　一九七一）。《國立臺灣師範大學普通本線裝書目》　國立臺灣師範大學編（臺北　國立臺灣師範大學　一九七一）。《私立東海大學普通本線裝書目》　東海大學編　（臺中　東海大學　一九七一）。《臺灣省立臺北圖書館普通本線裝書目》　臺灣省立臺北圖書館編（臺北　臺灣省立臺北圖書館　一九七二）。

為了方便檢索上列書目，國立中央圖書館又編製了《臺灣公藏善本書目書名索引》（臺北　國立中央圖書館　一九七一）、《臺灣公藏善本書目人名索引》（臺北　國立中央圖書館　一九七二）、《臺灣公藏普通本線裝書目書名索引》（臺北　國立中央圖書館　一九八二）、《臺灣公藏普通本線裝書目人名索引》（臺北　國立中央圖書館　一九八〇）。

國立故宮博物院復以《國立故宮博物院善本書目》及《國立故宮博物院普通舊籍目錄》為基礎，增入該院復館後接受各界捐贈之善本書籍，彙編為《國立故宮博物院善本舊籍總目》（臺北　國立故宮博物院　一九八二）。

屈萬里（翼鵬）院士編有《普林斯敦大學葛思德東方圖書館中文善本書志》（臺北　藝文印書館　一九七五），收該館所藏中文善本書一千一百四十八種，三萬零三百六十九冊。

周錦編有《中國現代文學書目總編》（臺北　國家文藝基金會　一九八一）。收編民國八年（一九一九）至六十八年（一九七九）間的現代文學作品，約七千種，包括：文藝理論、小說、散文、詩歌、戲劇等。

王民信編有《中國歷代詩文別集聯合目錄》（臺北　國學文獻館　一九八一）。收兩漢以後的詩文別集。所著錄圖書，以國內主要圖書館收藏者為主，佚存海外者不收。

國立中央圖書館編有《中國文化研究論文目錄》（臺北　臺灣商務印書館　一九八二）。此書由張錦郎教授主持編輯工作。共分六冊：第一冊包括「國父與先總統蔣公研究」、「文化與學術」、「哲學」、「經學」、「圖書目錄」等；第二冊為「語言文字學」、「文學」；第三冊為「歷史」(一)「史學」；第四冊為「歷史」(二)「專史」；第五冊為「傳記」；第六冊為「著者索引」。此目錄所收以一九四九年至一九七九年臺灣出版之期刊、報紙、論文集、學位論文以及行政院國家科學委員會研究報告為主，兼收同一時期海外自由地區出版的期刊及論文集，並酌收一九四五年至一九四八年在臺灣出版的期刊、報紙及論文集。共收期刊九百零一種，論文八萬餘篇；報紙十五種，論文三萬二千餘篇；論文集二百零五種，論文三千九百餘篇；學位論文二千二百餘篇；行政院國家科學委員會研究報告一千二百餘篇。

聯副三十年文學大系編輯委員會編有《聯副三十年總目》（臺北　聯合報　一九八二）。收錄《聯合副刊》自民國四十年（一九五一）九月十六日創刊以來，迄民國七十年（一九八一）六月三十日為止所載文章，計四萬二千七百六十七篇。

文訊雜誌社編有《中華民國作家作品目錄》（臺北　行政院文化建設委員會　一九八四、一九九五、一九九九）。旨在蒐錄臺灣現代文學作家及文學作品的資料，並藉以反映臺灣現代文學的整體成就。

國立中央圖書館特藏組編有《中國歷代藝文總志》，分〈經〉、〈史〉、〈子〉、〈集〉四冊。此書收錄歷代前賢的著述，收錄範圍以歷代史志及補志為主，其他如《宋祕書省續編到四庫闕書目》、《千頃堂書目》、《四庫全書總目》、《續修四庫全書提要》、《販書偶記》、《販書偶記續編》等，可補史志的不足，所以也一併採用。

漢學研究資料及服務中心編有《臺灣地區漢學論著選目彙編本（民國七十一年～七十五年）》（臺北漢學研究資料及服務中心　一九八九）。收錄一九八二年至一九八六年臺灣地區出版的漢學研究專書、期刊論文、論文集以及未正式出版的學位論文。分：「歷史」、「民族社會」、「宗教禮俗」、「經濟財政」、「政治法律教育」、「中外關係」、「經學」、「哲學思想」、「科學技術」、「語言文字」、「文學」、「藝術游藝」、「傳記」、「邊疆華僑」、「目錄工具」等類目。

國家圖書館參考組編有《臺灣文學作家年表與作品總錄（一九四五～二〇〇〇）》（臺北　國家圖書館　二〇〇〇）。本編旨在彙編臺灣當代文學作家的作家年表與作家作品目錄。收錄一九四五年至二〇〇〇年間的作家二千二百五十六位。

國立編譯館編有《中國文學論著集目正編》（臺北　五南圖書出版公司　一九九六）及《中國文學論著集目續編》（臺北　五南圖書出版公司　一九九七）。包括：《中國通代文學論著集目正編》（王國良編）、《中國通代文學論著集目續編》（王國良編）、《先秦兩漢文學論著集目正編》（韓復智編）、《先秦兩漢文學論著集目續編》（韓復智編）、《魏晉南北朝文學論著集目正編》（王國良編）、《魏晉南北朝文學論著集目續編》（王國良編）、《隋唐五代文學論著集目正編》（羅聯添編）、《隋唐五代文學論著集目續編》（羅聯添編）、《兩宋文學論著集目正編》（劉德漢編）、《兩宋文學論著集目續編》（劉德漢編）、《遼金元明文學論著集目正編》（王民信編）、《遼金元明文學論著集目續編》（王民信編）、《清代文學論著集目正編》（宋隆發編）、《清代文學論著集目續編》（宋隆發編）。以上各書，《正編》所收論著，約自民國元年（一九一二）起，至七十年（一九八一）止。《續編》約自民國七十一年（一九八二）起，至七十九年（一九九〇）止。

洪順隆編有《中外六朝文學研究文獻目錄》（臺北　漢學研究資料及服務中心　一九九二）。收錄的六朝文學論著，時限由晉司馬炎即位之年始，迄隋亡止。

吳福助編有《臺灣漢語傳統文學書目》（臺北　文津出版社　一九九九）。所謂「臺灣漢語傳統文學」，是指歷代相承使用「文言」創作的舊文學，不同於五四運動以後使用「白話」創作的新文學。此目錄分四期：(1)明鄭時期（一六六一—一六八三）。(2)清領時期（一六八三—一八九五）。(3)日治時期（一八九五—一九四五）。(4)戰後迄今（一九四五—一九九八）。

2. 專科目錄

(1)辭賦

簡宗梧、高桂惠編著〈一九七一～一九九〇年中外賦學研究述評〉（臺北　行政院國家科學委員會補助專題研究計畫成果報告　二〇〇一）。此報告收錄一九七一年以來二十年間臺灣、中國大陸、香港、日本、歐美等地區研究辭賦的著作。簡宗梧又有〈近五年（一九九一～一九九五）中外賦學研究評述〉（臺北　行政院國家科學委員會專題研究計畫成果報告　一九九七），此報告收錄一九九一年至一九九五年間臺灣、中國大陸、香港、日本及歐美等地區的賦學著作。

(2)詩、詞

陳漢光、陸階章合編〈清代臺灣詩集彙目〉（《臺灣文獻》第十卷第三期　一九五九年九月）。

李清志撰〈國立中央圖書館藏杜集敘錄〉（臺北　《國立中央圖書館館刊》新第四卷第四期，一九七一年十二月）。

瘂弦（王慶麟）著有〈民國以來新詩總目初編——詩論、翻譯、史料及其他〉（臺北　《創世紀詩刊》第四十三期，一九七六年三月）。

林煥彰編有《近三十年新詩書目》（臺北　書評書目出版社　一九七六）。收錄民國三十八年（一九四九）四月至六十四年（一九七五）十二月止，在臺灣出版的新詩集、選集、評論集、詩刊、翻譯詩及評論。新詩作者所寫的詩話、札記、書簡及海外地區作品，也予以收錄，共收錄一千多種。

林煥彰又編有《中國新詩集編目》（臺北　成文出版社　一九八〇）。收錄五四運動以後，以迄民國六十八年（一九七九）的詩集，共收一千四百五十二種。

張默編有《臺灣現代詩編目》（臺北　爾雅出版社　一九九二）。收錄民國三十八年（一九四九）一月至八十年（一九九一）十二月底止，在臺灣出版的現代詩別集、選集、詩評論集等。

以上為詩部分的目錄。

王熙元撰有《歷代詞話敘錄》（臺北　臺灣中華書局　一九七三）。

王國昭編有〈現存清詞別集彙目〉（臺北　《書目季刊》第十三卷第三期　一九七九年十二月）。

黃文吉編有《詞學研究書目（一九一二～一九九二）》（臺北　文津出版社　一九九三）。收錄臺灣、中國大陸、香港、新加坡、韓國、日本、歐洲、美國、蘇聯等地研究詞學的論文和專著。計收論文一萬零二百餘篇，專書二千五百餘種。

林玫儀編有《詞學論著總目（一九〇一～一九九二）》（臺北　中央研究院中國文哲研究所籌備處一九九五）。收錄一九〇一年至一九九二年間有關詞學的專著和單篇論文，共二萬四千九百八十九條。

吳熊和等編有《清詞別集知見目錄彙編》（臺北　中央研究院中國文哲研究所籌備處　一九九六）。

以上為詞部分的目錄。

(3)小說

齊如山編有《齊氏百舍齋通俗小說書錄》（臺北　《中國一周》第六〇二至六〇九期　一九六一）。

馬泰來編有《林琴南所譯小說書目》（臺北　《出版月刊》第二十四期，一九六七年五月）。

陳錦波編有《香港現存中譯西洋及日本小說群書目錄》（臺北　《書目季刊》第二卷第二期　一九六七年十二月）。

王以炤編有《王以炤所存中國舊通俗小說書目》（臺北　編者自印油印本　一九七二）。

閻琴南、許學仁合編《臺灣刊行紅樓夢研究資料目錄初稿》（臺北　《紅樓夢研究專刊》第十一期一九七四年十二月）。

閻琴南編有《臺灣地區刊行紅樓夢研究資料目錄》（臺北　《木鐸》第五、六期　一九七七年三月）。

隱地、鄭明娳合編《近二十年短篇小說選集編目》（臺北　書評書目出版社　一九七五）。此編收錄民國四十年（一九五一）至六十三年（一九七四）出版的短篇小說選集。以臺灣出版者為主，香港及海外出版，在臺灣可以見到者也收錄。

李豐楙等編有〈中國古典小說研究書目〉（臺北　《中國古典小說研究專集》第一集至第六集，聯經出版事業公司　一九七九－一九八三）。共六集：第一集（一九七九年八月），李豐楙編，神話、傳奇。第二集（一九八〇年六月），王國良編，六朝小說。第三集（一九八一年六月），王國良編，唐代小說、變文。第四集（一九八二年四月），王三慶編，《紅樓夢》。第五集（一九八二年十一月），王國良編，話本；王孝廉編，中國古代神話研究論文目錄。

王國良撰有《唐代小說敘錄》（臺北　嘉新水泥公司文化基金會　一九七九）。收錄現存書目三十種，輯存書目十七種，亡佚書目二十一種，存疑書目八種。

周錦編有《中國現代小說編目》（臺北　成文出版社　一九八〇）。收錄從五四新文學運動開始，至民國六十八年（一九七九）我國出版的小說，為數約二千七百五十種。收錄的原則有四：①已經出版的現代小說。②作品必須有創造性。③民國三十八年（一九四九）以前，除中共占領區出版者外，一律收錄。④民國三十八年（一九四九）之後，只收錄海內外自由地區的作品。

宋隆發編有《紅樓夢研究文獻目錄》（臺北　臺灣學生書局　一九八二）。收錄一七九四年至一九七九年間討論《紅樓夢》的著作，共二千多種。

王三慶編有〈臺灣地區刊行紅樓夢研究資料目錄〉（臺北　《文史集林》第六期　一九八二年三月）。收錄民國四十年（一九五一）至七十年（一九八一），在臺灣地區所刊行有關《紅樓夢》的研究資料七百五十九種。

那宗訓編有《臺灣所見紅樓夢研究書目》（臺北　新文豐出版社）。那先生曾於民國六十八年（一九七九）編《紅樓夢研究書目》一書，收國內外所出版有關《紅樓夢》的專書和論文八百四十八種（篇）。民國七十年（一九八一）出版《續編》，收錄初編出版後再發現的新資料，其中以一九七八、一九七九年發表者居多，部分則為一九八〇年初出版的，共收四百七十五種（篇）。二書均由香港龍門書店印行。本書係上述二書的續編工作，收錄的以民國三十九年（一九五〇）至七十一年（一九八二）在臺灣所見者為主，共收九百二十五種（篇）。

(4)戲曲

齊如山編有〈齊氏百舍齋戲曲存書目〉（臺北　《中國一周》第五九一至六〇〇期　一九六一）。

施博爾(Shipper, K.)編有〈五百舊本歌仔戲目錄〉（《臺灣風物》第十五卷第四期　一九六五年十月）。

羅錦堂編有《中國戲曲總目彙編》（香港　萬有圖書公司　一九六六）。分「散曲總目」與「戲劇總目」兩部，每部再分子目。

金夢華撰有〈汲古閣六十種曲敘錄〉（臺北　《國立臺灣師範大學國文研究所集刊》第十輯　一九六六）。

陳萬鼐撰有〈明雜劇一百五十四種敘錄〉（臺北　《中山學術文化集刊》第九、十集　一九七二）。

曾永義撰有〈清代雜劇體製提要及存目〉（臺北　《中國古典戲劇論集》　一九七五）。

張棣華撰有《善本劇曲經眼錄》（臺北　文史哲出版社　一九七六）。

顏秉直撰有〈曲話敘錄〉（臺北　《國立臺灣師範大學國文研究所集刊》第二十一輯　一九七七）。

陳美雪編有《湯顯祖研究文獻目錄》（臺北　臺灣學生書局　一九九七）。

(5)其他

周麗麗編有《中國現代散文集編目》（臺北　成文出版社　一九八〇）。收錄五四新文學運動以迄民國六十八年（一九七九）間，我國出版的散文集，共一千四百三十四種。散文與新詩或小說等其他文體合印的，亦予以收錄。

鄭阿財、朱鳳玉合編《敦煌學研究論著目錄（一九〇八～一九九七）》（臺北　漢學研究資料及服務中心　二〇〇〇）。編者曾於一九八八年出版《敦煌學研究論著目錄》，收錄民國前四年（一九〇八）至七十五年（一九八六）間，中、日學者有關敦煌研究的專書及單篇論文，共收論文四千餘篇，專書五百餘種。此書即據以增補而成。

車錫倫編有《中國寶卷總目》（臺北　中央研究院中國文哲研究所籌備處　一九九八）。

王更生編有《臺灣近五十年文心雕龍研究論著摘要》（臺北　文史哲出版社　一九九九）。收錄一九四九年至一九九八年有關研究劉勰及其《文心雕龍》之論著。分「專門著作」、「期刊論文」、「博碩士論文」、「論文集」及「域外學者論著」五大類，共收三百三十二種。

(二)索　引

一九四五年以來，臺灣地區所編輯出版的中國文學方面的索引不多。為了方便論述，分為「綜合索引」、「專科索引」及「專書索引」三類論述。

1. 綜合索引

所謂「綜合索引」，是指一部索引所收錄的文獻，涵蓋多種學科。

章群編有《民國學術論文索引（一九二二～一九五〇）》（臺北　中華文化出版事業委員會　一九五四）。收錄中央研究院所藏學術期刊七十三種，分類編纂。

余秉權編有《中國史學論文引得（一九〇二～一九六二）》（香港　亞東學社　一九六三）。此書雖以「史學」為名，乃採廣義的「史學」，文學論著亦在收錄的範圍。收錄的期刊，自清光緒二十八年（一九〇二）《新民叢報》在日本創刊起，至一九六二年十月《文史》在北京刊行，刊物凡三百五十五種。

余秉權又編有《中國史學論文引得續編——歐美所見中文期刊文史哲論文綜錄（一九〇五～一九六四）》（美國麻省　哈佛大學哈佛燕京圖書館　一九七〇）。此書為前書的續編，依據十五所歐美圖書館所藏五百九十九種期刊編輯而成，收論文二萬五千篇。

國立中央圖書館編有《中國近二十年文史哲論文分類索引》（臺北　正中書局　一九七〇）。收錄一九四八年至一九六八年間出版的期刊及論文集。收期刊二百六十一種，論文集三十六種，著錄論文計二萬三千六百二十六篇。

鄺利安編有《魏晉南北朝研究論文書目引得》（臺北　臺灣中華書局　一九七一）。收錄自民國初年至民國五十八年（一九六九）七月止，有關魏晉南北朝論史、經學、諸子、文學、社會、經濟等之論文一千九百二十二篇，專書一百五十二種。

張錦郎編有《中文報紙文史哲論文索引》（臺北　正中書局　一九七三）。收錄民國二十五年（一九三六）四月至六十年（一九七一）五月，報紙所載有關中國文史哲的論文。所收報紙有：《中央日報》、《臺灣新生報》、《臺灣新聞報》、《中華日報》、《聯合報》、《自立晚報》、《公論報》、《申報》、《東南日報》、《大公報》、《益世報》、《商報》、《新聞報》、《全民日報》、《前線日報》、《正言報》、《和平日報》、《金融日報》、《國語日報》、《國民公報》等二十種中文報紙，論文資料一萬二千一百二十七篇。

聯經出版事業公司編輯部編有《聯合報縮印本第一輯索引》（臺北　聯經出版事業公司　一九七六）。收錄民國四十年（一九五一）九月十六日至四十四年（一九五五）十二月三十一日的《聯合報》縮印本的各項資料。

國立中央圖書館採訪組期刊股編有《中華民國期刊論文索引彙編》（臺北　國立中央圖書館　一九七八年起陸續出版）。國立中央圖書館於民國五十九年（一九七〇）刊行《中華民國期刊論文索引》，收錄國內出版的中西文期刊及少數海外自由地區出版的期刊，編成分類索引，按月定期刊印。該館為方便學者典藏與檢索，乃自一九七七年起編印此年度彙編本。

國立中央圖書館臺灣分館編有《國立中央圖書館臺灣分館藏中文期刊人文社會科學論文分類索引》（臺北　國立中央圖書館臺灣分館　一九七九）。收錄該館所藏民國三十八年（一九四九）以前中文期刊二百七十四種，有關人文社會科學論文一萬五千二百四十八篇。

周錦編有《中國現代文學家本名筆名索引》（臺北　成文出版社　一九八〇）。收錄民國以來新文學作家筆名約一千七百五十餘人。

聯副三十年文學大系編輯委員會編有《聯副作家索引》（臺北　聯合報社　一九八二）。《聯合報・副刊》曾將民國四十年（一九五一）九月十六日創刊以來，迄七十年（一九八一）六月三十日為止，三十年間所載的文章，編成《聯副三十年總目》。茲編即據該目，將本國著者、譯者（含演講、口述、訪問、座談記錄等）及外國人以中文寫作者，計收七六九三人。

中華文化復興運動推行委員會四庫全書索引編纂小組編有《四庫全書文集篇目分類索引》（臺北　臺灣商務印書館　一九八九）。茲編係依據民國七十五年（一九八六）臺灣商務印書館影印出版的清代文淵閣《四庫全書》本編纂。收錄的範圍，以《四庫全書》集部文集的篇目為主，並且增入史部詔令奏議類的篇目及地理類的藝文。此外，《四庫全書》經、史、子、集四部圖書所載的序跋，也悉予收錄。全書分「學術文之部」、「傳記文之部」、「雜文之部」三部分。「學術文之部」所收篇目約十五萬條；「傳記文之部」所收篇目約十餘萬條；「雜文之部」所收篇目約九萬餘條。

2. 專科索引

馬景賢編有《兒童文學論著索引》（臺北　書評書目出版社　一九七五）。收錄清末以迄民國六十三年（一九七四）六月，有關研究兒童文學的論文及專書。分「兒童文學」及「兒童圖書館」兩部分，共收一千二百八十二條目。

丁原基撰有《元雜劇韻檢》（臺北　文史哲出版壯　一九七六）。

中國文化學院戲劇電影研究所編有《戲劇論著索引》（臺北　該所　一九六九）。

金榮華編有《敦煌俗字索引》（臺北　石門圖書公司　一九八〇）。

國林、簡映合編《書評索引》（臺北　《書目季刊》　一九八二年六月起）。《書目季刊》自十六卷一期起，每期編印《書評索引》。

汪次昕編有《英譯中文詩詞曲索引》（臺北　漢學研究資料及服務中心　一九九七）。收錄一九一七年至一九九五年間，散見於各文集、詩集及報刊的英譯新詩。收詩約五千五百首，詩人八一五人。

3. 專書索引

華文書局編有《文苑英華索引》（臺北　華文書局　一九六七）。童世綱編有《胡適文存索引》（臺北　臺灣學生書局　一九六九）。周次吉編有《太平廣記人名書名索引》（臺北　藝文印書館　一九七三）。林語堂編有《紅樓夢人名索引》（臺北　華岡出版社　一九七六）。黃永武編有《杜甫詩集四十種索引》（臺北　大通書局　一九七六）。東海大學圖書館編有《唐詩三百首索引》（臺北　成文出版社　一九七七）。遠流出版社編輯部編有《中國歷史演義全集索引》（臺北　該社　一九八〇）。此書分：「年表暨事件索引」、「典故索引」及「人名索引」三部分。

㈢叢　書

一九四五年以來，臺灣地區輯印的叢書很多。早期所編輯的叢書，比較偏重於古籍的整理和輯印。近年，由於本土意識興起，輯印了不少近代文學作品的叢書及臺灣文學的叢書。為了方便論述，茲將五十餘年來臺灣地區所編印的叢書，分為「古典文學叢書」、「近代文學叢書」、「臺灣文學叢書」及「個人叢書」等四類來論述。

1. 古典文學叢書

所謂「古典文學叢書」，是指叢書所收，都是清代以前的著作。

一九四九年，國民政府撤退到臺灣時，有幾個藏有古籍的單位，也遷來臺灣。其中比較著稱的，有國立中央圖書館（今改稱國家圖書館）、國立故宮博物院、中央研究院及國立東北大學的藏書。此外，國立臺灣大學、國立臺灣師範大學、東海大學及臺灣省立臺北圖書館（今改稱國家圖書館臺灣分館）等單位，也都藏有古籍。

這些單位所藏的善本書及普通線裝書，為數甚多。善本書約近四十萬冊，清代以後刊刻的普通線裝書，為數亦不少。這些數十萬冊的善本書和普通本線裝書，由於傳本不多，學者想加利用，很不方便。於是整理出版這些善本書及普通本線裝書，便成了保存文獻的一項重要工作。

一九四九年以來，有系統、有計畫的把這些圖書，彙輯成叢書的，有：

《明代藝術家集彙刊》，國立中央圖書館編（臺北　國立中央圖書館　一九六八）。國立中央圖書館所藏明代書畫家詩文集，多達數十種，其中甚多罕見的祕笈。該館特選七種，輯為此編。此七種書為：《石田先生集》十二卷《詩餘》一卷《文鈔》一卷《附事略》一卷　明沈周撰　明萬曆乙卯（四十三年）長洲陳仁錫刊本。　《石秀齋集》十卷《畫說》一卷　明莫是龍撰　明萬曆甲辰（三十二年）潘煥宸刊本　《畫說》據《寶顏堂祕笈》本。《杜東原集》不著卷數　明杜瓊撰　清康熙十六年虞山王乃昭手寫本。　《甫田集》三十五卷《附錄》一卷　明文徵明撰　明嘉靖原刊本。　《容臺集》（《文集》九卷《詩集》四卷《別集》六卷）　明董其昌撰　明崇禎三年（一六二九）原刊本　《別集》據明末閩刊本影印。　《徐文長三集》二十九卷附《四聲猿》一卷《補篇》二卷　明徐渭撰　明萬曆二十二年（一五九四）商濬刊本。　《雅宜山人集》十卷　明王寵撰　明嘉靖十六年（一五三七）原刊本。

各書均撰有〈敘錄〉，分別由昌彼得、喬衍琯撰寫。

《明代藝術家集刊續集》，國立中央圖書館編（臺北　國立中央圖書館　一九七一）。此為前編的續輯。共收五種：

《恬致堂集》四十卷　明李日華撰　明刊本。《何翰林集》二十八卷　明何良俊撰　明嘉靖四十四年（一五六五）原刊本。《芻蕘集》六卷　明周是脩撰　明萬曆十八年（一五九〇）周慶鰲刊本。《楊孟載眉菴集》十二卷《補遺》一卷　明楊基撰　明萬曆間汪氏刊本。《輸寥館集》八卷　明范允臨撰　清乾隆十九年（一七四五）修補本。

各書均撰有〈敘錄〉，由喬衍琯、劉兆祐、張棣華等撰寫。

《國劇大成》，張伯謹編（臺北　國防部政治作戰部振興國劇研究發展委員會　一九六九）。此編廣事搜集歷代劇本，故取名「大成」。所有劇本，歷史戲部分，全按朝代之先後排列。

《元代珍本文集彙刊》，國立中央圖書館編（臺北　國立中央圖書館　一九七〇）。國立中央圖書館所藏元人詩文集甚備，其中不乏罕見祕笈。此編所收，均是其版本較《四庫全書》本為善者。收書十種：

《桐江集》四卷　元方回撰　抄本。《養蒙先生文集》十卷　元張伯淳撰　抄本。《閒居叢稿》二十六卷　元蒲道元撰　舊抄本。《僑吳集》十二卷　元鄭元祐撰　抄本。《清閟閣全集》十二卷　元倪瓚撰　清康熙五十二年曹氏刊本。《安雅堂集》十三卷　元陳旅撰　抄本。《程雪樓文集》三十卷　元程鉅夫撰　清宣統二年至民國十四年陽湖陶氏景刊明洪武乙亥與畊書堂刊本。《吳正傳先生文集》二十卷《附錄》一卷　元吳師道撰　明藍格抄本。《滋溪文稿》三十卷　元蘇天爵撰　鈔本朱墨合校。《申齋劉先生文集》十五卷　元劉岳申撰　抄本。

各書卷前均撰有〈敘錄〉，由昌彼得、喬衍琯、劉兆祐撰寫。

《歷代畫家詩文集》，昌彼得主編（臺北　臺灣學生書局　一九七〇—一九七五）。此編分四輯出版：第一輯，一九七〇年六月印行，收書十二種；第二輯，一九七一年八月印行，收書九種；第三輯，一九七三年三月印行，收書十六種；第四輯，一九七五年五月印行，收書十種。

《歷代通俗演義》，國立中央圖書館主編（臺北　國立中央圖書館　一九七一）。此編收五種話本和兩種演義小說。話本五種，均是元至治間虞氏刊本，原藏日本內閣文庫，茲編據王古魯所攝照片影印。兩種演義，則均是明刊本。所收七種為：

《新刊全相平話武王伐紂書》三卷　元不著撰人　民國三十年（一九四一）海虞王古魯影攝元建安虞氏刊本　王氏手書題記。《新刊全相平話樂毅圖齊七國春秋後集》三卷　元不著撰人　民國三十年（一九四一）海虞王古魯影攝元建安虞氏刊本。《新刊全相秦併六國平話》三卷　元不著撰人　民國三十年（一九四一）海虞王古魯影攝元建安虞氏刊本。《新刊全相平話前漢書續集》三卷　元不著撰人　民國三十年（一九四一）海虞王古魯影攝元建安虞氏刊本。《新刊全相平話三國志》三卷　元不著撰人　民國三十年（一九四一）海虞王古魯影攝元建安虞氏刊本。《鐫出像楊家府世代忠勇演義志傳》八卷　明秦淮墨客撰　明萬曆丙午（三十四年）天德堂刊本　附圖。《東西晉演義》十二卷　明不著撰人　明末世榮堂刊本。

各書卷前撰有〈敘錄〉，由喬衍琯、劉兆祐撰寫。

《雜著祕笈叢刊》，屈萬里編（臺北　臺灣學生書局　一九七一）。此編所收，都是臺北國家圖書館所藏善本。其目如下：

《野客叢書》三十卷　宋王楙撰　明嘉靖四十一年刊本。《古今考》一卷　宋魏了翁撰　明萬曆十二年刊本　《續古今考》三十七卷　元方回撰　明萬曆十二年刊本。《升庵外集》一百卷　明楊慎撰　明萬曆刊本。《正楊》四卷　明陳耀文撰　明隆慶三年刊本。《剡溪漫筆》六卷　明孫能傳撰　明萬曆四十二年刊本。《思問初編》十二卷　明陳元齡撰　明天啟六年刊本。《麗事館余氏辨林》五卷　明余懋學撰　明萬曆刊本。《名義考》十二卷　明周祈撰　明萬曆十二年重刻本。《徐氏筆精》八卷　明徐𤊹撰　明崇禎五年刊本。《槎庵小乘》四十一卷　明來斯行撰　明崇禎四年原刊本。《古今釋疑》十七卷　清方中履撰　舊鈔本。《藝林彙考稱號篇》十二卷　清沈自南撰　清初刊本。《海外全書》二卷　清楊慎庵撰　舊鈔本。《松崖筆記》三卷　清惠棟撰　舊抄本。《九曜齋筆記》三卷　清惠棟撰　舊抄本。《彊識篇》八卷　清朱士端撰　著者手定底稿本。《管窺》六卷　清平浩撰　鈔本。

每書卷前有劉兆祐所撰〈敘錄〉。

《百種詩話類編》，臺靜農編（臺北　藝文印書館　一九七四）。本編根據何文煥《歷代詩話》（二十七種）、丁福保《歷代詩話續編》（二十八種）、《清詩話》（四十三種），益以趙翼《甌北詩話》、翁方綱《石洲詩話》等，計一百又一種，分類編輯而成。全書分〈前編〉、〈後編〉兩編。〈前編〉以作家為主，分：「個別作者」、「僧道作家」、「無名氏作者」、「作家合論」四類。〈後編〉分：「詩論類」、「歷代詩評論類」、

「體製類」、「作法類」、「品藻類」、「辨正類」、「論文類」、「雜記類」等八類。書前有臺靜農〈序〉，略云：「詩話之作，大都漫無體例，或信筆掇拾，不免蕪雜，因於〈下編〉分八類以統攝之。……合百一種詩話為一編，使冗雜之資料，分別類聚，有例可循；凡諸論述，皆可循序以求；或有輾轉勦襲，亦犁然可辨；是不僅省翻檢之勞，亦有助於考證爾。」

《明清未刊稿彙編初輯》，屈萬里、劉兆祐同編（臺北　聯經出版事業公司　一九七六）。臺灣所藏的善本圖書，除了有不少的宋元刊本及罕見祕笈外，另一特色是名家稿本甚多。國家圖書館所藏稿本，多數是明清人的著作，約五百部。這些稿本，除具備極高的學術價值外，又能親睹前代學者的遺墨，兼具美術價值。本編係就國家圖書館所藏的稿本中，選擇十書，整理出版。其目如下：

《蕭山王氏所著書》不分卷　清王紹蘭撰　著者手定底稿本。《變庵遺書》四十七卷　清余邦昭撰　清雍乾間清稿本。《壽陽祁氏遺稿》不分卷　清祁寯藻撰　彙輯手稿本。《張介侯所著書》不分卷　清張澍撰　稿本。《方忍齋所著書》不分卷　清方濬頤撰　清稿本。《通齋先生未刻手稿》不分卷　清蔣超伯撰　著者手稿本。《江都李氏所著書》不分卷　清李祖望撰　清咸同間著者手稿本。《硯山叢稿》不分卷　清汪鋆撰　清光緒間著者手稿本。《冶麓山房叢書》不分卷　清陳作霖編　清末編者手稿本。《竹里全稿》不分卷　清王寶庸撰　清光緒間著者手定底稿本。書前有屈萬里所撰〈前言〉，每一書卷前有劉兆祐所撰〈敘錄〉。

《明清未刊稿彙編二輯》，屈萬里、劉兆祐同編（臺北　聯經出版事業公司　一九七九）。此編收書一種：

《全唐詩稿本》七一六卷　清錢謙益、季振宜遞輯稿本。

按：此書即清康熙四十二年（一七〇三）所輯刊《御定全唐詩》（九百卷）所依據的底本。係國家圖書館於對日戰爭勝利後，在上海購得。此編卷前有屈萬里所撰〈「明清未刊稿彙編」弁言〉及劉兆祐所撰〈御定全唐詩與錢謙益季振宜遞輯唐詩稿本關係探微〉。每一冊有新編目錄，以便檢索。

《敦煌寶藏》，黃永武編（臺北　新文豐出版社　一九八六）。此編係將有微捲流傳的敦煌卷子輯印出版。敦煌卷子多係佛經，部分為儒家經典、書牘、類書及俗文學作品。

《楚辭彙編》，杜松柏編（臺北　新文豐出版社　一九八六），收錄明清以來校注《楚辭》之作，共二十三種。

《善本戲曲叢刊》，王秋桂主編（臺北　臺灣學生書局　一九八七）。本編共分三輯：第一輯收錄大體上是弋陽腔和徽調系統的戲曲選集十種。第二輯收錄崑腔系統的戲曲選集八種。第三輯收錄曲譜五種。此三輯所收，原本分別收藏於英國牛津大學、日本內閣文庫及西班牙等地，資料得來不易。書前有王秋桂所撰〈出版說明〉（附提要）。

《中國民間信仰資料彙編》，王秋桂、李豐楙主編（臺北　臺灣學生書局　一九八九）。本書編輯之目的，在於將有關中國民間信仰的文獻資料，加以整理編訂，分輯出版，以方便研究中國文學、中國民俗及中國社會者參考。至於佛藏、道藏及其他專類叢書已收者，不再收錄。共收書十七種，附錄三種。

2. 近代文學叢書

《中國新文學叢刊》（臺北　黎明文化事業公司　自一九七五年五月起陸續出版）。收錄：《梁實秋自選集》、《朱自清選集》、《夏丏尊選集》、《蘇雪林自選集》、《許地山選集》、《易君左選集》、《郁達夫選集》、《陳克環自選集》、《洪炎秋自選集》、《鳳兮自選集》、《秀亞自選集》、《林海音自選集》、《朱西甯自選集》、《胡品清自選集》、《趙滋蕃自選集》、《司馬中原自選集》、《葉維廉自選集》、《顏元叔自選集》、《段彩華自選集》、《葉石濤自選集》、《劉枋自選集》、《舒暢自選集》、《洛夫自選集》、《彭歌自選集》、《楊牧自選集》、《蔡文甫自選集》、《李喬自選集》、《王鼎鈞自選集》、《田原自選集》、《鄭清文自選集》、《蕭白自選集》、《陳紀瀅自選集》、《林綠自選集》、《羅門自選集》、《琦君自選集》、《翱翱自選集》、《楚卿自選集》、《吳東權自選集》、《鄧文來自選集》、《楊念慈自選集》、《歸人自選集》、《張默自選集》、《劉非烈自選集》、《阮毅成自選集》、《蓉子自選集》、《邵僴自選集》、《鍾雷自選集》、《杜若自選集》、《王集叢自選集》、《夏楚自選集》、《呼嘯自選集》、《王默人自選集》、《羊令野自選集》、《鍾肇政自選集》、《康白自選集》、《吳望堯自選集》、《李曉丹自選集》、《許希哲自選集》、《張騰蛟自選集》、《王書川自選集》、《繁露自選集》、《穆中南自選集》、《尼洛自選集》、《姜穆自選集》、《周介塵自選集》、《澎湃自選集》、《張拓蕪自選集》、《孟瑤自選集》、《張鳳岐自選集》、《菩提自選集》、《張放自選集》、《劉心皇自選集》。

3. 臺灣文學叢書

近年臺灣文學的研究，蔚為風潮。為了提供學者更多的研究資料，於是編纂了多種叢書：

《臺灣文獻叢刊》（臺北　臺灣銀行經濟研究室編印　一九五七－一九七二）。此叢刊由臺灣銀行經濟研究室主任周憲文主持策劃，參與整理與點校工作的，還有夏德儀、吳幅員等人。從一九五七年開始編印，到一九七二年，共出版了三百零九種。收錄的範圍，以「臺灣」為中心，歷代凡與「臺灣研究」

有關的地理、歷史、風俗、人情、文學等資料，都是輯錄的對象。這些圖書，有些是刊本，有些是鈔本，為了方便讀者取用，一律加標點排印。

在這三〇九種圖書中，有不少是清代與臺灣有關的詩文，是研究臺灣文學的重要文獻。其他如地理、歷史等資料，雖不屬於文學作品，但卻是研究臺灣文學史及研究臺灣文學作品寫作背景者，所必需涉及的直接或間接文獻。為了完整體現本書的完整性，今將所收書目，列舉於下：

《臺灣割據志》（不分卷，日人川口長孺撰）。《東瀛識略》（八卷，清丁紹儀撰）。《小琉球漫誌》（十卷，清朱仕玠撰）。《臺海使槎錄》（八卷，清黃叔璥撰）。《臺灣鄭氏紀事》（三卷，日人川口長孺撰）。《臺游日記》（四卷，清蔣師轍撰）。《東瀛紀事》（二卷，清林豪撰）。《蠡測彙鈔》（不分卷，清鄧傳安撰）。《赤嵌集》（四卷，清孫元衡撰）。《閩海紀要》（二卷，清夏琳撰）。《東征集》（六卷，清藍鼎元撰）。《靖海紀事》（二卷，清施琅撰）。《平臺紀略》（不分卷，清藍鼎元撰）。《臺灣鄭氏始末》（六卷，清沈雲撰）。《平臺紀事本末》（不分卷，不著撰人）。《治臺必告錄》（八卷，清丁曰健輯）。《臺灣志略》（二卷，清李元春輯）。《海東札記》（四卷，清朱景英撰）。《臺陽筆記》（不分卷，清翟灝撰）。《巡臺退思錄》（三卷，清劉璈撰）。《海紀輯要》（三卷，清夏琳撰）。《閩海紀略》（不分卷，不著撰人）。《海上見聞錄》（二卷，明阮旻錫撰）。《賜姓始末》（一卷，清黃宗羲撰）。《海國聞見錄》（不分卷，清陳倫炯撰）。《劉壯肅公奏議》（十卷，清劉銘傳撰）。《臺灣雜詠合刻》（合刊劉家謀《海音詩》與王凱泰、馬清樞、何澂等所著《臺灣雜詠合刻》兩種）。《福建臺灣奏摺》（清沈葆楨撰）。《臺案彙錄甲集》（三卷）。《從征實錄》（不分卷，清楊英撰）。《靖海紀略》（四卷，清曹履泰撰）。《臺陽詩話》（二卷，王松撰）。《靖海志》（四卷，彭孫貽、李彥貞撰）。《臺灣紀事》（二卷，吳子光撰）。《雲林縣采訪冊》（不分卷，倪贊元編）。《同治甲戌日兵侵臺始末》（四卷，不著編者）。《甲戌公牘鈔存》（不分卷，王元穉輯）。《臺海思慟錄》（五篇，題思痛子撰）。《北郭園詩鈔》（五卷，鄭用錫撰）。《海南雜著》（三篇，蔡廷蘭撰）。《馬關議和中之伊李問答》（不分卷）。《裨海紀遊》（七卷，郁永河撰）。《臺灣輿圖》（不分卷，夏獻綸撰）。《臺灣番事物產與商務》（不分卷）。《戴施兩案紀略》（吳德功撰）。《苑裡志》（二卷，蔡振豐撰）。《東瀛奏稿》（四卷，清姚瑩撰）。《滄海遺民賸稿》（清王松撰）。《臺灣生熟番紀事》（不分卷，清黃逢昶撰）。《安平縣雜記》（不著撰人）。《臺戰演義》（不著撰人）。《臺灣教育碑記》（不著編者）。《臺灣采訪冊》（不分卷，清陳國瑛等采集）。《閩海贈言》（七卷，明沈有容輯）。《割臺三記》（包括羅惇融《割臺記》、俞明震《臺灣八日記》、吳德功《讓臺記》三種）。《嘉義管內采訪冊》（不分卷，不著撰人）。《瀛海偕亡記》（二卷，清洪棄生撰）。《臺灣外記》（十卷，清江日昇撰）。《新竹縣志初稿》（六卷，清鄭鵬雲、曾逢辰纂輯）。《楊勇愨公奏議》（不分卷，清楊岳斌撰）。《樹杞林志》（不分卷，清林百川、林學源合纂）。《臺灣詩乘》（六卷，清連橫撰）。《臺灣府志》（十卷，清高拱乾纂輯）。《重修臺灣府志》（十卷，清周元文纂輯）。《鄭成功傳》（鄭亦鄒等撰）。《清一統志臺灣府》（不著撰人）。《鄭氏關係文書》（不著撰人）。《嶺雲海日樓詩鈔》（十三卷，又〈選外集〉一卷，清丘逢甲撰）。《臺灣日記與稟啟》（三卷，清胡傳撰）。《無悶草堂詩序》（五卷，附〈詩餘〉一卷，清林朝崧撰）。《鳳山縣采訪冊》（清盧德嘉纂輯）。《重修福建臺灣府志》（二十卷，清劉良璧纂輯）。《恆春縣志》（二十二卷，又卷首、卷末各一卷，清屠繼善纂輯）。《南天痕》（二十六卷，題四明西亭凌雪撰）。《天妃顯聖錄》（不分卷，不著撰人）。《清代臺灣職官印錄》（不著編者）。《臺灣私法債權編》（不著編者）。

《金門志》（十六卷，清林焜熿纂輯）。《臺東州采訪冊》（不分卷，清胡傳纂輯）。《內自訟齋文選》（不分卷，清周凱撰）。《中復堂選集》（不分卷，清姚瑩撰）。《福建通志臺灣府》（不分卷）。《南明野史》（三卷，題南沙三餘氏撰）。《所知錄》（三卷，清錢澄之撰）。《斯未信齋文編》（不分卷，清徐宗幹撰）。《臺灣遊記》（包括池志徵《全臺遊記》、吳德功《觀光日記》、施景琛《鯤瀛日記》、張遵旭《臺灣遊記》四種）。《番社采風圖考》（一卷，六十七撰）。《臺灣私法商事編》（不著編人）。《噶瑪蘭志略》（十四卷，卷首一卷，清柯培元撰）。《斯未信齋雜錄》（不分卷，清徐宗幹撰）。《劍花室詩集》（清連橫撰）。《廈門志》（十六卷，清周凱纂輯）。《東南紀事》（十二卷，清邵廷采撰）。《張文襄公選集》（不分卷，清張之洞撰）。《平閩記》（十三卷，清楊捷撰）。《海東逸史》（十八卷，題翁洲老民手稿）。《哀臺灣箋釋》（一卷，不著撰人）。《新竹縣制度考》（不分卷，不著撰人）。《欽定平定臺灣紀略》（六十五卷，卷首五卷，清乾隆五十三年廷臣奉敕撰）。《臺灣縣志》（十卷，清王禮主修、陳文達編纂）。《澎湖臺灣紀略》（收清杜臻撰《澎湖臺灣紀略》、清周于仁與胡格撰《澎湖志略》、清林謙光撰《臺灣紀略（附澎湖）》三種）。《重修臺灣府志》（二十五卷，清范咸纂輯）。《明季三朝野史》（四卷，題顧炎武編）。《臺風雜記》（不分卷，日人佐倉孫三撰）。《彰化節孝冊》（一卷，清吳德功纂輯）。《澎湖紀略》（十二卷，清胡建偉纂輯）。《臺灣海防檔》（不分卷，中央研究院近代史研究所編）。《思文大紀》（八卷，不著撰人）。《明季遺聞》（四卷，明鄒漪撰）。《重修臺灣縣志》（十五卷，清王必昌纂輯）。《續補明紀編年》（不分卷，清王汝南撰）。《澎湖續編》（二卷，清蔣鏞撰）。《陳清端公文選》（不分卷，清陳瑸撰）。《臺灣私法人事編》（不著編人）。《魯春秋》（一卷，明查繼佐撰）。《諸蕃志》（二卷，趙汝适撰）。《臺灣通紀》（四卷，陳衍纂輯）。《續修臺灣府志》

（二十六卷，余文儀纂修）。《使署閒情》（四卷，六十七輯著）。《徐闇公先生年譜》（不分卷，陳乃乾、陳洙纂輯）。《鳳山縣志》（十卷，陳文達編纂）。《欽定福建省外海戰船則例》（存十一卷，卷首一卷）。《清朝柔遠記選錄》（不分卷，王之春撰）。《鹿樵紀聞》（三卷，婁東梅村野史撰）。《臺灣通史》（三十六卷，連橫撰）。《臺海見聞錄》（四卷，董天工撰）。《臺灣通志》（不分卷）。《李文忠公選集》（不分卷，李鴻章撰）。《南疆繹史》（五十六卷，溫睿臨、李瑤撰）。《續明紀事本末》（十八卷，倪在田撰）。《小腆紀年》（二十卷，徐鼒撰）。《海外慟哭記》（一卷，黃宗羲撰）。《罪惟錄》（不分卷，查繼佐撰）。《黃漳浦文選》（六卷，黃道周撰）。《小腆紀傳》（六十五卷，《補遺》五卷，清徐鼒撰）。《臺灣府賦役冊》。《續修臺灣縣志》（八卷，清謝金鑾、鄭兼才合纂）。《諸羅縣志》（十二卷，清陳夢林編纂）。《張蒼水詩文集》（不分卷，明張煌言撰）。《六亭文選》（不分卷，清鄭兼才撰）。《陶村詩稿》（八卷，清陳肇興撰）。《新竹縣采訪冊》（十一卷，清陳朝龍纂輯）。《重修鳳山縣志》（十二卷，清王瑛曾編纂）。《窺園留草》（不分卷，清許南英撰）。《明季南略》（十八卷，清計六奇撰）。《三藩紀事本末》（四卷，清楊陸榮撰）。《臺灣私法物權編》、《臺灣中部碑文集成》（不分卷，劉枝萬編）。《清代臺灣大租調查書》（十八章）。《荷牐叢談》（四卷，明林時對撰）。《明季荷蘭人侵據澎湖殘檔》（不分卷）。《清初海疆圖說》（不分卷，不著撰人）。《彰化縣志》（十二卷，清周璽纂）。《鄭氏史料初編》（三卷）。《清世祖實錄選輯》、《苗栗縣志》（十六卷，清沈茂蔭纂輯）。《噶瑪蘭廳志》（八卷，清陳淑均纂，李祺生續輯）。《臺灣語典》（四卷，清連橫撰）。《臺灣三字經》（一卷，清王石鵬撰）。《東山國語》（不分卷，明查繼佐撰）。《澎湖廳志》（十四卷，卷首一卷，清林豪編）。《清聖祖實錄選輯》。《雅言》（一卷，清連橫撰）。《清世宗實錄選輯》。《鄭氏史料續編》（十卷）。《南明史料》（四卷）。《櫟社沿革志略》（一卷，清傅錫祺撰）。《淡水廳築城案卷》（不分卷）。《淡水廳志》（十六卷，清陳培桂撰）。《臺案彙錄乙集》（五卷）。《清代官書記明臺灣鄭氏亡事》（四卷，原名《平定海寇方略》）。《鄭氏史料三編》（二卷）。《臺案彙錄丙集》（八卷）。《爝火錄》（三十二卷，〈附記〉一卷，清李天根輯）。《臺案彙錄丁集》（五卷）。《臺案彙錄戊集》（六卷）。《清職貢圖選》（不分卷）。《臺灣府輿圖纂要》（不分卷，不著撰人）。《朱舜水文選》（不分卷，明朱之瑜撰）。《聖安本紀》（題崑山遺民寧人顧炎武著）。《臺灣土地制度考查報告書》（程家潁撰）。《臺灣地輿全圖》（不分卷，不著撰人）。《清高宗實錄選輯》。《清仁宗實錄選輯》。《清宣宗實錄選輯》。《清文宗實錄選輯》。《清穆宗實錄選輯》。《臺案彙錄己集》（八卷）。《法軍侵臺檔》（中央研究院近代史研究所編）。《清德宗實錄選輯》。《清先正事略選》（五卷，清李元度撰）。《福建通志列傳選》（六卷，清陳衍輯）。《流求與雞籠山》（不分卷）。《淡新鳳三縣簡明總括圖冊》（不分卷）。《清季外交史料選輯》（不分卷，王彥威輯）。《福建省例》（不分卷）。《臺案彙錄庚集》（五卷）。《半崧集簡編》（不分卷，清章甫撰）。《潛園琴餘草簡編》（不分卷，林占梅撰）。《籌辦夷務始末選輯》（三卷）。《法軍侵臺檔補編》。《臺案彙錄辛集》（六卷）。《戴案紀略》（不分卷，清蔡青筠撰）。《陳清端公年譜》（二卷，清丁宗洛編）。《雅堂文集》（四卷，清連橫撰）。《野史無文》（二十卷，明鄭達輯）。《清光緒朝中日交涉史料選輯》（不分卷）。《臺灣旅行記》（邱文鸞、劉範徵、謝鳴珂等撰）。《臺灣修學旅行報告書》（何纘撰）。《魂南記》（清易順鼎輯）。《海濱大事記》（林繩武等撰）。《清稗類鈔選錄》（不分卷，徐珂輯）。《後蘇龕合集》（清施士洁撰）。《臺灣輿地彙鈔》。《鮚埼亭集選輯》（六卷，清全祖望撰）。《臺灣南部碑文集成》（不分卷）。《廣陽雜記選》（劉獻廷等撰）。《碑傳選集》（不分卷，清錢儀吉輯）。《清史講義選錄》（不分卷，清汪榮寶撰）。《臺灣兵備手抄》（不分卷）。《續碑傳選集》（不分卷）。《臺灣詩薈雜文鈔》（不分卷）。《藏山閣集選輯》（清錢秉鐙撰）。《清會典臺灣事例》（不分卷）。《臺案彙錄壬集》（四卷）。《臺案彙錄癸集》（不分卷）。《清經世文編選錄》（不分卷，清賀長齡、盛康、陳忠倚、麥仲華等撰）。《清耆獻類徵選編》（十二卷，〈附錄〉一卷，清李桓撰）。《吳光祿使閩奏稿選錄》（不分卷，吳贊誠撰）。《漳州府志選錄》（不分卷，清沈定均等纂）。《泉州府志選錄》（不分卷，清黃任等撰）。《行在陽秋》（二卷，不著撰人）。《幸存錄》（二卷，《續幸存錄》一卷，正錄為夏允彝撰，續錄夏完淳撰）。《籌辦夷務始末選輯補編》。《崇相集選錄》（不分卷，董應舉撰）。《東明聞見錄》。《閩事紀略》（華廷獻等撰）。《青燐屑》（二卷，應廷吉撰）。《吳耿尚孔四王全傳》（不分卷，不著撰人）。《江南聞見錄》。《清史稿臺灣資料集輯》。《明亡述略》（二卷，題鎖綠山人撰）。《島噫詩》（四卷，盧若騰撰）。《江陰城守紀》（二卷，韓菼撰）。《清季申報臺灣紀事輯錄》。《庭聞錄》（六卷，劉健撰）。《遇變紀略》（一卷，題聾道人述）。《崇禎朝野紀》（李遜之撰）。《風倒梧桐記》（二卷，何是非撰）。《兩粵夢遊記》（一卷，馬光撰）。《述報法兵侵臺紀事殘輯》（不分卷）。《研堂見聞雜記》（不分卷，不著撰人）。《滿洲祕檔選輯》（不分卷，金梁撰）。《清奏疏選彙》（不分卷）。《玉堂薈記》（二卷，楊士聰撰）。《江上孤忠錄》。《東林與復社》（蔣平階等撰）。《閩中紀略》（不分卷，題野史氏落帽生許旭撰）。《洪承疇章奏文冊彙輯》（不分卷，國立北京大學史料室編）。《東華錄選輯》（清王先謙撰）。《烈皇小識》（八卷，文秉撰）。《甲申傳信錄》（十卷，錢䎖撰）。《中日戰輯選錄》（不分卷，清王炳耀輯）。《弘光實錄鈔》（四卷，不著撰人）。《西南紀事》（八卷，邵廷采撰）。《浙東紀略》（不分卷，徐芳烈撰）。《蜀碧》（四卷，彭遵泗撰）。《崇禎長編》（二卷，不著編者）。《客滇述》（不分卷，顧山貞撰）。《崇禎記聞錄》（八卷，不著撰人）。《東華續錄選輯》。《清史列傳選》（不分卷）。《明季北略》（二十四卷，計六奇撰）。《劉銘傳撫臺前後檔案》（不分卷）。《光緒朝東華續錄選輯》（不分卷）。《清季臺灣洋務史料》（不分卷）。《甲乙日曆》（二卷，祁彪佳撰）。《臺灣詩鈔》（二十五卷）。《通鑑輯覽明季編》（二卷）。《石匱書後集》（六十三卷，張岱撰）。《重修臺郡各建築圖說》（不分卷）。《平定三逆方略》（六十卷，清康熙二十一年敕撰）。《李文襄公奏疏與文移》（十卷，〈卷首〉一卷，李之芳撰）。《雪交亭正氣錄》（十二卷，高宇泰撰）。《使琉球錄三種》。《道咸同光四朝奏議選輯》（不分卷）。《明經世文編選錄》（不分卷，明陳子龍等編）。《臺灣對外關係史料》（不分卷）。《欽定勝朝殉節諸臣錄》（十二卷，清乾隆四十一年敕撰）。《清代琉球紀錄集輯》。《琉球國志略》（十六卷，首卷一卷，周煌撰）。《崇禎實錄》（十七卷，不著撰人）。《淡新檔案選錄行政編初集》（不分卷）。《明實錄閩海關係史料》（不分卷）。《小西腴山館主人自著年譜》（二卷，吳大廷撰）。《臺灣霧峰林氏族譜》（不分卷，林獻堂等輯）。《清代琉球紀錄續輯》。《雍正硃批奏摺選輯》（不分卷）。《偏安排日事蹟》（十四卷，不著撰人）。《嶺海焚餘》（三卷，金堡撰）。《陳第年譜》（不分卷，金雲銘撰）。《寄鶴齋選集》（不分卷，洪棄生撰）。《蘄黃四十八砦紀事》（四卷，王葆心撰）。《中山傳信錄》（六卷，徐葆光撰）。《明史選輯》（不分卷）。《臺灣海防並開山日記》（不分卷，羅大春撰）。《臺灣關係文獻集零》（不分卷）。

《臺灣作家全集》，鍾肇政召集編輯（臺北　前衛出版社　一九九一）。此叢書所收錄的，以各作家的短篇小說為主。所收錄的作家，涵蓋一九二〇年至一九九〇年的重要作家，縫合戰前與戰後的歷史斷層，有系統的呈現了現代文學史上臺灣作家的精神面貌。

全書分四卷：第一卷是「日據時代」，由張恆豪主編。第二卷是「戰後第一代」，由彭瑞金主編。第三卷是「戰後第二代」，由林瑞明、陳萬益主編。第四卷是「戰後第三代」，由施淑、高天生主編。第一卷收錄的有：《賴和集》、《楊雲萍集》、《張我軍集》、《蔡秋桐集》、《楊守愚集》、《陳虛谷集》、《張慶堂集》、《林越峰集》、《王詩琅集》、《朱點人集》、《翁鬧集》、《巫永福集》、《王昶雄集》、《楊逵集》、《呂赫若集》、《龍瑛宗集》、《張文環集》。第二卷收錄的有：《吳濁流集》、《鍾理和集》、《陳千武集》、《葉石濤集》、《鍾肇政集》、《張彥勳集》、《鄭煥集》、《廖清秀集》、《李篤恭集》、《林鍾隆集》、《文心集》。第三卷收錄的有：《鄭清文集》、《黃娟集》、《李喬集》、《施明正集》、《東方白集》、《郭松棻集》、《陳若曦集》、《劉大任集》、《歐陽子集》、《七等生集》、《鍾鐵民集》、《陳恆嘉集》、《張系國集》、《季季集》、《施叔青集》。第四卷收錄的有：《楊青矗集》、《王拓集》、《曾心儀集》、《洪醒夫集》、《東年集》、《黃凡集》、《林雙不集》、《宋澤萊集》、《李昂集》、《鍾延豪集》、《履彊集》、《吳錦發集》、《王幼華集》、《張大春集》。每一卷前有鍾肇政〈總序——血淚的文學，掙扎的文學〉，就七十年來臺灣文學經發芽而成長而茁壯的經過，精要的鉤勒出七十年來臺灣新文學發展的歷程。各卷前又有各卷主編執筆的〈序言〉，簡要介紹作家生平及作品特色。各作家作品之後，則附錄研究性質的作家論及作家生平寫作年表、小說評論引得。

《臺灣先賢詩文集彙刊》，王國璠總輯，高志彬主編（臺北　龍文出版社　一九九二——二〇〇一）。此編共分三輯，收錄自清代迄近世臺灣人士所撰詩文集。

第一輯，一九九二年出版，收書十五種：《石蘭山館遺稿》（二十二卷附一卷　臺南施瓊芳撰　黃典權點校）、《陶村詩稿》（八卷　彰化陳肇興撰）、《後蘇龕合集》（十七卷　原缺一卷　臺南施士洁撰　黃典權編）、《窺園留草》不分卷，附《詞》一卷，《自定年譜》、《詩傳》（臺南許南英撰）、《無悶草堂詩存》五卷，附《詩餘》一卷（臺中林朝崧撰，林獻堂、傅錫祺、陳懷澄、陳貫編）、《灌園詩集》三種（臺中林獻堂撰，葉榮鐘編）、《南強詩集》不分卷，附《文錄》（臺中林資修撰，林培英輯）、《仲衡詩集》不分卷，附《吟香集》（臺中林資銓撰，許成章校）、《林菽莊先生詩稿》不分卷（臺北林爾嘉撰，沈驥編校）、《林小眉三草》三種（臺北林景仁撰）、《紹唐詩集》四編附《文錄》（臺北李建興撰）、《溪山煙雨樓詩存》六集（臺南陳逢源撰，黃景南編）、《李騰嶽鷺村翁詩存》不分卷（臺北李騰嶽撰，毛一波編）、《駱香林全集》六卷首一卷附一卷（花蓮駱香林撰）、《琳瑯山閣吟草》四卷（嘉義張李德和撰）。

第二輯，一九九二年出版，收書二十種：《北郭園合集》十卷首一卷（新竹鄭用錫撰，楊浚編）、《西行吟草》二卷首一卷附《年譜》（宜蘭李望洋撰）、《偏遠堂吟草》二卷首一卷附一卷（新竹鄭如蘭撰，王松輯）、《鄭十洲先生遺稿》不分卷附《墨蹟》（新竹鄭澄瀛撰）、《友竹詩集》（新竹王松撰）、《雪蕉山館詩集》不分卷附《文錄》（新竹鄭家珍撰）、《虛一詩集》（新竹鄭虛一撰）、《松月書室吟草》不分卷附《哀輓錄》（臺中林耀亭撰，呂嶽編）、《鶴亭詩集》不分卷附《文錄》《櫟社沿革志略》《生平紀要》（臺中傅錫祺撰）、《枕山詩抄》不分卷（苗栗陳瑚撰，連橫輯）、《豁軒詩草》四卷（苗栗陳貫撰，陳南邦編校）、《太岳詩草》附《手稿存真》（彰化莊嵩撰，莊幼岳編校）、《晴園詩草》（臺北黃純青撰）、《雪漁詩集》（臺北謝汝銓撰）、《臥雲吟草》十二卷附《醉霞亭詩稿》（嘉義林玉書撰）、《黃樓詩》二卷附《黃村樓文》一卷（臺北黃水沛撰）、《翕菴吟草》不分卷（臺北陳榭澤撰）、《省廬遺稿》五種附一種（臺南謝國文撰，謝汝川輯）、《竹筠軒伯雄吟草》三卷首一卷附《手稿存真》（臺北呂伯雄撰，聶懋戡編）、《芸香閣儷玉吟草》四卷首一卷（臺北石中英撰，呂伯雄編）。

第三輯，二〇〇一年六月出版，收書二十三種：《一肚皮集》十八卷附《小草拾遺》、《經餘雜錄選》、《芸閣山人集》（苗栗吳子光撰）、《泰階詩稿》不分卷（宜蘭李逢時撰）、《東臺吟草》不分卷（臺北李碩卿撰）、《肖巖草堂詩鈔》不分卷（臺中傅于天撰，呂汝玉輯）、《厚菴遺草》不分卷（臺中呂敦禮撰，林癡仙、陳槐庭編，傅錫祺校）、《南村詩稿》不分卷（臺中莊龍撰，連橫輯）、《悔之詩鈔》不分卷（彰化賴紹堯撰，連橫輯）、《寄廬遺稿》不分卷（嘉義林培張撰，施梅樵刪，蔡子舟編校）、《脫塵齋詩草》不分卷（嘉義王殿沅撰）、《荻洲吟草》不分卷附《荻洲墨餘》（嘉義林緝熙撰）、《梅樵詩集》（彰化施梅樵撰，楊爾材等校，施讓甫輯）、《夢春吟草》不分卷（臺北謝尊五撰）、《礪心齋詩集》不分卷（臺北林述三撰）、《說園詩草》附《無逸文鈔》（臺北張善撰）、《虛谷詩集》不分卷（彰化陳滿盈撰）、《徒然吟草》不分卷（彰化莊垂勝撰）、《少奇吟草》六卷（彰化葉榮鐘撰）、《醉雪軒吟草》不分卷（彰化呂嶽撰）、《靜廬吟草》二集（臺北邱坤土撰）、《陋巷吟草》不分卷（澎湖顏其碩撰）、《南湖吟草》九卷（宜蘭陳進東撰）、《黑石集》（臺北林義德撰）、《旨禪詩畫集》不分卷（澎湖蔡罔甘撰）。

4. 個人叢書（個人全集與選集）

一九四五年以來所編輯出版的個人叢書，大致可以分為兩大類：一是學者（包括藝術家）的全集，一是現代文學作家的全集。學者（包括藝術家）的全集，如果收錄的全屬學術性或藝術理論的著作，此不予收錄。如果其全集中，含有詩文、遊記等文學作品，則予著錄。

(1) 學者（藝術家）叢書

《蔡元培先生全集》，孫常煒編（臺北　臺灣商務印書館　一九六八）。此書第一輯「著述之部」；第二輯「論文與雜著之部」；第三輯「言論演說之部」；第四輯「序跋之部」；第五輯「函電公牘之部」；第六輯「附錄：紀念論文輯要」。

《方豪六十自定稿》，方豪編（臺北　臺灣學生書局　一九六九）。此書收其六十歲以前論著，多與中西交通、臺灣史料有關。其中如〈相倫戲與打簇戲來源考〉、〈吳漁山先生《天樂正音譜》校釋〉、〈吳漁山《三巴集》校釋〉及題跋等，與文學有關。

《羅家倫先生文存》，羅家倫先生文存編輯委員會編（臺北　國史館、中國國民黨中央委員會黨史委員會　一九七六）。此書依收錄文字之性質，分為十四類：①論著；②譯著；③講演；④函札；⑤日記與回憶；⑥藝文；⑦詩歌（附聯語）；⑧記傳；⑨序跋；⑩評論；⑪遊記；⑫雜著（附題詞）；⑬英文著述；⑭附錄。並編有「著述年表」。

《傅斯年全集》，傅斯年全集委員會編（臺北　聯經出版事業公司　一九八〇）。此書共分七冊：第一冊收專著兩種：《中國古代文學史講義》、《詩經講義稿》。第二冊收彙著三種：《史學方法導論》、《史記研究》、《戰國子家敘論》。第三冊為學術論文。第四冊為文史評論，包括文學類、歷史與思想類、發刊詞、書評類、論學信札。第五冊為政治評論。第六冊為教育評論。第七冊為雜著，包括人物評論、新潮通訊、一般函札、雜文、詩。附錄收俞大綵所撰〈憶孟真〉、傅樂成所撰〈傅孟真先生年譜〉及陳槃所撰〈後記〉。

《高明文輯》，高明著（臺北　黎明文化事業公司　一九七八年三月）。此書分七輯：第一輯「文化學術總論類」；第二輯「經學類」；第三輯「孔學類」；第四輯「小學類」；第五輯「雜著類」；第六輯「文學類」；第七輯「傳記類」。

《戴靜山先生全集》，戴靜山（君仁）先生遺著編輯委員會編（臺北　該委員會　一九八〇）。此書分三冊：第一冊收《中國文字構造論》、《談易》、《閻毛古文尚書公案》、《春秋辨例》。第二冊收《梅園論學集》、《梅園論學續集》。第三冊收《梅園論學三集》、《梅園雜著》、《梅園詩存》、《梅園外編》。附錄有阮廷瑜撰〈戴靜山先生年譜〉。

《屈萬里全集》，屈萬里先生全集編輯委員會編（臺北　聯經出版事業公司　一九八五）。此編共分三集：第一集收：《讀易三種》（包括《周易集釋初稿》、《學易劄記》、《周易批注》）、《尚書集釋》、《尚書異文彙錄》、《先秦文史資料考辨》、《詩經詮釋》。第二集收：《殷虛文字甲編考釋》（上下冊）、《先秦漢魏易例述評》、《尚書今注今釋》、《漢石經尚書殘字集證》、《漢石經周易殘字集證》、《古籍導讀》、《葛思德東方圖書館中文善本書志》、《書傭論學集》。第三集收：《漢魏石經殘字》、《國立中央圖書館善本書目初稿》、《屈萬里先生文存》（六冊）等。在《屈萬里先生文存》中，所收《流離寫憂集》一書，為其平生所作詩歌。《風謠選》，包括〈民間歌謠全集〉、〈江淮民間文藝集〉、〈紹興歌謠〉、〈臺灣采風錄〉、〈情歌三百首〉、〈吳歌乙集〉、〈遂昌歌謠〉、〈閩歌甲集〉、〈福州歌謠甲集〉等，均為研究民間文學的重要資料。書前有屈夫人屈費海瑾教授所撰〈寫在「屈萬里全集」出版前〉、孔德成先生所撰〈屈萬里先生全集序〉。書末有附錄三種，收治喪委員會〈屈翼鵬先生行述〉、陳槃〈故中央研究院院士屈萬里先生墓碑銘〉、丁邦新〈屈翼鵬先生與歷史語言研究所〉、劉兆祐〈屈翼鵬先生對中國圖書館事業的貢獻〉、劉兆祐〈屈萬里先生著述年表〉、屈萬里、林慶彰合撰〈「屈萬里先生文存」編後記〉及鄭騫先生〈跋〉、屈費海瑾教授〈「屈萬里先生全集」出版後記〉等。

《俞大綱全集》，俞大綱紀念基金會編（臺北　幼獅文化事業公司　一九八七）。此編分四冊：第一、二冊為「論述卷」。第三冊為「詩文詩話卷」，所收為其平生所作詩、文、詞。第四冊為「劇作卷」。

《連雅堂先生全集》，臺灣省文獻委員會編（臺中　臺灣省文獻委員會　一九九二）。此書分三冊：第一冊《雅堂文集》，收錄論述、序跋、雜記、筆記等。第二冊為《雅堂先生外集》及《臺灣詩薈雜文鈔》。第三冊為《雅堂先生餘集》。

《溥心畬先生詩文集》，國立故宮博物院編輯委員會編（臺北　國立故宮博物院　一九九三）。此書收錄溥氏詩文：①《西山集》。②《南遊集》。③《凝碧餘音詞》。④《寒玉堂文集》。⑤《駢文》。附錄：①《華林雲葉》。②《溥心畬先生年譜》。

《張大千先生詩文集》，國立故宮博物院編輯委員會編（臺北　國立故宮博物院　一九九三）。此書卷一「詩」（四言、六言）；卷二「詩」（五言）；卷三「詩」（七言）；卷四「詞」；卷五「駢文」；卷六「文」；卷七「題跋」；卷八「手札」。附錄「年譜」。

《錢賓四先生全集》，錢賓四先生全集編輯委員會編（臺北　聯經出版事業公司　一九九五）。此書共五十三冊，多與中國思想史有關。其中第四十五冊《中國文學論叢》、第四十六冊《理學六家詩鈔》、第四十七冊《雙溪獨語》等，均與文學有關。

《澗莊文錄》，陳槃著（臺北　國立編譯館　一九九七）。茲編分四類：①「學術叢考類」三十九篇。

②「書簡序跋記傳類」四十二篇。③「壽詞碑銘哀祭類」十五篇。④「詩集」二篇。另有「附編」，收〈廣東歷代詩鈔別錄〉兩卷。

《張純甫全集》，黃美娥編（新竹　新竹市政府　一九九八）。張純甫為清末新竹地區重要文人，藏書及著述均甚可觀，有「北臺大儒」之稱。茲編包括詩集、文集、學術論著、俗文學、文學批評及雜錄。

《沈光文全集及其研究資料彙編》，龔顯宗編（臺南　臺南縣政府文化局　一九九八）。茲編分上、中、下三編：上編為沈光文著作，分詩、文、賦三章。中編為研究資料彙編，分史乘與方志、箋注與校釋、研究與考證三章。下編為追思與詠懷，凡六章。

《張道藩先生文集》，道藩文藝中心編（臺北　九歌出版社　一九九九）。此書分四輯：第一輯「傳記」；第二輯「散文」；第三輯「戲劇作品」，包括《自救》（四幕劇）、《自誤》（五幕劇）、《最後關頭》（五幕劇）、《蜜月旅行》（獨幕劇）、《殺敵報國》（獨幕劇）、《忘記了的因素》（三幕劇）、《狄四娘》（四幕劇）、《留學生之戀》（四幕劇）；第四輯「文藝政策」。

(2)作家叢書

《徐訏全集》（臺北　正中書局　一九六六）。此編共十八集：第一集《風蕭蕭》。第二集《鬼戀》、《布吉賽的誘惑》、《荒謬的英法海峽》、《精神病患者的悲歌》。第三集《江湖行》。第四集《幻覺》、《阿拉伯海的女神》、《有后》、《花束》。第五集《煙圈》、《一家》、《婚事》、《殺機》、《舊神》。第六集《盲戀》、《爐火》、《彼岸》。第七集《春韭集》、《海外的情調》、《成人的童話》、《傳杯集》。第八集《月亮》、《生與死》、《母親的肖像》、《潮來的時候》。第九集《兄弟》、《野花》、《契約》、《鬼戲》。第十集《海外的鱗爪》、《西流集》、《蛇衣集》、《傳薪集》。第十一集《借火集》、《燈籠集》、《鞭痕集》。第十二集《進香集》、《待綠集》、《輪迴》、《時間的去處》。第十三集《燈》、《私奔》、《傳統》、《痴心井》、《父仇》。第十四集《百靈樹》、《結局》、《太太與丈夫》、《鳥語》、《期待曲》。第十五集《女人與事》、《神偷與大盜》、《小人物的上進》。第十六集《個人的覺醒與民主自由》、《在文藝思想與文化政策中》、《其他》。第十七集《懷璧集》、《大陸文壇十年》、《其他》。第十八集《時與光》、《巫蘭的噩夢》、《天涯傳》、《其他》。

《顧一樵全集》，顧毓琇著（臺北　臺灣商務印書館　一九六八）。顧氏為近代著名文學家、劇作家。此書共十二冊：第一冊《我的父親》。第二冊《荊軻》（四幕劇）、《項羽》（三幕劇）。第三冊《蘇武》（三幕劇）、《岳飛》（四幕劇）。第四冊《西施》（四幕劇）、《昭君》（三幕劇）。第五冊《白娘娘》（五幕劇）、《古城烽火》（三幕劇）、《孤鴻》（四幕劇）。第六冊《芝蘭與茉莉》。第七冊《傑作》。第八冊《蕉舍吟草》、《海濱集》。第九冊《海外集》。第十冊《中國的文藝復興》。第十一冊《一樵文存》。第十二冊《行雲流水》及年譜。

《徐志摩全集》，蔣復璁、梁實秋編（臺北　傳記文學出版社　一九六九）。全書分六輯：第一輯包括：①前言。②編輯經過。③小傳。④圖片。⑤墨蹟函札。⑥未刊稿。⑦年譜。⑧紀念文及輓聯等。第二輯包括四個詩集：①《志摩的詩》。②《翡冷翠的一夜》。③《猛虎集》。④《雲遊》。第三輯包括文集四種：①《落葉》。②《巴黎鱗爪》。③《自剖文集》。④《秋》。第四輯包括小說戲劇及其他雜著四種：①《輪盤》（短篇小說集）。②《卞昆岡》（志摩與陸小曼合作的五幕劇）。③《愛眉小札》。④《渦堤孩》（翻譯小說）。第五輯包括翻譯作品三種：①《曼殊斐爾小說集》。②《贛第德》。③《瑪麗瑪麗》。第六輯包括：①新編詩集。②新編文集。③新編翻譯集。

《瓊瑤全集》，瓊瑤撰（臺北　皇冠文化出版公司　一九七五年五月）。本書收錄五十種歷年出版的小說：《窗外》、《幸運草》、《六個夢》、《煙雨濛濛》、《菟絲花》、《幾度夕陽紅》、《潮聲》、《船》、《紫貝殼》、《寒煙翠》、《月滿西樓》、《翦翦風》、《彩雲飛》、《庭院深深》、《星河》、《水靈》、《白狐》、《海鷗飛處》、《心有千千結》、《一簾幽夢》、《浪花》、《碧雲天》、《女朋友》、《在水一方》、《秋歌》、《人在天涯》、《我是一片雲》、《月朦朧鳥朦朧》、《雁兒在林梢》、《一顆紅豆》、《彩霞滿天》、《金盞花》、《夢的衣裳》、《聚散兩依依》、《卻上心頭》、《問斜陽》、《燃燒吧！火鳥》、《昨夜之燈》、《匆匆，太匆匆》、《失火的天堂》、《我的故事》、《冰兒》、《剪不斷的鄉愁》、《雪珂》、《望夫崖》、《青青河邊草》、《梅花烙》、《水雲間》、《新月格格》、《煙鎖重樓》。

《鍾理和全集》，張良澤編（臺北　遠行出版社　一九七六）。此書共八卷：卷一《夾竹桃》，為中篇小說集，是鍾理和生前惟一出版的單行本。卷二《原鄉人》，為中、短篇小說集。卷三《雨》，為中短篇小說集。卷四《做田》，為短篇小說及散文集。卷五《笠山農場》，為長篇小說，為鍾理和唯一完成的長篇。卷六《日記》，起自對日抗戰勝利，迄於臨終之前。卷七「書簡」。卷八「殘集」，所收均為未完成的作品。書末有「附錄」，收有關評介或追念鍾理和之文章數十篇。

《鍾理和全集》，鍾鐵民編（高雄　高雄縣立文化中心　一九九七）。張良澤所編的《鍾理和全集》，出版於七〇年代，臺灣還處在戒嚴時期，為求全集的順利出版，〈祖國歸來〉等經戰後在北京寫的部分日記中的時局感想及有關親眼在臺大醫院目睹二二八事件留下來的日記等，都從全集裡刪除，而這些資料，卻足以大大影響對鍾理和作品精神的了解。鍾理和的哲嗣鍾鐵民，近幾年重新整理鍾理和的遺作，發現了鍾理和為了描寫周邊的人與事，他筆記了不少客家的諺語、童謠、山歌。鍾理和文教基金會把這些遺稿重新整理，出版了本書。全集分六冊：第一冊收十七篇短篇小說，都是以他的家庭、成長經驗、婚姻、療病見聞的背景寫成的作品。第二冊收十一篇小說及〈大武山登山記〉。本集小說多以旅居奉天、北京的見聞、人物為背景。第三冊收短篇小說、散文及未完成稿計三十二篇。小說以戰後初期的北京臺灣人經驗、回臺經過、臺灣農村見聞為背景。第四冊為長篇小說《笠山農場》。新版特別補上被刪去的九、十兩章，雖已無法與全書情節連成一氣，可供研究者參考。第五冊為日記，最早的是一九四五年九月，記於北京；最晚的是一九四九年十二月。本冊增補最多，較舊版增加了五分之一。第六冊為書簡、雜記。書簡亦較舊版略有增補。

《吳濁流作品集》，張良澤編（臺北　遠景出版社　一九七七）。此書分六卷：卷一《亞細亞的孤兒》，此篇為臺灣文學甚具代表性的長篇小說。卷二《功狗》，收中篇、短篇小說八篇。卷三《波茨坦科長》，收中篇、短篇小說十篇。卷四《南京雜感》，收遊記九篇。卷五《黎明前的臺灣》，收論述十六篇。卷六《臺灣文藝與我》，收論述、散文、自序等三十九篇。卷末附年譜。

《林語堂全集》（臺北　德華出版社　一九八二）。共三十五冊：第一冊《京華煙雲》。第二冊《吾國吾民》。第三冊《生活的藝術》。第四冊《蘇東坡傳》。第五冊《中國傳奇小說》。第六冊《武則天正傳》。第七冊《紅牡丹》。第八冊《唐人街》。第九冊《愛與諷刺》。第十冊《八十自敘》。第十一冊《一夕話》。第十二冊《有不為齋隨筆》。第十三冊《吾家》。第十四冊《徬徨飄泊者》。第十五冊《論孔子的幽默》。

第十六冊《金聖嘆之生理學》。第十七冊《魯迅之死》。第十八冊《老子的智慧》。第十九冊《朱門》。第二十冊《風聲鶴唳》。第二十一冊《奇島》。第二十二冊《啼笑皆非》。第二十三冊至第二十七冊《人間世選集》。第二十八冊《勵志文集》。第二十九冊《匿名》。第三十冊《賴柏英》。第三十一冊《逃向自由城》。第三十二冊《從異教徒到基督徒》。第三十三冊《林語堂思想與生活》。第三十四冊《林語堂幽默金句》。第三十五冊《孔子的智慧》。

《楊喚全集》，歸人編（臺北　洪範書店　一九八五年五月）。本書分五輯：第一輯「詩」。第二輯「散文」。第三輯「童話」。第四輯「日記」。第五輯「書簡」。書前有歸人的〈前記〉，書末有「附錄」，收錄懷念楊喚的文章。

《胡適作品集》（臺北　遠流出版社　一九八六）。共三十七冊：第一冊《四十自述》。第二冊《胡適文選》。第三冊《文學改良芻議》。第四冊《問題與主義》。第五冊《水滸傳與紅樓夢》。第六冊《貞操問題》。第七冊《最低限度的國學書目》。第八冊《五十年來中國之文學》。第九冊《我們的政治主張》。第十冊《西遊記考證》。第十一冊《治學的方法與材料》。第十二冊《海外讀書雜記》。第十三冊《中國古典小說研究》。第十四冊《三百年中的女作家》。第十五冊《說儒》。第十六冊《菏澤大師神會傳》。第十七冊《醒世姻緣傳考證》。第十八冊《我們走那條路？》。第十九冊《白話文學史（唐以前）》。第二十冊《白話文學史（唐朝）》。第二十一冊《中國中古思想史長編（上）》。第二十二冊《中國中古思想史長編（下）》。第二十三冊《丁文江的傳記》。第二十四至二十六冊《胡適演講集》。第二十七冊《嘗試集》。第二十八冊《嘗試後集》。第二十九冊《胡適選註的詩選》。第三十冊《胡適選註的詞選》。第三十一冊《中國古代哲學史》。第三十二冊《戴東原哲學》。第三十三冊《章實齋先生年譜》。第三十四至三十七冊《胡適留學日記》。

《高陽作品集》（臺北　遠景出版公司　一九八六）。所收為歷史小說及雜文：《王昭君》、《大將曹彬》、《花魁》、《正德外記》、《草莽英雄》、《劉三秀》、《清官冊》、《清朝的皇帝》、《緹縈》、《恩怨江湖》、《李鴻章》、《狀元娘子》、《假官真做》、《翁同龢傳》、《徐老虎與白寡婦》、《石破天驚》、《小鳳仙》、《八大胡同》、《粉墨春秋》、《桐花鳳》、《避情港》、《紅塵》、《再生香》、《醉蓬萊》、《玉壘浮雲》、《高陽雜文》、《大故事》等。

《陳映真作品集》，高信疆主編（臺北　人間出版社　一九八八年五月）。此書共十五卷：卷一《我的弟弟康雄》（小說卷：一九五九—一九六四）。卷二《唐倩的喜劇》（小說卷：一九六四—一九六七）。卷三《上班族的一日》（小說卷：一九六七—一九七九）。卷四《萬商帝君》（小說卷：一九八〇—一九八二）。卷五《鈴璫花》（小說卷：一九八三—一九八七）。卷六《思想的貧困》（訪談卷：人訪陳映真）。卷七《石破天驚》（訪談卷：陳映真訪人）。卷八《鳶山》（隨筆卷）。卷九《鞭子和提燈》（自序及書評卷）。卷十《無出國境內的異國》（序文卷）。卷十一《中國結》（政論及批判卷）。卷十二《西川滿與臺灣文學》（政論及批判卷）。卷十三《美國統治下的臺灣》（政論及批判卷）。卷十四《愛情的故事》（陳映真論卷）。卷十五《文學的思考者》（陳映真論卷）。

《何凡文集》，夏林含英（林海音）編（臺北　純文學出版社　一九八九年十二月）。本書收錄作者自民國三十七年（一九四八）五月至七十八年（一九八九）十一月的創作，譯文不收。全書分四部，共二十五冊（另「別冊」一卷），每卷一冊。第一部（卷一至卷二十二），收刊於《聯合報・副刊》「玻璃墊上」專欄（自一九五三年十二月一日至一九八四年七月十二日）。第二部（卷二十三、二十四），收刊於《國語日報》、《中央日報》、《徵信新聞》、《中國時報》、《民生報》及《文星》、《作品》、《新時代》、《自由青年》、《現代知識》、《今日保險》、《文學》、《婦女》、《家庭》等雜誌的文章（自一九四八年五月二十日至一九八九年十一月十三日）。第三部（卷二十五・前），收刊於報章雜誌的遊記、訪問記等（自一九五四年三月十二日至一九八五年四月七日）。第四部（卷二十五・後），收序文、發刊詞、後記等（自一九五五年十月十八日至一九八九年二月十日）。「別冊」包括作者訪問記、作品評介、作者簡歷及照片等。

《羅雅溪作品選集》，羅枝土著（桃園　桃園縣立文化中心　一九九四）。本編為兒童文學作品集。

《郭水潭集》，羊子喬編（臺南　臺南縣立文化中心　一九九四年十二月）。此書共五卷：卷一「詩」。卷二「小說」。卷三「隨筆」。卷四「論述」。卷五「年表」。

《馬森作品選集》（臺南　臺南市立文化中心　一九九五年四月）。此書收錄其有關文學評論、散文、小說、劇作等文章。

《林宗源臺語詩精選集》（臺南　臺南市立文化中心　一九九五年四月）。此書收一百餘首臺語詩。

《楊守愚全集》，施懿琳編（彰化　彰化縣立文化中心　一九九五年六月）。此書收小說、戲劇、民間文學、隨筆等作品。

《李敖大全集》（臺北　榮泉文化事業公司　一九九五）。共四十冊。其中《北京法源寺》，可以說是歷史小說。

《羅門創作大系》，林燿德主編（臺北　文史哲出版社　一九九五年四月）。共十卷：卷一「戰爭詩」。卷二「都市詩」。卷三「自然詩」。卷四「自我・時空・死亡詩」。卷五「素描與抒情詩」。卷六「題外詩」。卷七「〈麥堅利堡〉特輯」。卷八「羅門論文集」。卷九「論視覺藝術」。卷十「燈屋・生活影像」。

《斜陽之後：尤增輝遺作選集》（彰化　彰化縣立文化中心　一九九五年六月）。分五輯：第一輯懷念尤增輝文章。第二輯選錄其與鹿港有關文章。第三輯民俗采風。第四輯藝術報導。第五輯文學選粹。

《呂赫若小說全集》，呂赫若著，林至潔譯（臺北　聯合文學出版社　一九九五年七月）。收錄小說二十五篇。

《巫永福全集》，沈萌華編（臺北　傳神福音文化事業有限公司　一九九六年五月）。本書計七卷十五冊。一至十冊為中文作品，十一至十五冊為日文作品。中文作品分別為《詩卷》五冊、《小說卷》二冊、《評論卷》三冊。日文作品則包括《短歌卷》二冊、《俳句卷》一冊、《日文詩》一冊、《日文小說》一冊。

《陳秀喜全集》，李魁賢編（新竹　新竹市立文化中心　一九九七年五月）。此書共十冊：第一、二冊為《詩集》。第三冊《譯詩集》。第四冊《文集》，分小說、雜文、遊記、譯文。第五冊《歌集》，分歌詞、俳句和短歌。第六冊《書信集》。第七冊《外譯詩集》，分日譯、韓譯、英譯三輯。第八冊《評論集》，分詩人論和作品論兩類。第九冊《追思集》。第十冊《資料集》，包括其自傳、回憶錄、年表及全集總目等。

《翁鬧作品選》，陳藻秀集，許俊雅編譯（彰化　彰化縣立文化中心　一九九七年七月）。此書分四卷：卷一「新詩」。卷二「隨筆與書信」。卷三「小說」。卷四「感想」。

《繪聲的世界——吳慶堂作品集》，呂興忠編（彰化　彰化縣立文化中心　一九九七）。收小說三篇、散文隨筆三篇、新詩十一首、未發表之新詩二十七首、舊體詩百餘首及兒童劇本、臺語劇本等。

《獄中幻思錄——曹堂作品集》，呂興忠編（彰化　彰化縣立文化中心　一九九七）。

《林亨泰全集》，呂興昌編（彰化　彰化縣立文化中心　一九九七）。本書分十冊：第一冊至第三冊「文學創作卷」，收四〇年代至九〇年代的詩作。第四、五冊為「文學論述卷」㈠㈡，收學術論著。第六冊「文學論述卷」㈢，收文學生活回顧、作家作品論、序跋。第七冊「文學論述卷」㈣，收文學短論。第八冊「文學論述卷」㈤，受訪錄。第九冊「文學論述卷」㈥，座談錄。第十冊「外國文學研究與翻譯卷」。

《大鬍子：潘榮禮自選集》（彰化　彰化縣立文化中心　一九九七年八月）。

《吳新榮選集》，呂興昌編（臺南　臺南縣立文化中心　一九九七年三月）。本書分七輯：第一輯《震瀛詩集》。第二輯《亡妻記》。第三輯《文學議題》。第四輯《醫者隨筆》。第五輯《文獻訪考》。第六輯《日記》。第七輯《吳新榮研究資料》。

《陳虛谷作品集》，陳逸雄編（彰化　彰化縣立文化中心　一九九七年十二月）。分「小說」、「新詩」、「舊詩」、「雜文、書信」等四部。

《張深切全集》，陳芳明、張炎憲、邱坤良、黃英哲、廖仁義等主編（臺北　文經出版社　一九九八年一月）。共十二卷：卷一至卷四為張氏自傳性作品。卷五、卷六為評論。卷七至卷十為創作劇本。卷十一為北京日記、書信等。卷十二為影像集。

《鄭清文短篇小說全集》（臺北　麥田出版社　一九九八年七月）。此書共六卷：卷一《水上組曲》，卷前有齊邦媛總序，李喬專文評介。卷二《合歡》，王德威專文評介。卷三《三腳馬》，陳芳明專文評介。卷四《最後的紳士》，梅家玲專文評介。卷五《秋夜》，許素蘭專文評介。卷六《白色時代》，李瑞騰專文評介。另有「別卷」，收〈鄭清文和他的文學〉。

《黃勁連選集》（臺南　臺南縣立文化中心　一九九八年十二月）。分四輯：「中文詩」、「中文散文」、「臺語詩」、「臺語散文」。

《虎爺的口水：黃文博選集》（臺南　臺南縣立文化中心　一九九九年五月）。分「用心走過」、「情商演出」、「回顧觀照」三輯。

《文學動念轉不停：黃武忠選集》（臺南　臺南縣立文化中心　一九九九年五月）。分三輯：「文學觀察」、「文學比較」、「文學序跋」。

《囿：楊青矗選集》（臺南　臺南縣立文化中心　一九九九年五月）。收短篇小說十篇。小說內容多以工人與工廠為題材，描述低階工作被壓榨及爭取權益的辛酸經過，以及人間生活百態。

《李喬短篇小說全集》（苗栗　苗栗縣立文化中心　一九九九年八月）。共十一冊：①《桃花眼》。②《飄然曠野》。③《醉之外》。④《老何與老鼠》。⑤《人球》。⑥《修羅祭》。⑦《昨日水蛭》。⑧《某種花卉》。⑨《泰姆山記》。⑩《耶穌的眼淚》。⑪《資料彙編》。

《陳垂映集》，趙天儀、邱若山編（臺中　臺中縣立文化中心　一九九九年十一月）。分四卷，前兩卷為中文本，後兩卷為日文本。

《蘇雪林作品集——日記卷》，國立成功大學中國文學系蘇雪林作品集編輯小組編（臺南　國立成功大學教務處出版組　一九九九）。共十五冊，所收日記起自民國三十七年（一九四八）十月一日，迄於民國八十五年（一九九六）十月二十日止。

《賴和全集》，林瑞明編（臺北　前衛出版社　二〇〇〇年）。共六卷：①小說卷。②新詩散文卷。③雜卷。④漢詩卷（上）。⑤漢詩卷（下）。⑥附卷。

《許成章作品集》（高雄　春暉出版社　二〇〇〇年）。共八冊：第一冊「散文」。第二冊《正名室詩存》。第三冊《燈謎》。第四冊「詩論」。第五冊「評論」。第六冊「諺語」。第七冊「錯字的故事」。第八冊「臺語研究」。

《林海音作品集》（臺北　遊目族文化事業有限公司　二〇〇〇年）。共十二冊：第一冊《曉雲》。第二冊《城南舊事》。第三冊《金鯉魚的百襇裙》。第四冊《婚姻的故事》。第五冊《綠藻與鹹蛋》。第六冊《冬青樹》。第七冊《我的京味兒回憶錄》。第八冊《寫在風中》。第九冊《剪影話文壇》。第十冊《作客美國》。第十一冊《春聲已遠》。第十二冊《芸窗夜讀》。

《鍾肇政全集》（桃園　桃園縣立文化中心　二〇〇〇年）。全書二十二冊：第一冊、第二冊為《濁流三部曲》。第三、四冊為《臺灣人三部曲》。第五冊《魯冰花》、《八角塔下》。第六冊《大壩》、《大川》。第七冊《丹心耿耿屬斯人——姜紹祖傳》、《馬黑坡風雲》、《馬利科彎英雄傳》。第八冊《青春行》、《望春風》。第九冊《川中島》、《戰火》、《靈潭恨》。第十冊《卑南平原》、《夕暮大稻埕》。第十一冊《原鄉人》、《怒濤》。第十二冊《綠色大地》、《圳旁一人家》。第十三冊至第十六冊收中短篇小說。第十七冊至第二十一冊隨筆集。第二十二冊照片、手稿、墨寶、年表、引得、補遺。

《林燿德佚文選》，楊宗翰編（臺北 華文網股份有限公司 二〇〇一年）。此書分五卷：卷一「批評卷」，文學評論。卷二、卷三「創作卷」，收小說、散文、劇本、詩等。卷四「短論卷」，收書評、序跋等。卷五「譯介卷」，收翻譯、中外文學評介。

《劉吶鷗全集》，康來新編（臺南 臺南縣文化局 二〇〇一年二月）。包括：「文學集」、「電影集」、「理論集」、「日記集」。

《洪醒夫全集》，黃武忠、阮美慧編（彰化 彰化縣政府文化局 二〇〇一年五月）。共九冊：第一冊至第五冊《小說卷》。第六冊《新詩卷》。第七冊《散文卷》。第八冊《書簡卷》。第九冊《評論卷》。

《楊逵全集》，彭小妍主編（臺南 國立文化資產保存研究中心籌備處 二〇〇一年十二月）。本書分十四冊：第一、二冊《戲劇卷》。第三冊《翻譯卷》。第四冊至第八冊《小說卷》。第九、十冊《詩文卷》。第十一冊《謠諺卷》。第十二冊《書信卷》。第十三冊《未定稿卷》。第十四冊《資料卷》，包括年譜、著作目錄、研究資料目錄、索引等。

《周伯陽全集》，吳肇淼編（新竹 新竹市政府 二〇〇一年十月）。所收為兒童文學作品及詩歌。

《詹冰詩全集》（苗栗 苗栗縣政府文化局 二〇〇一年十二月）。所收為新詩及兒童詩。

㈣總 集

臺灣從一九四五年以來，編了不少總集。在早期，由於古籍影印不多，所以編輯的總集，偏重於古典文學作品。近年來，則偏重於現代文學作品。

《中華文彙》，高明總編纂（臺北　國立編譯館　一九五七—一九九八）。這部總集，包括八種：《先秦文彙》，李曰剛主編；《兩漢三國文彙》，林尹主編；《兩晉南北朝文彙》，巴壺天、戴培之主編；《隋唐五代文彙》，張壽平主編；《宋文彙》，方遠堯主編；《遼金元文彙》，江應龍主編；《明文彙》，袁奐若主編；《清文彙》，祝秀俠、袁帥南主編。每一書所收文章，共分十二類：1.論說。2.辭賦。3.頌銘。4.序跋。5.詔令。6.奏議。7.書牘。8.贈序。9.哀祭。10.傳誌。11.敘記。12.典志。

《清初鼓詞俚曲選》，劉階平編（臺北　正中書局　一九六八）。

《中國文學批評資料彙編》，國立編譯館主編（臺北　成文出版社　一九七八年九月）。本書所收資料，包括文體論、創作論、批評論。全書分八冊：第一冊兩漢魏晉南北朝，由柯慶明、曾永義編輯。第二冊隋唐五代，由羅聯添編輯。第三冊北宋，由黃啟方編輯。第四冊南宋，由張健編輯。第五冊金代，由林明德編輯。第六冊元代，由曾永義編輯。第七冊明代，由葉慶炳、邵紅編輯。第八冊清代，由吳宏一、葉慶炳編輯。各冊均分「敘論」與「資料彙編」二部分。

《中國古典文學論文精選叢刊（戲劇類）》，曾永義主編，陳芳英助編（臺北　幼獅文化事業公司　一九八〇年八月）。此書收錄民國以來戲劇方面的重要論文。分兩冊：第一冊選錄二十一篇，偏重戲劇的源流和各劇種的概論。第二冊選文二十篇，偏重戲劇的理論和劇作的評騭。

爾雅出版社及九歌出版社，從一九八一年起，編纂了不少現代文學的選集。為方便敘述，分「小說」、「散文」、「新詩」、「文學批評」、「綜合」五類：

小說類：

《五十七年短篇小說選》，隱地編（臺北　爾雅出版社　一九八一）。《五十九年短篇小說選》，隱地編（臺北　爾雅出版社　一九八一）。《六十年短篇小說選》，鄭明娳編（臺北　爾雅出版社　一九八一）。《六十一年短篇小說選》，思兼編（臺北　爾雅出版社　一九八一）。《六十二年短篇小說選》，林伯燕編（臺北　爾雅出版社　一九八一）。《六十三年短篇小說選》，鄭傑光編（臺北　爾雅出版社　一九八一）。《六十四年短篇小說選》，洪醒夫編（臺北　爾雅出版社　一九八一）。《六十五年短篇小說選》，季季編（臺北　爾雅出版社　一九八一）。《六十六年短篇小說選》，隱地編（臺北　爾雅出版社　一九八一）。《六十七年短篇小說選》，李昂編（臺北　爾雅出版社　一九八一）。《六十八年短篇小說選》，季季編（臺北　爾雅出版社　一九八一）。《六十九年短篇小說選》，詹宏志編（臺北　爾雅出版社　一九八一）。《七十年短篇小說選》，沈萌華編（臺北　爾雅出版社　一九八一）。《七十一年短篇小說選》，周寧編（臺北　爾雅出版社　一九八三）。《七十二年短篇小說選》，李喬編（臺北　爾雅出版社　一九八四）。《七十三年短篇小說選》，馬森編（臺北　爾雅出版社　一九八五）。《七十四年短篇小說選》，亮軒編（臺北　爾雅出版社　一九八六）。《七十五年短篇小說選》，季季編（臺北　爾雅出版社　一九八七）。《七十六年短篇小說選》，季季編（臺北　爾雅出版社　一九八八）。《七十七年短篇小說選》，季季編（臺北　爾雅出版社　一九八九）。《七十八年短篇小說選》，陳雨航編（臺北　爾雅出版社　一九九〇）。《八十年短篇小說選》，愛亞編（臺北　爾雅出版社　一九九二）。《八十一年短篇小說選》，雷驤編（臺北　爾雅出版社　一九九三）。《八十二年短篇小說選》，陳義芝編（臺北　爾雅出版社　一九九四）。《八十三年短篇小說選》，張芬齡編（臺北　爾雅出版社　一九九五）。《八十四年短篇小說選》，廖咸浩編（臺北　爾雅出版

社　一九九六)。《八十五年短篇小說選》,保真編(臺北　爾雅出版社　一九九七)。《八十六年短篇小說選》,焦桐編(臺北　爾雅出版社　一九九八)。《八十七年短篇小說選》,邵僴編(臺北　爾雅出版社　一九九九)。《八十八年度小說選》,彭小妍編(臺北　九歌出版社　二〇〇〇)。

散文類:

《七十年度散文選》,林錫嘉編(臺北　九歌出版社　一九八二)。《七十一年度散文選》,林錫嘉編(臺北　九歌出版社　一九八三)。《七十二年度散文選》,陳幸蕙編(臺北　九歌出版社　一九八四)。《七十三年度散文選》,蕭蕭編(臺北　九歌出版社　一九八五)。《七十四年度散文選》,林錫嘉編(臺北　九歌出版社　一九八六)。《鄉情:七十五年度散文選集》,臺灣省政府新聞處編(臺中　臺灣省政府新聞處　一九八六)。《七十五年度散文選》,陳幸蕙編(臺北　九歌出版社　一九八七)。《大地之美:七十六年度散文選集》,臺灣省政府新聞處、中央日報社編(臺中　臺灣省政府新聞處　一九八七)。《七十六年度散文選》,蕭蕭編(臺北　九歌出版社　一九八八)。《陽明山文選集》,內政部營建署陽明山國家公園管理處編(臺北　內政部營建署陽明山國家公園管理處　一九八八)。此書彙集歷年來介紹陽明山國家公園的文章。《七十七年度散文選》,林錫嘉編(臺北　九歌出版社　一九八九)。《七十八年度散文選》,陳幸蕙編(臺北　九歌出版社　一九九〇)。《七十九年度散文選》,蕭蕭編(臺北　九歌出版社　一九九一)。《八十年度散文選》,林錫嘉編(臺北　九歌出版社　一九九二)。《八十一年度散文選》,簡媜編(臺北　九歌出版社　一九九三)。《八十二年度散文選》,蕭蕭編(臺北　九歌出版社　一九九四)。《永遠的太魯閣:太魯閣國家公園文學選集》,高琇瑩編(花蓮　內政部營建署太魯閣國家公園管理處　一九九九五）。此書收錄一九七〇到一九九四年間，有關太魯閣地區自然與人文的文學作品。《八十三年度散文選》，林錫嘉編（臺北　九歌出版社　一九九五）。《八十四年度散文選》，簡媜編（臺北　九歌出版社　一九九六）。《八十五年度散文選》，蕭蕭編（臺北　九歌出版社　一九九七）。《八十六年度散文選》，林錫嘉編（臺北　九歌出版社　一九九八）。《八十七年度散文選》，簡媜編（臺北　九歌出版社　一九九九）。《八十八年度散文選》，焦桐編（臺北　九歌出版社　二〇〇〇）。

新詩類：

《七十一年詩選》，張默編（臺北　爾雅出版社　一九八三）。《七十二年詩選》，蕭蕭編（臺北　爾雅出版社　一九八四）。《七十三年詩選》，向明編（臺北　爾雅出版社　一九八五）。《七十四年詩選》，李瑞騰編（臺北　爾雅出版社　一九八六）。《七十五年詩選》，向明編（臺北　爾雅出版社　一九八七）。《七十六年詩選》，張漢良編（臺北　爾雅出版社　一九八八）。《七十七年詩選》，張默編（臺北　爾雅出版社　一九八九）。《七十八年詩選》，蕭蕭編（臺北　爾雅出版社　一九九〇）。《七十九年詩選》，向明編（臺北　爾雅出版社　一九九一）。《八十年詩選》，李瑞騰編（臺北　爾雅出版社　一九九二）。《八十一年詩選》，向明、張默編（臺北　爾雅出版社　一九九三）。《八十二年詩選》，梅竹、鴻鴻編（臺北　爾雅出版社　一九九四）。《八十三年詩選》，洛夫、杜十三編（臺北　爾雅出版社　一九九五）。《八十四年詩選》，辛鬱、白靈編（臺北　爾雅出版社　一九九六）。《八十五年詩選》，余光中、蕭蕭編（臺北　爾雅出版社　一九九七）。《八十六年詩選》，瘂弦、陳義芝編（臺北　爾雅出版社　一九九八）。《八十七年詩選》，商禽、焦桐編（臺北　爾雅出版社　一九九九）。

文學批評類：

《七十三年文學批評選》，陳幸蕙編（臺北　爾雅出版社　一九八五）。《七十四年文學批評選》，陳幸蕙編（臺北　爾雅出版社　一九八六）。《七十五年文學批評選》，陳幸蕙編（臺北　爾雅出版社　一九八七）。《七十六年文學批評選》，陳幸蕙編（臺北　爾雅出版社　一九八八）。《七十七年文學批評選》，陳幸蕙編（臺北　爾雅出版社　一九八九）。《當代臺灣文學評論大系》，簡政珍、林燿德、鄭明娳、孟樊、何寄澎等編（臺北　正中書局　一九九三年五月）。收錄一九四九年至一九九二年間發表在臺灣地區的現代文學評論作品。共分五冊：第一冊《文學理論卷》，收十四篇。第二冊《文學現象卷》，收十七篇。第三冊《小說批評卷》，收二十二篇。第四冊《新詩批評卷》，收十六篇。第五冊《散文批評卷》，收二十三篇。

綜合類：

《日據下臺灣新文學》，李南衡主編，王昶雄、王詩琅、巫永福、陳垂映、郭水潭、郭秋生、黃得時、楊逵、葉石濤、廖毓文、劉捷、蔡愁洞、賴賢穎、龍瑛宗、鍾肇政等為編輯顧問（臺北　明潭出版社　一九七九年三月）。本書是第一次以日據時期臺灣的新文學作品為主題編輯的文學叢刊，自有其不凡的意義。此書共五冊：第一冊為《賴和先生全集》，分「小說創作集」、「詩創作集」、「隨筆雜文集」、「序文」、「遺稿集」、「舊詩詞集」、「賴和先生，我們永遠懷念您」等七部分。第二冊《小說選集》㈠收楊雲萍、張我軍、涵虛、鄭登才、虛谷、守愚、秋生、愁洞、瘦鶴等人的作品。第三冊《小說選集》㈡收陳賜文、張深切、郭德欽、王錦江、楊華、徐青光、謝萬安、林越峰、毓文、張慶堂、李泰國、柳塘、賴賢穎、康道樂等人的作品。第四冊《詩選集》，收施文杞、楊華、林載爵、賴和、虛谷、守愚、毓文、徐玉書、愁洞、瘦鶴、陳君玉、繪聲、陳夢痕、張慶堂、漫沙、楊鏡秋等人的作品。第五冊《文獻資料選集》，收錄〈臺灣青年創刊號的卷頭辭〉（不著作者）、〈臺灣民報發刊詞〉（慈舟）、〈新文學運動的意義〉（張我軍）、〈對於臺灣舊詩壇投下一巨大的炸彈〉（陳逢源）、〈第一回臺灣全島文藝大會記錄〉（不著作者）、〈文聯報告書〉（張深切）、〈臺灣人的唯一喉舌——臺灣民報〉（葉榮鐘）、〈臺灣新文學運動概觀〉（黃得時）等。

《光復前臺灣文學全集》，鍾肇政、葉石濤主編，張恆豪、林梵、羊子喬編輯（臺北　遠景出版社　一九七九年七月－一九八二年五月）。本書收錄日據時期的臺灣新文學作品，包括小說、散文、詩、戲劇及隨筆等。所取材的主要資料，包括《臺灣》、《臺灣民報》、《臺灣新民報》、《南音》、《先發部隊》、《第一線》、《福爾摩沙》、《臺灣文藝》、《臺灣新文學》、《臺灣文學》等，這些都是日據時期臺灣人所創辦的文學雜誌。除了以這些雜誌為主要資料外，復以其他雜誌、報紙如《臺灣新聞》、《臺灣日日新報》、《臺灣時報》、《人人》、《新建設》、《文藝》、《臺灣藝術》、《臺灣鐵路》、《旬刊臺新》、《文藝臺灣》及日本大阪的《每日新聞》、《風俗》、《改造》、《越過海洋》、《文學評論》、《中央公論》等為輔助資料。收錄的作家有賴和、楊雲萍、楊守愚、陳虛谷、蔡秋桐、楊華、朱點人、吳希聖、王錦江、翁鬧、楊逵、呂赫若、龍瑛宗、張文環等人。

《中華現代文學大系》，余光中主編（臺北　九歌出版社　一九八九年五月）。此書選錄一九七〇年到一九八九年間，在臺灣發表的作品（含評論）。本書包括：《詩卷》二冊，《散文卷》四冊，《小說卷》五冊，《戲劇卷》二冊，《評論卷》二冊。詩、散文、小說部，其編排順序，以作者出生年月先後為序。

戲劇部分，依作品發表先後為序。評論部分，分「總論」、「小說」、「散文」、「詩」、「戲劇」五輯。

《中副五十年精選》，林黛嫚主編（臺北　中央日報社　一九九九年二月）。此書係以《中央日報》自民國五十二年（一九六三）起所出版的《中副選集》第一輯到七十五年（一九八六）出版的第二十六輯、民國六十八年（一九七九）到七十三年（一九八四）出版的《中副散文選》、《中副小說選》各五輯，再加上已出版的八十三年（一九九四）、八十四年（一九九五）散文選、小說選及未出版的八十五年（一九九六）、八十六年（一九九七）散文選、小說選為基礎，編輯而成。共十二冊：第一冊至第七冊為「散文卷」，第八冊至第十二冊為「小說卷」。

㈤年鑑、年表、大事記

一九四九年以來，臺灣最早的一部文學年鑑，是中國文藝年鑑編輯委員會主編的《中國文藝年鑑》（臺北　平原出版社　一九六六－一九六七）。內容包括九篇：1.〈總綱〉。2.〈文藝社團組織概況〉。3.〈文藝活動大事記要〉。4.〈重大文藝運動〉。5.〈文藝獎金與獎章〉。6.〈文藝傳播工具概況〉。7.〈重要作品目錄〉。8.〈作家名錄〉。9.〈馬來西亞聯合邦及星加坡共和國華文文藝概況〉。民國五十六年（一九六七）度年鑑，共分七篇：1.〈總綱〉。2.〈中華文化復興運動〉。3.〈文藝社團〉。4.〈文壇大事記要〉。5.〈文藝獎章及獎金〉。6.〈傳播工具概況〉。7.〈本年度重要出版品〉。另有〈特別篇〉三篇，論述國外及共產黨盤據地區的文藝概況。

《中華民國文學年鑑（一九八〇）》，柏楊主編，應鳳凰執行編輯（臺北　時報文化出版公司　一九八二）。全書分七篇：1.〈文學概況〉，分「文學評論」、「詩」、「小說」、「散文」、「雜文」、「報導文學」、

「兒童文學」等類。2.〈一年文壇大事記〉，包括文學社團活動、文學獎、文學座談會、文學雜誌創刊等。3.〈文學活動〉，包括「時報文學週」、「《笠詩刊》百期紀念會」等。4.〈文學獎〉。5.〈名錄〉。6.〈著作目錄〉。7.〈文星殞落〉，當年去世的作家有洪炎秋、胡汝森、司馬長風、徐訏、姜貴等五人。

此後，一直到一九六六年，才又再度編輯文學年鑑。計有：

《臺灣文學年鑑（一九九六）》，文訊雜誌社編纂，封德屏主持（臺北　行政院文化建設委員會　一九九七年六月）。《臺灣文學年鑑（一九九七）》，文訊雜誌社編纂，封德屏主持（臺北　行政院文化建設委員會　一九九八年六月）。《臺灣文學年鑑（一九九八）》，文訊雜誌社編纂，李瑞騰主持（臺北　行政院文化建設委員會　一九九九年六月）。《臺灣文學年鑑（一九九九）》，文訊雜誌社編纂，封德屏主持（臺北　行政院文化建設委員會　二〇〇〇年十月）。《臺灣文學年鑑（二〇〇〇）》，前瞻公關顧問股份有限公司承辦編輯（臺北　行政院文化建設委員會　二〇〇二年二月）。以上五種年鑑中，一九九六年到一九九九年的四種，體例一致，分「綜述」、「記事」、「人物」、「作品」、「名錄」五部分。二〇〇〇年的年鑑，則分「綜述」、「記事」、「人物」、「著作」、「作品」、「名錄」、「網路文學」七部分。

年表方面，有廖漢臣的〈臺灣文學年表（一六六一～一九四五）〉（載《臺灣文獻》第十五卷第一期，一九六四年三月）；不著撰人的〈日據時期臺灣小說年表〉（收在《光復前臺灣文學全集》小說部分第八冊）。

大事記部分，有周錦編《中國新文學大事記》（臺北　成文出版社　一九八〇）。周氏於民國六十五年（一九七六）出版《中國新文學史》一書，第七章有〈中國文學大事記〉，記錄民國六年（一九一七）

到民國六十四年（一九七五）間的文壇大事。本書則收錄民國六年（一九一七）至民國三十七年（一九四八）間的文壇大事。分四個單元敘述：1.文壇大事。2.文學理論。3.文學創作。4.文學刊物。

《聯副三十年記事》，瘂弦策劃，應鳳凰等編（臺北　聯合報社　一九八二）。此書記民國四十年（一九五一）九月十六日〈聯合副刊〉創刊至民國七十年（一九八一）六月三十日止，三十年間的文藝思潮、社團動態、作家活動及出版概況等，將〈聯副〉、文壇、國內外大事三項，以三欄比照的方式，顯現〈聯副〉如何與當代文壇相結合及如何設計專輯以反映當代人文意識。

〈中國現代詩壇三十年大事記（一九五二―一九八二）〉，張默編（載《中外文學》第十卷第十二期，一九八二年五月）。記錄事項包括詩人社團的創設、詩刊、詩選、詩評論集、各文學期刊策劃出版的詩專號、各公私文化團體或個人舉辦的詩獎、中外詩壇交流、詩展、詩的論戰等。

《光復後臺灣地區文壇大事紀要（民國三十四年―八十年）》（臺北　行政院文化建設委員會　一九九五年六月）。此書為記錄一九四五年以來臺灣地區文學大事極重要的一部著作。所記錄的大事，包括：1.黨、政、軍有關文學的決策、決定、指示、重要文獻的發布與活動。2.學校、研究機構有關現代文學之教學、研究與活動。3.文學社團之成立、解散、重要活動、重要宣言、變動。4.文學刊物之創辦、停刊、重要專號、特輯、論戰文章。5.作品出版、大套書、重要著作（創作、評論）。6.作家辭世。7.與文學發展有關的政治、社會、經濟、文化事件。

《臺灣文壇大事紀要（一九九二―一九九五）》（臺北　行政院文化建設委員會　一九九九年九月）。此書為繼《光復後臺灣地區文壇大事紀要》一書的續作。收錄民國八十一年（一九九二）至八十四年（一九九五）的文學事件。由南華大學編譯出版中心編纂，陳信元主編，方美芬執行編輯。由於時空的變化，此書所涵蓋的文學事件，除前書的七項外，還增加了「兩岸文學交流活動」。

第五章　重要的文獻學家

文獻學所涉及的範圍很廣，凡是與整理、考訂圖書、文物有關的學術，如目錄學、版本學、輯佚學、校讎學等，都是文獻學的一部分。這些文獻學領域的學者，都可以稱之為文獻學家。不過，由於篇幅的限制，這裡列舉論述的，僅限於對整理文獻有貢獻，或對整理文獻的方法提供卓越理論的學者。

歷來對整理文獻或提出整理文獻理論的學者也不少，例如漢代的劉向、劉歆父子，東漢遍注群經的鄭玄，唐代主持五經注疏的孔穎達，編撰《經典釋文》的陸德明，注解《昭明文選》的李善，宋代撰寫《通志》的鄭樵，編纂《續資治通鑑長編》的李燾，元代撰寫《文獻通考》的馬端臨，注解《資治通鑑》的胡三省，明代最早提出辨偽方法的胡應麟，清代考訂古史文獻最有成就的崔述、在《校讎通義》一書中提出校理圖書理論的章學誠，從事輯佚工作有功佚書的洪頤煊、王紹蘭、王謨、茆泮林、馬國翰、黃奭、王仁俊，近代的羅振玉、王國維、梁啟超、張元濟、王獻唐、屈萬里等，都是卓越的文獻學家。但是由於篇幅所限，這裡僅論述劉向、劉歆父子、鄭樵、王國維及屈萬里等五位。

第一節　劉向、劉歆

劉向（西元前七十七年？—西元前六年），本名更生，字子政，沛（今江蘇沛縣）人，為漢皇族楚元王（劉交）四世孫。十二歲為輦郎，二十歲擢為諫議大夫，勇於進言。漢宣帝時，擢升散騎宗正，給事中，時為三十二歲。成帝時，改名為向，召拜為中郎使，領護三輔都水，遷光祿大夫，官終中壘校尉。著有《洪範五行傳》、《列女傳》、《說苑》、《新序》等書。事跡具《漢書》卷三十六。

劉歆（西元前五十三年？—西元二十三年），字子駿，後改名為秀，字穎叔，劉向子。少穎悟，通《詩》、《書》，成帝時召為黃門郎。河平中，受詔與父親劉向領校天祿閣圖書。劉向卒後，歆復任中壘校尉。大司馬王莽舉為侍中太中大夫，遷騎都尉、奉車光祿大夫，後總領五經，繼續父親劉向未完成的校讎文獻工作。官至京兆尹，封紅休侯。著有《三統曆譜》、《文集》等。事跡具《漢書》卷三十六。

在戰國、秦代，由於戰亂不斷，圖書文獻散佚殆盡。《史記．儒林列傳》說：

秦之季世，焚詩書，坑術士，六藝從此缺焉。陳涉之王也，而魯諸儒持孔子之禮器往歸陳王，於是孔甲為陳涉博士，卒與涉俱死。陳涉起匹夫，驅瓦合適戍，旬月以王楚，不滿半歲竟滅亡，其事至微淺。然而縉紳先生之徒，負孔子禮器往委質為臣者，何也？以秦焚其業，積而發憤於陳王也。及高皇帝誅項籍，舉兵圍魯。魯中諸儒，尚講誦習禮樂，絃歌之音不絕，豈非聖人之遺化，好禮樂之國哉？故漢興，然後諸儒始得修其經藝，講習大射鄉飲之禮。

由於圖書文獻大量焚燬，為了使文獻得以流傳，漢武帝廣開獻書之路，並訂定藏書的方法。《漢書．藝文志》說：

昔仲尼沒而微言絕，七十子喪而大義乖，故春秋分為五（原注：韋昭曰：謂《左氏》、《公羊》、《穀梁》、《鄒氏》、《夾氏》也。）《詩》分為四（原注：韋昭曰：謂《毛氏》、《齊》、《魯》、《韓》），《易》有數家之傳。戰國從衡，真偽分爭，諸子之言，紛然殽亂，至秦患之，乃燔滅文章，以愚黔首。漢興，改秦之敗，大收篇籍，廣開獻書之路。迄孝武世，書缺簡脫，禮壞樂崩，聖上喟然而稱曰：「朕甚閔焉。」於是建藏書之策（原注：如淳曰：劉歆《七略》曰：外則有太常、太史、博士之藏，內則有延閣、廣內、祕室之府。）置寫書之官，下及諸子傳說，皆充祕府。

漢武帝廣開獻書之路，又建藏書之策，於是圖書日益增多。這些豐富的圖書，由於經過戰亂或多次傳抄，殘缺、錯誤者不少，必需從事整理。《漢書．藝文志》又說：

成帝時，以書頗散亡，使謁者陳農求遺書於天下。詔光祿大夫劉向校經傳、諸子、詩賦；步兵校尉任宏校兵書；太史令尹咸校數術；侍醫李柱國校方技。每一書已，向輒條其篇目，撮其指意，錄而奏之。會向卒，哀帝復使向子侍中奉車都尉歆卒父業。歆於是總群書而奏其《七略》，故有〈輯略〉，有〈六藝略〉，有〈諸子略〉，有〈詩賦略〉，有〈兵書略〉，有〈數術略〉，有〈方技略〉。

劉向「條其篇目，撮其指意，錄而奏之」者，就是「敘錄」；將各書「敘錄」另輯編成書，即《別錄》

一書。

劉向、劉歆父子如何整理文獻呢？

劉向所撰「敘錄」，泰半已佚，現在依據現存的「敘錄」中，探討劉向整理文獻的方法：

一、廣羅異本：在雕版印刷術發明之前，古籍均賴鈔寫流傳，因此傳本甚多：或篇（卷）數不同、或文字不同、或書名不同、或篇名不同。劉向整理文獻之第一步工作，即蒐羅各不同本子，從事比勘的工作。例如〈晏子敘錄〉說：「臣向言：所校中書《晏子》十一篇，臣向謹與長社尉臣參校讎，太史書五篇，臣向書一篇，參書十三篇，凡中外三十篇，為八百三十八章。」又如〈管子敘錄〉云：「臣向言：所校讎中《管子》書三百八十九篇，大中大夫卜圭書二十七篇，臣富參書四十一篇，射聲校尉立書十一篇，太史書九十六篇。凡中外書五百六十四篇，以校。」

二、定其書名或篇名：古代圖書，或抄在竹簡，或抄在帛布，或抄在長卷上，每無書名或篇名。有些書雖有書名或篇名，但書名或篇名，又彼此不同，因此，劉向的第二步工作，就是為這些尚無書名（篇名）或書名（篇名）互異者撰定書名（篇名）。例如〈戰國策敘錄〉說：「中書本號曰《國策》，或曰《國事》，或曰《短長》，或曰《事語》，或曰《長書》，或曰《修書》，臣向以為戰國時游士輔所用之國，為之策謀，宜為《戰國策》。」

三、條別篇章，去其重複：古籍由於抄寫的工具不方便，抄寫時為省篇幅，每多不分篇（章）；又由於資料之來源不一，章句錯亂，內容重複者亦多，所以劉向的第三步工作，就是為篇章凌亂的古籍，重新條別，並刪其重複，定其次序。例如〈說苑敘錄〉說：「所校中書《說苑》、《雜事》，及臣向書，民間書，誣校讐，其事類眾多，章句相溷，或上下謬亂，難分別次序。除去與《新序》複重者，其餘淺薄不中義理，別集以為百家後，以類相從，一一條別篇目，更以造新事十萬言，以上，凡二十篇，七百八十四章，號曰《新苑》，皆可觀。」又如〈孫卿書敘錄〉云：「除復重二百九十篇，定著三十二篇。」

四、訂正訛字，校補脫簡：古籍傳抄既久，不免有脫簡及訛字，劉向必為之校補訂正。例如〈戰國策敘錄〉說：「本字多誤脫為半字，以趙為肖，以齊為立，如此者多。」此訂正訛字者。又《漢書・藝文志》說：「劉向以中古文校歐陽、大小夏侯經文，〈酒誥〉脫簡一，〈召誥〉脫簡二，率簡二十五字者，脫亦二十五字，簡二十二字者，脫亦二十二字。」此校補脫簡者。

五、條其篇目，撰成敘錄：《漢書・藝文志》說：「每一書已，向輒條其篇目，撮其指意，錄而奏之。」所謂「條其篇目」，就是把前所訂定的篇名，次其次序。就今所存敘錄來看，每一篇敘錄前，都先列篇名，並說明其次序。例如〈列子敘錄〉前臚列：

〈天瑞〉第一。〈黃帝〉第二。〈周穆王〉第三。〈仲尼〉第四。〈湯問〉第五。〈力命〉第六。〈楊朱〉第七。〈說符〉第八。

所謂「撮其指意」，就是撰寫敘錄。

劉向撰寫敘錄，其義例有八：

一、著錄書名與篇目：據清代姚振宗《七略別錄佚文》（一卷，《快閣師石山房叢書》本）所載〈晏子敘錄〉、〈列子敘錄〉、〈孫卿書敘錄〉、〈山海經敘錄〉等篇，篇前都有書名與篇目。

二、說明異本及校讎經過：例如〈管子敘錄〉說：「所校讐中《管子》書三百八十九篇，大中大夫卜圭書二十七篇，臣富參書四十一篇，射聲校尉立書十一篇，太史書九十六篇。凡中外書五百六十四篇，以校除復重四百八十四篇，定著八十六篇。」

三、考述作者之生平事跡與思想：例如〈管子敘錄〉說：「管子者，潁上人也。名夷吾，號仲父。少時嘗與鮑叔牙游，鮑叔知其賢。管子貧困，常欺叔牙，叔牙終善之。鮑叔事齊公子小白，管子事公子糾，及小白立為桓公，子糾死，管仲因，鮑叔薦管仲。管仲既任政於齊，齊桓公以霸，九合諸侯，一匡天下，管仲之謀也。故管仲曰：『吾始困時，與鮑叔分財，多自予，鮑叔不以我為貪，知吾貧也。嘗為鮑叔謀事，而更窮困，鮑叔不以我為愚，知吾有利有不利也。公子糾敗，召忽死之，吾幽囚受辱，鮑叔不以我為無恥，知吾不羞小節，而恥功名不顯于天下也。生我者父母，知我者鮑叔。』鮑叔既進管仲，而已下之，子孫世祿於齊，有封邑者十餘世，常為名大夫。管子既相，以區區之齊在海濱，通貨積財，富國彊兵，與俗同好醜，故其書稱曰：『倉廩實而知禮節，衣食足而知榮辱，上服度則六親固，四維不張，國乃滅亡。』下令猶流水之原，令順人心，故論卑而易行，俗所欲，因予之，俗所否，因去之。其為政也，善因禍為福，轉敗為功，貴輕重，慎權衡。桓公怒少姬，南襲蔡，管仲因伐楚，責包茅不入貢於周室。桓公北征山戎，管仲因而令燕修召公之政。柯之會，桓公背曹沫之盟。管仲因而信之，諸侯歸之。管仲聘於周，不敢受上卿之命，以讓高國，是時諸侯為管仲城穀，以為之乘邑，《春秋》書之，褒賢也。管仲富擬公室，有三歸反坫，齊人不以為侈。管子卒，齊國遵其政，常彊於諸侯，孔子曰：『微管仲，吾其被髮左衽矣。』太史公曰：『余讀管氏〈牧民〉、〈山高〉、〈乘馬〉、〈輕重〉、〈九府〉，詳哉言之也。』又曰：『將順其美，匡救其惡，故上下能相親愛，豈管仲之謂乎。』〈九府〉書，民間無有；〈山高〉一名〈形勢〉，凡《管子》書，務富國安民，道約言要，可以曉合經義。向謹第錄上。」

四、說明書名之含義：例如〈神輸敘錄〉說：「神輸者，王道失則災害生，得則四海輸之祥瑞。」於《古五子》一書，則說：「分六十四卦，著之日辰，自甲子至於壬子，凡五子，故號曰《五子》。」

五、辨別偽書：例如〈列子敘錄〉云：「而〈穆王〉、〈湯問〉二篇，迂誕恢詭，非君子之言也。至于〈力命篇〉，一推分命，〈楊子〉之篇，唯貴放逸，二義乖背，不似一家之書。」於〈黃帝泰素敘錄〉說：「或言韓諸公孫之所作也。言陰陽五行，以為黃帝之道也，故曰《泰素》。」

六、評論圖書之價值：如〈晏子敘錄〉說：「其書六篇，皆忠諫其君，文章可觀，義理可法，皆合《六經》之義。」〈管子敘錄〉說：「凡《管子》書，務富國安民，道約言要，可以曉合經義。」

七、說明一書之內容：例如〈世本敘錄〉說：「古史官明于古事者之所記也。錄黃帝以來諸侯及卿大夫系、謚、名號。凡十五篇，與《左氏》合也。」

八、敘述學術源流：例如〈韓非子敘錄〉說：「韓非者，韓之諸公也。喜刑名法術之學，而歸其本于黃老。」又如《左傳注疏》卷一〈正義〉說：「據劉向《別錄》云：左丘明授曾申，申授吳起，起授其子期，期授楚人鐸椒，鐸椒作《抄撮》八卷授虞卿，虞卿作《抄撮》九卷授荀卿，荀卿授張蒼。」

劉向在整理文獻方面最主要的成就，在於將雜亂的圖書，釐定成冊，並校勘訛誤，條其學術源流，所撰敘錄，開啟後世解題書目的體制。清代張爾田在《劉向校讎學纂微・序》中說：「《纂微》之作，孫君益葊所以表纂劉向氏一家之學也。自來為校讎學者夥矣，莫高劉向氏。顧向之所以為學，則人多未之知。殺青斯竟，爰命撮其總要以為讀者告。曰：大哉，校讎之為學也，非其人博通古今道術，而又審辨乎源流失得，則於一書旨意，必不能索其奧而詔方來。當漢成世，既命謁者陳農求遺書，向獨為之檢校，區分類例。今觀所傳敘錄，提要鉤玄，往往一二語，即洞明流變，有不待詳說而犂然者。故孟堅譔史，至以辯章舊聞，推為司籍之功。」

劉歆繼承父親未成的校書工作，最重要的成就，即完成《七略》一書。《漢書・楚元王傳》所附〈劉歆傳〉說：「歆乃集六藝群書，種別為《七略》。」所謂「種別」，就是「分類」。所以劉向典校祕書主要的成就，在於校勘、整理及撰寫敘錄；而劉歆的主要成就，則是在為圖書分類，建立學術體系。

《漢書・藝文志》是根據《七略》而編成的，因此，《七略》雖亡，但是可據《漢志》，考見《七略》的內容。

《七略》之內容為：

一、〈輯略〉。二、〈六藝略〉：分「易」、「書」、「詩」、「禮」、「樂」、「春秋」、「論語」、「孝經」、「小學」九種。三、〈諸子略〉：分「儒」、「道」、「陰陽」、「法」、「名」、「墨」、「縱橫」、「雜」、「農」、「小說」十種。四、〈詩賦略〉：分「屈原等賦」、「陸賈等賦」、「孫卿等賦」、「雜賦」、「歌詩」五種。五、〈兵書略〉：分「權謀」、「形勢」、「陰陽」、「技巧」四種。六、〈數術略〉：分「天文」、「曆譜」、「五行」、「蓍龜」、「雜占」、「形法」六種。七、〈方技略〉：分「醫經」、「經方」、「房中」、「神仙」四種。

劉歆在整理文獻方面的最主要貢獻，就是將文獻從事學術分類。劉歆的分類方法，雖然不夠完善，例如〈六藝略〉是以儒家的傳統經典為區分的標準；〈諸子略〉是以思想體系為區分的標準；〈詩賦略〉一方面依作品體裁分為「賦」、「詩」兩種，又再依「賦」的內容、風格，分為四種；〈兵書略〉則依其功能為區分的標準；〈數術略〉則以職業為區分的標準；〈方技略〉則依其作用為區分的標準。各略分類的標準不一，是其缺點。不過，劉歆的分類法，對後世圖書分類產生深遠的影響，則是事實。

向、歆父子校理文獻，由於重點不同，其貢獻亦有不同。程會昌《別錄七略漢志源流異同考》說：

劉氏父子工作，雖當時情況，千載以下，莫悉其詳；然從其所留遺於今日之成績言之，則實判然有異。向之所為，《漢志・總敘》稱：『條其篇目，撮其旨意。』《七錄・序》稱：『論其指歸，辨其訛謬。』孫德謙《劉向校讐學纂微》曾細析之，得二十有三種。約言之，則備眾本、刪複重、訂脫誤、謹編次、撰敘錄五事而已。自今日視之，則板本、校勘、目錄之事也。至歆之所為，《漢志・總敘》稱：『總群書而奏其《七略》：有〈輯略〉，有〈六藝略〉，有〈諸子略〉，有〈詩賦略〉，有〈兵書略〉，有〈術數略〉，有〈方技略〉。』則是分類之事也。二人所為工作既異，則書之體例自亦不同。《別錄》之文，本隨竟奏上，皆附在本書，故其對象，以書為主，而源流旨意，附見其中，其體當如今群書題記之類。《七略》則因向所敘奏為書，時既倉卒，盡去繁文，惟以分類見學術之源流，其對象實中國學術之全體。

第二節　鄭　樵

鄭樵（西元一一〇四年—西元一一六二年），字漁仲，南宋興化軍莆田（今福建莆田縣）人。好著書，不為文章，自負不下劉向、揚雄。居夾漈山，謝絕人事，專心讀書，自號溪西逸民，學者稱夾漈先生。

著有《通志》（二〇〇卷）、《圖譜有無記》（二卷）、《求書闕記》（七卷）、《求書外記》（一〇卷）、《集古今系時錄》（一卷）、《群書會記》（三十六卷）、《夾漈書目》（一卷）、《圖書志》（一卷）等。事跡具《宋史》卷四三六本傳。

鄭氏的整理文獻的理論及成就，都體現在《通志》一書中。兩百卷的《通志》，可區分為「紀傳」和「二十略」兩部分。「紀傳」部分，包括：

〈帝紀〉（卷一—卷十八）。〈后妃傳〉（卷十九—卷二十）。〈年譜〉（卷二十一—卷二十四）。〈周同姓世家〉（卷七十七）。〈宗室傳〉（卷七十八—卷八十五）。〈周異姓世家〉（卷八十六—卷八十七）。〈列傳〉（卷八十八—卷一六四）。〈外戚傳〉（卷一六五）。〈忠義傳〉（卷一六六）。〈孝友傳〉（卷一六七）。〈獨行傳〉（卷一六八）。〈循吏傳〉（卷一六九—卷一七〇）。〈酷吏傳〉（卷一七一）。〈儒林傳〉（卷一七二—卷一七四）。〈文苑傳〉（卷一七五—卷一七六）。〈隱逸傳〉（卷一七七—卷一七八）。〈宦者傳〉（卷一七九）。〈游俠傳〉（卷一八〇）。〈藝術傳〉（卷一八一—卷一八三）。〈佞幸傳〉（卷一八四）。〈列女傳〉（卷一八五）。〈載記〉（卷一八六—卷一九三）。〈四夷傳〉（卷一九四—卷二〇〇）。

「二十略」部分，包括：

〈氏族略〉（卷二十五—卷三十）。〈六書略〉（卷三十一—卷三十五）。〈七音略〉（卷三十六—卷三十七）。〈天文略〉（卷三十八—卷三十九）。〈地理略〉（卷四十）。〈都邑略〉（卷四十一）。〈禮略〉（卷四十二—卷四十五）。〈謚略〉（卷四十六）。〈器服略〉（卷四十七—卷四十八）。〈樂略〉（卷四十九—卷五十）。〈職官略〉（卷五十一—卷五十七）。〈選舉略〉（卷五十八—卷五十九）。〈刑法略〉（卷六十）。〈食貨略〉

（卷六十一—卷六十二）。〈藝文略〉（卷六十三—卷七十）。〈校讎略〉（卷七十一）。〈圖譜略〉（卷七十二）。〈金石略〉（卷七十三）。〈災祥略〉（卷七十四）。〈昆蟲草木略〉（卷七十五—卷七十六）。

鄭樵於此二百卷之鉅帙，用力最多者則在「二十略」。鄭氏於《通志．總序》中說：

「志」之大原，起於《爾雅》。司馬遷曰「書」，班固曰「志」，蔡邕曰「意」，華嶠曰「典」，張勃曰「錄」，何法盛曰「說」，餘史竝承班固謂之「志」，皆詳於浮言，略於事實，不足以盡《爾雅》之義。臣今總天下之大學術而條其綱目，名之曰「略」，凡二十略，百代之憲章，學者之能事，盡於此矣。

《四庫全書總目提要》也說：

其紀傳刪錄諸史，稍有移掇，大抵因仍舊目，為例不純。其年譜仿《史記》諸表之例，惟間以大封拜大政事錯書其中，或繁或漏，亦復多歧，均非其注意所在。其平生之精力，全帙之精華，惟在二十略而已。❶

在二十略中，表達其重視文獻的主張，則在〈藝文略〉、〈校讎略〉、〈圖譜略〉、〈金石略〉等四略中。今據此四略，說明其在文獻學方面的觀念和啟示。

❶ 詳見《四庫全書總目》卷五十《通志》（二〇〇卷）的〈提要〉。

一、強調整理文獻的必要性

鄭樵在〈校讎略．秦不絕儒學論〉中說：

> 陸賈，秦之巨儒也。酈食其，秦之儒生也。叔孫通，秦時以文學召待詔博士。數歲陳勝起，二世召博士諸儒生三十餘人而問其故，皆引《春秋》之義以對，是則秦時未嘗不用儒生與經學也。況叔孫通降漢時，自有弟子百餘人，齊魯之風，亦未嘗替。故項羽既亡之後，而魯為守節禮義之國，則知秦時未嘗廢儒，而始皇所阬者，蓋一時議論不合者耳。

又說：

> 蕭何入咸陽，收秦律令圖書，則秦亦未嘗無書籍也。其所焚者，一時間事耳。後世不明經者，皆歸之秦火，使學者不覩全書，未免乎疑以傳疑。然則，《易》固為全書矣，何嘗見後世有明全《易》之人哉？臣向謂秦人焚書而書存，諸儒窮經而經絕，蓋為此發也。《詩》有六亡篇，乃六笙詩，本無辭。《書》有逸篇，仲尼之時已無矣，皆不因秦火。自漢已來，書籍至于今日而不存一二，非秦人亡之也，學者自亡之耳。

這兩段文字，都在強調校理文獻的重要性。文獻如不加校理，則會亡佚。文獻之亡佚，不能歸罪於秦火，學者不重視文獻之整理，才是造成文獻亡佚的最重要原因。

二、闡述圖書分類的重要性

編纂書目是校理文獻的重要工作。書目要發揮其功能，先要有良善的分類法。鄭樵在〈校讎略〉裡，多次論及分類的重要性。他在〈校讎略・編次必謹類例論〉中說：

學之不專者，為書之不明也。書之不明者，為類例之不分也。

這是論分類的基本功能，可使同一學科的圖書彙聚一類，以成就專門之學。

又說：

有專門之書，則有專門之學；有專門之學，則有世守之能。人守其學，學守其書，書守其類。人有存沒，而學不息；世有變故，而書不亡。以今之書，校古之書，百無一存，其故何哉？士卒之亡者，由部伍之法不明也。書籍之亡者，由類例之法不分也。類例分，則百家九流，各有條理，雖亡而不能亡也。巫醫之學，亦經存沒，而學不息；釋老之書，亦經變故，而書常存。觀漢之《易》書甚多，今不傳，惟卜筮之《易》傳。法家之書亦多，今不傳，惟釋老之書傳。彼異端之學能全其書者，專之謂矣。

這段文字在說明書目透過分類，可以使專門之書得以不亡；專門之書不亡，專門之學才得以不息。

三、創發新的圖書分類法

傳統的古籍分類法，有四部分類法、五部分類法及七部分類法等。以四部分類的，如魏祕書監荀勗的《中經新簿》❷、東晉李充所編的《晉元帝書目》❸及《隋書・經籍志》等。以五部分類的，如梁有《五部目錄》❹。以七部分類的，如劉宋王儉的《七志》❺、梁阮孝緒的《七錄》❻及隋許善心的《七

---

❷《隋書・經籍志・經籍》一〈序〉云：「魏氏代漢，采掇遺亡，藏在祕書中外三閣。魏祕書郎鄭默始制《中經》，祕書監荀勗又因《中經》更著《新簿》。分為四部，總括群書：一曰甲部，紀六藝、小學等書；二曰乙部，有古諸子家、近世子家、兵書、兵家、術數；三曰丙部，有史記、舊事、皇覽簿、雜事；四曰丁部，有詩賦、圖讚、汲冢書。大凡四部合二萬九千九百四十五卷。但錄題及言，盛以縹囊，書用緗素，至於作者之意，無所論辯。」《隋書・經籍志・史部・簿錄類》著錄荀勗撰《晉中經》十四卷。此書已佚，清王仁俊《玉函山房輯佚書續編》有輯本一卷。

❸《昭明文選》卷四十六梁任昉〈王文憲集序〉李善《注》引臧榮緒《晉書》曰：「李充，字弘度，為著作郎。于時典籍混亂，刪除煩重，以類相從，分為四部，甚有條貫，祕閣以為永制。五經為〈甲部〉，史記為〈乙部〉，諸子為〈丙部〉，詩賦為〈丁部〉。」《隋書・經籍志・經籍》一〈序〉云：「東晉之初，漸更鳩聚。著作郎李充以勗舊簿校之，其見存者但有三千一十四卷。充遂總沒眾篇之名，但以甲乙為次。自爾因循，無所變革。」清錢大昕《元史藝文志・序》云：「晉荀勗撰《中經簿》，始分甲、乙、丙、丁四部，而子猶先于史。至李充為著作郎，重分四部：五經為〈甲部〉，史記為〈乙部〉，諸子為〈丙部〉，詩賦為〈丁部〉，而經、史、子、集之次始定。」

❹《隋書・經籍志》不載此書，今佚。

《隋書・經籍志・經籍》一〈序〉曰：「梁有祕書監任昉、殷鈞四部目錄，又文德殿目錄，其術數之書，更為一

林》❼等。自《隋書・經籍志》以「經」、「史」、「子」、「集」為四部名稱之圖書分類法，此後四部分類法即為各公私藏書目多所取法。

但是鄭樵則提出了十二分類法的新分類法。他在〈校讎略・編次必謹類例論〉說：

部，使奉朝請祖暅撰其名，故梁有《五部目錄》。」此書今佚。

❺《南齊書》卷二十三〈王儉傳〉云：「遷祕書丞。上表求校墳籍，依《七略》撰《七志》四十卷，上表獻之，表辭甚典。」梁阮孝緒《七錄・序》云：「儉又依《別錄》之體撰為《七志》，其中朝遺書，收集稍廣，然所亡者猶大半焉。」又云：「王儉《七志》，改（《七略》之）〈六藝〉為〈經典〉，次〈諸子〉，次詩賦為〈文翰〉，次兵書為〈軍書〉，次數術為〈陰陽〉，次方伎為〈術藝〉，以向、歆雖云《七略》，實有六條，故別立〈圖譜〉一志，以全七限。其外又條《七略》及二漢〈藝文志〉、《中經簿》所闕之書，并方外之經，佛經、道經各為一錄。」《隋書・經籍志》卷二〈簿錄類〉著錄王儉《今書七志》七十卷。此書今佚。

❻《隋書・經籍志・經籍》(一)〈序〉云：「（梁）普通（五二〇—五二六）中，有處士阮孝緒沉靜寡慾，篤好墳史，博采宋、齊已來王公之家，凡有書記，參校官簿，更為《七錄》：一曰〈經典錄〉，紀六藝；二曰〈紀傳錄〉，紀史傳；三曰〈子兵錄〉，紀子書、兵書；四曰〈文集錄〉，紀詩賦；五曰〈術伎錄〉，紀術數；六曰〈佛法錄〉；七曰〈仙道錄〉。其分部題目，頗有次序；剖析辭義，淺薄不經。」《隋書・經籍志》卷二〈簿錄類〉著錄此書十二卷，今已佚，清王仁俊《玉函山房輯佚書續編》有輯本一卷。

❼《隋書》卷五十八〈許善心傳〉云：「（開皇）十七年（五九七）除祕書丞，于時祕藏圖籍尚多淆亂，善心放阮孝緒《七錄》，更製《七林》，各為總敘，冠於篇首。又於部錄之下，明作者之意，區分其類例焉。」《隋書・經籍志》未收此書，今佚。

十二野者，所以分天之綱，即十二野不可以明天；九州者，所以分地之紀，即九州不可以明地。《七略》者，所以分書之次，即《七略》不可以明書。欲明天者，在於明推步；欲明地者，在於明遠邇；欲明書者，在於明類例。噫！類例不明，圖書失紀，有自來矣。臣於是總古今有無之書，為之區別，凡十二類：「經類」第一，「禮類」第二，「樂類」第三，「小學類」第四，「史類」第五，「諸子類」第六，「星數類」第七，「五行類」第八，「藝術類」第九，「醫方類」第十，「類書類」第十一，「文類」第十二。

這種不受四部分類法的限制，而將圖書分為十二大類，是鄭氏的創發。

四、發明三段類例法

鄭氏不僅創發十二分類法，復發明三段類例法。所謂三段類例法，就是十二類之下，分小類，每一小類之下，復分子目。鄭氏將這種理念，落實在《通志・藝文略》中。茲以〈藝文略・經類〉為例：

〈經類第一〉

(一)「易」：下分「古易」、「石經」、「章句」、「傳」、「注」、「集注」、「義疏」、「論說」、「類例」、「譜」、「考正」、「數」、「圖」、「音」、「讖緯」、「擬易」等十六目。

(二)「書」：下分「古文經」、「石經」、「章句」、「傳」、「注」、「集注」、「義疏」、「問難」、「義訓」、「小學」、「逸篇」、「圖」、「音」、「續書」、「讖緯」、「逸書」等十六目。

㈢「詩」：下分「石經」、「故訓」、「傳」、「注」、「義疏」、「問辨」、「統說」、「譜」、「名物」、「圖」、「音」、「緯學」等十二目。

㈣「春秋」：下分「經」、「五家傳注」、「三傳義疏」、「傳論」、「序」、「條例」、「圖」、「文辭」、「地理」、「世譜」、「卦繇」、「音」、「讖緯」等十三目。

㈤「春秋外傳國語」：下分「注解」、「章句」、「非駁」、「音」等四目。

㈥「孝經」：下分「古文」、「注解」、「義疏」、「音」、「廣義」、「讖緯」等六目。

㈦「論語」：下分「古論語」、「正經」、「注解」、「章句」、「義疏」、「論難」、「辨正」、「名氏」、「音釋」、「讖緯」、「續語」等十一目。

㈧「爾雅」：下分「注解」、「圖」、「義」、「音」、「廣雅」、「雜爾雅」、「釋言」、「釋名」、「方言」等九目。

㈨「經解」：下分「經解」、「謚法」等二目。

鄭氏於〈校讎略．編次必謹類例論〉中，多處論及分類如此詳細的原因。他說：

《易》本一類也，以「數」不可合於「圖」，「圖」不可合於「音」，「讖緯」不可合於「傳注」，故分為十六種。《詩》本一類也，以「圖」不可合於「音」，「音」不可合於「譜」，「名物」不可合於「詁訓」，故分為十二種。〈禮〉雖一類，而有七種，以《儀禮》雜於《周官》可乎？《春秋》雖一類，而有五家，以啖、趙雜於《公》、《穀》可乎？「樂」雖主於音聲，而歌曲與管絃異事。「小學」雖主於文字，而「字書」與「韻書」背馳。「編年」一家，而有先後。「文集」一家，而有合離。日月、星辰，豈可與風雲、氣候同為「天文」之學。三命、元辰，豈可與九宮、太一同為「五行」之書。以此觀之，《七略》所分，自為苟簡。《四庫》所部，無乃荒唐。

按：這是說明類目之所以求其詳細，可區別學術領域與流別。

又說：

類書猶持軍也，若有條理，雖多而治；若無條理，雖寡而紛。類例不患其多也，患處多之無術耳。

按：這是說明只要類例正確，係屬有條理，類例詳細，有助於圖書之整理保存。

又說：

類例既分，學術自明，以其先後本末具在。觀「圖譜」者，可以知「圖譜」之所始；觀「名數」者，可以知「名數」之相承。「讖緯」之學，盛於東都。「音韻」之書，傳於江左。「傳注」起於漢魏。義疏成於隋、唐。覩其書，可以知其學之源流。或舊無其書，而有其學者，是為新出之學，非古道也。

按：這說明鄭氏詳細分類的最重要功能，在於辨章學術，考辨源流。例如「易」、「書」、「詩」、「春秋」、「孝經」、「論語」等類，均有「義疏」的著作，此不但可考知各類「義疏」之著作及學術傳承，又可考見整體經學中義疏之學的流別異同。至於「讖緯」、「傳注」等，可考見各時代的學術特色。所以，鄭氏的類例，不惟詳細，還兼顧到縱與橫的關聯。縱指時代的傳承，橫指各學科間的比較。

從現代研究的角度觀察，鄭氏這種三段分類法，還可以提供學者了解前人是從什麼角度去研究各種學科。有很多研究領域，現在已不傳存，例如「易」類中的「擬易」，「論語」中的「續語」，「小學類」中的「蕃書」、「神書」等，都是值得今人重新研究的領域。

五、主張編次目錄應同時著錄佚書

一般的圖書目錄，都僅著錄當時見存之書。以目前所存的史志目錄來看，只有《隋書‧經籍志》是兼記亡書的。例如《禮答問》（三卷）下注說：「王儉撰。梁有晉益壽令吳商《禮難》十二卷，《雜義》十二卷，又《禮議雜記故事》十三卷，《喪雜事》二十卷，宋光祿大夫傅隆《議》二卷，《祭法》五卷，亡。」又如《集議孝經》（一卷）下注云：「晉東陽太守袁敬仲集。梁有《孝經皇義》一卷，宋均撰。又有晉給事中楊泓、處士虞槃佐、孫氏、東陽太守殷仲文、晉陵太守殷叔道、丹陽尹車胤、孔光各注《孝經》一卷。荀昶注《孝經》二卷。宋何承天、費沈，齊光祿大夫王玄載、國子博士明僧紹，梁五經博士嚴植之、尚書功論郎曹思文、羽林監江係之、江遜等注《孝經》各一卷。釋慧始《注孝經》一卷。陶弘景《集注孝經》一卷。諸葛循《孝經序》一卷，亡。」鄭氏也主張書目應兼錄佚書。他在〈校讎略‧編次必記亡書論〉裡說：

古人編書，皆記其亡闕。所以仲尼定《書》，逸篇具載。王儉作《七志》已，又條劉氏《七略》及二漢〈藝文志〉、《魏中經簿》所闕之書為一志。阮孝緒作《七錄》已，亦條劉氏《七略》及班固《漢志》、袁山松《後漢志》、《魏中經》、《晉四部》所亡之書為一錄。隋朝又記梁之亡書。自唐以前，書籍之富者，為亡闕之書有所系，故可以本所系而求。所以書或亡於前而備於後，不出於彼而出於此。及唐人收書，只記其有，不記其無，是致後人失其名系。所以崇文四庫之書，比於隋、唐，亡書甚多，而古書之亡尤甚焉。

按：這是說明書目記亡書的目的，在於後人可據以求書，使亡書復見。

又說：

古人編書，必究本末，上有源流，下有沿襲，故學者亦易學，求者亦易求。謂如隋人於「曆」一家，最為詳明。凡作「曆」者幾人，或先或後，有因有革，存則俱存，亡則俱亡。唐人不能記亡書，然猶紀其當代作者之先後，必使具在而後已。及崇文四庫，有則書，無則否，不惟古書難求，雖今代憲章亦不備。

按：這是說明記亡書不僅方便求佚書，使亡書復備於後世，又能使學者了解學術發展的歷史。

六、提出蒐求文獻的具體方法

劉向在校理中祕時，廣蒐異本，有所謂「中書」、「外書」、「太常書」、「太史書」、「臣某書」等，可見其蒐求文獻之廣博，但劉向並未論及當時蒐求文獻的方法或原則。鄭樵則在〈校讎略・求書之道有八論〉中，提出蒐求文獻的八個具體方法。他說：

求書之道有八：一曰即類以求；二曰旁類以求；三曰因地以求；四曰因家以求；五曰求之公；六曰求之私；七曰因人以求；八曰因代以求。當不一於所求也。

何謂「即類以求」？「凡星曆之書，求之靈臺郎。樂律之書，求之太常樂工。靈臺所無，然後訪民間之知星曆者。太常所無，然後訪民間之知音律者。眼目之方多，眼科家或有之。……此之謂即類以求。」

何謂「旁類以求」？「凡性命道德之書，可以求之道家。小學文字之書，可以求之釋氏。……此之謂旁類以求。」

何謂「因地以求」？「《孟少主實錄》，蜀中必有。《王審知傳》，閩中必有。……《茅山記》，必見於茅山觀。……如此之類，可因地以求。」

何謂「因家以求」？「《錢氏慶系圖》，可求於忠懿王之家。……黃君俞《尚書關言》雖亡，君俞之家在。興化王棐《春秋講義》雖亡，棐之家在臨漳。徐寅〈文賦〉，今莆田有之，以其家在莆田。潘佑《文集》，今長樂有之，以其後居長樂。如此之類，可因家以求。」

何謂「求之公」？「禮儀之書，祠祀之書，斷獄之書，官制之書，版圖之書，今官府有不經兵火處，其書必有存者，此謂求之公。」

何謂「求之私」？「書不存於祕府，而出於民間者甚多。如漳州吳氏，其家甚微，其官甚卑，然一生文字間，至老不休，故所得之書，多蓬山所無者。兼藏書之家，例有兩目錄，所以示人者，未嘗載異書，若非與人盡誠盡禮，彼肯出其所祕乎？此謂求之私。」

何謂「因人以求」？「鄉人李氏，曾守和州，其家或有沈氏之書。前年所進褚方回清慎帖，蒙賜百匹兩，此則沈家舊物也。鄉人陳氏，嘗為湖北監司，其家或有田氏之書，臣嘗見其有荊州《田氏目錄》，若迹其官守，知所由來容或有焉。此謂因人以求。」

何謂「因代以求」？「胡旦作《演聖通論》，余靖作《三史刊誤》，此等書卷帙雖多，然流行於一時，實近代之所作書之難求者，為其久遠而不可迹也。若出近代人之手，何不可求之有？此謂因代以求。」

這八個蒐採文獻的方法，在今日看來，仍是具體的、科學的、進步的。

七、重視圖譜文獻

「圖」與「書」本是並稱，換句話說，自古多數的書中都有圖。今檢《漢書・藝文志》所著錄的圖書，有不少是書中附圖的。例如：

《吳孫子兵法》八十二篇。班固《注》：「圖六卷。」《齊孫子》八十九篇。班固《注》：「圖四卷。」

（右二書，屬〈兵書略・權謀〉）

《楚兵法》七篇。班固《注》：「圖四卷。」《孫軫》五篇。班固《注》：「圖二卷。」《王孫》十六篇。班固《注》：「圖五卷。」《魏公子》二十一篇。班固《注》：「圖十卷。」

（右四書，屬〈兵書略‧形勢〉）

其他在〈兵書略〉的「陰陽」、「技巧」及〈數術類〉裡，都著錄了不少的圖。到了《隋書‧經籍志》，所著錄的「圖」更多，如《周髀圖》一卷、石氏《渾天圖》一卷、高洪文《天文横圖》一卷、《摩登伽經說星圖》一卷、《星圖》一卷等。鄭樵在《通志》（卷七十二）有〈圖譜略〉一卷，說明圖譜之功用。首先，他在〈圖譜略‧索象〉裡說明「圖」與「書」的關係。他說：

河出圖，天地有自然之象；洛出書，天地有自然之理。天地出此二物，以示聖人，使百代憲章必本於此，而不可偏廢者也。圖，經也；書，緯也。一經一緯，相錯而成文。圖，植物也；書，動物也；一動一植，相須而成變化。見書不見圖，聞其聲不見其形；見圖不見書，見其人不聞其語。圖，至約也；書，至博也。即圖而求易，即書而求難。古之學者為學有要：置圖於左，置書於右；索象於圖，索理於書。故人亦易為學，學亦易為功。舉而措之，如執左契。後之學者，離圖即書，尚辭務說，故人亦難為學，學亦難為功。雖平日胸中有千章萬卷，及寘之行事之間，則茫茫然不知所向。秦人雖棄儒學，亦未嘗棄圖書。誠以為國之具，不可一日無也。蕭何知取天下易，守天下難，當眾人爭取之時，何則入咸陽，先取秦圖書，以為守計。一旦干戈既定，文物悉張，故蕭何定律令而刑罰清，韓信申軍法而號令明，張蒼定章程而典故有倫，叔孫通制禮儀而名分有別。且高祖以馬上得之，一時間武夫役徒，知《詩》、《書》為何物，而此數公，又非老師宿儒博通古今者，若非「圖」、「書」有在，指掌可明見，則一代之典，未易舉也。然是時挾書之律未除，屋

> 壁之藏不啟，所謂書者有幾，無非按圖之效也。後世書籍既多，儒生接武，及乎議一典禮，有如聚訟，玩歲愒日，紛紛紜紜，縱有所獲，披一斛而得一粒，所得不償勞矣。何為其然哉？歆向之罪，上通於天。漢初典籍無紀，劉氏創意，總括群書，分為七略，只收書不收圖，藝文之目，遞相因習，故天祿、蘭臺三館、四庫內外之藏，但聞有書而已。蕭何之圖，自此委地。後之人將慕劉班之不暇，故圖消而書日盛，惟任宏校兵書，一類分為四種，有書五十三家，有圖四十三卷，載在《七略》，獨異於他。宋齊之間，群書失次，王儉於是作《七志》以為之紀，六志收書，一志專收圖譜，謂之〈圖譜志〉，不意末學而有此作也。且有專門之書，則有專門之學；有專門之學，則其學必傳，而書亦不失。任宏之〈略〉，劉歆不能廣之；王儉之《志》，阮孝緒不能續之。孝緒作《七錄》，散圖而歸部錄，雜譜而歸記注。蓋積書猶調兵也，聚則易固，散則易亡。積書猶賦粟也，聚則易贏，散則易乏。按任宏之圖，與書幾相等。王儉之〈志〉，自當七之一。孝緒之錄，雖不專收，猶有總記，內篇有圖七百七十卷，外篇有圖百卷，未之譜之如何耳。隋家藏書，富於古今，然圖譜無所繫，自此以來，蕩然無紀，至今虞、夏、商、周、秦、漢上代之書具在，而圖無傳焉。圖既無傳，書復日多，茲學者之難成也。天下之事，不務行而務說，不用圖譜可也。若欲成天下之事業，未有無圖譜而可行於世者，作〈圖譜略〉。

至於圖譜的具體功用為何？鄭氏在〈圖譜略・明用〉中列舉十六項，他說：

> 善為學者，如持軍治獄，若無部伍之法，何以得書之紀？若無覈實之法，何以得書之情？今總天

下之書，古今之學術，而條其所以為圖譜之用者十有六：一曰天文，二曰地理，三曰宮室，四曰器用，五曰車旂，六曰衣裳，七曰壇兆，八曰都邑，九曰城築，十曰田里，十一曰會計，十二曰法制，十三曰班爵，十四曰古今，十五曰名物，十六曰書。凡此十六類，有書無圖，不可用也。人生覆載之間，而不知天文地理，此學者之大患也。在天成象，在地成形，星辰之次舍，日月之往來，非圖無以見地之形。天官有書，書不可以仰觀。地里有志，志不可以俯察，故曰天文地里，無圖有書，不可用也。稽之人事，有宮室之制，有宗廟之制，有明堂辟廱之制，有居廬堊室之制，有臺省府寺之制，有庭霤戶牖之制，凡宮室之屬，非圖無以作室。有尊彝爵斝之制，有簠簋俎豆之制，有弓矢鈇鉞之制，有圭璋璧琮之制，有璽節之制，有金鼓之制，有棺槨之制，有重主之制，有明器祭器之制，有鉤盾之制。凡器用之屬，非圖無以制器，為車旂者，則有車輿之制，有驂服之制，有旗旐之制，有儀衛鹵簿之制，非圖何以明章程。為衣服者，有弁冕之制，有衣裳之制，有屨舄之制，有笄總之制，有襚含之制，有杖絰之制，非圖何以明制度。為壇域者，則有壇壝之制，有丘澤之制，有社稷之制，有兆域之制，大小高深之形，非圖不能辨。為都邑者，則有京輔之制，有郡國之制，有閭井之制，有市朝之制，有蕃服之制，內外重輕之勢，非圖不能紀。為城築者，則有郛郭之制，有苑囿之制，有臺門魏闕之制，有營壘斥候之制，非圖無以明關要。為田里者，則有夫家之制，有溝洫之制，有原隰之制，非圖不以別經界。為會計者，則有貨泉之制，有貢賦之制，有戶口之制，非圖無以知本末。法有制，非圖無以定其制。爵有班，非圖無以正其班。有五刑，有五服，五刑之屬，有適輕適重；五服之別，有大宗小宗，權量所以同四海，規矩所以正百工，五聲八音十二律有節，三歌六舞有序，昭夏肆夏，宮陳軒陳，皆法制之目也，非圖不能舉。內而公卿大夫，外而州牧侯伯，貴而妃嬪，賤而妾媵，官有品，命有數，祿秩有多寡，考課有殿最，繰籍有數，玉帛有等，上下異儀，尊卑異事，皆班爵之序也，非圖不能舉要。通古今者，不可以不識三統五運，而三統之數，五運之紀，非圖無以通要。別名物者，不可以不識蟲魚草木，而蟲魚之形，草木之狀，非圖無以別要。明書者，不可以不識文字音韻，而音韻之清濁，文字之子母，非圖無以明。凡此十六種，可以類舉，為學者而不知此，則章句無所用；為治者而不知此，則紀綱文物無所施。

鄭氏復列舉當時所存之圖三十二，其目為：楊佺期「唐洛陽京城圖」、「唐長安京城圖」、呂大防「唐長安京城圖」、「唐太極宮圖」、「唐大明宮圖」、「唐興慶宮圖」、「三宮合為一圖」、「洛陽宮闕圖」、「宋朝宮闕圖」、「汴京圖」、「唐九峻山昭陵建陵合為一圖」、梁元帝「二十八國職貢圖」、閻立本「西域諸國風物圖」、「大遼對境圖」、「大金接境圖」、「契丹地里圖」、「西夏賀蘭山圖」、「山海經圖」、「勃海圖」、「三輔黃圖」、「天文橫圖」、「隔子橫圖」、「天文圓圖」、「隔子圓圖」、「紫薇天心圖」、「璇璣圖」、「日食圖」、「月暈圖」、「分野圖」、「七曜災祥圖」、「七曜歷文圖」、「刻漏圖」、「九江刻漏圖」、「氣象圖」、「雲氣圖」、「日出長短圖」、「海潮時刻四應圖」、「華夷圖」、「守令圖」等。

鄭氏為了落實此種圖譜文獻的理念，他在《通志·藝文略》裡，也格外重視著錄圖譜。以〈經類〉中的《詩》為例，著錄了《毛詩圖》（三卷）、《毛詩孔子圖經》（十二卷）、《毛詩古賢聖圖》（二卷）、《毛詩草木魚蟲圖》（二十卷）、《小戎圖》（二卷）等五書。〈諸子類〉「兵家」中的「營陣」一目，著錄的圖譜更多，有《孫子八陣圖》（一卷）、《吳孫子牝入變陣圖》（二卷）、《黃石公五壘圖》（一卷）、《隋朝雜兵圖》（一卷）、《龍武元兵圖》（二卷）、《武德圖五兵八陣法要》（一卷）、《武侯八陣圖》（一卷）、《五行陣圖》（一卷）、《神變隊陣圖》（一卷）、《風后握機圖經》（一卷）、《風后握奇八陣圖》（一卷）、《神機靈祕圖》（一卷）、《新法武備圖》（一卷）、《營陣圖經》一卷、《邊城器用圖》（一卷）等十五種。其他如〈天文類〉中的「天象」、「天文總占」、「雜星占」、「日月占」等，也都著錄了許多的圖譜。

八、重視金石文獻

金石，屬非圖書資料。金石之文獻價值很高，每可補正圖書資料之不足。宋歐陽脩撰《集古錄》（十卷），已用金石文獻訂正史傳之訛。鄭樵於《通志》二十略中，設〈金石略〉，以強調金石文獻之重要。鄭氏於〈金石略．金石序〉中，說明金石文獻之重要。他說：

方冊者，古人之言語；款識者，古人之面貌。以後學跂慕古人之心，使得親見其面而聞其言，何患不與之俱化乎？所以仲尼之徒三千，皆為賢哲，而後世曠世不聞若人之一二者，何哉？良由不得親見聞於仲尼耳。蓋閑習禮度，不若式瞻容儀；諷誦遺言，不若親承音旨。今之方冊所傳者，已經數千萬傳之後，其去親承之道遠矣。惟有金石所以垂不朽，今列而為略，庶幾式瞻之道猶存焉。且觀晉人字畫，可見晉人之風猷；觀唐人書蹤，可見唐人之典則。此道後學安得而舍諸。三代而上，惟勒鼎彝，秦人始大其制而用石鼓，始皇欲詳其文而用豐碑。自秦迄今，惟用石刻，散佚無紀，可為太息，故作〈金石略〉。

鄭氏復於〈金石略・歷代金石〉列舉其所知見之金石：

蒼頡石室記有二十八字，在蒼頡北海墓中，土人呼為藏書室。周時自無人識，逮秦李斯始識八字，曰「上天作命，皇辟迭王」，漢叔孫通識十二字。夏禹書十二字（見《法帖》，未詳出處）。比干銅盤銘十六字（西京）。史籀六字（見《法帖》，未詳出處）。孔子書季札墓十字（潤州）。周穆王東巡四字（邢州）。

（右上代文字見於模刻。）

太昊金。尊盧氏幣。神農氏金。黃帝貨金。軒轅貨金。帝昊金。帝嚳金。高陽金。堯泉。舜策乘馬幣。舜策幣貨金。夏貨金。商貨莊布。商貨四布。商連幣。商湯金。商子貨金。周圜法貨。周圜法別種。齊公貨。齊刀別種。齊梁山幣。莒刀。齊布。齊刀。

（右見《錢譜》，兵火以來今贛州尚有本。）

以下復列舉見於《博古圖》的三代款識及秦以後之金石資料。

鄭氏既然重視金石文獻，在《通志・藝文略》裡，也著錄了大量的金石資料。例如在〈經籍類〉中的「易」、「書」、「詩」等小類裡，都設置了「石經」一目。在〈文類〉中，設有「碑碣」一門。此門共收十七部四百三十五卷：《碑集》十卷（謝莊集）、《釋氏碑文》三十卷（梁元帝集）、《諸寺碑文》四十六卷（釋僧祐集）、《雜碑》二十二卷、《碑文》三十卷（晉將作大匠陳勰集）、《碑文》十卷（車灌集）、《蜀國碑文集》八卷（唐劉贊集唐人所撰蜀中碑文）、《朝賢墓誌》一百卷、《朝賢神道碑》三十卷、《金石錄》二十卷（趙明誠集）、《類碑》三十八卷、《元門碑誌》三十八卷、《王氏神道碑》二十卷（唐王方慶集）、《寶刻叢章》三十卷、《竇氏集古錄》一卷、《碑籍》一卷、《翠琰集》一卷。

九、制定編纂目錄的原則

編纂目錄是整理、保存文獻的重要方法。目錄體例之良善與否，不僅影響讀者求書的習慣，還會影響到文獻的存亡。因此，鄭氏在〈校讎略〉中，提出編纂目錄時應注意的技術原則：

㈠編纂目錄，應求完整，不可遺漏。鄭氏在〈校讎略‧編次失書論〉裡說：「書之易亡，亦由校讎之人失職故也。蓋編次之時，失其名帙；名帙既失，書安得不亡也。按《唐志》於天文類有星書，無日月風雲氣候之書，豈有唐朝而無風雲氣候之書乎？編次之時失之矣。……」可見力求完整不闕的重要。

㈡編纂目錄，必須經眼詳讀。於所收錄之書，如未能經眼詳讀，必致歸類錯誤。鄭氏在〈校讎略‧見名不見書論〉說：「編書之家，多是苟且。有見名不見書者，有看前不看後者。《尉繚子》，兵書也，班固以為諸子類，寘於雜家，此之謂見名不見書。隋唐因之，至《崇文目》，始入兵書類。顏師古作《刊謬正俗》，乃雜記經史，惟第一篇說《論語》，而《崇文目》以為《論語》類，此之謂看前不看後。……」可見在編目時，不能僅看版權頁或卷首，應前後詳讀，始能免於錯誤。

㈢不類書而類人。所謂「類書」，就是「以人類書」，也就是著錄時書名在前，作者在後。所謂「類人」，就是「以書類人」，也就是作者在前，書名在後。例如「《備急草要方》三卷，許證撰」，謂之「以人類書」；「溫庭筠《學海》三十卷」，謂之「以書類人」。《漢書・藝文志》全部採用「以人類書」；《隋書・經籍志》於〈經〉、〈史〉、〈子〉三部採用「以人類書」，〈集部〉則採用「以書類人」；《舊唐書・經籍志》則仍沿襲《隋書・經籍志》的體制；《新唐書・藝文志》則四部之書全部採用「以書類人」。鄭氏於〈校讎略・不類書而類人論〉中，主張「以人類書」，他說：「古之編書，以人類書，何嘗以書類人哉。人則於書之下注姓名耳。《唐志》一例削注，一例大書，遂以書類人。且如別集類自是一類，總集自是一類，奏集自是一類，《令狐楚集》百三十卷，當入別集類；表奏十卷，當入奏集類，如何取類於令狐楚？……」又說：「《唐志》以人寘於書之上，而不著注，大有相妨。如管辰作《管輅傳》三卷，唐省文例去「作」字則當曰「管辰管輅傳」，是二人共傳也。如李邕作《狄仁傑傳》三卷，當去作字，則當曰「李邕狄仁傑傳」，是二人共傳也。又如李翰作《張巡姚閭傳》三卷，當去「作」字，則當曰「李翰張巡姚閭傳」，是三人共傳也。若文集置人於上，則無相妨，曰某人文集可也。即無某人作某人文集之理。所志惟文集置人於上，可以去作字，可以不著注，而於義無妨也。……」鄭氏以為別集外，其他應採「以人類書」，方得免於誤解。鄭氏於《通志・藝文略》，別集部分採「以書類人」，其他各部類則採「以人類書」。

㈣不必從事多餘或不切題的說解。《漢書・藝文志》、《隋書・經籍志》、《新唐書・藝文志》等目錄，於各書下每有簡短的說解，或釋書名，或釋作者事跡，或辨真偽，或說其內容。至宋《崇文總目》則有解題。鄭氏於這些注釋或解題，需力求精確。他在〈校讎略〉裡有〈泛釋無義論〉、〈書有不應釋論〉及

《書有應釋論》等三篇，闡述其見解。《泛釋無義論》說：「古之編書，但標類而已，未嘗注解其著注者人之姓名耳。蓋經入經類，何必更言經，史入史類，何必更言史，但隨其凡目，則其書自顯。……今《崇文總目》出新意，每書之下，必著說焉。據標類自見，何用更為之說，且為之說也，已自繁矣，何用一一說焉。……且《太平廣記》者，乃《太平御覽》別出《廣記》一書，專記異事，奈何《崇文》之目所說，不及此意，但以謂博採群書，以類分門。凡是類書，皆可博採群書，以類分門，不知《御覽》之與《廣記》又何異？……」此說明註釋或解題，需精確簡要。《書有不應釋論》說：「實錄自出於當代。按《崇文總目》有《唐實錄》十八部。既謂《唐實錄》，得非出於唐人之手？何須一一釋云唐人撰？」於《書有應釋論》說：「《隋志》於他類只注人姓名，不注義說，可以睹類而知義也。如史家一類，正史編年，各隨朝代，易明不言自顯。至於雜史，容有錯雜其間，故為之注釋，其易知者則否。惟霸史一類，紛紛如也，故一一具注，蓋有應釋者，有不應釋者，不可執一槩之論。……」此二則說明應釋與不應釋的標準。

十、主張整理文獻者須專職久任

鄭氏於《校讎略・求書遣使校書久任論》說：

> 求書之官，不可不遣；校書之任，不可不專。漢除挾書之律，開獻書之路久矣。至成帝時，遣謁者陳農求遺書於天下，遂有《七略》之藏。隋開皇間，奇章公請分遣使人搜訪異本，後嘉則殿藏

書三十七萬卷。祿山之變，尺簡無存，乃命苗發等使江淮括訪，至文宗朝遂有十二庫之書。唐之季年，猶遣監察御史諸道搜求遺書。知古人求書欲廣，必遣官焉，然後山林藪澤，可以無遺。司馬遷世為史官；劉向父子，校讐天祿；虞世南、顏師古，相繼為祕書監；令狐德棻，三朝當修史之任；孔穎達一生不離學校之官。若欲圖書之備，文物之興，則校讐之官，豈可不久其任哉。

今日文獻之所以難備，原因固多，而從事整理文獻的，迄無專責單位，也無專職，是最重要的原因。八百多年前的鄭樵，已有如此認識，實在難能可貴。

章學誠在《文史通義・申鄭》裡，評論鄭樵在文獻方面的貢獻說：

鄭樵生（馬、班）千載而後，慨然有見於古人著述之源，而知作者之旨，不徒以詞采為文、考據為學也。……其發凡起例，絕識曠論，所以斟酌群言，為史學要刪……。夫鄭氏所振在鴻綱，而末學吹求，則在小節。

章氏之言，的確不刊。惟章氏未詳列鄭氏在文獻上之創發與成就。右列十點，大致可見鄭氏在文獻學方面之理論與貢獻。

第三節　王國維

王國維（西元一八七七—一九二七），初名國楨，字靜安，一字靜庵，又字伯隅，號禮堂，晚號觀堂，又號永觀。浙江海寧人。自幼聰穎，七歲就入私塾讀書。十一歲，父乃譽公授以駢體文、詩、詞、金石、書畫等。十六歲入州學，與同郡陳守謙、葉宜春、褚嘉猷相厚，人稱「海寧四才子」。光緒二十四年（一八九八），時二十二歲，王氏到上海，初入《時務報》，擔任校對，並於業餘入羅振玉所創設之「東文學社」受學，得識羅氏。光緒二十六年（一九〇〇），羅氏應張之洞之邀，至湖北任農務司總理兼學堂監督，乃於次年（一九〇一）春，招王氏擔任譯述講義及農書事。四月，羅氏於上海創辦《教育世界雜誌》，請王氏任主編，後資助王氏遊學日本，後以腳氣病發作，於光緒二十八年（一九〇二）返國。時羅氏出任南洋公學（上海交通大學的前身）監督，乃延聘王氏在該校任教，暇則從日本學者藤田豐八習英文，並為羅氏編《農學報》及《教育世界雜誌》，著作日豐。光緒三十二年（一九〇六），榮慶奏調羅振玉為學部參事，次年（一九〇七），羅氏薦王氏於榮慶，命在學部總務司行走，充學部圖書館編輯，主持編譯及審定教科書等事。宣統三年（一九一一），武昌革命成功，是年九月，日本京都大學請羅振玉避居京都，十月，羅、王二氏攜家東渡，寓居京都。民國四年（一九一五）三月，應旅居上海的英籍猶太人哈同之聘，擔任廣倉學宭編纂，主編《學術雜誌》。民國十年（一九二一），北京大學成立研究所國學門，敦聘王氏為通信導師。民國十二年（一九二三）春，受溥儀之召，自上海赴北平，為南書房行走，負責整理清宮的圖書與藏器，得見宮中善本與古器。是年，馮玉祥入都，十月，迫令溥儀出宮，王氏經此變故，屢欲自殺，家人嚴密監視得免。民國十四年（一九二五）春，應聘為清華研究院教授，講授「古史新證」、「尚書」、「儀禮」、「說文解字」等課程。民國十六年（一九二七）六月二日，自沉於頤和園之昆明湖，得年五十一。

王氏早歲的學術研究，以哲學與文學為主。光緒二十九年（一九〇三），王氏因羅振玉之推薦，在通州師範學校講授「心理學」、「論理學」。次年（一九〇四），羅氏任蘇州師範學校監督，延王氏主講「心理學」、「論理學」、「社會學」。暇時，攻讀叔本華、康德、尼采等德國哲學家著作，並撰寫一系列哲學論文。是年，撰成〈紅樓夢評論〉一文，發表於其所主編的《教育世界雜誌》。光緒三十一年（一九〇五）八月，王氏彙集近數年發表於《教育世界雜誌》之文章及詩作五十首為一冊刊行，題曰《靜安文集》。內容以哲學與文學為主。

王氏由哲學與文學，轉而為從事文獻學之研究，則在民國元年（一九一二）東渡日本以後，這一方面與其交遊有關，一方面則與時代背景有關。

在交遊方面，影響王氏最深者，當是羅振玉。從光緒二十四年（一八九八），王氏在上海東文學社受學，得羅氏之器重，羅氏多次拔擢王氏，並在經濟上多所資助。民國成立後，羅、王二氏寓居日本京都，王氏受羅氏之影響，先讀《三禮》，次及其他諸經注疏，再讀《四史》以及小學金石考據之作，奠定其日後從事文獻考證的深厚基礎。寓居日本期間，又助羅氏整理考訂羅氏所藏古器物、拓片及善本圖書，《宋代金文著錄表》、《國朝金文著錄表》等重要金石文獻的著作，都是旅居日本京都時所完成的。

除羅振玉外，目錄學家繆荃孫、藏書家蔣汝藻、劉承幹等，也都對王氏之文獻研究工作，有重要的影響。

光緒三十五年（一九〇九），當時王氏在北平擔任學部圖書館編輯，繆荃孫則擔任京師圖書館總監。羅振玉介紹王、繆二人認識。繆氏以校書、刻書、藏書為一生之職志，曾以千金購求湯文端的藏書，又以重金購得韓小亭的碑版榻本四大箱，經十幾年的蒐求，藏書達十餘萬卷，金石一萬餘件，著有《藝風堂藏書記》、《藝風堂藏書續記》、《藝風堂收藏金石目》等目錄方面的著作。王國維從哲學、文學的研究領域轉到文獻、考證的領域後，校批的古籍多達近二百種，應該是受到繆氏的影響。

蔣汝藻和劉承幹是近世著名的藏書家，他們豐富的藏書，對王國維的文獻研究工作，也多所助益。

蔣汝藻（一八七六—一九五四），字孟蘋（一作孟萍），一字元采，號樂庵，南潯（今浙江吳興）人。光緒末舉人，官學部總務司郎中。民國成立後，曾任浙軍政府鹽政局長及浙江鐵路公司等職，後專心實業，經營輪船、農墾等業，並建「密韻樓」藏書。所收書，頗有四明范氏（欽）散出者。蔣氏先是委請曹元忠為他編纂藏書志，曹氏以有他事請辭，改請王國維編纂，今所傳《傳書堂藏書志》（十二卷）❽，即王氏所編者。在編纂過程中，王氏得見各種善本及孤本，對其文獻學的研究工作，自有不少助益。王氏在《樂庵居士五十壽序》云：

> 余與樂庵居士同歲，同籍浙西，宣統元年（一九〇九）又同官學部，顧未嘗相知也。辛亥後，余居日本，始聞人言今日江左藏書有三大家，則劉翰怡（承幹）京卿、張石銘（均衡）觀察與居士也。丙辰（一九一六）之春，余歸上海，始識居士。居士亢爽有肝膽，重友朋，其嗜書蓋天性也。余有意于其人，遂與定交，由是得盡覽其書。居士獲一本，未嘗不以詔余；苟有疑義，未嘗不與商度也。余家無書，輒假諸居士，雖宋槧明鈔，走一力取之，俄頃而至。……余在海上時，視居

---

❽ 此書一稱《傳書堂善本書目》，又稱《密韻樓藏書志》。

士之書猶外府也。

可見蔣氏對王氏從事文獻研究的過程中，助益甚多。

劉承幹（一八八一－一九六三），字貞一，號翰怡，浙江南潯人，劉錦藻長子。劉錦藻撰有《清朝續文獻通考》四百卷，於光緒三十一年（一九〇五）刊行。承幹先後購得盧文弨「抱經堂」、朱澂「結一廬」、丁日昌「持靜齋」等家藏書，多達近二十萬冊，其中有宋元本二百餘種，明本二千種，方志一千二百餘種，因曾獲得御賜「欽若嘉業」匾額，遂名其藏書處為「嘉業堂」，繆荃孫等編有《嘉業堂藏書志》。王、劉二人嘗共事於浙江省通志局，交誼頗深。王氏校書時，得劉氏之助甚多。

此外，王氏所交遊的，還有西北史地學者沈曾植、元史學者柯紹忞及在清華研究院同時任教的陳寅恪、梁啟超等人。這些名重一時的學者，對王氏的治學，都有一定的影響。

王國維由哲學、文學的研究，轉向到文獻學的領域，在時代背景方面，也有一定的關係。王氏所處的年代，正是地下文物陸續大量出土的時代，這些文物，包括光緒二十五年（一八九九），河南安陽小屯發現的甲骨文及光緒三十二年（一九〇六）、三十三年（一九〇七）之間，英人斯坦因（Aurel Stein，一八六二－一九四三）、法人伯希和（Paul Pelliot，一八七九－一九四五）等人到新疆、甘肅一帶從事考古時所發現的漢簡及敦煌石窟裡的寫卷等。王氏在〈最近二、三十年中國新發現之學問〉一文中，列舉了當時新發現的新文獻，他說：

古來新學問起，大都由於新發現：有孔子壁中書出，而後有漢以來古文家之學；有趙宋古器出，而後有宋以來古器物、古文字之學；惟晉時汲冢竹簡出土後，即繼以永嘉之亂，故其結果不甚著。然同時杜元凱注《左傳》，稍後郭璞注《山海經》，已用其說，而《紀年》所記禹益伊尹事，至今成為歷史上之問題，然則中國紙上之學問，賴於地下之學問者，固不自今日始矣。自漢以來，中國學問上之最大發現有三：一為孔子壁中書；二為汲冢書；三則今之殷虛甲骨文字、敦煌塞上及西域各處之漢晉木簡、敦煌千佛洞之六朝及唐人寫本書卷、內閣大庫之元明以來書籍檔冊。此四者之一，已足當孔壁、汲冢所出，而各地零星發現之金石書籍，於學術有大關係者，尚不與焉。故今日之時代，可謂之發現時代，自來未有能比者也。今將此二三十年發現之材料並學者研究之結果，分五項說之：

(一)殷虛甲骨文字：此殷代卜時命龜之辭，刊於龜甲及牛骨上。光緒戊戌（二十四年，一八九八）己亥（二十五年，一八九九）間，始出於河南彰德府西北五里之小屯。其地在洹水之南，水三面環之，《史記‧項羽本紀》所謂洹水南殷虛上者也。初出土後，濰縣估人得其數片以售之福山王文敏（懿榮），文敏命祕其事，一時所出先後皆歸之。庚子（光緒二十六年，一九〇〇）文敏殉難，其所藏皆歸丹徒劉鐵雲（鶚），鐵雲復命估人蒐之河南，所藏至三四千片。光緒壬寅（二十八年，一九〇二），劉氏選千餘片影印傳世，所謂《鐵雲藏龜》是也。丙午（光緒三十二年，一九〇六），上虞羅叔言振玉參事，始官京師，復令估人大蒐之，於是丙丁以後所出，多歸羅氏。自丙午（光緒三十二年，一九〇六）至辛亥（宣統三年，一九一一），所得約二三萬片，而彰德長老會牧師明義士 (T. M. Menzies) 所得亦五六千片，其餘散在各家者尚近萬片，近十年中乃不復出。其著錄此類文字之書，則《鐵雲藏龜》外，有羅氏之《殷虛書契前編》、《殷虛書契後編》、《殷虛書契菁華》、《鐵雲藏龜之餘》，日本林泰輔博士之《龜甲獸骨文字》，明義士之《殷虛卜辭》(*The Oracle Records of the Waste of Yin*)，哈同氏之《戩壽堂所藏殷虛文字》，凡八種，而研究其文字者，則瑞安孫仲容比部始於光緒甲辰撰《契文舉例》，羅氏於宣統庚戌撰《殷商貞卜文字考》，嗣撰《殷虛書契考釋》、《殷虛書契待問編》等，商承祚之《殷虛文字類編》，復取材於羅氏改定之稿，而戩壽堂所藏殷虛文字，余亦有考釋。此外，孫氏之《名原》，亦頗審釋甲骨文字，然與其《契文舉例》，皆僅據《鐵雲藏龜》為之，故其說不無武斷。審釋文字，自以羅氏為第一。其考定小屯之為故殷虛，及審釋殷帝王名號，皆由羅氏發之。余復據此種材料，作《殷卜辭中所見先公先王考》，以證《世本》、《史記》之為實錄；作《殷周制度論》，以比較二代之文化。然此學中所可研究發明之處尚多，不能不有待於後此之努力也。

(二)敦煌塞上及西域各地之簡牘：漢人木簡，宋徽宗時已於陝右發現之。靖康之禍，為金人索之而去。當光緒中葉，英印度政府所派遣之匈牙利人斯坦因博士 (M. Aurel Stein) 訪古於我和闐 (Khotan)，於尼雅河下流廢址得魏晉閒人所書木簡數十枚。嗣於光緒季年，先後於羅布淖爾東北故城得晉初人書木簡百餘枚，於敦煌漢長城故址得兩漢人所書木簡數百枚，皆經法人沙畹教授 (Ed. Chavannes) 考釋。其第一次所得，印於斯氏《和闐故蹟》(*Sand-buried Ruins of Khotan*) 中；第二次所得別為專書，於癸丑、甲寅間出版。此項竹簡中，有古書歷日方書，而其大半皆屯戍簿錄，於史地二學關係極大。癸丑冬日，沙畹教授寄其校訂未印成之本於羅叔言參事，羅氏與余重加考訂，并斯氏在和闐所得者景印行世，所謂《流沙墜簡》是也。

㈢敦煌千佛洞之六朝唐人所書卷軸：漢晉牘簡，斯氏均由人工發掘得之，然同時又有無盡之寶藏於無意中出世，而為斯氏及法國之伯希和教授攜去大半者，則千佛洞之六朝及唐、五代、宋初人所書之卷子本是也。千佛洞本為佛寺，今為道士所居。當光緒中葉，道觀壁壞，始發見古代藏書之窟室。其中書籍居大半，而畫幅及佛家所用幡幢等亦雜其中。余見浭陽端氏所藏敦煌出開寶八年靈修寺尼畫觀音像，乃光緒己亥所得。又烏程蔣氏所藏沙州曹氏二畫像，乃光緒甲辰以前葉鞠裳學使（昌熾）視學甘肅時所收，然中州人皆不知。至光緒丁未，斯坦因氏與伯希和氏(Paul Pelliot)先後至敦煌，各得六朝人及唐人所寫卷子本書數千卷及古梵文、古波斯文及突厥、回鶻諸國文字無算，我國人始稍稍知之，乃取其餘約萬卷，置諸學部所立之京師圖書館，前後復經盜竊，散歸私家者亦當不下數千卷。其中佛典居百分之九五，其四部書為我國宋以後所久佚者，經部有未改字《古文尚書孔氏傳》、未改字《尚書釋文》、糜信《春秋穀梁傳解釋》、《論語鄭氏注》、陸法言《切韻》等；史部則有孔衍《春秋後語》、唐西州、沙州諸《圖經》、慧超《往五天竺國傳》等（以上並在法國）；子部則有《老子》、《化胡經》、《摩尼教經》、《景教經》；集部有唐人詞曲及通俗詩、小說各若干種。己酉冬日，上虞羅氏就伯氏所寄影本，寫為《敦煌石室遺書》，排印行世。越一年，復印其景本為《石室祕寶》十五種。又五年，癸丑，復刊行《鳴沙石室逸書》十八種，又五年，戊午，刊行《鳴沙石室古籍叢殘》三十種，皆巴黎國民圖書館之物。而英倫所藏，則武進董授經（康）、日本狩野博士（直喜）、羽田博士（亨）、內籐博士（虎次郎），雖各抄錄景照若干種，然未有出版之日也。

(四)內閣大庫之書籍檔案：內閣大庫在舊內閣衙門之東，臨東華門內通路，素為典籍廳所掌，其所藏書籍居十之三，檔案居十之七。其書籍多明文淵閣之遺，其檔案則有歷朝政府所奉之硃諭、臣工繳進之敕諭、批摺、黃本、題本、奏本、外藩屬國之表章、歷科殿試之大卷。宣統元年（一九〇九），大庫屋壞，有司繕完，乃暫移於文華殿之兩廡，然露積庫垣內尚半，時南皮張文襄（之洞）管學部事，乃奏請以閣中所藏四朝書籍設京師圖書館，其檔案則置諸國子監之南學，試卷等置諸學部大堂之後樓。壬子（民國元年，一九一二）以後，學部及南學之藏，復移於午門樓上之歷史博物館。越十年，館中復以檔案四之三售諸故紙商，其數凡九千麻袋，將以造還魂紙，為羅叔言所聞，三倍其價購之商人，移貯于彰義門之善果寺，而歷史博物館之賸餘，亦為北京大學取去，漸行整理，其目在大學日刊中。羅氏所得，以分量太多，僅整理其十分之一，取其要者彙刊為《史料叢刊》十冊，其餘今歸德化李氏。

(五)中國境內之古外族遺文：中國境內古今所居外族甚多，古代匈奴、鮮卑、突厥、回紇、契丹、西夏諸國，均立國於中國北陲，其遺物頗有存者，然世罕知之，惟元時耶律鑄見突厥闕特勤碑及遼太祖碑。當光緒己丑（十五年，一八八九），俄人拉特祿夫訪古於蒙古，於元和林故城北訪得突厥闕特勤碑、苾伽可汗碑、回鶻九姓可汗三碑。突厥二碑皆有中國、突厥二種文字；回鶻碑並有粟特文字。及光緒之季，英、法、德、俄四國探險隊入新疆，所得外族文字寫本尤夥，其中除梵文、佉盧文、回鶻文外，更有三種不可識之文字。旋發現其一種為粟特語，而他二種則西人假名之曰第一言語、第二言語，後亦漸知為吐火羅語及東伊蘭語，此正與玄奘《西域記》所記三種語言相合。粟特語即玄奘之所謂窣利，吐火羅即玄奘之覩貨邏，其東伊蘭語則其所謂葱嶺以東諸國語也。當時粟特、吐火羅人多出入於我新疆，故今日猶有其遺物，惜我國人尚未有研究此種古代語者。而欲研究之，勢不可不求之英、法、德諸國。惟宣統庚戌（二年，一九一〇），俄人柯智祿夫大佐於甘州古塔得西夏文字書，而元時所刻河西文《大藏經》，後亦出於京師上虞羅福萇，乃始通西夏文之讀。今蘇俄使館參贊伊鳳閣博士 (Ivanoff) 更為西夏語音之研究，其結果尚未發表也。此外，近三十年中，中國古金石、古器物之發現，殆無歲無之，其於學術上之關係，亦未必讓於上五項，然以零星分散，故不能一一縷舉。惟此五者分量最多，又為近三十年中特有之發現，故比而述之。然此等發現物，合世界學者之全力研究之，其所闡發尚未及其半，況後此之發現，亦正自無窮，此不能不有待少年之努力也。

王氏處在這些文獻大發現的時代，把研究重心放在這些新發現的文獻上，是很自然的事。

一、提出「二重證據」的文獻理論

王氏的文獻學，在理論方面，最重要的是提出了「二重證據」的說法。王氏在《古史新證》一書中的第一章〈總論〉說：

研究中國古史，為最糾紛之問題。上古之事，傳說與史實混而不分。史實之中，固不免有所緣飾，與傳說無異；而傳說之中，亦往往有史實為之素地：二者不易區別，此世界各國之所同也。在中國古代已注意此事：孔子曰：「信而好古。」又曰：「君子於其不知，蓋闕如也。」故於夏殷之禮，曰：「吾能言之，……杞，……宋，不足徵也，文獻不足故也。」孟子於古事之可有疑者，則曰：「於傳有之。」於不足信者，曰：「好事者為之。」太史公作〈五帝本紀〉，取孔子所傳《五帝德》及《帝繫姓》，而斥不雅馴之百家言。於〈三代世表〉，取《世本》，而斥黃帝以來皆有年數之《諜記》。其術至為謹慎。然好事之徒，世多有之。故《尚書》於今古文外，在漢有張霸之《百兩篇》，在魏晉有偽孔安國之書。《百兩》雖斥於漢，而偽孔書則六朝以降行用，迄於今日。又汲冢所出《竹書紀年》，自夏以來，皆有年數，亦《諜記》之流亞。皇甫謐作《帝王世紀》，亦為五帝、三王盡加年數，後人乃復取以補《太史公書》，此信古之過也。至於近世，乃知孔安國本《尚書》之偽、《紀年》之不可信。而疑古之過，乃併堯、舜、禹之人物而亦疑之。其於懷疑之態度及批評之精神，不無可取，然惜於古史材料，未嘗為充分之處理也。吾輩生於今日，幸於紙上之材料外，更得地下之新材料。由此種材料，我輩固得據以補正紙上之材料，亦得證明古書之某部分全為實錄，即百家不雅馴之言亦不無表示一面之事實。此二重證據法，惟在今日始得為之。雖古書之未得證明者，不能加以否定，而其已得證明者，不能不加以肯定，可斷言也。

王氏用以考證古史的「地下之新材料」為何？他說：

地下之材料，僅有二種：㈠甲骨文字（殷時物，自盤庚遷殷後，迄帝乙時）。㈡金文（殷周二代）。

王國維每以這種「二重證據法」從事文獻的考訂，多所發明。今就王氏利用甲骨文及金文考訂文獻者，各舉一例如下：

㈠在《觀堂集林》卷六〈釋牡〉一文，是以甲骨文勘正《說文解字》錯誤的例子。

《說文解字》「牡」字云：「畜父也，从牛，土聲。」段玉裁《注》云：「按土聲，求之疊韻雙聲，皆非是，蓋當是从土，取土為水牡之意。或曰土當作士，士者夫也，之韻、尤韻合音最近。从士，則為會意兼形聲。莫厚切，古音在三部。」

根據段玉裁的《注》，可見段玉裁已懷疑許慎「从牛，土聲」的錯誤，他兼採了「土當作士」的另外說法，可惜的是，段氏沒能提出證據以改正許氏的錯誤。

王國維〈釋牡〉云：

> 《說文》：「牡，畜父也。从牛，土聲。」案：牡古音在尤部，與土聲遠隔。卜辭牡字皆从丄。丄，古士字。孔子曰：「推十合一為士。」丄字正丨（古文十字）一之合矣。古音士在之部，牡在尤部，之尤二部音最相近。牡从士聲，形聲兼會意也。士者男子之稱，古多以士女連言，牡从士，與牝从匕同，匕者比也，比於牡也。

王氏用甲骨文字，證成了段氏的說法，改正了許慎的錯誤。這是王氏利用甲骨文考訂文獻的一例。

㈡在《觀堂集林》卷十三〈鬼方昆夷玁狁考〉一文，則對鬼方的名稱、地區及周王室伐玁狁戰役的情形，都有所考證。

「鬼方」之所在，歷來各家說法不同。干寶《易注》云：「鬼方，北方國也。」有以為在西方者，宋衷《世本注》云：「鬼方，於漢則先零羌是也。」（《文選》揚雄〈趙充國頌〉注引）。有以為在南方者，偽《竹書紀年》載武丁三十二年伐鬼方，次於荊。則以鬼方為荊以南之說。黃震《黃氏日抄》且以為鬼方即荊楚。王國維據宣城李氏所藏小盂鼎及濰縣陳氏所藏梁伯戈皆有「鬼方」字，於鬼方之所在，詳加考證。王氏以大小兩盂鼎皆出陝西鳳翔府郿縣禮村溝岸間，其地西北接岐山縣境，當為盂的封地。王氏據此論定鬼方地在汧隴之間，或更在其西。梁伯戈為梁伯伐鬼方時所鑄，梁伯之國，其地在今陝西韓城縣。據此二器，鬼方之地，實在宗周之西而包其東北。王氏又據小盂鼎所記獻俘之數，知所俘人數多至一萬三千餘人。這是王氏據金文考訂文獻之一例。

二、整理考訂文獻的成就

王國維在整理及考訂文獻方面的成就，可以分下列幾方面來說：

㈠在古文字方面：主要是在甲骨文與金文方面。

王氏在古文字學方面的主要著作為：

1.《戩壽堂所藏殷虛文字考釋》：戩壽堂所藏甲骨文，是美籍猶太人哈同 (Mr. Hardon) 妻羅迦陵得自劉鶚的甲骨，王國維為之考釋，民國六年（一九一七）上海倉聖明智大學據王氏手寫本影印。王氏考釋這批甲骨，最大的成就在從事甲骨的綴合，並據以考訂古史。羅振玉序此書云：「第一葉第十片與《書契後編》上第八頁之第十四片，乃本一骨折而為二者，海寧王靜安徵君國維，據此以定殷王公之世系。

……其餘單文隻字，足補劉、羅二家書者，亦往往而有，雖區區數十頁書，其有裨於經史文字之學者，要非淺鮮也。」書中考釋，大部分已載入〈殷先公先王考〉、〈續考〉及〈釋翌〉、〈釋句〉等篇。

2.〈殷卜辭中所見先公先王考〉一卷〈續考〉一卷：此篇民國六年（一九一七）二月撰，同年閏二月撰《續考》。王氏從《山海經》、《竹書紀年》、《世本》、《楚辭・天問》、《史記》的〈殷本紀〉、〈三代世表〉及《漢書・古今人表》，考定了卜辭中的「王亥」就是殷之先公；《世本・作篇》之「胲」，〈帝繫篇〉之「核」，《楚辭・天問》之「該」，《呂氏春秋》之「王冰」，《史記・殷本紀》及〈三代世表〉之「振」，《漢書・古今人表》之「垓」，實係一人。卜辭中的「夒」，就是「帝嚳」；「土」就是「相土」之略；「季」就是「冥」；「上甲」就是「微」；「大乙」就是「天乙」；「唐」就是「成湯」；「中宗祖乙」就是「祖乙」；「羊甲」就是「陽甲」；「后祖乙」就是「武乙」；並將〈殷本紀〉中「上甲、報丁、報乙、報丙」的次序，更正為「上甲、報乙、報丙、報丁。」

王氏此篇的發明，甚受學術界的重視。董作賓先生說：

從一個振字，考證出是亥，是王亥，這算是王國維氏在甲骨學研究的程途中，最為驚人的表現。……王氏從《山海經》和《竹書紀年》中找到了王亥之名，與卜辭完全相合，證明了《山海經》雖是荒唐不經之書，《竹書紀年》也不為世所重，但其中記載的王亥，在卜辭中乃確有其人，可見古代傳說，存於周秦之間的，並不是絕無根據。這足以喚醒一般極端疑古人士好以神話解說古史者的迷夢了。❾

屈萬里（翼鵬）先生說：

甲骨文字雖然發現於清光緒二十五年（西元一八九九），而用它來證史則始於王國維。自從王國維作了〈殷卜辭中所見先公先王考〉和〈續考〉以後，研究甲骨文的學者，在討論殷史方面，已得到了不少的成績。❿

屈先生也對王國維〈殷卜辭中所見先公先王考〉和〈續考〉兩文的貢獻，提出評論：

民國六年，王國維利用甲骨文字的材料，作成了〈殷卜辭中所見先公先王考〉和〈續考〉兩文（見《觀堂集林》）。他證實了殷先公自上甲以下的次序，是「報乙、報丙、報丁」，而不是像《史記》和《漢書・（古今）人表》的次序——報丁、報乙、報丙。他證實了殷中宗是祖乙，而不是太戊；他證實了祖乙是中丁的兒子而不是河亶甲的兒子。另外，關於殷代帝王的世系，《史記・殷本紀》和《漢書・（古今）人表》不合的地方，都證實了是《漢書・（古今）人表》之誤。他固然糾正了《史記・殷本紀》不少的錯誤，可也證實了〈殷本紀〉所記殷代帝王的世系，大致正確可信。這告訴人們對於《史記》所記的古史，固然不應全盤相信，但也使善疑的人們對於《史記》增加

❾ 說見〈五十年來考訂殷代世系的檢討〉。

❿ 說見〈我國傳統古史說之破壞和古代信史的重建〉，載《第二屆亞洲歷史學家會議論文集》，一九六二年十月出版。後收入《書傭論學集》。

了不少的信心。利用甲骨文的材料，重建殷代的信史，王國維的這兩篇文章，無疑地是開山之作。⓫

除了甲骨文，王國維也多採金文資料，以考訂史料。例如《殷周制度論》一書，就是王氏以甲骨文與鐘鼎文為主要材料，再參以《詩經》、《尚書》、《三禮》等文獻寫成的。此書證明了殷周二代不同的制度，包括：立子立嫡之制、廟數之制、同姓不婚之制。

又如《詩經》有邶、鄘、衛三國之風，其中邶、鄘二國之所在，前人多無定論。光緒庚寅（十六年，一八九〇），直隸淶水縣張家窪出現北伯器數種，王氏所見拓本有鼎一，卣一。鼎文云：「北伯作尊。」卣文云：「北伯殁作寶尊彝。」王氏以為「北」即古之「邶」，其地即後在之燕。至於鄘，王氏以為鄘、奄聲相近，奄地在魯。邶鄘去殷雖稍遠，然皆殷之故地。這些，都是王氏用古文字考訂史事的成就。

㈡在圖書版本方面：這方面的主要著作有：

1.《五代兩宋監本考》：此書凡三卷，卷上考五代監本；卷中考北宋監本；卷下考南宋監本。五代監本部分，主要是考證《九經》、《三傳》及《經典釋文》的刊刻情形。北宋監本部分，主要是探討群經義疏的刊刻情形，兼及史、子、集三部圖書。王氏云：

北宋刊諸經疏存於今者，臨清徐氏有《周易正義》；日本楓山官庫有《尚書正義》；竹添氏有南宋覆《毛詩正義》；近藤氏有影寫《左傳正義》。此外，如《儀禮》、《公羊》、《爾雅》三疏，世亦有南宋覆刊之本，其行款則除《易疏》未見外，《書疏》每行二十四字，《毛詩》與《左傳疏》每

⓫ 同❿。

行二十五字，《儀禮疏》二十七字，《公羊》二十三字至二十八字，《爾雅疏》三十字，皆半葉十五行，此亦六朝以來義疏舊式也。日本早稻田大學藏六朝人書《禮記》子本疏義，每行二十八、九字至三十字不等；狩谷望之所藏古鈔《禮記》單疏殘卷，每行二十六、七字；法國巴黎國民圖書館藏敦煌所出唐人書老子《道德經義疏》，亦每行二十五字至三十字。其餘唐人所書佛經疏亦然。是五代刊九經用大字，宋初刊經疏用小字，皆仍唐時卷子舊式，非徒以卷帙之繁簡分大小也。」又云：「宋初《五經正義》，趙安仁所書最多：《詩疏》，安仁與張致用、陳元吉、韋宿等四人書；《左傳疏》，安仁一人書；想所書尚有他種，然銜名不存，無從考證矣。

可見其取資之繁博，考證之精審。

南宋監本部分，則主要在考證南宋所刻十二經正文及經注本十二經的刊刻年月及流傳情形。

2.《兩浙古刊本考》：此書兩卷。王氏自序云：

鏤版之興，遠在唐世，其初見於紀載者，吳、蜀也，而吾浙為尤先。元微之作〈白氏長慶集序〉，自注曰：『揚越閒多作書，摹勒樂天及予雜詩，賣於市肆之中。』夫刻石亦可云摹勒，而作書鬻賣，自非鏤板不可，則唐之中葉，吾浙已有刊板矣。《冊府元龜》載後唐長興中馮道、李愚奏云：『嘗見吳蜀之人，鬻印板文字，色類絕多。』則五季之頃，其行轉盛。及宋有天下，南并吳越，嗣後國子監刊書，若七經正義，若史漢三史，若南北朝七史，若《唐書》，若《資治通鑑》，若諸醫書，皆下杭州鏤板，北宋監本刊於杭者，殆居泰半。南渡以後，臨安為行都，胄監在焉，板書之所萃集。宋亡，廢為西湖書院，而書庫未燬。明初移入南京國子監，吾浙之寶藏俄空焉。又元代官書，若宋、遼、金三史；私書，若《文獻通考》、《國朝文類》，亦皆於杭州刊刻。蓋良工之所萃，故鋟板必於是也。至私家刊刻，在東都時已亘四部，而宋季臨安書肆，若陳氏父子，徧刊唐宋人詩集，有功於古籍甚大。至諸州刊板，天水以後，公庫郡庠仍世刊刻，而紹興為監司安撫駐地，刊書之多，幾與臨安埒。又四部以外，湖之思谿，杭之南山，均有大藏全板；元初刊西夏字全藏，亦於杭州開局。而一代大箸述，如胡氏《資治通鑑音注》、王氏《玉海》，皆於其鄉學刊行，自古刊板之盛，未有如吾浙者。閩蜀二方，方之褊矣。宋元人所撰方志，若《寶慶四明志》，若《新定續志》，若《至正四明續志》，頗紀郡中板刻，而他州闕如。今最錄世有傳本及見於紀載者，為《兩浙古刊本考》，分郡羅列，釐為二卷。雖可考見者，十不得四五，然大略可覩矣。

此序，可以說是十分精簡的兩浙出版史。

卷上〈杭州府刊本〉，包括：(1)北宋監本刊於杭州者；(2)南宋監本；(3)南宋內府刊本；(4)浙西轉運司本；(5)杭州及臨安府刊本；(6)雜刊本；(7)元官刊本；(8)元雜本；(9)西湖書院書版考。

卷下包括：(1)嘉興府刊板。(2)紹興府刊版：甲、浙東轉運司本；乙、紹興府本；丙、宋元雜版。(3)寧波府刊板：甲、郡齋本；乙、郡學本；丙、宋元雜本。(4)台州刊板。(5)嚴州府刊板。(6)金華刊板。(7)溫州府刊板。

3.《密韻樓藏書志》：密韻樓為近代藏書家蔣汝藻（一八七六—一九五四）藏書之所。蔣氏字孟蘋

（一作孟蘋），一字元采，號樂庵，南潯（今浙江吳興）人，光緒二十九年舉人，官學部總務司郎中，在上海經營輪船及墾牧等事業。所藏有宋本八十八部，元本一〇五部，名家抄校本甚多。蔣氏延請王國維撰寫藏書志。

此書共二十卷，一名《傳書堂藏書志》。傳書堂者，汝藻祖父蔣維基所遺二十箱藏書，由汝藻父蔣錫紳繼承。錫紳乃將家居命名為傳書堂。此編於每書首載序跋、姓氏及首卷大題下的銜名，次為提要，於收藏印記、名人題識等，均予著錄。宋元善本，則著其行款版式。趙萬里云：「蔣氏藏書甲於海上，而先生所撰藏書志，亦精審無二。」⑫

王國維在〈樂庵居士五十壽序〉中說：「余家無書，輒假諸居士，雖宋槧明鈔，走一力取之，俄頃而至。……余在海上時，視居士之書猶外府也。」的確，王氏的著作，有很多是利用蔣氏的藏書完成的。例如王氏於蔣氏密韻樓得見《永樂大典》四冊，自卷一萬一千一百二十七至三十四，乃《水經注・河水》起至〈丹水〉止，原得原書之半，即戴東原校本所自出之本，因以戴本校之，始知凡戴本所云據《大典》校改者，實與《大典》十不一合。又如以蔣氏藏陳仲魚抄本《千頃堂書目》，校《適園叢書》本，增訂甚多；以蔣氏藏明刊本《張文獻公集》，校《四部叢刊》本《張曲江文集》等。

右列三種專著外，王氏多撰跋文，如〈大元馬政記跋〉、〈祕書監志跋〉、〈隋志跋〉、〈書影明內府刊本大誥後〉等，於各書之源流、流傳情形等，均有所考論。

㈢在金石學方面：王氏在金學方面之著作，主要有：

---

⑫見〈王靜安先生著述目錄〉。

1.《宋代金文著錄表》：王氏採歐陽修《集古錄跋尾》、呂大臨《考古圖》、王黼等《宣和博古圖》、趙明誠《金石錄》、黃伯思《東觀餘論》、董逌《廣川書跋》、王俅《嘯堂集古錄》、薛尚功《鐘鼎款識法帖》、不著撰人《續考古圖》、張掄《紹興內府古器評》、王厚之《復齋鐘鼎款識》等書，共得六四三器，其中三代器五六四件、秦漢以後器六十、偽器十九。王氏於〈序〉中詳述宋人在金器研究的貢獻，云：

「古器之出，蓋無代而蔑有，隋、唐以前，其出於郡國山川者，雖頗見於史，然以識之者少，而記之者復不詳，故其文之略存於今者，唯美陽與仲山甫二鼎而已。趙宋以後，古器愈出，祕閣太常，既多藏器，士大夫如劉原父、歐陽永叔輩，亦復蒐羅古器，徵求墨本，復得楊南仲輩，為之考釋，古文之學，勃焉中興。伯時、與叔，復圖而釋之。政、宣之間，流風益煽，《籀史》所載著錄金文之書，至三十餘家，而南渡後諸家之書，尚不盡與焉，可謂盛矣。今就諸書之存者觀之，約分三類：與叔之圖，宣和之錄，既圖其形，復摹其款，此一類也；嘯堂《集錄》，薛氏《法帖》，但以錄文為主，不圖原器之形，此二類也；歐、趙金石之錄，才甫古器之評，長睿東觀之論，彥遠廣川之跋，雖無關圖譜，而頗存名目，此三類也。國朝乾嘉以後，古文之學頗盛，輒鄙薄宋人之書，以為不屑道。竊謂《考古》、《博古》二圖，摹寫形制，考訂名物，其用力頗鉅，所得亦多，乃至出土之地，藏器之家，苟有所知，無不畢記，後世著錄家，當奉為準則。至於考釋文字，宋人亦有鑿空之功，國朝阮、吳諸家，不能出其範圍。若其穿鑿紕繆，誠若有可譏者，要亦國朝諸老之所不能免也。今錯綜諸書，列為一表，器以類聚，名從主人，其有歧出，分條於下，諸書所錄古器之有文字者，悉具於是。唯《博古》所圖錢，《嘯堂》所集古印，較近世所出，為數甚尠，姑闕焉，冀以供省覽之便云爾。至於釐訂名稱，是正文字，則非此表之所有事矣。」

2.《國朝金文著錄表》：王氏採錢坫《十六長樂堂古器款識》、阮元《積古齋鐘鼎彝器款識》、曹奎《懷米山房吉金圖》、吳榮光《筠清館金文》、劉喜海《長安獲古編》、吳式芬《攈古錄金文》、徐同柏《從古堂款識學》、朱善旂《敬吾心室彝器款識》、吳雲《兩罍軒彝器圖釋》、潘祖蔭《攀古樓彝器款識》、吳大澂《恆軒所見所藏吉金錄》、劉心源《奇觚室吉金文述》、端方《陶齋吉金錄‧續錄》、羅振玉《集古遺文中金文》、《秦金石刻辭》、《歷代符牌錄》等十六種文獻，共得三代器三千四百七十一，列國先秦器九十八，漢器六百十六，三國至宋金器一百有十，共計四千二百九十五。

王氏所撰《宋代金文著錄表》及《國朝金文著錄表》，除考訂器名、從事金器分類及考證銘文外，最重要的成就在於考辨偽器。例如在《宋代金文著錄表》中，在「敦」下云：「其中仲申敦蓋、吉金敦偽。」於「彝」下云：「其中虎彝、從彝偽。」於「卣」下云：「其中卦象卣、毋辛卣偽。」於「盤盂洗」下云：「其中封比干墓銅盤偽。」在《國朝金文著錄表》中，於「鐘」下云：「百有四，偽器與疑似之器九。」於「鼎」下云：「五一六，偽器與疑似之器四十。」於「鬲」下云：「一一〇，偽器與疑似之器八。」於「卣」下云：「二百六十六，疑偽八。」

王氏復撰多篇金器銘文的考釋，如〈毛公鼎銘考釋〉、〈散氏盤銘考釋〉、〈不𡢁敦蓋銘考釋〉、〈盂鼎銘考釋〉、〈克鼎銘考釋〉等，則是偏重於金文與古史的討論。

另外，〈古禮器略說〉一文，則考訂「斝」、「觥」、「盉」、「彝」、「俎」等器的形制、功用及材質等。

在石刻方面，最主要的著作是《魏石經考》及《魏石經續考》。魏石經係正始年間（二四〇－二四九）立於洛陽太學門外，刻《尚書》、《春秋》二經，以古文、篆字、隸書三種字體鐫刻，故又稱「三體石經」。

《魏石經考》內容包括：1.〈漢石經經數石數考〉；2.〈魏石經經數石數考〉；3.〈魏石經經本考〉；4.〈魏石經拓本考〉；5.〈魏石經經文考〉；6.〈魏石經篇題考〉；7.〈魏石經古文考〉；8.〈魏石經書法考〉。《續考》分三章：碑圖、經文同異、古文。

㈣在校讎學方面：根據趙萬里所撰〈王靜安先生手校手批書目〉，王氏所批校之書，趙氏所見即多達一百九十二種。趙萬里跋〈王靜安先生手校手批書目〉云：

> 靜安先生逝世後，里與其公子等整理遺書，共檢得先生手校手批書一百九十餘種，錄目如右，實皆先生畢生精力之所在也。蓋先生之治一學，必先有一步預備工夫。如治甲骨文字，則先釋《鐵雲藏龜》及《書契前後編》文字。治音韻學，則遍校《切韻》、《廣韻》。撰蔣氏《藏書志》，則遍校《周禮》、《儀禮》、《禮記》等不下數十種。其他遇一佳槧，必祕錄其佳處或異同於先生自藏本上。間有心得，則必識於書之眉端。自宣統初元以迄於今，二十年間，無或間斷（詳見年譜）。求之三百年間，實與高郵二王為近，然方面之多，又非懷祖、伯申兩先生所可及也。先生逝世前夕，嘗語人曰：「余畢生惟與書冊為伴，故最愛而最難舍去者，亦惟此耳。」嗚呼！此可以見先生之微意矣。丁卯（民國十六年，一九二七）十一月望日，同邑受業趙萬里謹識。

又云：

> 又先生於詞曲各書，亦多有校勘。如《元曲選》則校以《雍熙樂府》；《樂章集》則校以宋槧。

因原書早歸上虞羅氏，今多不知流歸何氏，未見原書，故未收入，至為憾也。萬里又識。

王氏的校讎工作，有下列幾項特色：

1. 所校圖書，範圍廣泛：校勘之學，肇始於漢代劉向、劉歆父子，而盛於清代。清代近三百年中，又以高郵王氏父子為最著。王念孫的校勘成績，大部分累積在《讀書雜志》（八十二卷）及《志餘》（二卷）中。所校勘的書，包括《逸周書》、《戰國策》、《史記》、《漢書》、《後漢書》、《老子》、《莊子》、《管子》、《晏子春秋》、《呂氏春秋》、《韓子》、《法言》、《楚辭》、《文選》等。王引之《經義述聞》所涉及的書，包括《易》、《書》、《毛詩》、《周官》、《儀禮》、《大戴禮記》、《禮記》、《春秋左傳》、《國語》、《春秋公羊傳》、《春秋穀梁傳》、《爾雅》等。王氏父子所校的，以經、史、子三部為主，集部的書僅有二種。王國維所校的書，不僅兼及四部的典籍，其中有很多更是從前校讎學家所未曾涉及的敦煌文獻及前人較少涉及的目錄、地理、雜著筆記、詞集及雜劇等。

2. 多用宋元本：宋元刊本，由於刊刻時代較早，頗存古籍原貌，王氏每多用之。例如校《爾雅注疏》十一卷，王氏以嘉慶二十年江西刻本為底本，以元雪牕書院本校經注及音於行間；以宋刊蜀大字本校經注於眉端，並校以烏程蔣氏藏槧單疏本；此以宋元本為輔本者。又如校《禮記》鄭注本二十卷，王氏以崇文書局重刻張氏影宋撫州刊本校烏程蔣氏藏明嘉靖徐氏復刻宋建大字本及宋刊纂圖互注本，此則以宋本互校者。

3. 多用域外所藏善本、外國刊本及敦煌寫本：王氏嘗旅居日本京都多年，所見域外所藏善本及日本刻本甚多；王氏又多留心敦煌文物，因此多用域外所藏善本、日本刊本或敦煌寫本從事校勘。例如校《論語集解》十卷，王氏以《四部叢刊》影印日本正平刊本為底本，以日本舊鈔皇侃《義疏》及邢昺《注疏》本為輔本，此以外國刊本及抄本互校者。如校《釋名》八卷，以《四部叢刊》影印明翻宋陳道人刊本為底本，據日本富岡氏藏馮己蒼本補〈重刊後序〉於卷首，此據域外所藏善本校補者。又如校宋薛季宣撰《書古文訓》十六卷，以通志堂刻本為底本，以敦煌所出《隸古定尚書》及日本古寫本校勘，此以敦煌寫本校勘者。

㈤整理考訂流沙墜簡及敦煌文獻方面：在整理考訂竹簡方面最主要的著作是《流沙墜簡考釋》一書。一九〇八年，斯坦因在敦煌境內獲得大量木簡。斯坦因回到歐洲後，將木簡交給法國沙畹博士考釋。一九一三年冬，沙畹將考釋稿本案給當時寓居日本京都的羅振玉、王國維。羅、王二人重加整理考訂。羅氏負責小學、術數、方技部分，王氏負責屯戍部分，共同完成此編。

此編除考訂西北史地外，王氏復於〈流沙墜簡序〉中，考訂簡牘出土之地點。王氏以為出土之地有三：

1. 敦煌迤北之長城：王氏認為敦煌迤北之長城，築於漢武時，至晉末已頹廢矣。其地當《漢志》敦煌、龍勒二縣之北境，漢時簡牘即出於此，實漢時屯戍之所，亦為由中原通西域之孔道。

2. 羅布淖爾涸澤北之古城：魏晉木簡殘紙均出於此。其地稍西於東經九十度，當北緯四十度三十一分之地。德人喀爾亨利及孔拉第二氏、法國沙畹博士等，均以為此城即古樓蘭之虛，但王氏據斯坦因所得簡牘及日本橘瑞超氏於此所得之西域長史李柏二書，論定此地決非古樓蘭，其地當前涼之世，實名海頭，而《漢書・西域傳》及《魏略・西戎傳》之居盧倉，《水經・河水注》之龍城，皆此地。

3. 和闐所屬尼雅城：出於此地之木簡較少。其地為古之精絕國，後為鄯善所併。尼雅所出木簡十餘，隸書精妙，似漢末人書跡，必在永平以後。

至於敦煌文獻，王國維與羅振玉，可以說是中國研究敦煌學之先驅。

敦煌莫高窟所藏文物發現於一八九九年，王氏於一九〇九年，初次在法人伯希和處見到敦煌石室唐人寫本。一九一三、一九一四年間王氏寓居日本京都時，在日本漢學家狩野直喜處獲見狩野於一九一二年在倫敦所過錄之敦煌寫本，於是撰寫了不少敦煌寫本的跋文，例如〈唐寫本殘職官書跋〉、〈唐寫本食療本草殘卷跋〉、〈唐寫本靈棋經殘卷跋〉、〈唐寫本失名殘書跋〉、〈唐寫本太公家教跋〉、〈唐寫本兔園冊府殘卷跋〉、〈唐寫本大雲經疏跋〉、〈唐寫本老子化胡經殘卷跋〉、〈唐寫本韋莊秦婦吟跋・又跋〉、〈唐寫本云謠集雜曲子跋〉、〈唐寫本春秋後語背記跋〉、〈唐寫本殘小說跋〉、〈唐寫本敦煌縣戶籍跋〉、〈宋初寫本敦煌縣戶籍跋〉等。

此外，王氏每多採用敦煌文獻，撰寫了許多考論史地的著作，如〈西胡考〉、〈西胡續考〉、〈九姓回鶻可汗碑跋〉、〈摩尼教流行中國考〉、〈西域井渠考〉等，都很有創發。

第四節　屈萬里

屈萬里先生（一九〇七—一九七九），字翼鵬，山東省魚臺縣人。少時，即讀畢四子書及《毛詩》、《綱鑑易知錄》等書。後入以發揚東方文化為宗旨的東魯中學，從齊魯名理學家夏溥齋（濟泉）先生遊。

民國十七年（一九二八）夏，行屆卒業，適日本侵華，造成濟南慘案，乃輟學返魚臺任縣立圖書館館長，並在師範講習所兼授國文。十八年（一九二九），曾遊學北平，進郁文學院。二十年（一九三一）九月十八日，東北釁起，乃退學返回山東。旋蒙齊魯大學國學研究所所長欒調甫薦介於著名學者山東省立圖書館館長王獻唐先生，從館員洊升編藏部主任。二十六年（一九三七）七月，蘆溝橋變作，乃隨王獻唐館長，躬運館藏善本圖書及金石器物，經曲阜、濟南、漢口等地，輾轉安抵四川。二十九年（一九四〇），任職國立中央圖書館。三十一年（一九四二），入中央研究院歷史語言研究所考古組任甲骨文研究之助理員。民國三十四年（一九四五），對日戰爭結束，中央圖書館遷回南京，重返該館，任編纂、特藏組主任。三十八年（一九四九）間，國立中央圖書館疏遷善本古籍來臺，敦請先生為臺灣辦事處主任。同年春，應國立臺灣大學傅孟真（斯年）校長聘，在該校任教。四十六年（一九五七）起，由臺灣大學與中央研究院歷史語言研究所合聘，從事教學與研究工作。曾先後擔任國立中央圖書館館長、國立臺灣大學教授兼中國文學系主任暨中國文學研究所所長、中央研究院歷史語言研究所所長、國家科學委員會國家研究講座教授、胡適講座教授、中山講座教授，並曾應聘為新加坡南洋大學客座教授、美國普林斯敦大學(Princeton University) 高深研究所研究員。曾獲中山學術著作獎。六十一年（一九七二），膺選為中央研究院院士⓭。

屈先生著述繁夥，生前已刊行的專書有：㈠《山東圖書館分類法》。㈡《漢魏石經殘字》二卷《校錄》

⓭ 屈先生生平事跡，參見劉兆祐撰〈屈萬里傳〉，收在《中華民國名人傳》，第五冊，頁一三四－一四九，一九八六年六月，臺北近代中國出版社出版。

一卷。㈢《國立中央圖書館善本書目初稿》。㈣《詩經釋義》。㈤《圖書版本學要略》（與昌彼得先生合著）。㈥《詩經選註》。㈦《尚書釋義》。㈧《殷虛文字甲編考釋》。㈨《漢石經周易殘字集證》。㈩《史記今註》（與勞榦先生合著）。(十一)《漢石經尚書殘字集證》。(十二)《古籍導讀》。(十三)《書傭論學集》。(十四)《先秦漢魏易例述評》。(十五)《明代史籍彙刊初輯》（主編，劉兆祐撰敘錄）。(十六)《明代史籍彙刊二輯》（主編，劉兆祐撰敘錄）。(十七)《雜著祕笈叢刊》（主編，劉兆祐撰敘錄）。(十八)《尚書今註今譯》。(十九)《普林斯敦大學葛思德東方圖書館中文善本書志》。(二十)《明清未刊稿彙編初輯》（與劉兆祐同編）。(廿一)《明清未刊稿彙編二輯》（與劉兆祐同編）。未刊印的專書有：㈠《讀易三種》。㈡《尚書集釋》。㈢《尚書異文彙錄》。㈣《詩經詮釋》。㈤《先秦文史資料考辨》。㈥《流離寫憂集》。㈦《風謠選》。㈧《讀老箚記》。另有已發表的單篇論文數百篇。屈先生去世後，聯經出版社出版《屈萬里全集》，共二十二冊，都四百餘萬言。關於屈先生的著述，可參閱下列文獻：㈠〈懷念一生獻身學術著作如林的「書傭」──屈萬里院士其書〉，劉兆祐撰，一九八四年元月，《新書月刊》第四期。㈡〈《屈萬里先生文存》編後記〉，劉兆祐、林慶彰同撰，一九八二年四月二日，《聯合報》。㈢〈屈萬里先生著述年表〉，劉兆祐撰，一九八五年三月，《書目季刊》第十八卷第四期，《屈翼鵬院士逝世六周年紀念特刊》。

屈先生著述既多，其於學術上之成就，亦屬多方面。一九七二年屈先生膺選中央研究院院士時，中央研究院發布的新聞稿，譽其「對先秦史料之考訂，中國古代經典（《詩》、《書》、《易》等）及甲骨文之研究，均有成就，尤精於中國目錄校勘之學」。筆者曾撰〈屈翼鵬先生與國立中央圖書館〉[14]、〈屈翼鵬

---

[14] 載《書和人》，三六一期，一九七九年四月七日。

先生對中國圖書館事業的貢獻〉⓯二文，論述屈先生在中國圖書館事業上的貢獻。又撰〈屈萬里先生之學術成就及對中國圖書館事業之貢獻〉一文⓰。今則專論屈先生在文獻學方面之成就與貢獻。

屈先生在文獻學方面之成就與貢獻，可從三方面來論述。

一、文獻之保存與整理方面的成就與貢獻

屈先生在這方面的貢獻，可分下列幾項論述。

㈠訂定善本書的編目規則

前人所編古籍目錄，於版本項的著錄，甚為簡略，僅云「宋刊本」、「元刊本」、「明刊本」、「活字本」等，讀者很難據以正確詳知其刊刻時代及地點。且各家著錄方式不同，用詞不一致，讀者每感茫然，無所適從。民國三十年（一九四一），屈先生任職於國立中央圖書館，擔任編纂及特藏組主任，其主要工作即考訂善本書及金石拓片。於是開始草擬善本圖書及拓片的編目規則。屈先生於民國四十一年（一九五二）所撰〈中文舊籍目錄版本項著錄舉例〉一文前，於訂定善本書編目規則的過程，有詳細的敘述，他說：

民國三十年（一九四一），余服役于國立中央圖書館，為草擬善本圖書編目規則；時當抗戰堅苦之

⓯ 載《出版與研究》，第四十二期，一九七九年三月十六日。

⓰ 載《應用語文學報》，第五號，二〇〇三年六月。

際，中央圖書館總辦公處僻處鄉村，參考書至感缺乏，故該稿殊多疏略。抗戰勝利後，中央圖書館藏書逾百萬冊，為急於應用起見，遂印行《國立中央圖書館中文圖書編目規則》，此善本圖書編目規則稿，亦併入付印，書為商務印書館出版，初版時日則三十五年九月也。爾時中央圖書館所藏善本圖書已達十二萬冊，余既司善本圖書考編之事，因得偏窺全豹，遇有可以補訂舊稿之例，即隨手劄記。如是兩載，所積頗多，因將該規則重訂一過，於三十七年秋蕆事。時中原戰事已急，京華騷動，中央圖書館所藏善本，旋即東遷，余亦浮海而東。斯稿藏之行篋，忽忽已三歲矣。竊念吾國舊籍之目錄，於板本項須求其詳，務在使人見其目即確知為何本，始能盡其用。而各公私家舊籍目錄，於此項往往著錄至簡，如云：『宋刊本』、『明刊本』等，固太簡略；即如『元至元刊本』、『明嘉靖刊本』之類，亦未能著其特徵使人見其目即知其書也。筆者有感於此，曩與中央圖書館特藏組同仁，曾發弘願，矯此舊習。顧以中原板蕩，斯業未竟。迄今思之，猶有餘喟焉。善本圖書之目錄，於版本項，固應詳悉著錄，即普通本漢籍，亦應爾爾，此理易明。爰將斯稿之述板本部分，略加釐訂，用求正於方家。以其皆例證也，故以舉例標題。倘因此稿之刊布，而引起圖書館界之注意，則企予望之矣。四十一年（一九五二）二月十四日附記。

所擬訂之善本圖書編目規則，共三十四則：

1. 板本之著錄，首朝代、元號、紀年，次處所，最後著板本之類別（如刊本、活字本、抄本等）。各項如有未具，且無法考知者，闕之。

例一　如明江西布政司刊《蘇文忠公全集》，可題云：明嘉靖十三年江西布政司刊本。
例二　如明茅元禎刻《玉臺新詠》，可題云：明萬曆己卯（七年）吳興茅元禎刊本。
例三　如會通館活字本《文苑英華辨證》，可題云：明正德丙寅（元年）錫山華氏會通館活字本。
例四　如小山堂鈔本《唐闕史》，可題云：清雍正丙午（四年）仁和趙氏小山堂鈔本。

2.凡雕板之書，通稱「刊本」。

3.凡據舊本影摹上板，行款悉如原式者，曰「覆刊本」。其所據之祖本，應表著之。

例一　如明郝梁覆刻宋本《太玄經》，可題云：明嘉靖甲申（三年）郝梁覆刊宋兩浙茶鹽司本。
例二　如明袁褧覆刊宋本《文選》，可題云：明嘉靖己酉（二十八年）吳郡袁褧覆刊宋廣都裴氏本。

4.凡確知為覆刊宋本或元本，而不能詳其祖本刻於何年何處者，可依其半葉行數，題云：某年某處覆刊宋幾行本、或元幾行本。

例　如明正德間覆刊宋十行本《孝經註疏》（非修補舊板者），可題云：明正德六年覆刊宋十行本。

5.凡書版年久漫漶殘損，經後世修補印行者，曰「修補本」。其原刊及修補之年代與處所，應盡可能表著之。

例一　如明正德間修補元刊本《金陵新志》，可題云：元至正四年集慶路刊明正德十五年南監修補本。
例二　如明成化間修補宋本《東萊集》，可題云：宋嘉泰四年壽州呂氏刊明成化間修補本。
例三　如明弘治至嘉靖間遞修元刊本《資治通鑑》，可題云：元至元間興文署刊明弘治至嘉靖間修補本。

6.凡後人用舊版增刊評語或序跋等印行者，曰「增刊……本」。其原刊及增刊者之年代與處所，應盡可能表著之。

例一　如坊肆就宋本增刊評語之《世說新語》，可題云：宋寶慶三年劉應登刊宋元間坊肆增刊評語本。

例二　如明永樂間原刊正統間增刊序跋之《守黑齋遺稿》，可題云：明永樂十五年上虞棊氏刊正統五年增刊序跋本。

7.書有殘缺經抄補者，曰「抄補本」，或曰「配補……抄本」。其原刊者及抄補者之年代處所，應盡可能表著之。

例一　如藝風堂抄補元刊本《草堂詩餘》，可題云：元鳳林書院刊清江陰繆氏藝風堂影元抄補本。

例二　如配補舊抄本之宋刊《麗澤論說集錄》，可題云：宋嘉泰間壽州呂氏刊本配補舊抄本。

8.書有殘缺，以他本配補者，曰「配補……本」。其原本及配本之刊刻年代與處所，應盡可能表著之。

例一　如以元本配宋本之《王狀元集註東坡先生詩》，可題云：南宋末年建安萬卷堂刊本配補元廬陵書堂刊本。

例二　如以元彭寅翁刊本配補中統刊本之《史記》，可題云：元前至元二十五年安福彭寅翁刊本配補中統二年刊本。

9.凡名手寫刻之書，曰「某人寫刊本」。其年代及寫者，應表著之。

例　如元宋璲寫刊《淵穎吳先生集》，可題云：元至正二十六年金華宋璲寫刊本。

10.凡刻書人之地望，與刻書之處所非一地者（如書帕本等），應著其刻處。原題有用古地名者，應從其原題。其刻處可由刻者之官銜表現者，必要時得著其官銜。

例一　如詹事講刊《緣督集》，可題云：明萬曆癸未（十一年）詹事講宣城刊本。

例二　如孫甫刊《直講李先生文集》，可題云：明正德戊寅（十三年）南城知縣孫甫刊本。

11.凡朝代元號已知，而刊板之年未詳者，可於元號下著一間字，曰「某代……（元號）間某處某氏刊本」。如並刊處未詳者，可但題云：「某代……（元號）間刊本」。

12.凡朝代可定而元號年月未詳者，可題云：「某代某處某氏刊本」。如並刊處未詳，而能斷其為某代初葉或中葉、末葉所刊者，可題云：「某代初葉刊本」，「某代中葉刊本」，「某代末葉刊本」；或就其書口形狀及半葉行數，題云：「某代刊黑口（或白口、花口）幾行本」。

13.凡朝代可定，而元號年月及刻處均未詳，但有刻板時編校人之題署者，可以編者或校者之姓名著錄之。

例一　如史朝富編刊之《龍川文集》，可題云：明晉江史朝富編刊本。

例二　如劉懋賢等校刊之《海瓊玉蟾先生文集》，可題云：明新安劉懋賢等校刊本。

14.凡朝代可定，而元號年月及刊處均未詳，且無編校人之題署，但能審知為官刻或坊刻者，可題曰：「某代官刊本」，或「某代坊刊本」。

15.凡私家之齋室名，書坊之坊名，以及寺觀名號等，如原書中有題署者，應表著之。

例一　如沈辨之刻本《韓詩外傳》，可題云：明嘉靖間吳郡沈氏野竹齋刊本。

例二　如泰宇書堂刻本《草堂詩餘》，可題云：元至正癸未（三年）廬陵泰宇書堂刊本。

例三　如大明禪寺刻本《天童覺和尚頌古集》，可題云：元至正二年大明禪寺刊本。

16.凡官刻之書，應著其官署名稱。如為內府所刻而未詳其刻於何署者，可但題云：「內府刊本」。

17.凡醵貲刻板之書，曰：「集貲刊本」。

例　如開元寺醵貲刻本之《改併五青類聚四聲篇》，可題云：明萬曆二十七年晉安開元寺集貲刊本。

18.凡叢書中之單本，曰「某某叢書本」；合刻書之單本，曰「某某合刻本」。

例一　如汲古閣刻本《詩地理考》，可題云：明末虞山毛氏汲古閣刊津逮祕書本。

例二　如吳琯刊《山水經》合刻本之《水經注》，可題云：明萬曆十三年新安吳氏刊《山水經》合刻本。

19.凡書板易主，新主用原版（未經修補）印行者，曰「某某印本」。原刊者及印行者之年代處所，應盡可能表著之。

例　如掃葉山房所印汲古閣刻本之《十七史》，可題云：明末虞山毛氏汲古閣刊清初蘇州掃葉山房印本。

20.凡以特殊墨色印行者，應依其墨色表著之。

例　如明內江蕭氏刊藍印本《史鉞》，可題云：明嘉靖二十七年內江蕭氏刊藍色印本。

21.凡套印之書，朱墨二色者，曰「朱墨套印本」。三色以上者，曰「某某幾色套印本」。畫譜等書，以彩色印者，曰「彩色印本」。

例一　如元刊朱墨套印本《金剛經》，可題云：元至正初年資福寺刊朱墨套印本。

例二　如閔刻《春秋公羊傳》，可題云：明天啟元年烏程閔氏刊朱墨藍三色套印本。

例三　如彩色印《十竹齋畫譜》，可題云：明崇禎四年刊彩色印本。

22. 凡以公牘紙印者，應表著之。例如宋刊公牘紙印本《北山小集》，可題云：宋乾道淳熙間刊公牘紙印本。

23. 凡活字本，其活字以膠泥製者，曰「膠泥活字本」；銅製者，曰「銅活字本」；木製者，曰「木活字本」；不能辨識為何種活字者，但曰「活字本」。

24. 凡著者手寫稿本，曰「手稿本」；他人清寫後經著者手自改訂之本，曰「手定底稿本」；他人清寫者，曰「清稿本」。

例一　如翁方綱手寫本《復初齋集》，可題云：清乾隆至嘉慶間著者手稿本。

例二　如桂馥手訂之《晚學集》稿本，可題云：清乾隆間著者手定底稿本。

例三　如沈炳巽《續唐詩話》清抄稿本，可題云：清乾隆間歸安沈氏清稿本。

25. 凡抄本之出於名家手筆者，曰「某人手抄（或寫）本」。

例　如王乃昭手寫本《杜東原詩集》，可題云：清初虞山王乃昭手寫本。

26. 凡藏書家倩抄手傳抄之本，應著錄藏書家之里籍姓氏及其齋室名稱。

例　如泰氏雁里草堂抄本《廣川書跋》，可題云：明嘉靖間錫山泰氏雁里草堂抄本。

27. 凡刊本或寫本卷子，曰「卷子本」。其寫本之傳寫年代或傳寫人未詳但能審其抄於何代者，可依其時代題云：「六朝人寫卷子本」，或「唐人寫卷子本」等。

28.凡抄本之年月及抄者俱不能詳，但能審知其抄於何代者，可依其時代，題云「明抄本」或「清初抄本」等。如並時代亦不能確定，但能審知為非近時傳抄者，可題云：「舊抄本」。

29.凡抄本之年代及抄者俱不能詳，但能審知為近時傳抄者，可但題云「抄本」。

30.凡據舊本影寫而行款無異者，曰「影鈔……本」。其所據之祖本，應表著之。

例一　如汲古閣影宋鈔本《群經音辨》，可題云：明末虞山毛氏汲古閣影鈔宋紹興壬戌（十二年）寧化縣學刊本。

例二　如小琅嬛福地影宋鈔本《李群玉詩集》，可題云：清琴川張氏小琅嬛福地影鈔宋臨安府陳解元書籍鋪刊本。

31.凡據舊本影寫，但知原本之為宋為元（餘類推），而不能詳其為何年何處刊行者，可題云：「影鈔宋幾行本」，或「影鈔元幾行本」。

32.凡椎搨之本，以墨搨者，曰「墨拓本」；以朱搨者，曰「朱拓本」；以藍搨者，曰「藍拓本」；餘類推。椎搨之時代及搨者，如能審知，應依刊本例著之。

33.凡鈢印鈐拓之本，曰「鈐印本」。鈐拓時代之處所，如能審知，應依刊本例著之。

34.凡板式、書品等之特異者，應斟酌情形表著之。

屈先生此篇刊布後，昌彼得先生著〈中文舊籍目錄板本項著錄舉例補訂〉⑰一文，訂補數條。屈先生匯合兩文，略加修改，題曰〈善本書目板本項著錄略例〉，輯入屈萬里、昌彼得合著的《圖書板本學要略》⑱

⑰ 載《大陸雜誌》，四卷十一期，一九五二年六月。

一書中。一九五九年七月，臺北國立中央圖書館（今國家圖書館）印行《國立中央圖書館中文圖書編目規則》，其中乙編之二〈善本圖書編目規則〉第二章〈書目〉部分，即據此增訂著錄。

目前全世界編纂中文古籍書目，都根據屈先生所創發的編目規則製訂，足見其貢獻之巨。

㈡擬訂拓片的編目規則

屈先生曾先後在山東省立圖書館及國立中央圖書館任職多年，此二館均藏有大量的金石拓片。歷來著錄金石拓片者，都沒有完善的規範。民國三十五年（一九四六），國立中央圖書館印行的《國立中央圖書館中文圖書編目規則》（上海商務印書館出版）一書中，附有拓片規則，這是規範拓片編目最早的規則。民國三十七年十月，當時屈先生擔任國立中央圖書館特藏組主任，以該館舊有的拓片編目規則，「在灌輸常識上之作用較大，而於實際應用上之作用較小」（語見〈擬拓片編目規則〉之前言），乃趁工作之暇，撰作〈擬拓片編目規則〉一文。後以時局動盪，此稿置諸篋底，未得刊布。直至民國四十三年（一九五四）四月十三日，始刊載於《中華日報》第六版《圖書雙週刊》第四期（此篇今已收在《屈萬里全集》）。此篇分三章：第一章〈通則〉；第二章〈卡片目錄〉，分「總記」、「拓片名稱（附數量之稱謂）」、「作者」、「時代」、「板本」、「附註」、「號碼」等七項；第三章〈書本目錄〉。今摘錄第二章中的「拓片名稱」、「作者」、「時代」、「板本」、「附註」等項的規則，這幾項是拓片編目工作中最重要的部分。

1. 拓片名稱（附數量之稱謂），共十三條：

⑴拓片以原器之名稱為名稱。但如銅器之僅拓款識及器形，或造像之僅拓題記不及形像者，應盡可

---

⑱ 臺北：中華文化出版事業委員會印行，一九五三年六月。

能於名稱中表現之。

(2)甲骨文字僅殷代有之，名稱上可無庸著其朝代。其他器物，應盡可能表著之。如「周毛公鼎」、「秦瓦鋸」、「唐開成石經」等。

(3)凡拓片彙集成冊，題有總名者，應就其總名著錄。其內容有分著之必要時，應作分析卡片。

(4)凡甲骨刻辭之單幅拓片，應就其文字之要點，定其名稱。

(5)凡銅器陶器等之有款識者，應就其作器之人，定其名稱。銘文中不著作器人名者，應就其銘文之要點，定其名稱。

(6)凡銅器陶器等之無款識者，應就其花紋或其他特異之點，定其名稱。

(7)凡石刻之有題額者，應從其題額；無題額而另有標題者，從其標題；有題額又有標題，而二者不一致者，應從其為世人所習用之名稱，而註其另一名稱於附註項。

(8)凡有題額或有標題之石刻，應照錄其題署之全文。

(9)凡石刻之無題額又無標題者，應尋繹原文，定其名稱。

(10)凡石刻原有本名，而流俗相沿，又別立名稱者，應仍用本名，而註其俗名於附註項。

(11)凡題名、經幢、造像等之出於多人者，應以第一人為代表，名下著一「等」字。

(12)凡有蓋之器，於名稱之末，著「并蓋」二字；僅存器蓋者，於名稱之末，著一「蓋」字；器本有蓋，後世亡佚者，於名稱下加括號，著「蓋佚」二字。石刻之有題額者，其著錄之例仿此。

(13)拓片數量之稱謂，凡單幅者稱「幅」，裝訂成冊者稱「冊」，左右捲舒者稱「卷」，立幅稱「軸」。

2.作者：

(1)凡撰文者，書畫者，題額者之著錄，姓名上並著其朝代。姓名下，於撰文者，題曰「撰文」；書者，曰「書」；畫者，曰「畫」；題額用篆字者，曰「篆額」，用隸書、正書等者，曰「題額」。

(2)凡原器不著撰文人、書畫人、題額人等姓名，但可以考知者，應據考定者著錄之。

(3)凡撰文人，書畫人，題額人之署名，係後人補刻，而實錯誤或誤否未定者，應仿圖書例，曰「題某代某人撰文」或「題某代某人書」等。

(4)凡書或畫之成於眾手，三人以內者，應全部題著其姓名；三人以上者，以第一人為代表，其下著一「等」字。

(5)凡舊器已佚，後人重書付刻者，曰「某代某人重書」。

(6)凡後人集前人所書之字付刻者，曰「某代某人集某代某人書」。

(7)凡帝王之姓名，以其廟號代之。

(8)凡撰文人、書寫人、題額人，有二項出於一手者，題曰「某代某人撰文並書」，或「某代某人書並題額」等。三項俱出於一手者，題曰「某代某人撰文並書兼題額」。

3.時代：

(1)凡金石等有元號年月者，應著錄之。

(2)凡銅器之僅有干支，而不能知其為何王何年者，即不必著錄其干支。

(3)凡石刻撰文之年月與立石之年月不同者，以立石之年月為準。

(4)凡石刻之年月未詳，但能知其約略時代者，可但著元號，如「唐開元間」、「宋元豐間」等。
(5)凡石刻於元號下但著干支者，應於干支下加括號註明其年數。
(6)凡碑帖等之重刻者，除著其當時年月外，並應著其重刻年月。

4. 板本：

(1)凡傳搨之本，通曰「拓本」。傳搨之年代及傳拓人，應仿善本圖書例，盡可能考證著錄之。
(2)傳搨之確實年月未詳，但能知其出於何代者，可依其時代，題曰「宋拓本」、「元拓本」、「明拓本」等。
(3)清代搨本，能審知其出於初葉或中葉者，可題曰「清初拓本」、「清中葉拓本」。出於晚清至現代者，但題曰「拓本」。
(4)傳搨之年代未詳，但能審知其非近代所搨者，曰「舊拓本」。
(5)凡以朱色或藍色等傳搨者，曰「朱拓本」或「藍拓本」等。
(6)凡鉤勒者，曰「雙鉤本」。墨填雙鉤本空處，使字呈白文如搨本狀者，曰「廓填本」。依原文形狀縮寫者，曰「縮摹本」。其年代及處所，如能審知，應仿影鈔善本圖書例著錄之。
(7)凡影印者，曰「影印本」。其影印之年代與處所及所據之祖本，如能審知，應仿影刻善本圖書例著錄之。
(8)凡石印本、放大本、縮印本，應各著其印製之年代及處所。
(9)凡彙集各種拓本為一編，其拓本不出於一時或一處者，應依拓本之要點，斟酌情形表著之，曰「彙集……拓本」。

5.附註：

⑴凡重刻、坊刻、或贗品等，其情形未能在名稱或作者兩項中表出者，應附註之。

⑵凡銘文字數或行款等，應附註之。

⑶凡釋文、題跋等，應附註之。

⑷凡曾經名人收藏，有印記可證者，應附註之。

⑸凡石刻之書體，為篆、為隸、為正書、行書、草書等，應附註之。

⑹凡原器之出土處所及時日，或所在地，或收藏者，應各就其情形附註之。

⑺凡石刻之有立石人或刻字人者，應附註之。

⑻凡殘缺不完者，應附註之。

這些拓片的編目規則，目前為全世界各圖書館所採用。

㈢編訂善本書目

屈先生除了訂定善本書的編目規則外，也實際致力於善本書目的編訂，一方面俾善本圖書得以完善的保存留傳，一方面也方便學者的考訂取資。

民國二十一年（一九三二），先生任職於省立山東圖書館，撰成《山東圖書館圖書分類法》一書，由該館油印出版，為山東圖書館書目之編製，奠定基礎。民國二十九年（一九四〇），先生任職於國立中央圖書館，擔任特藏組主任，完成《國立中央圖書館善本書目初稿》，於民國三十六年（一九四七），由該館出版，茲編為今日《國立中央圖書館善本書目》（增訂本）之藍本。民國五十四年（一九六五）秋，先生應美國普林斯敦大學高深研究所之聘，為該所研究員暨該校圖書館訪問書誌學者。在美期間，完成《普林斯敦大學葛思德東方圖書館中文善本書志》一書，於民國六十四年（一九七五）一月，由臺灣藝文印書館出版。**按**：美國普林斯敦大學葛思德東方圖書館（The Gest Library of Princeton University），藏有三萬冊中國善本圖書。第二次世界大戰期間，前國立北平圖書館王重民先生在美國，曾為之作志，積稿四冊；其後胡適之先生任職於普林斯敦大學圖書館，核王氏稿，發現問題甚多。屈先生赴美一載，而成茲編。普林斯敦大學葛思德東方圖書館館長童世綱先生序此書云：「教授屈君翼鵬，潛心墳典，博通經史；玄覽中區，播風外域。歲次乙巳，以普林斯敦高深研究所之禮聘，停旆於葛館。檢王君之舊稿，寫琳琅之新志。校訂刪補，附益述詳，錄序跋則節繁摘要，記行格而並及高廣，究板本之傳衍，著優劣之所在。不特為讀書治學之津梁，亦便鑒古辨偽之參證。其表彰國粹，嘉惠士林者，不亦多乎。」此書於書賈作偽，以明本冒充宋元本，或以殘帙冒充全帙者，於作偽之跡，考訂甚詳。

民國五十五年（一九六六）秋，屈先生從美國普林斯敦大學講學回國，即應聘擔任國立中央圖書館館長。屈先生在館長任職期間，徵得中美人文社會科學合作委員會之同意，由其補助從事國內圖書館藏書聯合目錄之編輯。當時決定編輯的聯合目錄是：1. 中文善本書聯合目錄；2. 中文人文社會科學官書聯合目錄；3. 中文人文社會科學期刊聯合目錄；4. 中文普通本線裝書聯合目錄；5. 中華民國出版圖書目錄彙編續輯。其中「中文善本書聯合目錄」及「中文普通本線裝書聯合目錄」兩種，即屬古籍書目，均已出版。

㈣維護文獻

屈先生在維護文獻方面，有二事最為重要：一是對日戰爭期間，山東省立圖書館文物的維護；二是對日戰爭勝利後，妥善接收陳群「澤存書庫」的善本書。

山東圖書館創始於清宣統元年（一九〇九），最初由山東提學史羅正鈞先生擘劃經營，奠定基礎。民國十八年（一九二九），向湖老人王獻唐先生擔任館長，經費漸裕，收藏漸富。抗戰初期，所藏圖書已達二十餘萬冊，其中有善本書三萬六千餘冊。此外，所藏鐘鼎彝器、泉幣、鉨印、封泥、甎瓦、石刻、書畫等，亦甚繁夥，館藏之富，僅次於國立北京圖書館。民國二十六年（一九三七）七月，日本來侵，華北阽危，時屈先生任編藏部主任。一日，王獻唐先生對屈先生說：「本館為吾東文獻所薈萃，脫有不測，吾輩將何以對齊魯父老？擬就力之所及，將比較珍祕者十箱，移曲阜至聖奉祀官府。顧此事重要，可以肩其任者，惟余與子耳。津浦車時遇敵機攻擊，往即冒險，然欲為吾魯存茲一脈文獻，又不容苟辭。子能往，固善，否則余當自往。」先生聞言，不計道途之艱險，慨然請行，願與此纍纍十箱文物共存亡。民國二十六年（一九三七）十月十二日晚出發，先是至曲阜，濟南緊張後，輾轉至漢口，然後再至四川，已是次年春天了。所運送的文物，共計金石器物七百三十四品，書籍四百三十八種，二千六百五十九冊又一百八十三卷，書七十一件，畫六十七件。屈先生將此次押運文物的經過，撰為〈載書飄流記〉一文，館長王獻唐先生曾撰題詞冠諸卷端。題詞包括四首絕句及跋語。四首絕句云：「心力抛殘意漸狂，十年杜下詡多藏；可憐一炬奎樓火，不待銅駝已斷腸。」「悞國十年是此君，倒行獨自說忠懃；華林玉軸干何事，一例樓頭哭絳雲。」「故家喬木歎陵遲，文獻千秋苦自支；薪火三齊留一脈，抱殘忍死待明夷。」「酒人愁腸日作芒，回頭忍淚說滄桑；夜來展讀西臺記，一覺闍浮夢已涼。」〈跋〉語云：「去冬敵陷魯地，余與翼鵬道兄運圖書文物入川，辛苦備嘗，所撰〈載書飄流記〉，皆實錄也。竭兩夜力籀讀一過，題四截句冊耑，亦長歌當哭之意。君在曲阜，嚴稽文獻，旁及輿地，皆精確縝密，足備掌故，異日脩志者當有取於斯，不祇作《金石錄》後敘觀也。」此篇〈載書飄流記〉，稿藏篋中近四十年，至民國六十五年（一九七六），屈先生始倩人鈔錄一過，並改題為〈載書播遷記〉，分上下兩篇，發表於《山東文獻》第二卷三、四兩期，並附載〈山東省立圖書館第一次運往曲阜金石典籍書畫目錄〉。此篇不僅為山東省之重要文獻，亦為中國圖書館史之重要史料。

「澤存書庫」，為陳群所有。陳群，字人鶴，福建閩侯人。生於清光緒十六年（一八九〇），卒於民國三十四年（一九四五）。早年赴日本留學，先後就讀於明治大學及東洋大學。返國後，為孫中山先生所賞識，在廣州擔任大元帥府祕書。北伐戰爭時，在武漢擔任中央執行委員會及國民政府委員聯席會議的黨代表。對日戰爭爆發後，投靠汪精衛，出任偽政府的內政部長。一九四五年日本宣布投降，陳群服毒自殺。

陳群早年並未以藏書聞名，自擔任偽政府內政部長後，才開始大肆搜藏。他在上海和南京，各建造一所書庫，由汪精衛命名。汪氏取《禮記．玉藻》「父沒而不能讀父之書，手澤存焉爾」之義，命為「澤存書庫」。

「澤存書庫」的藏書，一部分是陳氏自己蒐購而來，一部分則是戰爭期間各公私藏書家、文獻機構等，不及疏運後方而散落的文物，由各地方偽組織接收後轉送偽內政部者。南京的澤存書庫，有善本圖書四千四百餘部，四萬五千冊左右，其中不乏宋元刊本及稿本。宋刊本如宋曾穜所撰《大易粹言》一書，澤存書庫藏有南宋建安劉叔剛刊本，殘存卷一至卷三十七、卷四十四至卷六十六，共六十卷十二冊。此本版匡高十九・一公分，寬十三・四公分，卷前載淳熙二年（一一七五）曾穜〈自序〉，次〈總序〉，錄元符二年（一〇九九）程頤〈易傳序〉及紹興四年（一一三四）郭雍〈易說序〉二篇。〈總序〉後有「建安劉叔剛宅刻梓」木記。每半葉十二行，行二十三字。宋諱匡、恆、貞、桓、慎、敦字缺筆。書前有咸豐己未（九年，一八五九）韓應陛手書題記。又藏有《尚書》十三卷七冊，宋孝宗時建安王朋甫刊本。此本板匡高十五・六公分，寬一〇・八公分，首載孔安國〈尚書序〉，序後有木記云：「五經，書肆屢嘗刊行矣。然魚魯混殽，鮮有能校之者。今得狀元陳公諱應行精加點校，參入音釋彫開，於後學深有便矣，士夫詳察。建安錢塘王朋甫咨。」每半葉十行，行十九字，小註雙行，行二十五字，版心白口，避宋諱至慎字，光宗以下廟諱不避。除了這些善本外，另有汪精衛「雙照樓」寄存的五千冊。在上海的澤存書庫，以收藏日文書為主，有十萬冊之多。除了澤存書庫，陳群在蘇州也有藏書，其中有善本書二九三部，宋元本有八十餘部。

抗戰勝利後，澤存書庫先是由教育部上海區接收委員會接收，再轉交復員回京的國立中央圖書館。南京的澤存書庫，改為國立中央圖書館北城閱覽室，專供善本書庫及特藏組辦公之用。屈先生當時為中央圖書館特藏組主任，負責接收清點的工作。自民國三十五年（一九四六）四月起，費時半載始清點完畢，凡書上鈐有藏書章者，都予發還。至於無主的圖書，則分發給羅斯福紀念圖書館及西安圖書館等。民國三十八年（一九四九）中央圖書館遷臺，澤存書庫的善本圖書，多數也遷運來臺。澤存書庫的善本書，今日猶得倖存於世，屈先生當時清點及保存工作的完善，居功最偉⑲。

二、提出運用文獻方法的理論

熟悉文獻的目的，在於能用正確的方法，將文獻運用於研究工作。關於運用文獻的方法，屈先生提出幾個正確的方法：

㈠要講究版本

屈先生在《古籍導讀》一書中說：「惟但就古籍而言，則傳寫傳刻之時代有先後之別，寫時或刻時之校勘工作亦有精粗之異。則雖同為間接材料，而間接之程度，亦自不同。然則孰為較佳之本？孰為訛誤較多之本？實不容不知。此圖書板本之學，所以為士林所尚也。」

屈先生在〈讀古書為什麼要講究版本〉一文中，提出治學過程中，運用圖書文獻時，要講究版本的道理有三：

1. 欲辨圖書真偽不能不講究板本

屈先生以《竹書紀年》為例。他說：「像《竹書紀年》，他在史學書裡，佔有重要地位。但現在的通行本，卻不是晉太康年間，汲冢裡的真貨，而是後人仿製的偽品。《四庫全書總目提要》裡，曾列舉證據，證明現行的本子，不是後魏酈道元所見之本，不是唐劉知幾、李善、瞿曇悉達、司馬貞、楊士勛等所見

⑲ 關於陳群「澤存書庫」的藏書情形，可參閱蘇精博士《近代藏書三十家》一書及李玉安、陳傳藝所編《中國藏書家辭典》等書。

之本，也不是宋王存、羅泌、羅苹、鮑彪、董逌等所見之本。因而四庫館臣疑心它是『明人鈔合諸書以為之』。這話雖然還不成定論，但現在通行本《竹書紀年》是假書，不是汲冢真本，卻是毫無疑義的。因此，清人朱右曾便把古書裡所引的《竹書紀年》之文輯錄出來，編成了《汲冢紀年存真》二卷；後來王國維先生又加以校補，編成了《古本竹書紀年輯校》一卷（刊入《海寧王靜安先生遺書》）；更後，錢穆先生又把它校補了一番，列在《先秦諸子繫年考辨》裡。這些輯本，所收的《竹書紀年》原文，雖已無多，但卻是真貨。所以，我們如果採用《竹書紀年》的史料，只有根據這些輯本。而輯本中如果見到王、錢兩氏之本，那麼，朱本也就可以不讀了。」又說：「古書類此似的偽本多得很，假若不弄明白是什麼本子，那麼你所得到的知識，很可能都是假的；倘若你根據偽本的材料而有所撰述，那便是自欺欺人。這樣說來，讀書能不講究本子嗎？」

2. 欲知圖書有無殘闕不能不講究板本

屈先生說：「真正做學問的人，對於一部書，必定要讀它的全本，決不肯只讀殘本或節本，這道理是無庸說明的。但，如果不講究板本，就有很多殘本書和節本書而被人認做全本。」

關於殘本方面，屈先生舉《皇朝類苑》一書為例。他說：「宋人江少虞著的《皇朝類苑》一書，記載著宋代的許多掌故。江氏的〈自序〉，說這書是七十八卷二十八門，可是《四庫》著錄之本和近代刻本，卻只有六十三卷二十四門。《四庫全書總目提要》，還說江氏〈自序〉『分二十八門』的話，是傳寫之訛。近年中央圖書館買到了一部日本元和七年（當明天啟元年）的活字本，這活字本是根據宋代的麻沙本排印的，它正是七十八卷二十八門，比《四庫全書》本多了〈談諧戲謔〉、〈神異幽怪〉、〈詐妄謬誤〉、〈安邊禦寇〉四門。假使人們不見這個活字本，豈不是許多史料都被埋沒了嗎？」

至於節本方面，屈先生舉《權載之文集》為例。他說：「譬如唐人權德輿的《權載之文集》，《四庫全書》裡所收的是十卷本，是根據著明嘉靖二十年劉大謨序刻本著錄的。但此書全本是五十卷。……王漁洋《居易錄》裡曾說，顧宸藏有五十卷本，劉體仁的兒子名凡的曾抄了一部送給王漁洋。而現在中央圖書館裡藏有宋蜀刻本的殘卷（存卷四十三至五十），上面有劉體仁的印記，那必然是抄給王漁洋時所據的底本之殘餘了。這個五十卷本，既有傳抄本流傳，到了嘉慶年間，大興朱珪就據以刻板。於是這五十卷的足本，纔復行於世。現在來讀這部書，自然不能捨掉五十卷本而去讀十卷本了。」

3. 欲免受錯字的欺騙不能不講究板本

屈先生說：「譬如《水經注》一書，清初人所讀的都是明嘉靖以後的刻本，錯字多得幾乎沒法子讀。後來戴震用《永樂大典》本校對的結果，共補了明刻本所缺漏的二千一百二十八字，刪去了妄增的一千四百四十八字，糾正了臆改的三千七百一十五字。短短的一部《水經注》，竟有七千字以上的錯誤，叫人怎麼去讀！所以戴震的校本刊行之後，明嘉靖刻本，萬曆乙酉（十三年）吳琯刻本和萬曆乙卯（四十三年）李長庚刻本等，就都可以束之高閣了。」

㈡要辨別偽書

屈先生在《古籍導讀》中說：「讀書之目的在求真，所讀者如為偽書，即不能得真實之知識。」又說：「吾國古籍，偽者頗多。有本無其書，而後人憑空杜撰者；有原書已亡，而後人偽撰以充真本者；有後人所著述古之書，而被更後之人誤認為當時之作品者；有雜取古代多人之著作，輯為一編，而標名為一家之書，致真偽參半者。倘不知其書之偽，而誤用其材料以證古事，則其結論之不可信，自不待言。」屈先生舉例說：「即以近代之書而論：蘇過所著《斜川集》，世無傳本。清乾隆間徵求是書，作偽者乃鈔劉過《龍洲集》並雜以謝邁之詩文（謝書名《謝幼槃集》）以當之，坊間遂刻梓以傳。故今日所見之刊本《斜川集》，大率皆雜有謝邁詩文之劉過《龍洲集》也。（惟《知不足齋叢書》本，乃周永年自《永樂大典》輯出者，為真《斜川集》。）吾人如據偽本《斜川集》以研究蘇過之生平及作品風格，焉得不謬以千里乎？」

屈先生既然強調運用文獻時應注意辨別偽書，其著述中亦多辨偽之作。重要的有：〈尚書〉與其作者〈舊雨樓藏漢石經殘字辨偽〉（載《書目季刊》二卷一期，民國五十六年九月）。〈今本尚書的真偽〉（載《幼獅月刊》三卷十二期，民國四十四年十二月）。〈尚書中不可盡信的材料〉（載《新時代》一卷三期，民國五十年三月）。〈論語公山弗擾章辨證〉（載《中山學術文化集刊》五集，民國五十九年三月）。〈孟子七篇的編者和孟子外書的真偽問題〉（載《孔孟學報》七期，民國五十三年四月）。〈談竹書紀年〉（載《書目季刊》九卷二期，民國六十四年九月）。

三、強調非圖書資料的重要

所謂「非圖書資料」，就是指不是記載在書本上的文獻，例如石刻、甲骨文、青銅器、生活日用品、天文及生活習俗等。

屈先生在〈文物資料和圖書資料之關係〉⑳一文中說：「一般人稱呼文物資料，最常聽到的有兩個名詞：其一，叫做『古董』；另一，則叫做『古玩』。從這兩個名詞看來，在一般人心目中，這些物事，都不過是些高雅的陳設品，具有欣賞的價值，或昂貴的商品價值而已。但，一些有識見的學者，則利用文物作為學術研究的資料。而且，早在漢代就有人從事斯業了。許叔重的《說文解字》，收了很多的籀文。這些籀文，就是從當時出土的鼎彝中採錄的。……可惜的是以前雖已有不少學者，利用文物資料，創下了一些輝煌的成績，但直到現在，還有很多的學人，不肯、甚至於不知道利用文物資料來從事研究工作，以致因循陳說，難有創見。同時又有些人，只固執著文物資料，而不肯、甚或沒有能力利用圖書資料，以致只能作報告式的文章，而不能有互證式的著作。」屈先生在這篇文章裡所列舉的非圖書資料有四項：一是甲骨文，二是青銅器，三是石刻，四是其他文物。

在甲骨文資料與圖書資料的相互關係方面，他舉了王國維、羅振玉等人的研究為例。他說：「民國六年（一九一七），王國維利用甲骨文資料和圖書資料互證，作了〈殷卜辭中所見先公先王考〉和〈續考〉兩篇重要的文章（見《觀堂集林》）。在這兩篇文章裡，他利用甲骨文、《山海經》、《楚辭》的〈天問〉、《呂氏春秋》、《漢書・古今人表》……等資料，證明了『王亥』確是殷代的先公。由於羅振玉在古文字學方面的造詣，認識了上甲、報乙、報丙、報丁等字，王氏從而證明了《史記・殷本紀》和《漢書・古今人表》之誤。因為《史》、《漢》兩書所載這四代殷先公的次序，是：上甲、報丁、報乙、報丙；而甲骨文的次序，則是上甲、報乙、報丙、報丁。他利用甲骨文和《太平御覽》（卷八十三）所引《竹書紀年》

⑳ 此文原載《南洋大學李光前文物館文物彙刊》創刊號，民國六十一年五月。今收入《屈萬里先生文存》第三冊。

的資料，證明了殷中宗是祖乙，而不是大家公認的太戊；並且證明了祖乙是仲丁之子，而不是河亶甲之子，或河亶甲之弟。此外，關於殷代帝王的世系，他根據甲骨文資料，並且證明了凡是《史記・殷本紀》和《漢書・古今人表》不同的地方，都是〈古今人表〉之誤。他這些重要的發現，自然不能不使學術界吃驚。」

關於青銅器資料和圖書資料的互證方面，屈先生舉了兩個例子，其中一例是《尚書》裡〈康誥〉篇的寫作時期。他說：「譬如《尚書》的〈康誥〉篇，《左傳》（定公四年）、〈書序〉和《史記》，都說是周成王平定了武庚之亂以後，把康叔封在殷的舊地，建立了衛國。這篇〈康誥〉，就是成王封康叔於衛時的誥辭。歷代的經師們，大都相信這個說法。在清末以前，只有宋代的胡寅和蔡沈，懷疑它是周武王誥康叔的書。但，康叔封於衛時，武王早已死了，怎能再誥康叔？所以一般人很少相信胡、蔡兩氏的說法。可是〈康誥〉裡誥康叔的人，既說：『孟侯，朕其弟，小子封。』又自稱『寡兄』。成王是康叔的侄兒，即使他做了君王，也絕不應該爬高輩分，把叔父叫做弟弟、叫做小子，而自己冒充大哥。說經的人，以為這是周公的口氣，所以他可以稱康叔為弟。但，〈康誥〉明明地說『王若曰』，周公雖然攝政，當時只把他叫做『公』，而不稱他為『王』。這情形在各篇周誥的資料中，表現得很清楚。因此，這篇西周初年的重要文獻，究竟是何王封康叔於何地而作，便成了二千多年來不能解決的問題。傳世的青銅器有『康侯鼎』，它的銘文只有六個字，就是『康侯丯作寶澊』。清末的金文學家劉心源，認識了丯（丰）就是『封』字，是康叔的名字。他又根據宋忠註解《世本》的說法，知道康叔初封於康，後來才徙封於衛。因為他曾被封於康，所以稱為康侯。顧頡剛由於劉氏這一說的啟示，曾說〈康誥〉是武王誥康叔之書，其事當在康叔封康之後；並且證明《周易・晉卦》卦辭的康侯，也就是康叔（見顧氏所作〈周易卦爻辭中的故事〉，載《古史辨》第三冊）。我在作《尚書釋義》時，由於兩家的啟示，從而悟到〈康誥〉乃是周武王封康叔於康時的誥辭，並非在於封康之後。因為是封於康，所以標題叫做〈康誥〉；武王是康叔的哥，所以誥辭中稱康叔封為弟，而自稱為寡兄。這樣，前面所說的那些矛盾，就都不存在了。這一解說如果能夠成立，則應歸功於劉氏以古器物資料和圖書資料互證的成績。」

關於石刻資料和圖書資料的互證方面，屈先生除了列舉前人的研究成果外，又以其研究成果為例。他說：

現在，再以我個人的經驗為例：我曾用宋代和近代出土的漢石經殘字資料，作過兩本小書，一本是《漢石經周易殘字集證》，一本是《漢石經尚書殘字集證》。在《周易》方面，證知漢石經的經文，是用的梁丘賀本。它分為十二篇，和呂祖謙復原的古本相同。用來和今本比較，今本多了『象曰』、『彖曰』、『文言曰』等一千零二十個字；此外，今本多了大約七十個字，脫掉了十多個字；章節的次序，也有不同的地方。在《尚書》方面，知道漢石經用的小夏后本。經文和後世傳本不同的地方很多；單就〈盤庚篇〉來說，和唐石經互校的結果，證知唐石經有衍文十六個字，有脫文四個字，另有不同的字二十一個。唐石經本和今本大致相同；《尚書》本來就難讀，又加上這麼多的衍文、脫文和異文，自然就增加了更多的困難。

在其他文物資料和圖書資料互證方面，屈先生舉了「璣組」、「織貝」、「清明上河圖」、「案」等四事為例。《尚書・禹貢》裡，談到荊州的貢物有「厥篚玄纁璣組」。傳統的說法，認為「璣」是不圓的珍珠，「組」是佩帶玉器等物用的絲繩。屈先生則根據臺灣原住民和東南亞許多地方的民族，都有作為裝飾用的貝珠串，屈先生用張光直先生的說法，也認為「璣組」就是貝珠串。《尚書・禹貢》篇裡，又談到揚州的貢物有「織貝」。鄭康成認為「織貝」就是《詩經・小雅・巷伯篇》所說的「貝錦」，是一種織有貝殼形花紋的絲織品。日本的尾崎秀真，根據臺灣原住民和東南亞部分土著的工藝品中，有一種是用絲線穿貫細小的貝珠，然後用以織成衣服或裙子等物，這種東西就是〈禹貢〉的織貝。宋代張擇端所繪的「清明上河圖」，是一幅人所共知的名畫。臺北的故宮博物院藏有一幅「清明易簡圖」，有人曾經撰文，說它是張擇端的親筆。近人翁同文教授，根據畫中的榜額和招牌，有「奎章閣」和「新安程氏……」等字樣，證明它是明人的手跡。因為「奎章閣」是元代才有的，而「新安程氏」在商界著名，乃是明代以來的事。《後漢書・逸民傳》中，談到梁鴻的妻子孟光給梁鴻送飯時「舉案齊眉」，一般人都認為孟光既然能「力舉石臼」，所以孟光所舉的「案」，就是類似桌子的東西。宋代的呂少衛，把「案」釋為「椀」。一直到明代的陳繼儒在《枕談》一書中，根據《楚漢春秋》「漢王賜臣玉案之食」一語，證知「玉盤而下有足者曰玉案」。段玉裁《說文解字注》「案」字下引戴震說：「案者，榹禁之屬。」段玉裁進一步申明說：「今之上食木盤近似。」屈先生則根據保留中國文化較多的日本，無論在家庭或餐館，在送飯時常用一種約半公尺見方或長方形的木盤，把飯菜送到食者面前，這種盤子就是「案」。

屈先生的著作中，《漢石經尚書殘字集證》、《漢石經周易殘字集證》、《漢魏石經殘字》、《殷虛文字甲編考釋》等專書及〈甲骨文資料對於書本文獻之糾正與補闕〉、〈從殷墟出土器物蠡測我國古代文化〉、〈兕觥問題重探〉、〈晚清齊魯學者對於金石學方面的貢獻〉、〈木屐〉、〈瑚璉質疑〉、〈習俗與經義〉、〈民俗與經義〉、〈臺灣求野錄〉等單篇論著，都是以非圖書資料考訂圖書資料的重要作品。

中國文字學

潘重規／著

本書分析比較中國文字的構造法則、文字流傳解說的歷史，肯定推崇《說文解字》在文字學上的地位與價值。繼而分別說明文字書寫工具的源起與沿革；上下縱論中國文字的演變，從鐘鼎彝器甲骨文乃至於歷代手寫字體，莫不加以詳細而清晰之闡述。藉由本書，讀者將可充分了解中國文字之優越性，以及中國文化之淵深廣博。

國學導讀

邱燮友、周何、田博元／編著

本書計收國學科目六十四種，包括了該科的領域、主要的內涵、前人研究的成果、當今的現況，以及未來的開展、主要的參考書等。每一門類，每一導讀，均請著名的學者執筆。結合當前國內外漢學或國學界的精英，集其數十年教學研究的心得，用最簡潔的文字，報導該科的內容；其精華，在每一字每一行間，都是經驗和智慧的累積。

詩經正詁

余培林／著

本書探求《詩經》各篇詩義，以該篇詩文為主，而以前人之說為輔。無私於古今，不偏於憎愛，而惟是是求；本書注釋詩文，多採前人之說，其有己意，則以《詩經》前後文互證為主，而以語法、聲韻、禮制等為輔；本書如用前人之說，必採用最早出者，並注明其出處，以使讀者明其根源，且免掠人之美。

國家圖書館出版品預行編目資料

文獻學／劉兆祐著.——二版一刷.——臺北市：三民，2022

面；　公分.——（國學大叢書）

ISBN 978-957-14-7533-2（平裝）

1. 文獻學

011　　111014081

國學大叢書

文獻學

作　者	劉兆祐
發行人	劉振強
出版者	三民書局股份有限公司
地　址	臺北市復興北路 386 號（復北門市） 臺北市重慶南路一段 61 號（重南門市）
電　話	(02)25006600
網　址	三民網路書店 https://www.sanmin.com.tw
出版日期	初版一刷 2007 年 3 月 二版一刷 2022 年 10 月
書籍編號	S032650
ISBN	978-957-14-7533-2